Urheberrechtliche Schrankenproblematik
im Zeitalter von E-Books
und Google Book Search
in Deutschland und den USA

AF826460

Europäische Hochschulschriften Recht

European University Studies in Law

Publications Universitaires Européennes de Droit

Band/Volume **6190**

Pia Christine Greve

Urheberrechtliche Schrankenproblematik im Zeitalter von E-Books und Google Book Search in Deutschland und den USA

PETER LANG

Bibliografische Information der Deutschen Nationalbibliothek
Die Deutsche Nationalbibliothek verzeichnet diese Publikation in der Deutschen Nationalbibliografie; detaillierte bibliografische Daten sind im Internet über http://dnb.d-nb.de abrufbar.

Zugl.: Düsseldorf, Univ., Diss., 2020

Gedruckt auf alterungsbeständigem, säurefreiem Papier.
Druck und Bindung: CPI books GmbH, Leck

D 61
ISSN 0531-7312
ISBN 978-3-631-82195-4 (Print)
E-ISBN 978-3-631-83326-1 (E-PDF)
E-ISBN 978-3-631-83327-8 (EPUB)
E-ISBN 978-3-631-83328-5 (MOBI)
DOI 10.3726/b17475

© Peter Lang GmbH
Internationaler Verlag der Wissenschaften
Berlin 2020
Alle Rechte vorbehalten.
Peter Lang – Berlin · Bern · Bruxelles · New York · Oxford · Warszawa · Wien

Das Werk einschließlich aller seiner Teile ist urheberrechtlich geschützt.
Jede Verwertung außerhalb der engen Grenzen des Urheberrechtsgesetzes ist ohne Zustimmung des Verlages unzulässig und strafbar.
Das gilt insbesondere für Vervielfältigungen, Übersetzungen, Mikroverfilmungen und die Einspeicherung und Verarbeitung in elektronischen Systemen.

Diese Publikation wurde begutachtet.

www.peterlang.com

Vorwort

Die vorliegende Arbeit wurde im Januar 2019 von der Juristischen Fakultät der Heinrich-Heine-Universität Düsseldorf als Dissertation angenommen. Rechtsprechung und Literatur sind bis zu diesem Zeitpunkt ausgewertet. Die mündliche Prüfung fand im Februar 2020 statt.

Mein Dank gilt in erster Linie Herrn Prof. Dr. Jan Busche, der mir große Freiheiten bei der Themenwahl und der Dissertationserstellung gewährt hat, Herrn Prof. Dr. Rupprecht Podszun für die zügige Erstellung des Zweitgutachtens und auch Herrn Prof. Dr. Christian Kersting, LL.M. (Yale) und Herrn Prof. Dr. Ulrich Noack.

Dankbar bin ich meiner Familie für die Unterstützung während meiner Promotion.

Mai 2020
Pia C. Greve

Inhaltsverzeichnis

Abkürzungsverzeichnis

Abs.	Absatz
AER	American Economic Review
Art.	Artikel
Berkeley Tech. L.J.	Berkeley Technology Law Journal
BGB	Bürgerliches Gesetzbuch
BGBl.	Bundesgesetzblatt
BGH	Bundesgerichtshof
BGHZ	Entscheidungen des Bundesgerichtshofs in Zivilsachen
BR-Drucks.	Bundesrats-Drucksache
BT-Drucks.	Bundestags-Drucksache
BVerfG	Bundesverfassungsgericht
BVerfGE	Entscheidungen des Bundesverfassungsgerichts
Cal. L. Rev.	California Law Review
Chi.-Kent. L. Rev.	Chicago-Kent Law Review
Colum. L. Rev.	Columbia Law Review
CR	Computer und Recht
d. h.	das heißt
Diss. iur.	Juristische Dissertation
DStR	Deutsches Steuerrecht
DuD	Datenschutz und Datensicherheit
EG	Europäische Gemeinschaft
EGBGB	Einführungsgesetz zum Bürgerlichen Gesetzbuch
EGV	Vertrag zur Gründung der Europäischen Gemeinschaft
EGVO	EG-Verordnung
EJ	The Economic Journal
EU	Europäische Union
EuZ	Zeitschrift für Europarecht
f., ff.	folgende
Fordham Intell. Prop. Media & Ent. L.J.	Fordham Intellectual Property, Media & Entertainment Law Journal
Fordham L. Rev.	Fordham Law Review
FuR	Film und Recht
GEMA	Gesellschaft für musikalische Aufführungs- und mechanische Vervielfältigungsrechte

GG	Grundgesetz für die Bundesrepublik Deutschland
grds.	grundsätzlich
GRUR	Gewerblicher Rechtsschutz und Urheberrecht (Zeitschrift)
GRUR Int	Gewerblicher Rechtsschutz und Urheberrecht Internationaler Teil
GRUR Prax	Gewerblicher Rechtsschutz und Urheberrecht Praxis im Immaterialgüter- und Wettbewerbsrecht
GRUR-RR	Gewerblicher Rechtsschutz und Urheberrecht Rechtsprechungs-Report
Hamline L. Rev.	Hamline Law Review
Harv. J.L. & Pub. Pol'y	Harvard Journal of Law & Public Policy
Harv. J.L. & Tech.	Harvard Journal of Law & Technology
Harv. L. Rev.	Harvard Law Review
Hrsg.	Herausgeber
IIC	International Review of Intellectual Property and Competition Law
Int. J. Inf. Secur.	International Journal of Information Security
Iowa L. Rev.	Iowa Law Review
ITRB	Der IT-Rechts-Berater
IPQ	Intellectual Property Quarterly
JEL	Journal of Economic Literature
JIPITEC	Journal of Intellectual Property, Information Technology and Electronic Commerce Law
J. Intell. Prop. L.	Journal of Intellectual Property Law
J.L. & Econ.	Journal of Law & Economics
J. Legal Stud.	Journal of Legal Studies
J. Copyright Soc'y U.S.A.	Journal of the Copyright Society of the U.S.A.
JR	Juristische Rundschau
JuS	Juristische Schulung
JZ	Juristenzeitung
K&R	Kommunikation & Recht
Law & Contemp. Probs.	Law and Contemporary Problems
Lewis & Clark L. Rev.	Lewis & Clark Law Review
LNCS	Lecture Notes in Computer Science
Marq. Intell. Prop. L. Rev.	Marquette Intellectual Property Law Review
Mich. L. Rev.	Michigan Law Review
MüKo	Münchener Kommentar

Neb. L. Rev.	Nebraska Law Review
N.C. L. Rev.	North Carolina Law Review
Nw. U. L. Rev.	Northwestern University Law Review
Ohio St. L.J.	Ohio State Law Journal
RIDA	Revue Internationale du Droit d'Auteur
RL	Richtlinie
S.	Seite
SSRN	Social Science Research Network
Stan. L. Rev.	Stanford Law Review
u.a.	und andere
U. Chi. Legal F.	University of Chicago Legal Forum
U. Pa. L. Rev.	University of Pennsylvania Law Review
UrhG	Urheberrechtsgesetz
UrhWissG	Urheberrechts-Wissensgesellschafts-Gesetz
Va. J. Int'l L.	Virginia Journal of International Law
Vand. L. Rev.	Vanderbilt Law Review
vgl.	vergleiche
WM	Wertpapier-Mitteilungen, Zeitschrift für Wirtschafts- und Bankrecht
Wm. & Mary L. Rev.	William and Mary Law Review
Yale L.J.	Yale Law Journal
z.B.	zum Beispiel
ZIIR	Zeitschrift für Informationsrecht
ZJS	Zeitschrift für das Juristische Studium
ZVglRWiss	Zeitschrift für Vergleichende Rechtswissenschaft
ZUM	Zeitschrift für Urheber- und Medienrecht

1. Teil: Untersuchungsgegenstand

Tempora mutantur[1] – der Dynamik gesellschaftlicher Veränderungen kann sich auch das Recht nicht entziehen. Gerade das Urheberrecht steht vor der ständigen Aufgabe, sich parallel zur Entwicklung menschlicher Grundanschauungen und insbesondere technischer Innovationen wie der Digitalisierung weitreichender Bereiche des Lebens neu zu erfinden und urheberrechtliche Regelungen (insbesondere der Schranken) fortzuentwickeln.

Von Vorteil könnte es zudem sein, bestehende, teilweise sehr divergierende Schrankenregelungen verschiedener Staaten einander anzunähern.

Im Spannungsverhältnis zwischen dem Wunsch nach möglichst umfassendem Schutz des Urhebers und seiner Verwertungsrechte einerseits und gesellschaftlich erwünschten Ausnahmemöglichkeiten zur Nutzung andererseits, die nicht gleich mit Verletzungen des bestehenden Rechts einhergehen sollen, sind in Deutschland vom Gesetzgeber enge Beschränkungen eingeführt, die auch nach Vorgabe der EU[2] keinesfalls weit auszulegen sind. Durch derartige Schranken sind Eingriffe in urheberrechtliche Verwertungsrechte immerhin möglich, sodass im vorgegebenen kleinen Rahmen Nutzungen ohne vorherige Zustimmung des Urhebers nicht unzulässig sind.[3]

Die Urheberrechtsschranken sind auch nach der deutschen Rechtsprechung grundsätzlich eng auszulegen und nicht analogiefähig.[4] Dieser Ansatz wäre ausreichend, gäbe es keine fundamentalen technischen Neuerungen, die bislang gänzlich unbekannte Nutzungsarten geschützter Werke durch Digitalisierung ermöglichten.

Welche Zielsetzung soll die daher zwingend erforderliche Weiterentwicklung der urheberrechtlichen Schranken konkret verfolgen? Sollen Schranken grundsätzlich in Anpassung an den technischen Fortschritt einzeln weiterentwickelt werden oder soll mittels des Dreistufentests eine Methode genutzt werden, die Schranken nach Sinn und Zweck durch die Rechtsprechung weniger eng

1 Jahrhundertealtes Sprichwort, zurückgehend wohl auf Ovid, vergleichbar mit Heraklits „panta rhei", im Sinne von „beständig ist nur der Wandel".

2 Besonders die Info-Richtlinie 2001/20/EG und der notwendige Dreistufentest.

3 *Rehbinder/Peukert*, Urheberrecht, Rn. 477.

4 Ständige Rechtsprechung BGHZ 50, 147 (152) – Kandinsky I; BGHZ 58, 262 (265) – Landesversicherungsanstalt.

auszulegen – zumal dieses Instrumentarium den europäischen Vorgaben entspricht, da die geltenden Schranken auf diese Weise nicht geändert werden?

Oder soll eine Schrankengeneralklausel als Auffangtatbestand durch Änderung des europäischen Rechts eingeführt werden, oder soll gar in einem ganz großen Wurf eine Harmonisierung der recht weit divergierenden Schrankendogmatik innerhalb der gesamten westlichen Welt angedacht werden?

Die aktuelle digitale Revolution mit früher undenkbaren neuen Nutzungsoptionen von Werken und Gedanken im weltweit zur Verfügung stehenden Internet stellt geltende Urheberrechtsschranken vor bis dahin unbekannte Aufgaben; die Analyse der daraus erwachsenden Problematik und das Aufzeigen denkbarer Lösungsansätze sollen Themen der vorliegenden Arbeit sein.

In einer Analyse der aktuellen Situation des Urheberrechts in Deutschland wird die Krise der Urheberrechtsschranken im digitalen Zeitalter beleuchtet.

Ausgehend von der Betrachtung der historischen Entwicklung und verschiedener Rechtfertigungsversuche des Urheberrechts, aus denen sich sehr unterschiedliche Dogmatiken entwickeln, die einer Harmonisierung urheberrechtlicher Schranken im Wege stehen, sollen zunächst die dogmatischen Grundlagen des Urheberrechts in Deutschland dargestellt werden.

Schwerpunktmäßig sind anschließend spezifische Anwendungsfälle zu skizzieren, welche konkreten digitalen Gegebenheiten zu Herausforderungen des bisherigen Urheberrechts werden, um die Notwendigkeit der Weiterentwicklung der Urheberrechtsschranken verständlich werden zu lassen, da sich ohne das Wissen spezieller technischer Details die Komplexität urheberrechtlicher Fragen diesbezüglich nur unzureichend erschließen dürfte. Insbesondere auf die Durchsetzung urheberrechtlicher Ansprüche – etwa im Sinne von Digital Rights Management (DRM) – soll eingegangen werden.

Dem Ausmaß der bestehenden Differenzen der in der westlichen Welt geltenden Urheberrechtsschranken und damit den Problemen auf dem Weg zu einer möglichen Harmonisierung soll sich ein weiterer Schwerpunkt der Arbeit widmen: dem Vergleich zwischen deutschen und US-amerikanischen Grundsätzen der Schrankenregelung des Urheberrechts anhand des Google-Urheberrechtsstreits. Diesem Gerichtsverfahren wurde weltweit Aufmerksamkeit zuteil, es wurde überaus kontrovers diskutiert, wie konkret Schrankenregelungen zu fassen sind, um auslegungsfähig und zugleich ausreichend rechtssicher zu sein.

Die erheblichen aktuellen Differenzen mit Vor- und Nachteilen angesichts der digitalen Herausforderung des Urheberrechts werden vorgestellt.

Schließlich sollen verschiedene Lösungsansätze einer Fortentwicklung bzw. Harmonisierung geltender Urheberrechtsschranken thematisiert werden:

Soll das Ziel sein, eine weitreichende Harmonisierung der Schranken in der westlichen Welt mit Anlehnung an die US-amerikanische „fair use"-Doktrin als Schrankengeneralklausel zu verfolgen, was allerdings aktuell an europäischen Vorgaben (Info-Richtlinie 2001/29/EG) scheitert und deren Änderung voraussetzen würde?

Oder kann an die Einführung einer Schrankengeneralklausel als Auffangtatbestand gedacht werden, was aber ebenfalls erst nach Abänderung des europäischen Rechts möglich wäre?

Oder kann im Sinne eines kleineren Wurfes innerhalb des geltenden Rechts die deutsche Rechtsprechung durch stetige Anwendung des bislang kaum genutzten Dreistufentests zu einer praktikablen Lösung bei der Auslegung der Schranken beitragen, gleichzeitig zu einer gewissen Harmonisierung führen und damit Elemente der US-amerikanischen „fair use"-Doktrin mit einbeziehen?

2. Teil: Problematik des Urheberrechts im digitalen Zeitalter

I. Krise der Urheberrechtsschranken

Ausgehend von der Krise des Urheberrechts allgemein (es mangelt an ausreichender Harmonisierung allein in der westlichen Welt aufgrund divergierender geschichtlich-philosophischer Herleitung und dogmatischer Ausrichtung) verschärft sich die Krise der Urheberrechtsschranken außerordentlich durch die rasant fortschreitende Digitalisierung der Welt. Die bisherigen Schrankenregelungen sind darauf nicht genügend vorbereitet. Es stellt sich die Frage, wie darauf strategisch geantwortet werden soll, wie die Schranken künftig auszulegen oder zu gestalten sind, um die Krise der Urheberrechtsschranken zu entschärfen.

Die Schrankenproblematik erwächst nicht nur aus der Digitalisierung von Büchern zu E-Books, sondern aus allen neuen digitalen Nutzungsformen.[5]

Sind geltendes Urheberrecht der rasant fortschreitenden Digitalisierung noch gewachsen und der Interessenkonflikt zwischen Urheber bzw. Rechteinhaber und Nutzer mit geltenden Schranken noch adäquat lösbar?

Die unvorhersehbare rasche technische Entwicklung zeigt, wie wichtig flexibel gehandhabte Urheberrechtsschranken sind. Technischer Fortschritt bringt neue, teils zuvor ungeahnte Nutzungsmöglichkeiten hervor, auf die das Urheberrecht reagieren muss.[6] Zum einen ist das urheberrechtliche Verletzungsrisiko deutlich verringert, da geistige Eigentumsrechte und deren Missachtung durch heutige Medien viel leichter nachweisbar sind als in der Zeit ohne Internet und andere moderne Kommunikationsmittel. Zum anderen ist das Verletzungsrisiko

5 Exemplarisch seien genannt legale und illegale Musik-, Film- und Softwaredownloads, deren Massenvervielfältigung im Internet erfolgt und nicht mehr wie früher in analoger Form. Es geht hier um viel Geld, der kommerzielle Wert nichtlizenzierter installierter Software betrug laut einer Studie des BSA (Software-Industrieverband) allein im Jahr 2013 62,709 Milliarden Dollar weltweit, davon 13,486 Milliarden Dollar in der Europäischen Union. *BSA*, The Compliance Gap – BSA Global Software Survey, http://globalstudy.bsa.org/2013/downloads/studies/2013GlobalSurvey_Study_en.pdf (zuletzt aufgerufen am 21.05.2020).

6 *Förster*, Fair Use, S. 1 f.; *Handke*, Urhebervergütung im digitalen Zeitalter, S. 53; *Kleinemenke*, Fair Use im deutschen und europäischen Urheberrecht?, S. 25 f.

aber auch deutlich erhöht durch erheblich größere Verfügbarkeit von Werken und die Möglichkeit der schnellen Verbreitung zum Beispiel durch das Internet.[7]

Einerseits fußt das Urheberrecht in besonderer Weise auf dem historischen Kontext der europäischen Kulturgeschichte,[8] andererseits musste es besonders in den letzten 100 Jahren fortentwickelt werden, parallel zur weltweiten Ausweitung moderner Medien und des Internets.

Durch die Expansion des Urheberrechts „kann [dieses] seiner eigenen Effizienz zum Opfer fallen [und] zum Rückgang der Akzeptanz und der Rechtsbefolgung in der Gesellschaft [führen].“[9]

Andererseits haben Urheberrechtsschranken sich ständig neuen (technischen und gesellschaftlichen) Gegebenheiten zügig anzupassen, jedoch vor dem Hintergrund, dass es kein international vereinheitlichtes Urheberrecht gibt, es sich vielmehr aus einem Bedürfnis heraus entwickelt hat, ohne auf einer allgemein anerkannten moralischen Rechtfertigung zu beruhen.[10]

Die Problematik der bestehenden deutschen Urheberrechtsschranken wird unter anderem in den BGH-Entscheidungen „Vorschaubilder I“[11] und „Vorschaubilder II“[12] deutlich, bei denen es um die umstrittene Verwendung sog. „Thumbnails“ durch Suchmaschinen geht.[13] Um die Nutzung von „Thumbnails“, die gesellschaftlich und politisch erwünscht ist, zu rechtfertigen, wurden in Deutschland mehrere Lösungsvorschläge entwickelt.[14] Der BGH sieht sich in den „Vorschaubilder“-Entscheidungen[15] mit dem Problem konfrontiert, dass sich eine „Thumbnail“-Nutzung im Rahmen der deutschen geltenden Schrankenregelungen nicht rechtfertigen lässt. Da bei einer Ablehnung der Bildersuche Deutschland faktisch den technischen Fortschritt in dieser Hinsicht überaus einschränken würde, sieht sich der BGH in der Zwickmühle, eine

---

7 *Heinz*, Urheberrechtliche Gleichbehandlung von alten und neuen Medien, S. 28 ff.

8 *Wadle*, Zur Geschichte des Urheberrechts in Europa, in: Ress (Hrsg.), Entwicklung des Europäischen Urheberrechts, S. 9 f.

9 *Gyertyánfy*, GRUR Int 2002, 557 (566).

10 Nach Stallberg bleibt es ohne eine rationale, in sich widerspruchsfreie Konzeption bei den jetzigen Problemen des Urheberrechts, das an einigen Stellen von Widersprüchen durchzogen ist. *Stallberg*, Urheberrecht und moralische Rechtfertigung, S. 335.

11 BGHZ 185, 291 – Vorschaubilder I.

12 BGH GRUR 2012, 602 – Vorschaubilder II.

13 Technische Grundlagen zu „Thumbnails“ und zur Problematik der Nutzung im deutschen und US-amerikanischen Recht siehe *Kleinemenke*, ZGE/IPJ Volume 5, 2013, 103.

14 Weitere Nachweise siehe *Kleinemenke*, ZGE/IPJ Volume 5, 2013, 103 (107 Fn. 10, 11).

15 BGHZ 185, 291 – Vorschaubilder I; BGH GRUR 2012, 602 – Vorschaubilder II.

„Thumbnail"-Nutzung dennoch zu rechtfertigen, ohne den bestehenden Schrankenkatalog zu nutzen. Der BGH greift auf allgemeine Grundsätze der Rechtsgeschäftslehre zurück und nimmt eine einfache (konkludente) Einwilligung des Urhebers in die Nutzung im Internet frei zugänglichen Materials an.[16] In Kurzform: wer als Urheber seine Werke ungeschützt frei im Internet zugänglich mache, sei auch mit „Thumbnails" bei Suchmaschinenergebnissen einverstanden. Diese Begründung von Eingriffen in urheberrechtliche Verwertungsrechte ist jedoch nicht unproblematisch.[17]

Mit dieser Lösung schafft der BGH etwas für das Urheberrecht eher Ungewöhnliches: Eingriffe in die urheberrechtlichen Ausschließlichkeitsrechte durch neue Nutzungsarten, die dem Allgemeinwohl dienen, sollen dann gerechtfertigt sein, wenn sie Urheber und Rechteinhaber nicht oder nicht unangemessen beeinträchtigen.[18] Der BGH hat damit letztlich eine „frei schwebende"[19] richterliche Güter- und Interessenabwägung mittels einer „Transaktionskosten-Kosten-Nutzen-Rechnung"[20] vorgenommen, die eigentlich außerhalb der bestehenden Schranken keine Anwendung finden sollte.[21]

Selbst wenn es sich hier um eine Ausnahme in der Rechtsprechung des BGH handeln sollte, darf dies dogmatisch kritisch gesehen werden. Insbesondere die Rechtssicherheit könnte bedroht sein, da nur mit enger Auslegung der Schranken eine Vorhersehbarkeit zulässiger Nutzungshandlungen und damit Rechtssicherheit gegeben sind. Die Vorgehensweise des BGH könnte Rechtssicherheit gerade bei neuen digitalen Nutzungsformen einschränken.

Die US-amerikanische Rechtsprechung hat (nach uneinheitlichen Entscheidungen der Vorinstanzen) letztlich die „Thumbnail"-Nutzung durch Suchmaschinen als „fair use" eingestuft und damit für zulässig erklärt.[22] „Fair use" bedeutet hier, dass ein Sachverhalt, der normalerweise nach 17 U.S.C. § 106 einen Verstoß gegen das Copyright begründen würde, unter bestimmten

---

16 BGHZ 185, 291 (301 ff.) – Vorschaubilder I; BGH GRUR 2012, 602 (605) – Vorschaubilder II.

17 Beispielsweise kann bei Werken, die unberechtigt ins Internet gestellt wurden, eine konkludente Einwilligung nicht vorliegen.

18 *Kleinemenke*, ZGE/IPJ Volume 5, 2013, 103 (109).

19 *Schack*, FS Schricker, S. 511 (517).

20 *Kleinemenke*, ZGE/IPJ Volume 5, 2013, 103 (109).

21 BGHZ 185, 291 (301) – Vorschaubilder I; BGHZ 154, 260 (266) – Gies-Adler; *Klass*, ZUM 2013, 1 (5).

22 *Kelly v. Arriba Soft Corp.*, 336 F.3d 811 (9th Cir. 2003); *Perfect 10, Inc. v. Amazon.com Inc.*, 508 F.3d 1146 (9th Cir. 2007).

Voraussetzungen ausnahmsweise gerechtfertigt sein kann, wenn dies der Allgemeinheit dient.

Hier wird die Krise der aktuell geltenden Urheberrechtsschranken beispielhaft deutlich. Eine pragmatische Alternative könnte hier die Einführung einer urheberrechtlichen Schrankengeneralklausel sein, was momentan jedoch mit der Info-Richtlinie[23] nicht vereinbar ist.

Die Krise des Urheberrechts, verschärft durch diverse Reformen und unterschiedliche Auslegung der Schranken, wird auch dadurch vertieft, dass sich das Urheberrcht kaum noch dogmatisch stringent begründen lässt.

So wandelt sich das Urheberrecht in Deutschland vom ursprünglichen Kulturrecht (unabhängig davon, welcher individualistischen Rechtfertigung man folgt) zunehmend zum Recht der Verwertungsindustrie.

Zentraler Punkt dort ist der Investitionsschutzgedanke (getätigte Investitionen sollen sich wirtschaftlich amortisieren), der sich aus dem individualistischen Rechtfertigungsansatz des Urheberrechts in Europa nicht widerspruchsfrei ableiten lässt. Dennoch ist der Investitionsschutzgedanke auch in Europa seit über 500 Jahren[24] im Urheberrecht etabliert.[25]

Manche fordern sogar die Abschaffung des Urheberrechts.[26]

1. Kurze Skizzierung von Lösungsansätzen

Idealerweise sollten anhand der momentanen Praxis der Urheberrechtsschranken deren Schwächen und Probleme ermittelt und darauf aufbauend ein Urheberrecht geschaffen werden, das explizit auf diese Probleme eingeht und auch mit der gesellschaftlichen Entwicklung konform geht.[27] Üblicherweise verfügen Gerichte bei Einzelentscheidungen bzgl. neuer Sachverhalte über mehr Spielraum als Gesetzgebungsverfahren, die sich abstrakt um grundsätzliche Fragen zu kümmern haben.[28] Dennoch sollte ein Gesetz nicht nur einen allgemeinen Rahmen vorgeben und die Gerichte letztendlich eigenständig entscheiden lassen. Zumindest in Deutschland sollte die Gesetzgebung klar genug sein, dass

23 Richtlinie 2001/29/EG.

24 Erteilung von Privilegien gegen nicht autorisierten Büchernachdruck zur Amortisierung getätigter Investitionen.

25 Dreier/Schulze/*Dreier*, UrhG, Einl. Rn. 10.

26 Zur Diskussion: *Bechtold*, Vom Urheber- zum Informationsrecht, S. 250 ff.; *Hansen*, Warum Urheberrecht?, S. 40 ff.

27 *Leistner/Hansen*, GRUR 2008, 479 (485).

28 Beispielsweise die P2P-Problematik, zu der die Gerichte Leitkriterien entwickelten, siehe *Spindler/Leistner*, GRUR Int 2005, 773; *Leistner*, GRUR 2006, 801.

daran die Rechte und Pflichten der Bürger erkannt werden können. Auch könnte in das Urheberrechtsgesetz eine Präambel zur allgemeinen Begründung des Urheberrechts eingefügt werden; mit einer solchen Schutzzweckklausel könnte ein Anhaltspunkt zur dogmatischen Einordnung gegeben werden.

Der Schrankenkatalog des europäischen Urheberrechts könnte gelockert werden mittels einer ergänzenden Generalklausel, um der Rechtsprechung mehr Möglichkeiten zu geben, mit sich ständig neu entwickelnden Gegebenheiten besser umzugehen.[29] Mit dieser hätte sie mehr Spielraum für angemessene Entscheidungen. Das europäische Enumerationsprinzip bietet zwar Rechtssicherheit,[30] aber nur beschränkte Möglichkeiten, auf neue (technische und gesellschaftliche) Gegebenheiten einzugehen.

Als eigentliches Problem des europäischen Urheberrechts benennen Leistner und Hansen – gestützt auf die These Dreiers – die „enumerative Überregulierung“, die nur durch eine „Gesetzesentrümpelung“ zu beseitigen sei, da die Schrankenregelungen immer weiter vermeintlich angepasst wurden und dadurch zu komplex, undurchsichtig und kompliziert geworden seien.[31] Er betont den Nutzerschutz, der bei der Diskussion um den Schutz des Urhebers bisweilen aus dem Fokus gerate. Hier werden ein Abbau von Verständnisbarrieren und eine Erhöhung von Transparenz für den einfachen Rechtsanwender gefordert, der anhand der komplexen Regelungen gar nicht mehr erkennen könne, was für ihn erlaubt ist und was nicht.[32]

Denkbar sind auch eine prozessuale Bündelung von Nutzeransprüchen und eine Einführung kollektiver Unterlassungs- und Beseitigungsansprüche beispielsweise durch Verbraucherverbände. Angedacht werden kann dies beispielsweise für die Durchsetzung von Schrankenprivilegierungen gegenüber DRM-Systemen.[33]

---

29 *Leistner/Hansen*, GRUR 2008, 479 (486).

30 *Leistner/Hansen*, GRUR 2008, 479 (486).

31 „So droht […] ein Verlust der Gesetzessystematik durch allzu problem- und interessenspezifische Regelungen. Angesichts dieser Angriffe von außen wie auch der Gefahren von innen wird selbst in den Urhebern nahestehenden Kreisen von einer Krise des Urheberrechts gesprochen.“ Dreier/Schulze/*Dreier*, UrhG, Einl. Rn. 28; vgl. auch *Hilty/Berger*, Urheberrecht am Scheideweg; *Leistner/Hansen*, GRUR 2008, 479 (487); *Wittgenstein*, UFITA 2000, 39 (39).

32 Leistner nennt hier die Schranke der Privatkopie (§ 53 UrhG), die durch die Änderung so kompliziert wurde, dass ein Nutzer ohne rechtliche Vorbildung diese gar nicht verstehen kann, *Leistner/Hansen*, GRUR 2008, 479 (487).

33 *Leistner/Hansen*, GRUR 2008, 479 (487).

Zur Problematik der Schutzdauer reichen die Ansichten von einer sehr verkürzten bis hin zu einer im Grunde endlos verlängerbaren Schutzdauer, die vom Rechteinhaber intervallmäßig mit sich erheblich erhöhenden „renewal fees" erkauft werden müsste.[34]

Sog. „liability rules" könnten eingeführt und bzw. fortentwickelt werden,[35] über sie könnte ein Ausbau von Vergütungsansprüchen begründet werden, sollte in einigen Bereichen eine Durchsetzbarkeit urheberrechtlicher Ausschließlichkeitsrechte (aus Gründen technischer und/oder rechtspraktischer Art) keine vernünftige Option sein.

Besonders aus ökonomischer Sicht mit Betonung des monetären Ansatzes ist das Urheberpersönlichkeitsrecht nur bedingt begründbar. Um die vorherrschenden Wertungsprobleme zu beheben, könnte das Urheberpersönlichkeitsrecht aus dem Urheberrecht ausgelagert und in das allgemeine Persönlichkeitsrecht integriert werden.[36]

Will man das Urheberpersönlichkeitsrecht belassen, sollte die Begründung eine Synthese individualistischer und kollektivistischer Begründungsansätze sein.[37]

Dieser Ansatz ist dem europäischen Urheberrecht gar nicht so fremd, utilitaristische Elemente finden sich hier längst, der „Droit d'Auteur"-Tradition folgend.[38] Leistner und Hansen sprechen sogar von einer Entwicklung von einem Kulturrecht zu einem Recht der Verwerterindustrie.[39]

Weniger radikal formulieren es die Präambeln des WIPO Copyright Treaty (WCT) und des Welturheberrechtsabkommens (WUA), in Art. 7 TRIPS (Förderung technischer Innovation)[40] und die Erwägungsgründe der europäischen Harmonisierungsrichtlinien (in Erwägungsgrund 10 der Info-Richtlinie wird

---

34 Siehe *Lessig*, The Future of Ideas, S. 251 ff.

35 Dazu *Calabresi/Melamed*, Harv. L. Rev. 85 (1972), 1089 (1105 ff.).

36 *Leistner/Hansen*, GRUR 2008, 479 (488). Das Urheberpersönlichkeitsrecht könnte dann ein sonstiges absolutes Recht i.S.d. § 823 Abs. 1 BGB und somit ebenso Schadens- und Unterlassungsansprüche begründen wie das „normale" Persönlichkeitsrecht.

37 Leistner spricht von einem „Mehrschichtenansatz", da weder individualistische noch kollektivistische Begründungsansätze allein eine befriedigende Antwort bzgl. der Urheberpersönlichkeitsrechte geben könnten. *Leistner/Hansen*, GRUR 2008, 479 (488). Ein solcher Begründungsansatz wird aber um einige Widersprüche nicht herumkommen, denn entweder man betont den Urheber als Individuum oder eben die Gesellschaft als Kollektiv.

38 Vgl. *Peukert*, in: Hilty/Peukert (Hrsg.), Interessenausgleich im Urheberrecht, S. 11 (22).

39 *Leistner/Hansen*, GRUR 2008, 479 (479).

40 Busche/Stoll/Wiebe/*Höhne*, TRIPs, Art. 7 TRIPs Rn. 2 ff.

beispielsweise die Gleichrangigkeit des Alimentationsbedürfnisses des Urhebers mit dem Amortisationsbedürfnis des Investors festgestellt; vgl. auch Erwägungsgründe 4 und 9 der Info-Richtlinie und die Richtlinie zur Durchsetzung der Rechte des geistigen Eigentums vom 29.04.2004).[41]

Somit ist der Gedanke des rein individuell gestalteten Urheberrechtsschutzes in Europa insofern bereits aufgegeben worden.[42] Die Rechtfertigung des Urheberrechts geht oftmals in Richtung Investitionsschutz – jedoch ersetzt dieser keinesfalls die bisherige „Droit d'Auteur"-Tradition.[43]

Nach Leistner und Hansen sollte die Fokussierung auf den Urheber nicht notwendigerweise abschließend sein; solange die grundsätzliche persönlichkeits- und vermögensrechtliche Zuordnung des Werkes zum Urheber gewährleistet sei, sollte der Umfang des Urheber-Schutzes unter Gemeinwohlaspekten gestaltbar bleiben.[44]

Denkbar ist ebenso eine schrittweise Veränderung des Urheberrechts in Richtung eines Investitionsschutzrechts, wie es etwa im US-amerikanischen Recht vorherrscht. Im deutschen Urheberrecht stehen dagegen Persönlichkeitsrecht und Schöpferprinzip im Vordergrund, ein originärer Rechtserwerb durch Dritte ist (anders als im US-amerikanischen Copyright „works made for hire") nicht möglich, sie können nur mittels Nutzungsrechten oder Leistungsschutzrechten am Werk teilhaben.

41 *Leistner/Hansen*, GRUR 2008, 479 (489); *Peukert*, in: Hilty/Peukert (Hrsg.), Interessenausgleich im Urheberrecht, S. 11 (22).

42 So auch *Leistner/Hansen*, GRUR 2008, 479 (489).

43 Erwägungsgrund 3 der Info-Richtlinie sieht die Beachtung des Gemeinwohls als tragenden Grundsatz, Erwägungsgrund 14 die Förderung des Lernens und kulturelle Aktivitäten und Erwägungsgrund 22 beschreibt die Förderung der Verbreitung der Kultur als Ziel der Info-Richtlinie; Erwägungsgrund 31 fasst es im Grunde zusammen: „Es muss ein angemessener Rechts- und Interessenausgleich zwischen den verschiedenen Kategorien von Rechtsinhabern sowie zwischen den verschiedenen Kategorien von Rechtsinhabern und Nutzern von Schutzgegenständen gesichert werden."

44 *Leistner/Hansen*, GRUR 2008, 479 (489); *Peukert*, in: Hilty/Peukert (Hrsg.), Interessenausgleich im Urheberrecht, S. 11 (22).

2. Wandlung zum Investitionsschutz?

Bereits früh im Privilegienzeitalter Mitte des 15. Jahrhunderts wurden Privilegien unter dem Investitionsschutzgedanken verliehen[45] und damit der Investitionsschutzgedanke historisch verankert, in letzter Zeit werden aber zunehmend Elemente deutlich, die den Investitionsschutz besonders hervorheben.

Wandelt sich das Urheberrecht aus der europäischen Tradition in Richtung eines Investitionsschutzes?

Immer mehr wird das Urheberrecht zum Instrument, um Investitionen des Produzenten auszugleichen, damit wird es der Urheberrechtsindustrie gerecht, deren wirtschaftliche Bedeutung immer größer wird.[46] Hinzu kommen die europäische Harmonisierung,[47] die trotz aller Schwierigkeiten als Ziel weiter angestrebt wird, und die stets wachsende Bedeutung des internationalen Urheberrechts.[48] Ursprünglich sind nur bestimmte Werkarten und Urheber (Künstler, Schriftsteller, Komponisten) geschützt, dieser Schutz wird mittlerweile auf vom ursprünglichen Leitbild weit entfernte Werkarten wie beispielsweise Computerprogramme (§§ 2 Abs. 1 Nr. 1, §§ 69a ff. UrhG – auch „technische Sprachwerke“[49]) oder angewandte Künste (§ 2 Abs. 1 Nr. 4 UrhG) ausgedehnt. Auch wenn das Urheberrecht auf neu aufgetretene Werkarten zu reagieren hatte, kommen diese Werkarten eher aus industriellen Fertigungsprozessen und seltener aus klassischer freischaffender Tätigkeit. Fast schon zwangsläufig nähert sich das Urheberrecht hier an die gewerblichen Schutzrechte an.[50] Zu erkennen ist dies auch an § 69b UrhG – einer Spezialvorschrift für Computerprogramme –, der bestimmt, dass bei Werkschöpfungen eines Computerprogramms im Arbeits- bzw. Dienstverhältnis ausschließlich der Arbeitgeber zur Ausübung aller

45 Als Schutz vor unautorisiertem Büchernachdruck mit dem Ziel eines Schutzes getätigter Investitionen von Druckern oder Verlegern. Dreier/Schulze/*Dreier*, UrhG, Einl. Rn. 10.

46 Siehe auch *Förster*, Fair Use, S. 154.

47 Beispielsweise die ökonomische Orientierung der europäischen Urheberrechtsrichtlinien, vgl. die Info-Richtlinie (29/2001/EG), besonders die Erwägungsgründe 4, 9 und 10; dazu *Koelman*, IIC 2004, 603 (606 f.); kritisch: „[…] the Directive does not do much for authors at all“ *Hugenholtz*, EIPR 2000, 499 (501); allgemein *Reich*, Die ökonomische Analyse des Urheberrechts in der Informationsgesellschaft, S. 207 ff.; *Metzger*, FS Schricker, S. 455 (457 ff.).

48 Siehe *Haedicke*, Urheberrecht und die Handelspolitik der Vereinigten Staaten von Amerika, S. 199 ff.

49 Schricker/Loewenheim/*Loewenheim*, UrhR, § 2 UrhG Rn. 143.

50 Schricker/Loewenheim/*Loewenheim/Spindler*, UrhR, Vor §§ 69a ff. UrhG Rn. 1 ff.

vermögensrechtlichen Befugnisse an diesem geschaffenen Computerprogramm berechtigt ist. Hier werden die Nutzungsrechte unmittelbar dem Arbeitgeber eingeräumt. Am geltenden Schöpferprinzip ändert dies zwar nichts, stärkt aber deutlich die Position des Arbeitgebers, der letztendlich auch das Investitionsrisiko trägt.[51] Aufgrund der neuen technischen Gegebenheiten hat das Urheberrecht sich also vielleicht sogar zwangsläufig in Richtung Investitionsschutz entwickeln müssen.[52]

Auch in den dem Urheberrecht verwandten Leistungsschutzrechten finden sich Gedanken zum Investitionsschutz; die Leistungsschutzrechte schützen organisatorisch-unternehmerische Leistungen,[53] die dem Werkmittler zugutekommen. Dessen Leistung baut in der Regel auf einem bereits vorhandenen Werk auf; sie ist zwar selbst nicht schöpferisch, ist der schöpferischen Leistung des Urhebers jedoch ähnlich oder in Zusammenhang mit diesem Werk erbracht, etwa der Schutz ausübender Künstler (§ 73 ff. UrhG), Schutz des Tonträgerherstellers (§§ 85 f. UrhG), Schutz des Sendeunternehmens (§ 87 UrhG) und Schutz des Datenbankherstellers (§§ 87a ff.).[54] Hier hat der Gesetzgeber die verwandten Schutzrechte in das Gesetz mit aufgenommen, auch wenn diese vom Urheberrecht dogmatisch zu trennen sind.

Zwar handelt es sich bei den Leistungsschutzrechten nur um verwandte Schutzrechte und nicht um den Kernbereich des Urheberrechts, doch kann die immer weiter greifende Gewährung von Leistungsschutzrechten als Zeichen dafür gesehen werden, dass auch das Urheberrecht im Ganzen nicht mehr in erster Linie an die Person des Werkerschaffers anknüpft, sondern immer mehr wirtschaftliche Interessen berücksichtigt.[55, 56]

---

51 Dreier/Schulze/*Dreier*, UrhG, § 69b UrhG Rn. 2.

52 Schricker/Loewenheim/*Loewenheim*, UrhR, Einl. Rn. 1; das klassische Urheberrechtsbild in der heutigen Kulturindustrie als Museumsstück ansehend Baulch/Green/Wyburn/*Guibault*, The Boundaries of Copyright, S. 52; Dittrich-I/*Dietz*, Woher kommt das Urheberrecht und wohin geht es?, S. 202 ff.; *Hilty*, ZUM 2003, 983 (984); *Kindermann*, ZUM 1987, 219 (219 ff.); *Schack*, ZUM 1990, 59 (59, 61 f.); *Schack*, JZ 1998, 753 ff.

53 *Förster*, Fair Use, S. 155.

54 Der wirtschaftlich motivierte Hintergrund des eingeführten Schutzes für Datenbanken zeigt sich besonders in den Erwägungsgründen 7 und 40 der Richtlinie 96/9/EG.

55 *Dreier*, IIC 1995, 989 (996).

56 *Förster*, Fair Use, S. 155 f.; vgl. auch das TRIPs-Übereinkommen, das sich allein an den wirtschaftlichen Aspekten der einzelnen Schutzrechte orientiert, siehe Busche/Stoll/Wiebe/*Busche*, TRIPs, Einleitung 2 Rn. 5.

3. Finanzielles (Nicht)Auskommen des Urhebers

Es dürfte weitgehend anerkannt sein, dass ein Urheber für die Nutzung seiner Werke durch andere einen angemessenen finanziellen Ausgleich erhalten sollte, auch damit er eventuell weiter schaffen kann. Es kann aber kontrovers aufgefasst werden, ob die deutschen Urheberrechtsschranken dem Urheber auch ein Auskommen sichern oder ob das Urheberrecht die finanziellen Möglichkeiten des Urhebers eher hemmt als fördert.

Wie können Urheber auch teilweise losgelöst vom strikten Urheberrecht eine angemessene Vergütung erhalten? Mögliche Geldquellen sind Vermarktung in der Werbung und Sponsoring.[57] Werbung kann beispielsweise auf Internetseiten eingeblendet werden, auf denen das Werk angeboten wird. Der Nachteil daran ist, dass dann das Werk mit Werbung verknüpft ist – eventuell auch mit Werbung, die der Urheber nicht in Verbindung mit seinem Werk sehen möchte. Spenden können eingeworben werden – allerdings werden höhere Beträge meist mit irgendeiner Gegenleistung verknüpft, die der Urheber möglicherweise nicht erbringen möchte. Eher etabliert hat sich das Prinzip der Kleinspende von sog. Followern und Nutzern, die über eine Plattform einfach und schnell einen geringen Betrag für einen ihnen beliebten Urheber spenden können.[58] Kann der Urheber viele Nutzer für sich gewinnen, kann dies zu einem durchaus passablen Einkommen führen.

Hierzulande bisher wenig genutzt ist die Möglichkeit des Crowdfundings. Hier wird ein Aufruf an die breite Öffentlichkeit gerichtet, um ein kreatives Werk vorab zu finanzieren – die Vergütung kann damit zunächst einmal gesichert sein. Einzelne Investoren übernehmen meist einen geringen Teil der Gesamtkosten, auf diese Weise können sich viele beteiligen. Die Gegenleistung, die der Investor für seinen Betrag erhält, kann verschiedenartig sein, beispielsweise Vorabbestellungen, Mitbestimmungsrechte oder Gewinn-/Einnahmenbeteiligung. Auch hier ist eine gute Werbestrategie von Vorteil, damit möglichst viele auf das Projekt aufmerksam werden und investieren. Gerade bei Filmfinanzierungen dürfte das Crowdfunding eine gute Alternative sein,[59] bei Büchern dürften solche Projekte in der breiten Öffentlichkeit weniger Anklang finden, es sei denn, der/die Autor/in oder die Bücherreihe ist bereits weithin bekannt und beliebt.

---

57 *Tremmel*, moritztremmel.de 2010, Ist geistiges Eigentum noch zeitgemäß?, S. 20.

58 Diese können einmalig gezahlt werden oder monatlich, bspw. Patreon oder Flattr.

59 Der Film „Stromberg" (2011) wurde in Deutschland über Crowdfunding finanziert und war das erste Crowdfunding-Projekt in Deutschland, das von der breiten Öffentlichkeit wahrgenommen wurde.

Für aufstrebende, noch unbekannte Urheber dürfte eine Finanzierung über dieses Modell weniger attraktiv sein.

Auch denkbar ist die vielmals negativ bewertete Kulturflatrate. Darunter fallen legale Tauschbörsen, bei denen sich gegen einen festen Monatspreis (fast) alle Inhalte anhören oder anschauen lassen.

Um für den Urheber oder Verwerter Kosten zu sparen, ist „Print on Demand" eine Möglichkeit, bei der nur bei Nutzerinteresse ein gedrucktes Buch produziert wird.

Auch möglich ist ein festes Grundeinkommen für den Urheber, so würde die Abhängigkeit des Urhebers von Verwertern und Vermarktung abnehmen, was zu einer Förderung von Kulturgut führen könnte.[60]

Bisher haben sich größtenteils Internet-Plattformen durchgesetzt, auf denen die Nutzer Zugriff auf alle auf der Plattform angebotenen Werke haben. Diese lassen sich grob in zwei Arten unterscheiden: werbefinanzierte und zahlungspflichtige Angebote. Obwohl weiter viele unautorisierte Kopien im Umlauf sind, haben solche Angebote immer mehr Zulauf.[61] Der Verkauf von Downloads über zahlungspflichtige Portale wie beispielsweise den iTunes-Store stagniert seit Jahren, während kostenlose, werbefinanzierte Portale wie YouTube oder Vimeo immer mehr Anklang finden. Streaming-Dienste werden gern genutzt, auch wenn diese zahlungspflichtig sind. In solchen Portalen und Diensten wird eine gute Chance gesehen, unautorisierte Nutzungen und Kopien einzudämmen. Eine potenziell entstehende Marktmacht der Anbieter kann unter Umständen allerdings für die Urheber und Rechteinhaber im Laufe der Zeit auch wieder nachteilig werden.[62]

Das Bundesministerium der Justiz und für Verbraucherschutz hat im April 2016 eine Studie zur Urhebervergütung im digitalen Zeitalter[63] in Auftrag gegeben, um herauszufinden, wie Kreative und Verwerter angemessen vergütet werden können.[64] Dabei wird unterschieden zwischen kurzfristigen Handlungsoptionen und langfristigen. Kurzfristige Handlungsoptionen bieten dem Rechteinhaber zwar eine höhere und schnellere Entlohnung, gehen aber mit einigen Nachteilen für den Nutzer einher: Zugangskosten zum Werk, öffentliche

60 *Tremmel*, moritztremmel.de 2010, Ist geistiges Eigentum noch zeitgemäß?, S. 20.

61 Siehe *Handke*, Urhebervergütung im digitalen Zeitalter, S. 28.

62 *Handke*, Urhebervergütung im digitalen Zeitalter, S. 28 f.

63 https://www.bmjv.de/SharedDocs/Downloads/DE/Service/StudienUntersuchungenFachbuecher/Studie_Urheberrecht_digitales_Zeitalter_1.pdf?__blob=publicationFile&v=2 (zuletzt aufgerufen am 21.05.2020).

64 *Handke*, Urhebervergütung im digitalen Zeitalter, S. I.

Verwaltungskosten für die Überwachung und Transaktionskosten beim Handel mit Rechten. Langfristige Handlungsoptionen dagegen bieten höhere Innovationsreize für Rechteinhaber, im Gegensatz dazu jedoch geringere Innovationsreize für den Nutzer.[65]

Die Studie kommt zu dem Ergebnis, dass mehr kommerzielle, legale Angebote entwickelt werden sollten und das Urheberrecht mit wirksameren Mitteln auch durchzusetzen sei.[66] Da dies in der Praxis bereits bisher Schwierigkeiten bereitet, werden auch alternative Vergütungssysteme in den Blick genommen wie die sog. Kulturflatrate. Auch wenn alle Nutzer gezwungen würden, einen festen Betrag zu zahlen, bliebe das Problem der fairen Verteilung der Einnahmen an die Rechteinhaber. Hier müsste mittels verlässlicher und den Datenschutz beachtender Technik ermittelt werden, welche Werke prominenter sind und mehr genutzt werden als andere, um die Rechteinhaber dementsprechend unterschiedlich zu entlohnen.[67]

Wenn private Anbieter autorisierte Plattformen zur Verfügung stellen, erhalten Urheber bzw. Rechteinhaber meist eine geringere Vergütung, da ein Großteil der Einnahmen oft an den Plattformanbieter geht.

Nach der Studie 2016 schneiden zentrale Vergütungssysteme jedoch insgesamt am besten ab, um die Vergütung für Rechteinhaber zu verbessern, ohne den Nutzer nennenswert schlechter zu stellen.[68]

Unautorisiertes Vervielfältigen urheberrechtlich geschützter Werke führt empirisch gesehen zu einem signifikanten Rückgang von Einnahmen der Rechteinhaber aus dem Verkauf von Medieninhalten diverser Art an Nutzer.[69] Dass unautorisiertes Kopieren förderlich für den Rechteinhaber sein kann – so wie Google bei Googles „Book Search" zugunsten von „fair use" argumentiert, Nutzer würden angeregt, sich das digitalisierte Buch zu kaufen – ist bisher nicht empirisch belegt und bleibt reine Spekulation.[70]

4. Schutz der Urheberrechte / Schutz des Nutzers

Der Schutz der Urheberrechte kann unbeabsichtigt auch den Nutzer schädigen: Nutzer digitaler Schriftwerke können durch die Nutzungshandlung

---

65 *Handke*, Urhebervergütung im digitalen Zeitalter, S. I.
66 *Handke*, Urhebervergütung im digitalen Zeitalter, S. 25 ff.
67 *Handke*, Urhebervergütung im digitalen Zeitalter, S. 42 ff.
68 *Handke*, Urhebervergütung im digitalen Zeitalter, S. V.
69 *Handke*, Urhebervergütung im digitalen Zeitalter, S. V.
70 *Handke*, Urhebervergütung im digitalen Zeitalter, S. 24.

ausspioniert werden, so gewonnenes Wissen kann gegen ihn verwendet werden. Technik und Digital Rights Management (DRM)[71] ermöglichen es, jegliches Nutzerverhalten auszulesen und zu speichern. Dies kann dem einzelnen Nutzer zum Nachteil gereichen. Selbst wenn diese Daten nicht personalisiert ausgelesen werden dürfen, ist dies aber ohne weiteres möglich mit kaum absehbaren Folgen für den Nutzer. Theoretisch kann sogar die Lesegeschwindigkeit des Nutzers bei einem Buch gemessen und als Datensatz gespeichert werden. Ebenso wird gespeichert, wann welche elektronischen Bücher gekauft bzw. geliehen und gelesen werden.

Es wird darauf hingewiesen, dass alle gespeicherten Daten noch Jahrzehnte später ausgewertet werden können und dies datenschutzrechtlich durchaus kritisch zu bewerten ist.

Dieses Problemfeld des „gläsernen Menschen" bzw. des Datenschutzes soll hier aber nicht näher bearbeitet werden, da es nicht primär ein Problem des Urheberrechts ist und insgesamt den Rahmen dieser Arbeit sprengen würde.

II. Geschichtliche und philosophische[72] Entwicklung des Urheberrechts

Die Idee eines Urheberrechts bzw. der Wunsch nach Schutz von Werken, der über reinen Eigentumsschutz hinausgeht, ist eng verwurzelt mit der Entwicklung von Schriftwerken. Urheberrechtliche Fragen ergeben sich schon frühzeitig mit der Erfindung der Schrift, unerwartet verschärft sich die urheberrechtliche Problematik mit der Erfindung des Buchdrucks, die das Leben revolutionierte.

1. Antike bis Spätmittelalter

In der griechischen Antike finden sich Gedanken zu Urheberrechten. Ansätze zum Schutz finden sich im Zusammenhang mit Warenbezeichnungen.[73] So soll Aristophanes[74] erfolgreich einen Dichter entlarvt haben, indem er nachwies, dass dieser Verse eines anderen als eigene ausgab.[75] Urheberrechtliche Regelungen sind als solche nicht überliefert. Viele antike griechische Autoren setzten

71 Siehe dazu S. 77 ff.

72 Siehe dazu im Ganzen *Oberndörfer*, Die philosophische Grundlage des Urheberrechts.

73 *Göpfert*, Die Strafbarkeit von Markenverletzungen, S. 26.

74 Geboren zwischen 450 und 444 v. Chr.

75 *Troller*, Immaterialgüterrecht, Band I, S. 15 Fn. 2.

ihren Namen unter ihre Werke.[76] So deklarieren nach Speyer Hesiod und Hipparch im Gegensatz zu den weitgehend noch anonymen homerischen Versen der Vorzeit ihre literarischen Werke als ihr Eigentum.[77]

Auch die römische Antike formuliert keine unserem Verständnis vergleichbare Grundsätze zum Schutz geistigen Eigentums. Es gibt die Benutzung von Kennzeichen für Töpfer-, Gold- oder Silberwaren (in Rom tritt das Zeichen der Herstellungsstätte neben das Zeichen des Herstellers), damit sind jedoch lediglich Erwartungen an Güte und Herkunft der Ware verknüpft. Das römische Namensrecht verbietet Nachahmungen und Verwechslungen, so gibt es einen strafrechtlichen Schutz des Namens (lex Cornelia de fabris), ebenso einen zivilrechtlichen Schutz (actio iniuraium[78] und actio doli[79]).

Es gibt im römischen Reich durchaus den Grundsatz des Sacheigentums, es wird jedoch nicht getrennt zwischen dem Gegenstand an sich und der dahinterstehenden geistigen Schöpfung.[80] Es sollte damals eine schöpferische Leistung der Allgemeinheit zugänglich sein,[81] Ruhm, Ehre und persönliches Ansehen durch den dadurch erlangten Bekanntheitsgrad waren damals erstrebter Lohn für den Tätigen.[82]

Es steht eher derjenige im Mittelpunkt, der das Werk aus dem Gedächtnis rezitieren kann und nicht derjenige, der das Werk ursprünglich verfasst hat.[83]

---

76 „In Griechenland tritt um die Wende des 7. Jh. v.C. der einzelne mit seiner Persönlichkeit und seinem Anspruch auf eigenen Weltdeutung literarisch hervor.“ *Speyer*, Religiöse Pseudepigraphie und literarische Fälschung im Altertum, in: Frühes Christentum im antiken Strahlungsfeld I, S. 23.

77 *Speyer*, Religiöse Pseudepigraphie und literarische Fälschung im Altertum, in: Frühes Christentum im antiken Strahlungsfeld I, S. 23.

78 Die durch den Gebrauch eines fremden Namens vorliegende Kränkung, *Busse/Starck*, Warenzeichengesetz, Einf. S. 5; *Göpfert*, Die Strafbarkeit von Markenverletzungen, S. 26.

79 Ersatz des Vermögensschadens, *Lampe/Wölker*, UFITA 76 (1976), 141 (142 Fn. 8); *Busse/Starck*, Warenzeichengesetz, Einf. S. 5; *Göpfert*, Die Strafbarkeit von Markenverletzungen, S. 26.

80 *Rehbinder/Peukert*, Urheberrecht, Rn. 126; *Schack*, Urheber- und Urhebervertragsrecht, Rn. 103.

81 *Gieseke*, Entwicklung des deutschen Urheberrechts, S. 15.

82 *Pahud*, Die Sozialbindung des Urheberrechts, S. 3.

83 *Gieseke*, Vom Privileg zum Urheberrecht, S. 1.

Mit kreativer Arbeit bleibt der Römer meist abhängig von einem Mäzen.[84] Dieser fördert die kreative Kunst finanziell, wobei Zahlungen an den Künstler eher als Belohnung empfunden werden.[85] Der Mäzen kann mit dem vom Künstler erstellten Manuskript nach Belieben verfahren, auch Vervielfältigungen anfertigen lassen – entfernt vergleichbar mit einem Verleger heutzutage.[86]

In der römischen Kaiserzeit sind Abschriften durch dafür ausgebildete Sklaven oder Berufsschreiber die Regel; sie werden dann gehandelt (sehr frühe Form des Buchhandels)[87], der Autor wird nicht speziell bedacht.

Im Mittelalter herrscht eine ähnliche Auffassung der Beziehung von Urheber und Werk vor, wenngleich christlich interpretiert: der Künstler ist jetzt nicht mehr Vermittler zwischen Göttern und Menschen[88], vielmehr kommt die Inspiration des Schaffenden von dem einen Gott. Es findet keine Zuordnung der geistigen Schöpfung zum Urheber statt.[89] Es entsteht kein Recht des Autors mit der Veröffentlichung des Werkes, vielmehr wird es als Vergehen betrachtet, wenn ein Werk, das ja von göttlicher Hand durch den Menschen entstanden war, der Allgemeinheit vorenthalten werden soll.[90]

Herstellen von Abschriften ist frei, ein urheberrechtlicher Schutz ist nicht vorgesehen. Lediglich für Dienste von Handschriftenverleihern (stationarii) wird in den Statuten einiger Universitäten ein Preis für die Vermietung von Handschriften gezahlt, von dem der Urheber selbst aber keinen Vorteil hat.[91]

Manche mittelalterliche Zeitgenossen versuchen sich vehement gegen Missbrauch ihres Werkes zu verteidigen, zum Beispiel mit dem sog. Bücherfluch: Eike von Repgow scheibt dazu in der Vorrede des Sachsenspiegels im 13. Jahrhundert: „Allen, die unrecht verfahren und sündigen mit diesem Buch, denen sende ich diesen Fluch und denen, die Falsches hinzu erdichten: Der Aussatz soll sie

---

84 Der Gattungsbegriff des Mäzen lässt sich zurückführen auf Gaius Maecenas (70-8 v. Chr.), Vertrauter und politischer Berater von Augustus und Förderer der Künste, u.a. Horaz, Vergil und Properz.

85 *Hansen*, Warum Urheberrecht?, S. 12; *Schack*, Urheber- und Urhebervertragsrecht, Rn. 103.

86 *Rehbinder/Peukert*, Urheberrecht, Rn. 127.

87 *Gieseke*, Vom Privileg zum Urheberrecht, S. 1 f.

88 *Pahud*, Die Sozialbindung des Urheberrechts, S. 3; vgl. *Bappert*, Wege zum Urheberrecht, S. 23 ff.

89 *Bappert*, Wege zum Urheberrecht, S. 64.

90 *Bappert*, Wege zum Urheberrecht, S. 63 f., 92.

91 *Gieseke*, Entwicklung des deutschen Urheberrechts, S. 17; *Rehbinder/Peukert*, Urheberrecht, Rn. 128.

dann vernichten [...]. Wer dem Teufel ohne Ende will zugehören, der sende ihm diese Urkunde und fahre zu der Hölle Grunde."[92]

2. Privilegienzeitalter

Mit der Erfindung des Buchdrucks durch Johannes Gutenberg um 1440 wird es erstmals möglich, Texte in wesentlich größerer Auflage zu drucken.[93] Grundsätzlich gelten weiter die Vervielfältigungsfreiheit und der Grundgedanke, dass dem Urheber Ruhm und Ehre Lohn genug sei.[94]

Parallel zu hohen Auflagenzahlen von Druckschriften entsteht ein zunehmendes Bedürfnis nach rechtlichem Schutz gegen unerwünschten Nachdruck.[95] Dabei steht noch der Schutz des Verlegers oder Druckers im Vordergrund. Massenhafter Druck von Literatur lohnt sich nur, wenn durch Nachdruckverbote gesichert werden kann, dass der Verkauf von Druckexemplaren die Produktionskosten (inklusive Textbeschaffung, Textbearbeitung) deckt.[96]

Zu den Schattenseiten des Buchdrucks gehören unbefugte Veröffentlichungen durch Dritte und die Erleichterung von Textveränderungen, sei es durch Unachtsamkeit des Druckers oder Vorsatz.[97]

Büchernachdruck bleibt nicht grundsätzlich verboten; Ausnahme sind als besonders wertvoll erachtete Bücher, für die spezielle Privilegien gestattet werden, ein Nachdruckverbot zu gewähren. Bei Verbotsverstoß drohen Geldstrafe und Einbehaltung der Nachdrucke, bei Zuwiderhandlung gegen päpstliche Druckprivilegien ist sogar mit Exkommunikation zu rechnen.[98]

Privilegien sind Sondergesetze, die bei jedem Regierungswechsel zu erneuern sind.[99]

---

92 *von Repgow*, Der Sachsenspiegel, Reimvorrede, S. 15.

93 Schnell erreichen durch die beweglichen Lettern die Auflagen zuvor ungeahnte Dimensionen, innerhalb von nur 60 Jahren erscheinen innerhalb Europas insgesamt ca. 27.000 Druckwerke in ca. 20 Millionen Durchschriften, davon knapp ein Drittel in Deutschland, *Wittmann*, Geschichte des deutschen Buchhandels, S. 27.

94 *Gieseke*, Entwicklung des deutschen Urheberrechts, S. 20.

95 Dittrich-II/*Hilty*, Notwendigkeit des Urheberrechtsschutzes, S. 21; *Rehbinder/Peukert*, Urheberrecht, Rn. 129.

96 *Gieseke*, Entwicklung des deutschen Urheberrechts, S. 23; *Gieseke*, Vom Privileg zum Urheberrecht, S. 17; *Rehbinder/Peukert*, Urheberrecht, Rn. 130 ff.

97 Dittrich-II/*Hilty*, Notwendigkeit des Urheberrechtsschutzes, S. 21; *Schack*, Urheber- und Urhebervertragsrecht, Rn. 110.

98 *Gieseke*, Entwicklung des deutschen Urheberrechts, S. 23 ff.

99 *Kohler*, Das Autorrecht, S. 58 f.

Das älteste deutsche kaiserliche Privileg von 1501 betrifft Gedichte von Roswita von Gandersheim.[100] Privilegien werden in den meisten Fällen befristet erteilt und nach dem erwarteten Absatz des Werkes berechnet.[101]

Einige Urheber versuchen auch in dieser Zeit, ihre Werke durch gedruckte Warnungen vor Nachahmung zu schützen.[102] Dauer eines Privilegs und Strafe im Falle eines Verstoßes werden jeweils im Privileg selbst festgelegt.[103]

Schutz erhält nicht die Urheberschaft, sondern der technische Druckvorgang; es gilt nicht als Nachdruck, wenn lediglich das Format geändert oder nur ein Buchausschnitt verbreitet wird.[104] Unter dem Gesichtspunkt des Renaissancegedankens schien eine finanzielle Entschädigung für die Verwertung der eigenen Texte für den Verfasser unangemessen.[105]

Es gibt nur einzelne Autorenprivilegien, die eine Belohnung des Autors für seine (geistige) Leistung darstellen; danach ist der Urheber befugt, seine Schrift einem Verleger seiner Wahl anzuvertrauen.[106]

Privilegien schützen allerdings nur gegen den innerstaatlichen Nachdruck und sind grenzüberschreitend wirkungslos.[107]

Später werden Privilegien mit einer Zensur verknüpft für privilegierte und nicht privilegierte Bücher. Zensiert wird bereits Anfang des 16. Jahrhunderts in

100 *Gieseke*, Entwicklung des deutschen Urheberrechts, S. 24; *Rehbinder/Peukert*, Urheberrecht, Rn. 131; *Schack*, Urheber- und Urhebervertragsrecht, Rn. 106.

101 *Gieseke*, Entwicklung des deutschen Urheberrechts, S. 33.

102 Albrecht Dürer versieht 1511 seine Holzschnitte-Sammlung zum „Marienleben" mit der Warnung: „Wehe dir, du hinterhältiger Räuber fremder Arbeit und fremden Geistes; hüte dich, unbedacht Hand an dieser unser Werk anzulegen! Denn wisse, vom ruhmvollen Kaiser Maximilian wurde uns zugestanden, dass es niemand wagen darf, mit gefälschten Stöcken diese Bilder nachzudrucken oder zu verkaufen. Wenn du aus Missachtung oder verbrecherischer Habgier dagegen handelst, so wisse sicher, dass du mit der Konfiskation deiner Güter und größter Gefahr zu rechnen hast.", *Mende/Schoch/Scherbaum*, Albrecht Dürer: das druckgraphische Werk – Holzschnitte und Holzschnittfolgen, Band 2, S. 179.

103 Im Carolinaprivileg wird beispielsweise „eine Strafe von 10 Mark, zur Hälfte dem Privilegierten, zur Hälfte dem Reiche, und Einziehung der Drucke [gestattet], wobei dem Privilegierten Selbsthilfe gestattet war", *Kohler*, Das Autorrecht, S. 60.

104 *Kohler*, Das Autorrecht, S. 32 f.

105 Dittrich-II/*Hilty*, Notwendigkeit des Urheberrechtsschutzes, S. 23.

106 Dieses Privileg, das gleichzeitig einen Wettbewerbsvorteil für den Verleger darstellt, wird meist für einen Zeitraum zwischen drei und zehn Jahren erteilt, *Rehbinder/Peukert*, Urheberrecht, Rn. 132; *Schack*, Urheber- und Urhebervertragsrecht, Rn. 108.

107 *Wittmann*, Geschichte des deutschen Buchhandels, S. 132.

fast allen Staaten Europas; es ist üblich, die Zensur mit der Erteilung der Privilegien zu verbinden.[108] So wird das Druckprivileg zu einer Art Druckerlaubnis,[109] obwohl der ursprüngliche Gedanke darauf abzielte, den Nachdruck zu verbieten. So wird diese Verbindung von Privileg und Zensur zu einer „besonders zählebigen Institution", die bis in das 19. Jahrhundert besteht, auch wenn sie rechtlich und wirtschaftlich gesehen bereits überholt ist.[110]

3. Gedanke des Verlagseigentums

Soweit bekannt vollzieht sich im 17. Jahrhundert eine Wende: vom Verleger wird erstmals an den Autor ein einmaliges Honorar für die Überlassung seines Manuskripts gezahlt. Dennoch bleibt grundsätzlich das Recht des Verlegers an der Nutzung des Werks im Vordergrund; aus der langen Praxis des privilegierten Drucks leitet man ein gewohnheitsmäßiges Recht des Verlegers auf Verlagseigentum ab: ein generelles Recht auf Vervielfältigung und Verbreitung eines von ihnen verlegten Werkes zum Schutz gegen den Büchernachdruck.[111] Das damalige Rechtsverständnis hat nahezu ausschließlich die Interessen des Verlegers im Blick; das Verlagsrecht wird als originär durch Verlag und Druck des Werkes erworben erachtet.[112]

4. Vorgehen gegen Plagiate

Der Wunsch nach Schutz vor Plagiaten[113] bleibt in der europäischen Geschichte auf einzelne Forderungen beschränkt, Originalwerke nicht zu verfälschen.[114]

Das Buchdruckverfahren erleichtert es, den Autor zu ersetzen oder fremdes Gedankengut in eigene Werke einzufügen. Ende des 17. Jahrhunderts wird über das Plagiatsproblem viel diskutiert, auch angestoßen von der von Jacob

108 *Kohler*, Das Autorrecht, S. 40, 49.

109 *Gieseke*, Entwicklung des deutschen Urheberrechts, S. 43.

110 *Gieseke*, Entwicklung des deutschen Urheberrechts, S. 44.

111 Dittrich-II/*Hilty*, Notwendigkeit des Urheberrechtsschutzes, S. 25; *Gieseke*, Entwicklung des deutschen Urheberrechts, S. 51.

112 *Gieseke*, Entwicklung des deutschen Urheberrechts, S. 55.

113 Der heutige Begriff Plagiat leitet sich vom Wort „plagiarius" des römischen Dichters Marcus Valerius Martialis ab (geboren im Jahr 40): „Plagiarius" (Seelenverkäufer) schimpfte Martialis (1. Jh. n. Chr.) Fidentius, einen römischen Dichter seiner Zeit, Martialis Gedichte als seine eigenen ausgegeben zu haben: fremde Werke zu okkupieren sei wie die Aneignung freigelassener Slaven, nämlich „plagium" (Menschenraub). Martialis, Epigramm 1, 52.

114 *Mülke*, Der Autor und sein Text, S. 79 m.w.N.

Thomasius verfassten Dissertation,[115] in der er einen Katalog angeblicher Plagiate anfertigt. Selbst diverse Literatur der griechischen Spätantike wird nun als Plagiat erkannt.[116]

Im 18. Jahrhundert ändert sich das Leseverhalten: das erstarkende Bürgertum, das Wert auf Bildung und Belesenheit legt, zeigt nun besonderes Interesse an nicht wissenschaftlicher Literatur, die zuvor den Großteil des Buchdruckes ausgemacht haben dürfte.[117] So wächst beispielsweise das Interesse an Romanen und an allem, was „den Wissensdurst und die Erfahrungssucht des neuen Lesepublikums […] befriedigen“[118] kann.

Ende des 18. Jahrhunderts wird der Gedanke konkret, auch nicht privilegierte Bücher vor dem unerlaubten Nachdruck schützen zu müssen, wenn auch nur vorübergehend.[119]

Erste gesetzliche Nachdruckverbote treten in Kraft, können jedoch die bisherigen Privilegien nicht verdrängen, es besteht zu dieser Zeit beides parallel. Erst im 19. Jahrhundert kann sich durch Gesetz ein Schutz gegen den Nachdruck gegen die Privilegien durchsetzen.[120]

Das Allgemeine Landrecht für die Preußischen Staaten von 1794 regelt als erstes deutsches Gesetzbuch den Verlagsvertrag und auch das Verlagsrecht[121] (Erster Theil, Eilfter Titel, Achter Abschnitt). Daraus und aus den Materialien des Gesetzbuches[122] lässt sich entnehmen, dass der Verfasser, Carl Gottlieb Svarez, das Verlagsrecht aus dem Eigentumsrecht des Verfassers an seinem Werk ableitet. Laut § 1022 in Bezug auf § 102 gebührt das volle Verlagsrecht von Anfang an dem Buchhändler, wenn dieser den Schriftsteller beauftragt hat, ein Werk für ihn zu schreiben, oder der Schriftsteller als Mitarbeiter für ihn tätig ist.[123] In anderen Fällen ist dem Verfasser das Eigentum an seinem Werk zuzustehen. Dieses Recht

---

115 *Thomasius*, Dissertatio philosophica de plagio literario.

116 Ausführliche Studien zu diesem Thema von *Stemplinger*, Das Plagiat in der griechischen Literatur.

117 *Vogel*, Deutsche Urheber- und Verlagsrechtsgeschichte zwischen 1450 und 1850, S. 51; *Kapp/Goldfriedrich*, Geschichte des deutschen Buchhandels, Band III, S. 27.

118 *Vogel*, Deutsche Urheber- und Verlagsrechtsgeschichte zwischen 1450 und 1850, S. 51 f.

119 Wadle/*Gieseke*, Historische Studien zum Urheberrecht in Europa, S. 21.

120 Wadle/*Wadle*, Historische Studien zum Urheberrecht in Europa, S. 33.

121 *Gieseke*, Entwicklung des deutschen Urheberrechts, S. 112 f.

122 *Voigtländer*, Das Verlagsrecht im Preußischen Landrecht und der Einfluß Friedrich Nicolais darauf, in: Archiv für Geschichte des deutschen Buchhandels 1898, S. 4 ff.

123 *Gieseke*, Entwicklung des deutschen Urheberrechts, S. 113.

ist auf seine Lebenszeit beschränkt, § 1020, und geht nach seinem Tod nicht auf seine Erben über.

Auch in Bayern, Österreich, Frankreich, der Schweiz und den Niederlanden wird mit verschiedenartig formulierten (Urheberrechts-)Gesetzen versucht, den Nachdruck einzudämmen,[124] allerdings mit unterschiedlichem Erfolg.

So gibt es eine Vorschrift im Strafgesetzbuch für das Königreich Baiern von 1813. Nach Art. 397 § 3 soll nach den Bestimmungen in den Polizeistrafgesetzen bestraft werden, wer Werke ohne Erlaubnis (Privilegien) vervielfältigt. Jedoch handelt es sich gerade nicht um ein spezifisches Urheberrechtsdelikt, sondern um Regelungen zu Diebstahl und Betrug (Art. 397 § 2).[125].

Überlegungen zum Schutz eines Autors sind seinerzeit in Frankreich im Rahmen der französischen Revolution weiter gediehen als in Deutschland.[126]

5. Konzepte zum Recht am immateriellen Gut bis zum Ende des 19. Jahrhunderts

Das Eigentum an greifbaren Dingen, das körperliche Sacheigentum, ist seinerzeit anerkannt. Aber etwas Geistiges, nicht Greifbares zu Eigentum zu erklären, bleibt nur schwerlich in juristische Regelungen zu bringen.

a) Philosophische Grundlagen

Grundsteine des geistigen Eigentums bzw. des Urheberrechts werden im europäischen Raum vornehmlich durch John Locke, Immanuel Kant und Johann Gottlieb Fichte gelegt. Kant und Fichte stützen sich bei ihrer Argumentation auf Lockes „Arbeitstheorie", wonach der Mensch ein Anrecht auf die Dinge hat, die die Natur hervorbringt.[127] Diese darf er be- und verarbeiten. Durch diesen Vorgang, durch die Arbeit des Menschen an den Dingen der Natur, erhält er daran Eigentum.[128] Diese „Arbeitstheorie" wird von Locke für das Sacheigentum entwickelt, bereits Anfang des 18. Jahrhunderts werden dann darauf die ersten Begründungsversuche geistigen Eigentums bzw. des Urheberrechts gestützt.

---

124 *Gieseke*, Entwicklung des deutschen Urheberrechts, S. 120 ff.

125 *Weber*, Der strafrechtliche Schutz des Urheberrechts, S. 23.

126 *Ulmer*, Urheber- und Verlagsrecht, S. 52.

127 *Locke*, The Second Treatise of Government, Sect. 25: „[…] Men, being once born, have a right to their Preservation, and consequently to Meat and Drink, and such other things, as Nature affords for their Subsistence […]".

128 *Locke*, The Second Treatise of Government, Sect. 28: „The labour that was mine, removing them out of that common state they were in, hath fixed my Property in them.".

Kant und Fichte setzen sich mit der Unrechtmäßigkeit des Büchernachdrucks auseinander, wobei Kants Schrift – wenn auch umstritten – als „Beginn der Lehre vom Urheberrecht als Persönlichkeitsrecht“[129] gilt. Er entwirft ein Eigentumsmodell, das sein Fundament entgegen Rousseau und Locke im positiven Recht hat. Es soll „auch jede Kunst, Handwerk oder schöne Kunst, oder Wissenschaft“[130] erfassen. Kant kann sich zu dieser Zeit jedoch mit diesem Modell nicht durchsetzen.[131]

Es herrscht vielmehr die Meinung vor, dass das Urheberrecht weder ein reines Vermögensrecht noch ein reines Persönlichkeitsrecht sei; so entsteht der Gedanke des Urheberrechts als Immaterialgüterrecht.

Fichte spricht bereits vom geistigen Eigentum, vom Eigentum an den Ideen und Gedanken des Verfassers. Er trennt das Buch an sich, „das Körperliche desselben, das bedruckte Papier“,[132] dessen Eigentum beim Verkauf auf den Käufer übergeht, vom Geistigen.

Am Inhalt des Buches, an den geistigen Ideen, könne nur der Verfasser ausschließliches Eigentum haben (durch das Lesen erhält der Leser lediglich Miteigentum am Geistigen), da jeder Leser dieser Gedanken sich diese nicht zueignen könne, ohne dass er dadurch ihre Form verändere.[133]

Daran lassen sich nach Fichte zwei Rechte des Schriftstellers erkennen: zum einen dürfe ihm das geistige Eigentum an seinem Werk nicht abgesprochen werden, zum anderen habe er das Recht zu verhindern, dass jemand in sein ausschließliches Recht eingreife.[134] Für Fichte ist der Nachdruck ein Verfahren, „gegen welches jeder Wohldenkende einen innern Abscheu fühlt“.[135]

Auch Hegel unterscheidet zwischen dem Kauf eines Buches, mit dem der Käufer nur das Exemplar als Einzelnes erwirbt, und dem Urheberrecht des Autors, wobei der Verfasser Eigentümer der allgemeinen Art und Weise bleibt.[136]

Besonders Schopenhauer arbeitet den Unterschied zwischen Sacheigentum und geistigem Eigentum heraus; am Gedankenwerk des Autors bestehe

129 *Oberndörfer*, Die philosophische Grundlage des Urheberrechts, S. 97.

130 *Kant*, Kants Werke Band VIII – Über den Gemeinspruch, S. 295.

131 *Oberndörfer*, Die philosophische Grundlage des Urheberrechts, S. 102–107.

132 *Fichte*, Berlinische Monatsschrift 1793, 443 (447).

133 *Fichte*, Berlinische Monatsschrift 1793, 443 (451).

134 *Fichte*, Berlinische Monatsschrift 1793, 443 (451 f.).

135 *Fichte*, Gesamtausgabe der Bayerischen Akademie der Wissenschaften, Band I, 1 (1762–1814), Beweis der Unrechtmäßigkeit des Büchernachdrucks, S. 409.

136 *Hegel*, Grundlinien der Philosophie des Rechts, §§ 68, 69: „Das Eigenthümliche an der geistigen Produktion“.

immaterielles Eigentum, somit könne es nicht denselben Regeln wie das materielle Eigentum unterworfen werden.[137] Die Benutzung des geistigen Werkes geschehe durch Mitteilung, deshalb müsse das geistige Eigentum die Mitteilung schützen.[138]

Darauf baut Josef Kohler ab 1874 seine Lehre vom Immaterialgüterrecht auf.[139] Das Urheberrecht ist für ihn „ein Recht an einem außerhalb des Menschen stehenden, aber nicht körperlichen, nicht fass- und reifbaren Rechtsgute".[140] Kohler vertritt die dualistische Theorie, der Gegenstand des Urheberrechts sei von der Persönlichkeit als Eigenwesen verschieden, deshalb wendet sich Kohler gegen die Theorie vom Persönlichkeitsrecht. Aber auch von der Sache, dem Objekt des Sacheigentums sei der Schutzgegenstand verschieden, so spricht sich Kohler auch gegen die Auffassung vom geistigen Eigentum aus.

Später entwickelt sich die monistische Theorie, dass die Verklammerung des Schutzes materieller und ideeller Interessen des Urhebers enger sei als die dualistische Theorie annimmt, es handele sich um ein einheitliches Recht mit einer doppelten Funktion.[141] Die monistische Theorie wird nach Vorarbeiten von Rabel, Allfeld und Mitteis[142] zunächst in das österreichische UrhG von 1936 aufgenommen, bevor sie 1965 auch in das deutsche UrhG Einzug findet. Ulmer vergleicht die monistische Theorie des Urheberrechts mit einem Baum („Baumtheorie"); beide das Urheberrecht schützende Interessengruppen seien den Wurzeln eines Baumes analog, von denen ein einheitlicher Stamm auswachse, der das Urheberrecht sei.[143]

---

137 *Rehbinder/Peukert*, Urheberrecht, Rn. 151.

138 *Frauenstädt*, Aus Arthur Schopenhauers handschriftlichem Nachlaß, S. 380 f.

139 *Kohler*, UFITA 123 (Nachdruck 1993), 81 ff.; zusammenfassende Darstellung in *Kohler*, Urheberrecht an Schriftwerken und Verlagsrecht, S. 128 ff., 439 f.

140 *Kohler*, Urheberrecht an Schriftwerken und Verlagsrecht, S. 1.

141 *Rehbinder/Peukert*, Urheberrecht, Rn. 154.

142 *Rabel*, UFITA 108 (1988), 185 (185 ff.); *Allfeld*, Das Urheberrecht an Werken der Literatur und der Tonkunst, Einl. S. 20 f.; *Mitteis*, Grundriß des österreichischen Urheberrechts, S. 61 f.

143 Die Äste und Zweige würden die urheberrechtlichen Befugnisse darstellen, die ihre Kraft teils aus beiden, mal aus einer Wurzel zögen. Auch beim Erben und nicht nur bei der Entstehung des Urheberrechts zeige sich die Einheit desselben, da die persönlichkeitsrechtlichen Befugnisse zusammen mit den Nutzungsrechten entstünden, erlöschen und zusammen mit diesen vererbt würden. Diese Einheit gelte jedoch nicht in der Form für die Übertragung der Nutzungsrechte; darüber könne der Urheber verfügen, jedoch nicht über die persönlichkeitsrechtlichen Befugnisse. Das Urheberrecht sei insgesamt weder Vermögensrecht noch Persönlichkeitsrecht, sondern eine

Eine derartige Betrachtungsweise gründet im primär individualistischen Denken, der Mensch als Individuum steht hier im Vordergrund. Folglich müsse eine geistige Schöpfung dieses Individuums auch diesem persönlich zugehörig sein, es begründe eine spezielle Beziehung zwischen dem Urheber und seinem Werk.[144]

In gesellschaftlichen Theorien, in denen der Einzelne hinter dem Kollektiv zurückzutreten habe, wird naturgemäß weniger Wert auf den Urheber als Person gelegt. Im Marxismus ist Eigentum nur als Gemeineigentum gedacht; persönliches Eigentum begründe Herrschaftsverhältnisse und beute den Arbeiter aus. Neben der Abschaffung des materiellen Privateigentums hat hier auch das geistige Eigentum keinen speziellen Stellenwert, es gehört vielmehr der Gemeinschaft und soll niemandem eine Herrschaftsposition vermitteln.

In einigen kommunistisch geprägten Staaten wird Plagiarismus zwar verfolgt, doch Geistiges Eigentum wird hier nicht dem Individuum zugeordnet. Die Beziehung besteht hier nicht zwischen Individuum und Werk, sondern zwischen Kollektiv und Werk; das Kollektiv, dessen Mitglied der Urheber ist.[145]

b) Deutschland

Es bleibt in Deutschland zunächst juristisch weiterhin umstritten, inwiefern dem Verfasser Eigentum an seiner Schrift zusteht. Manche wollen dem Verfasser nach Veröffentlichung seines Werkes kein ausschließliches Eigentum daran zubilligen.[146] Andere wollen dem Verfasser unbedingt hier ein Eigentumsrecht zugestehen, allerdings nur Eigentum an der Schrift, nicht an den Gedanken selbst, da daran niemand Eigentum haben könne.[147] Man hat Schwierigkeiten, den bisherigen Eigentumsbegriff – ursprünglich aus dem römischen Recht für körperliche Gegenstände stammend – auf unkörperliche Gegenstände zu übertragen. Unter dem Einfluss der historischen Rechtsschule wendet man sich nach und nach von der Analogie der Dogmatik des Sacheigentums zum Konzept des

---

Mischform. *Ulmer*, Urheber- und Verlagsrecht, S. 116; *Rehbinder/Peukert*, Urheberrecht, Rn. 154.

144 *Stallberg*, Urheberrecht und moralische Rechtfertigung, S. 57.

145 *Stallberg*, Urheberrecht und moralische Rechtfertigung, S. 203.

146 Vgl. *Griesinger*, Der Büchernachdruck, S. 18: „Ein Buch, sobald es gedruckt ist und an jedermann verkauft wird, wird auch Gemeingut aller, und gehört der ganzen Welt […]" vgl. auch die scharfe Kritik Kohlers, *Kohler*, Urheberrecht an Schriftwerken und Verlagsrecht, S. 82 f.

147 *Schmid*, Der Büchernachdruck, S. 71 f.

sog. geistigen Eigentums ab, kann jedoch zunächst keine für alle akzeptable Alternative anbieten.[148]

Buchhändler setzen ihre Hoffnung auf ein Gesetz gegen den Nachdruck auf den Wiener Kongress 1815. Der Deutsche Bund bleibt jedoch ohne Gesetzgebungskompetenz, sodass in Art. XVIII lit. d) der Bundesakte vom 08.06.1815 nur die Bestimmung aufgenommen wird, dass sich die Bundesversammlung bei ihrem ersten Treffen um die Sicherstellung der Rechte von Schriftstellern und Verlegern kümmern solle. Da Metternich das Nachdruckverbot mit einer Verschärfung des Karlsbader Zensurbeschlusses[149] verbinden will, ziehen sich die Beratungen in die Länge.[150]

Erst Ende des 19. Jahrhunderts, als wiederum neue Vervielfältigungs- und Wiedergabetechniken aufkommen und der Wunsch nach Schutz vor ungenehmigter Bearbeitung und/oder Übersetzung eines Werkes größer wird, setzen sich die Lehren von Kohler[151] (dualistische Theorie[152]) und von Gierke[153] (Urheberrecht als reines Persönlichkeitsrecht) zunehmend in der Literatur durch.[154]

Auch damals bleibt umstritten, was im Vordergrund des Urheberrechtsschutzes stehen soll. Die Argumentation geht von der pekuniären Seite, der Urheber müsse Lohn erhalten für seine geistigen und schöpferischen Mühen, bis hin zur

---

148 Loewenheim/*Loewenheim/Vogel*, Handbuch UrhR, § 2 Rn. 9.

149 Die Karlsbader Beschlüsse sind Resultat der Karlsbader Ministerialkonferenzen (06.-31.08.1819), die u.a. die Zensur einführten; viele Veröffentlichungen hatten sich einer Vorzensur unterziehen, umfangreiche Schriften auch einer Nachzensur.

150 *Rehbinder/Peukert*, Urheberrecht, Rn. 142; Goethe, dessen Werke aufgrund großer Nachfrage oft nachgedruckt werden, wendet sich 1825 an den Deutschen Bund mit dem Wunsch nach Schutz der Cotta'schen Vollständigen Ausgabe letzter Hand (erschienen 1827–1830, sog. Taschenausgabe) und lässt sich zusätzlich 39 Privilegien von den Einzelstaaten (35 Fürstentümer und 4 freie Städte) einräumen. *Fröbe*, Die Privilegierung der Ausgabe „letzter Hand“ Goethes sämtlicher Werke, in: Archiv für Geschichte des Buchwesens II (1960), S. 187 -229; zur Durchsetzung des Schutzes der Werke von Schiller in der Schweiz siehe *Schwarber*, UFITA 114 (1990), 101 (101 ff.).

151 Im Ganzen *Kohler*, Das Autorrecht; *Kohler*, Urheberrecht an Schriftwerken und Verlagsrecht, S. 128 ff.; zu Kohler ausführlich Wadle/*Dölemeyer*, Historische Studien zum Urheberrecht in Europa, S. 139 ff.; siehe auch Schricker/Loewenheim/*Vogel*, UrhR, Einl. Rn. 129.

152 Urheberrecht und Persönlichkeitsrechte des Autors getrennt.

153 *von Gierke*, Deutsches Privatrecht, S. 762 ff.; zu von Gierke näher *Dölemeyer/Klippel*, FS 100 Jahre GRUR, S. 185 (226 f.).

154 Loewenheim/*Loewenheim/Vogel*, Handbuch UrhR, § 2 Rn. 10.

Vernachlässigung dieses Aspektes (es zähle nicht die Bemühung, sondern der Erfolg) und zur Rechtsanmaßung des Nachdruckers.

Leopold Joseph Neustetel sieht die größte Injurie darin, eigenmächtig fremdes Gedankengut bekannt zu machen, sich ein fremdes Recht anzumaßen,[155] denn der Autor könne ein berechtigtes Interesse daran haben, dass kein anderer als der von ihm autorisierte Verleger sein Werk veröffentliche, zum Beispiel bei einer verbesserten oder korrigierten Neuauflage. Ein Eigentum an Geisteswerken lehnt Neustetel jedoch ab,[156] in diese Richtung gehen die Bestrebungen damals nicht, war diese Vorstellung damals vielleicht zu neu und ungewohnt.

Einigkeit besteht lediglich darin, dass der Autor das Recht habe, als Verfasser genannt zu werden und über die Druckveröffentlichung selbst zu entscheiden.[157]

Trotz diverser Nachdruckverbote und angeregter Diskussion gelingt es der Rechtswissenschaft bis Mitte des 19. Jahrhunderts nicht, eine einheitliche und allgemein anerkannte Lehre vom Urheberrecht, hier vom ausschließlichen Recht an eigenen Geisteswerken, zu schaffen.[158]

Die Bundesstaaten vertreten teilweise divergierende Ansichten, entsprechend bleiben die Regelungen zum Schutz literarischer Werke unterschiedlich. Fast schon überraschend kommt es dann doch bei der Wiener Ministerkonferenz 1834 zu einer Einigung über den Nachdruck[159] (Art. 36 des Wiener Schlußprotokolls). Am 02.04.1835 beschließt die Bundesversammlung ein „Allgemeines Verbot des Nachdrucks im Umfange des Bundesgebiets", mit dem Bestreben, das schriftstellerische Eigentum festzustellen und zu schützen; die Regierungen hatten daraufhin zwei Monate Zeit, diesen Beschluss umzusetzen oder zumindest darzulegen, wie sie dies für die Zukunft beabsichtigten.[160] Damit gibt es in Deutschland erstmals ein einheitliches Nachdruckverbot.

---

155 *Neustetel*, Der Büchernachdruck, nach römischem Recht betrachtet, S. 54.

156 *Neustetel*, Der Büchernachdruck, nach römischem Recht betrachtet, S. 4 f. Treffend fasst es Jolly zusammen: „Fast der einzige Gewinn, welcher aus den älteren Erörterungen über den Nachdruck sich ergeben hatte, war der, daß man allmählig zu der Einsicht gelangt war, ein rechtliches Verbot des Nachdrucks setze die Anerkennung eines besonderen ausschließlichen Rechts des Autors zu mechanischer Vervielfältigung und Verbreitung seines Werkes voraus, das von dem Eigenthum an einem einzelnen Exemplar desselben unterschieden werden müsse. Über die innere juristische Natur jenes Rechtes waren […] klare Wortstellungen noch nicht gebildet […]." *Jolly*, Die Lehre vom Nachdruck, S. 29 f.

157 *Gieseke*, Vom Privileg zum Urheberrecht, S. 210.

158 Vgl. auch *Gieseke*, Entwicklung des deutschen Urheberrechts, S. 141.

159 *Gieseke*, Entwicklung des deutschen Urheberrechts, S. 148.

160 *Bundesversammlung*, Protokolle vom Jahre 1835, S. 270.

Zunächst wird das Nachdruckverbot unbefristet beschlossen, in der Sitzung vom 05.11.1835 aber auf 10 Jahre nach dem Erscheinen des Werkes beschränkt.[161] Diese Beschränkung stößt in vielen Bundesstaaten auf Kritik, die verhältnismäßig kurze Schutzdauer sei unzureichend und zumindest auf die Lebenszeit des Schriftstellers auszuweiten, wenn nicht sogar noch auf Jahre nach seinem Tod.[162] Ein Grund für die unterschiedliche Beurteilung der Schutzdauer könnte sein, dass das Urheberrecht nicht als ein automatisch, ohne notwendige Gesetzgebung entstehendes Recht angesehen wird, vielmehr als ein Recht, das ähnlich den Privilegien durch Gesetze erteilt wird.[163] Zumindest Grundsteine der Anerkennung des Urheberrechtes an Schriftwerken sind damit gelegt.

Später übernimmt der Börsenverein des Deutschen Buchhandels eine wichtige Rolle, die Regelungen der Kleinstaaten zu vereinheitlichen.

Am 11. Juni 1837 tritt in Deutschland das preußische „Gesetz zum Schutze des Eigenthums an Werken der Wissenschaft und Kunst in Nachdruck und Nachbildung“ in Kraft. Danach stehen Druck und mechanische Vervielfältigung einer Schrift, einer Predigt oder einer Vorlesung nur deren Urhebern oder einem von diesen Befugten zu; dreißig Jahre nach dem Tod des Urhebers sollten die Rechte an dem Werk an die Allgemeinheit übergehen, das Werk also gemeinfrei werden. Preußen ist hier eines der ersten Länder, andere folgten nach. Damit gibt es zum ersten Mal in Deutschland ein Gesetz zum Schutz der Urheber. Das Gesetz ist zwar im Grundsatz strafrechtlich konzipiert wie die Nachdruckverbote, die bereits in den deutschen Staaten erlassen worden waren,[164] baut aber auf dem Gedanken des Urheberschutzes auf und verfolgt nicht mehr die Interessen des Verlegers oder Händlers.[165]

Im Vergleich dazu scheint das Gesetz der Bundesversammlung weniger fortschrittlich. Die Schutzfrist wird hier erst 1845 auf 30 Jahre nach dem Tod des Urhebers verlängert, erst 1934 auf 50 Jahre.

1857 wird der Schutz, der seit 1841 für ungedruckte dramatische und musikalische Werke durch ein Aufführungsrecht gewährt wird, auch auf gedruckte

161 *Bundesversammlung*, Protokolle vom Jahre 1835, S. 1053 ff.

162 *Bundesversammlung*, Protokolle vom Jahre 1836; *Bundesversammlung*, Protokolle vom Jahre 1837; *Gieseke*, Entwicklung des deutschen Urheberrechts, S. 150.

163 *Gieseke*, Entwicklung des deutschen Urheberrechts, S. 149.

164 *Rehbinder*, ZUM 1987, 328 (328 f.).

165 *Rehbinder/Peukert*, Urheberrecht, Rn. 143.

Werke ausgedehnt. Damit gibt es in Deutschland erstmals einen allgemeinen Urheberrechtsschutz.[166]

Mit der Frankfurter Reichsverfassung (Paulskirchen-Verfassung) vom 27.03.1849 wird auf Reichsebene mit § 164 Abs. 3 der Schutz des Geistigen Eigentums aufgegriffen: „Das geistige Eigenthum soll durch die Reichsgesetzgebung geschützt werden." Die Umsetzung der Frankfurter Reichsverfassung scheitert jedoch letztendlich politisch, sie wird zwar mit ihrer Verkündung rechtskräftig, kann jedoch gegen den Widerstand des preußischen Königs und der Fürsten im Deutschen Bund nicht durchgesetzt werden.

Am 11.06.1870 verabschiedet der Norddeutsche Bund das „Gesetz, betreffend das Urheberrecht an Schriftwerken, Abbildungen, musikalischen Kompositionen und dramatischen Werken"[167] in der Bestrebung, die Nachdruckgesetzgebung

---

166 Der erste größere bekannte Prozess verdeutlicht aber die Auslegungsproblematik: Der Philosoph Schelling lehrte an der Universität Berlin 1841/42, veröffentlichte aber keine seiner philosophischen Werke. Sein wissenschaftlicher Gegner Paulus (Theologieprofessor) ließ die erste von Schelling gehaltene Vorlesung wörtlich nachschreiben und brachte sie ein Jahr später 1843 in seinem eigenen Buch als „Wörtlichen Text der endlich offenbar gewordenen von Schelling'schen positiven Philosophie der Offenbarung" heraus. Schelling war mit der wörtlichen Wiedergabe seiner Vorlesung nicht einverstanden und brachte die ersten Prozesse gegen den Nachdruck ins Rollen, der nach den Beschlüssen des Deutschen Bundes verboten war. Paulus bestritt die Vorwürfe des Nachdrucks, da er die fremde Rede und damit Lehre Schellings nicht einfach nur abgeschrieben habe, sondern dessen Vorlesung mit Vorrede, Einleitung und mit „beleuchtenden Erklärungen und Bekämpfungen" versehen habe; somit mache die wörtlich übernommene Vorlesung nur ein Viertel des gesamten Buches aus und Paulus beanspruchte selbst volles geistiges Eigentum an diesem Buch. Zudem könne es sich nicht um einen Nachdruck handeln, da Schelling seine Vorlesung oder Gedanken nie zuvor veröffentlicht habe. Zunächst konnte Schelling eine Beschlagnahme der Bücher erreichen, seine Klagen hatten jedoch letztendlich keinen Erfolg, da man bei Paulus keine Gewinnabsicht sah. Auch bei der damaligen Gesetzeslage ist die Entscheidung fragwürdig. Auch wenn es sich nicht um einen Nachdruck im ursprünglichen Sinne handelt, da Schelling selbst nichts schriftlich veröffentlicht hat, durfte auch damals ohne Einwilligung des Urhebers nichts veröffentlicht werden, da die Entscheidung über die Veröffentlichung allein beim Urheber liegen muss. Dies ist eins der entscheidenden Ausschließlichkeitsrechte des Urhebers, die Entscheidung, sein Werk zu veröffentlichen oder auch eben nicht. Dies hätte man auch damals schon beachten können. *Rehbinder/Peukert*, Urheberrecht, Rn. 144 f.

167 BGBl. des Norddeutschen Bundes Band 1870, Nr. 19, Seite 339–353.

einheitlich zu regeln. Damit verbessert sich die bisher eher unbefriedigende Rechtssituation nach umfangreichen Vorarbeiten.[168]

Das deutsche Kaiserreich übernimmt 1870 das vom Norddeutschen Bund verabschiedete Gesetz als „Gesetz betreffend das Urheberrecht an Werken der bildenden Künste" für ganz Deutschland.

Die Verfassung des Deutschen Kaiserreiches vom 16.04.1871 (Bismarck'sche Reichsverfassung), die inhaltlich der Verfassung des Norddeutschen Bundes ähnelt, regelt den „Schutz des geistigen Eigenthums" in Art. 4 Nr. 6. Damit wird das Gesetz des Norddeutschen Bundes zum Reichsgesetz erklärt. Den Bürgern werden zunehmend auch wirtschaftliche Freiheiten gewährt, dazu zählt auch der Urheberrechtsschutz.

Der Schutz des Geistigen Eigentums ist nun auch verfassungsrechtlich garantiert.

Das Reichsgesetz wird 1876 durch das „Gesetz betreffend das Urheberrecht an Werken der Bildenden Künste", das „Gesetz betreffend den Schutz der Photographien" und das „Gesetz betreffend das Urheberrecht an Mustern und Modellen" ergänzt.

Nach Implementierung des Urheberrechts in den einzelnen Staaten ist es ein gemeinsames Anliegen von Urhebern und Verlegern, das Urheberrecht auch im Ausland zu realisieren, da das deutsche Urheberrecht an der Grenze des deutschen Staates endet. Zunächst werden diverse bilaterale Handelsverträge geschlossen, in denen sich zwei Staaten zur gegenseitigen Anerkennung des Urheberrechts verpflichten.

Mit dem multilateralen Abkommen der „Berner Übereinkunft" von 1886 unterzeichnen mehrere europäische Länder das erste internationale Abkommen zum Urheberrecht und sichern ausländischen Urhebern die gleiche Behandlung zu wie inländischen. Zunächst unterzeichnen diejenigen Staaten, die besonderes Interesse daran haben, ihre Künstler auch im Ausland finanziell entlohnt zu sehen,[169] da sie Kultur und sonstige geistige Werke exportieren, Großbritannien, Deutschland, Frankreich, Italien, Spanien, Tunesien, die Schweiz und Belgien. Die USA treten ebenso wie das Russische Reich zunächst nicht bei, da beide ausländische Kultur bzw. Kulturgüter eher importieren.

Mittlerweile sind 175 Staaten[170] der Berner Übereinkunft beigetreten, die die sog. Berner Union bilden. Bisher wurde die Berner Übereinkunft sechsmal

168 Siehe dazu die Materialien in *Kommissionsprotokoll*, UFITA 120 (1992), 177 ff.; *Kommissionsprotokoll*, UFITA 123 (1993), 71 ff.

169 Vgl. Artt. 1, 2 der Berner Übereinkunft von 1886.

170 Stand 2017 nach Angaben der WIPO.

revidiert, so spricht man seit der Überarbeitung 1908 von der revidierten Berner Übereinkunft (RBÜ). Die letzte Überarbeitung fand 1971 statt, diese sog. Pariser Fassung haben mittlerweile fast alle Verbandsstaaten ratifiziert.

Die alten Fassungen sind jedoch nicht hinfällig, sondern dann relevant, wenn ein Verbandsstaat nicht die aktuellste Version ratifiziert hat. Deutschland hat die Pariser Fassung mit dem „Gesetz zu der am 24.06.1971 in Paris überzeichneten Übereinkunft auf dem Gebiet des Urheberrechts" angenommen, das damals in Deutschland geltende Urheberrecht jedoch nicht geändert, der deutsche Gesetzgeber sah damals keine Veranlassung dazu. Historisch gesehen ist die RBÜ ein Meilenstein zum Schutz der Interessen der Urheber, denn Urheber können nun auch in Fällen mit Auslandsbezug eine Art „Basisurheberrechtsschutz" erwarten, da die meisten (relevanten) Staaten der Welt die RBÜ anerkannt haben.[171]

Das „Gesetz betreffend das Urheberrecht an Werken der Bildenden Künste" und das „Gesetz betreffend den Schutz der Photographien" werden am 19.06.1901 durch das „Gesetz betreffend das Urheberrecht an Werken der Literatur und Tonkunst" (LUG)[172] abgelöst. Neben den literarischen Werken werden nun auch musikalische Werke geschützt. Davon getrennt in einem eigenen Gesetz geschützt werden seit dem 09.01.1907 Werke der bildenden Künste und der Fotografie (KUG oder auch KunstUrhG).

Das heute geltende deutsche Urheberrecht geht in seinen Grundzügen auf diese Gesetze zurück. Die den Bildnisschutz betreffenden Vorschriften des KUG gelten gem. § 141 Abs. 5 UrhG auch nach dem Inkrafttreten des UrhG 1965 fort. Ursprünglich wollte man die Regelungen des Bildnisschutzes einer Gesamtkodifikation des Persönlichkeitsrechts vorbehalten, zu einer Neuregelung des Bildnisschutzes ist es jedoch bisher nicht gekommen.[173]

In der Weimarer Reichsverfassung von 1919 wird der Schutz des Urhebers klar verfassungsrechtlich abgesichert, auch für das Ausland. Art. 158 bestimmt, dass „die geistige Arbeit, das Recht der Urheber, der Erfinder und der Künstler [...] den Schutz und die Fürsorge des Reichs [genießt]." Absatz 2 regelt, dass es Sache des Reiches sei, durch zwischenstaatliche Vereinbarungen dafür zu sorgen, dass die Schöpfungen deutscher Wissenschaft, Kunst und Technik auch im Ausland geschützt würden.

---

171 *Pauli*, Berner Übereinkunft, Rn. 3.

172 Reichsgesetzblatt 1901, S. 227–239.

173 Dreier/Schulze/*Specht*, UrhG, Vor §§ 22 ff. KUG Rn. 2.

Nicht geklärt bleibt, ob dieser Schutz sich nur auf die geistige Arbeit an sich bezieht[174] oder nun überhaupt eine Garantie des Geistigen Eigentums in der Verfassung verankert ist[175]. Beide Ansichten werden damals vertreten.

Das Urheberrecht ist bis zum Beginn der NS-Zeit so weit vorangeschritten, dass der Urheber als Person im Mittelpunkt steht und ihm zunehmend Rechte zuerkannt werden. Diese Rechte werden zugleich durch gewisse Schranken begrenzt, danach müssen die Verwertungsinteressen des Urhebers hinter dem Wohl der Allgemeinheit zurückstehen, beispielsweise das Recht zum Zitat aus einem urheberrechtlich geschützten Werk aus §§ 19 Nr. 1, 25 LUG.[176]

Im Nationalsozialismus ändert sich die Betrachtungsweise des Urheberbildes dahingehend, der Urheber habe die Pflicht, der Allgemeinheit seine Werke zuzuführen und erhalte dadurch das Privileg des Urheberrechtsschutzes.[177]

1932 gibt es einen offiziellen Regierungsentwurf für ein neues deutsches Urheberrechtsgesetz, den „Entwurf eines Gesetzes über das Urheberrecht an Werken der Literatur, der Kunst und der Photographie des Reichsjustizministeriums", in dem das LUG und das KUG verschmelzen sollen. Inhaltlich soll sich dadurch an beiden bisher etablierten Gesetzen nur wenig ändern, die Gesetze sollen an die sich schnell ändernde technische Entwicklung (Schallplatte, Rundfunk, Stummfilm, Tonfilm, Lautsprecher) angepasst werden.[178] Der Beginn des zweiten Weltkriegs legt das Vorhaben zunächst auf Eis. Somit gelten das LUG und das KUG zwischen 1933 und 1945 beinahe unverändert fort[179] – die einzige Ausnahme war eine Ausweitung der Schutzfristen.[180] Auch wenn die Vorarbeiten für eine Reform bereits weit vorangeschritten sind,[181] wird keiner der Entwürfe umgesetzt.[182]

174 So beispielsweise Nipperdey/*Goldbaum*, Die Grundrechte und Grundpflichten der Reichsverfassung III, S. 375.

175 So z.B. *Anschütz*, Die Verfassung des Deutschen Reichs, Anm. zu Art. 158.

176 *Apel*, ZJS 2010, 141 (141).

177 Dittrich-I/*Hefti*, Woher kommt das Urheberrecht und wohin geht es?, S. 169 f.

178 Siehe Begründung zum Regierungsentwurf von 1932.

179 *Wandtke*, UFITA 2002, 451 (452 ff.).

180 Gesetz v. 13.12.1934, RGBl. II S. 1395; zu den Besonderheiten bei der Schutzfrist für Photographien Dreier/Schulze/*Dreier*, UrhG, Vor § 64 ff. Rn. 9.

181 *Vogt*, Die urheberrechtlichen Reformdiskussionen in Deutschland während der Zeit der Weimarer Republik und des Nationalsozialismus, S. 309.

182 *Pahlow*, ZNR 2007, 349, in einer Rezension zu Vogt; ein Grund mag gewesen sein, dass die Entwürfe aus der Weimarer Zeit nicht zur Grundlage eines nationalsozialistischen Gesetzes werden sollten, vgl. *Kopsch*, UFITA 8 (1935), 121 (122).

Im Nationalsozialismus sei der Urheber zwar Schöpfer des Werks, die Schöpfung des Werkes sei ihm jedoch nur möglich, da er Teil einer kulturellen Gemeinschaft sei, aus deren Fundus er sich letztlich bediene;[183] ohne diese kulturelle Vorarbeit der Gesellschaft sei es dem Urheber gar nicht erst möglich, sein Werk zu schaffen.[184]

Einen Urheberrechtsschutz soll es nur deshalb geben, um den Urheber anzuspornen, weiter im Interesse der Volksgemeinschaft kreativ tätig zu sein.[185] Wenn beide Interessen kollidieren, sollen die Interessen des Urhebers hinter denen der Allgemeinheit zurückstehen.[186]

Der Urheber soll zwar vergütet werden, doch hat er bei der Verwertung die angeblichen „natürlichen Grenzen", die ihm durch seine „ideelle Verbindung mit der Volksgemeinschaft" gezogen werden, zu beachten.[187] Dazu gibt es ein System gesetzlicher Lizenzen, damit der Urheber, der sich nicht gegen eine Verwendung seines Werkes zugunsten der Allgemeinheit wehren kann, zumindest eine finanzielle Kompensation erhält; jedoch soll dabei nicht jede zustimmungsfreie Nutzung finanziell entlohnt werden.[188] Da das KUG und LUG jedoch ohne Reformen weiter gelten, kommt es hier durchaus zu einer Kollision des geltenden Rechts mit nationalsozialistischen Vorstellungen bezüglich des Urheberrechts.[189]

Insgesamt hat der Nationalsozialismus auch am Urheberrecht schwere Schäden angerichtet und die Entwicklung zurückgeworfen; etwa durch Vertreibung „nicht-arischer" Urheberrechtler und Errichtung der Reichskulturkammer,

---

183 *Elster*, UFITA 6 (1933), 189 (192 f.); *Kopsch*, GRUR 1936, 451 (453); *Richter*, UFITA 7 (1934), 329 (330).

184 *Hoffmann*, GRUR 1938, 1 (2); weniger strikt Bull, der an zweiter Stelle auch den Urheber als schützenswert ansah, *Bull*, UFITA 7 (1934), 378 (379); *Vogt*, Die urheberrechtlichen Reformdiskussionen in Deutschland während der Zeit der Weimarer Republik und des Nationalsozialismus, S. 302 f. m.w.N.

185 Dittrich-I/*Hefti*, Woher kommt das Urheberrecht und wohin geht es?, S. 165 ff.; *Kopsch*, UFITA 7 (1934), 221 (385, 387); so folgert *Vogt*, Die urheberrechtlichen Reformdiskussionen in Deutschland während der Zeit der Weimarer Republik und des Nationalsozialismus, S. 302 f. m.w.N.

186 *Kopsch*, UFITA 8 (1935), 121 (124); *Müller*, UFITA 6 (1933), 398 (405); mehr dazu *Vogt*, Die urheberrechtlichen Reformdiskussionen in Deutschland während der Zeit der Weimarer Republik und des Nationalsozialismus, S. 303 ff.; *Wandtke*, UFITA 2002, 451 (456).

187 *Apel*, ZJS 2010, 141 (142); *Kopsch*, GRUR 1936, 451 (454).

188 *Wandtke*, UFITA 2002, 451 (462 f.).

189 Das Urheberrecht war dabei nicht das einzige Rechtsgebiet *Rüthers*, NJW 1988, 2825 (2834); *Apel*, ZJS 2010, 141 (142).

durch die es „unliebsamen“ Urhebern nahezu unmöglich gemacht wurde, ihren Beruf weiter auszuüben und ihre Werke zu verwerten.[190] Wie auch in anderen Bereichen unterstützt die nationalsozialistische Rechtsprechung den Verfall eines auf Moral gegründeten Rechtssystems, indem sie statt Recht Unrecht spricht.[191]

KUG und LUG gelten fort, bis das Bundesjustizministerium sich der Reformarbeit wieder annimmt und 1954 zusammen mit Referentenentwürfen eines Gesetzes über Verwertungsgesellschaften auf dem Gebiet des Urheberrechts sowie eines Gesetzes über den Beitritt zur Brüsseler Fassung der Berner Übereinkunft den „Referentenentwurf eines Urheberrechtsgesetzes“ veröffentlicht.[192] Danach habe sich das Verlagsgesetz bis zu diesem Zeitpunkt im Wesentlichen bewährt, während das Urheberrecht mittlerweile veraltet sei, da sich im Laufe der Zeit immer mehr Verwertungsmöglichkeiten ergeben hätten, die bei Erlass der ursprünglichen Urheberrechtsgesetze nicht bekannt und somit auch nicht berücksichtigt worden seien.[193] Die Referentenentwürfe zum Urheberrecht und zum Verwertungsgesellschaftengesetz werden in der nächsten Phase teilweise noch wesentlich verändert, bevor das Bundesjustizministerium die „Ministerialentwürfe“ der Gesetze 1959 nochmals veröffentlicht und zur Diskussion stellt.[194]

Mit dem Urteil des Bundesgerichtshofs von 1955 wird endgültig durch die Rechtsprechung klargestellt, „daß die Herrschaft des Urhebers über sein Werk die natürliche Folge seines geistigen Eigentums ist, das durch die Gesetzgebung nur seine Anerkennung und nähere Ausgestaltung gefunden hat.“[195] Nicht also der Gesetzgeber oder die Rechtsprechung gewährt jemandem ein Urheberrecht an einer bestimmten Sache, sondern das Urheberrecht entsteht von selbst, als

---

190 *Apel*, ZJS 2010, 141 (143); *Vogt*, Die urheberrechtlichen Reformdiskussionen in Deutschland während der Zeit der Weimarer Republik und des Nationalsozialismus, S. 302; *Wandtke*, UFITA 2002, 451 (466 f.).

191 Dazu, dass auch „die Rechtsprechung im Urheberrecht die Menschenverachtung der deutschen Rechtsentwicklung während des Nationalsozialismus dar[stellt]“ *Wandtke*, UFITA 2002, 451 (461); *Apel*, ZJS 2010, 141 (143).

192 Siehe Begründung zum Entwurf eines Gesetzes über Urheberrecht und verwandte Schutzrechte (Urheberrechtsgesetz) von 1962, BT-DruckS. IV/270, S. 28.

193 Siehe Begründung zum Entwurf eines Gesetzes über Urheberrecht und verwandte Schutzrechte (Urheberrechtsgesetz) von 1962, BT-DruckS. IV/270, S. 27.

194 Siehe Begründung zum Entwurf eines Gesetzes über Urheberrecht und verwandte Schutzrechte (Urheberrechtsgesetz) von 1962, BT-DruckS. IV/270, S. 28.

195 BGHZ 17, 266 – Tonbandurteil.

Folge des Geistigen Eigentums. Diese Erkenntnis ist nicht neu, selten aber so deutlich von der Rechtsprechung formuliert.

Am 09.09.1965 tritt das Urheberrechtsgesetz in Kraft, das das Gesetz betreffend das Urheberrecht an Werken der Literatur und Tonkunst (LUG) und das Gesetz betreffend das Urheberrecht an Werken der bildenden Künste und der Photographie (KUG) ablöst und bis heute gilt. Wesentliche Änderungen sind unter anderem die Verlängerung des Urheberrechts nach dem Tod auf 70 Jahre (§ 65 Abs. 3 UrhG) und die Gestattung der Anfertigung einer Vervielfältigung zum privaten Gebrauch (Privatkopie) (§ 53 UrhG).

c) Europa

Aufgrund der territorialen Zersplitterung war Deutschland im Vergleich zu England und Frankreich recht spät mit einer gesetzlichen Regelung zum Nachdruck und generell zum Urheberrecht.[196]

Auch in England sind politische Zensur, von der Regierung erschaffene Monopole und fehlender Schutz der Urheber nicht mehr mit der Zeit der Aufklärung vereinbar. 1694 enden die „licensing acts“ (beispielsweise „licensing of the Press Act“) und die „exclusive Stationers’ rights“ (ausschließlichen Rechte der Buchhändler),[197] als das „House of Commons“ sich weigert den 1692 Act[198] zu erneuern. Die dort vorgebrachten Argumente sind angeblich von John Locke entworfen.

England erlässt bereits 1709/1710[199] mit der „British Statute of Anne“[200] ein erstes Urheberrechtsgesetz (The Copyright Act). Die „Statute of Anne“ garantiert den Verlegern Schutz für 14 Jahre. 21 Jahre Schutz werden für Bücher garantiert, die sich bereits im Druck befinden. Hauptpunkt sind die Verwertungsrechte an den jeweiligen Werken.

Die „Statute of Anne“ gilt nur für Bücher („books“).

Das sogenannte „Copyright-Law“ regelt, wie von einem Werk Kopien hergestellt werden dürfen, eine Kopie eines Werkes darf nicht ohne Genehmigung

---

196 *Gieseke*, Entwicklung des deutschen Urheberrechts, S. 74.

197 So wird durch den „Press Act“ 1662 ein Register von lizenzierten Büchern eingeführt, von denen jeweils eine Kopie bei der „Stationers’ Company“ hinterlegt sein muss.

198 1685 beschlossenes Lizenzierungsgesetz mit siebenjähriger Geltungsdauer – wurde 1692 erneut für zwei Jahre beschlossen.

199 Beide Daten lassen sich in der Historie finden.

200 An Act for the Encouragement of Learning, by vesting the Copies of Printed Books in the Authors or purchasers of such Copies, during the Times therein mentioned; kurze Version: Copyright Act 1709 8 Anne C.21.

angefertigt werden. Copyright-Verletzungen stehen unter Strafe von einem Penny pro Seite des kopierten Buches; eine Hälfte davon geht an den Autor, die andere bekommen König bzw. Königin, das angefertigte kopierte Buch ist zu vernichten.

Nach der „Statute of Anne" kann nur gegen die Copyrightverletzung vorgegangen werden, wenn der Buchtitel vor Veröffentlichung bei der „Stationers' Company" (Buchhändlergilde) registriert und mit einem Copyrightzeichen versehen wurde.[201] Die „Statute of Anne" ist die erste Regelung, die die Rechte der Urheber anerkennt. Der Autor eines Werkes wird als der Urheber anerkannt (als sog. „legal owner"), was die Basis für das Copyright schafft. Die „Statute of Anne" wurde nicht erlassen, damit Urheber mehr Anerkennung erhalten oder besser entlohnt oder motiviert werden, sondern um das öffentliche Lernen zu fördern und den Buchhandel zu regulieren; die Stärkung der Rechte der Urheber ist ein eher zufälliges Nebenprodukt.

Im Laufe des 18. Jahrhunderts versucht der Buchhandel dahingehend zu sensibilisieren, dass das Copyright aus der Urheberschaft und der Arbeit resultiert, die der Urheber in sein Werk investiert.

Ausländische Autoren haben hingegen keine Möglichkeit, ihre Rechte geltend zu machen; die „Statute of Anne" gestattet es ausdrücklich, fremdsprachige Bücher zu importieren ohne die Rechte der ausländischen Autoren anzuerkennen. Sie enthält keine Regelung zum Import fremdsprachiger Bücher und gedruckter oder nachgedruckter Bücher ausländischer Werke.

Die „Statute of Anne" ist historisch wichtig für die Entwicklung des Copyright Law, gerade auch in den USA. In den britischen Kolonien hat man sich bzgl. des Copyright Schutzes Mitte des 18. Jahrhunderts an der „Statute of Anne" orientiert.[202] Geschützt unter den „colonial statutes" sind jedoch nur Bürger der USA, die Bücher oder Texte verfasst haben, die zuvor noch nicht veröffentlicht waren. Die Werke sind meist 14 Jahre geschützt. In vielen Präambeln findet sich die Formulierung, dass der Schöpfer eines Werkes Sicherheit genießen müsse, was die Früchte seiner geistigen Arbeit angeht.[203]

201 Das Registrierungsverfahren wurde auch in den USA 1975 eingeführt, jedoch 1956 in England und in den USA 1978 wieder abgeschafft.

202 Siehe dazu ausführlich *Patry*, Copyright Law and Practice.

203 „[…] security is one of the natural rights of all men, there being no property more peculiarly a man's own than that which is produced by the labour of his mind […]", New Hampshire preamble, Copyright Enactments: Laws Passed in the United States Since 1783 Relating to Copyright at 8, Copyright Office Bulletin No. 3 (Revised) (1973).

Das im deutschen Recht fest verankerte Urheberpersönlichkeitsrecht entwickelt sich zunächst in Frankreich im Rahmen der Französischen Revolution. Während der Revolution werden Privilegien abgeschafft und im Grundsatz die Naturrechtslehre anerkannt. Anders als Deutschland führt Frankreich bereits im 18. Jahrhundert mit den Gesetzen von 1791 und vom 19.07.1793 ein Eigentum an Literatur und Kunst (propriété littéraire et artistique) in Abgrenzung zum Sacheigentum ein. Im Gesetz von 1793 bestimmt der erste Artikel: „Die Urheber von Geschriebenem aller Art, die Komponisten sowie Maler und Zeichner, die ihre Bilder oder Zeichnungen drucken lassen, genießen ihr ganzes Leben das ausschließliche Recht ihre Werke innerhalb des Staatsgebietes zu verkaufen, verkaufen zu lassen oder zu vertreiben und das Eigentum daran ganz oder in Teilen abzutreten."[204] Das Werk ist nun lebenslänglich mit dem Urheber verbunden. Der Autor, der Urheber selbst rückt in den Vordergrund, Verwertungsrechte geraten in den Hintergrund. Die Schutzdauer des Urheberrechts ist auf die Lebenszeit des Urhebers und 10 Jahre darüber hinaus begrenzt, erst 1866 wird das Urheberrecht auf 50 Jahre nach dem Tod verlängert. Nach Ablauf der Schutzfrist fällt das Eigentum an dem geistigen Werk in die „domaine publique" (Herrschaftssphäre der Allgemeinheit), wohingegen das „droit moral" (Urheberpersönlichkeitsrecht), das in diesen Gesetzen bereits enthalten ist, ewig andauert. Das heute gültige Gesetzbuch über geistiges Eigentum in Frankreich heißt „Code de la Propriété Intellectuelle".

Der in Preußen 1837 eingeführte Schutz ist diesem ähnlich (vgl. S. 20).

d) *International*

1910 wird in Washington die panamerikanische Union (das Pendant zur Berner Union) gegründet, sie dient zur Vorbereitung und Durchführung der panamerikanischen Konferenzen und besteht aus 21 amerikanischen Staaten. 1948 wird sie durch die OAS, die Organisation Amerikanischer Staaten, abgelöst.

Nach dem Zweiten Weltkrieg wird am 06.09.1952 das Welturheberrechtsabkommen (WUA) geschlossen, das von Entwicklungsländern und sozialistischen Ländern bevorzugt wird, da es geringere Schutzbestimmungen enthält. Damit hat es auch geringere Bedeutung als die RBÜ oder das TRIPS, auch da das RBÜ

---

204 Übersetzung von *Sprang*, Grand Opéra vor Gericht, S. 21; Originaltext: „Les auteurs d'écrits en tout genre, les compositeurs de musique, les peintres et dessinateurs qui feront graver des tableaux ou desseins, jouront leur vie entière, du droit exclusif de vendre, faire vendre, distribuer leurs ouvrages dans le territoire de la République et d'en céder la propriété en tout ou en partie.".

nach Art. XVI WUA und der dazu ergangenen Zusatzerklärung im Verhältnis der RBÜ-Mitgliedstaaten Vorrang vor dem WUA hat. Andere zwei- oder mehrseitige Verträge, die von den Bestimmungen des WUA abweichen, werden nach Art. XIX S. 2 WUA von diesem verdrängt.[205] In den Schutzbereich fallen Werke der Literatur, Wissenschaft und Kunst. Die Vertragsstaaten sind nach Art. III Abs. 4 WUA verpflichtet, den unveröffentlichten Werken Angehöriger anderer Vertragsstaaten ohne Erfüllung von Formalitäten Rechtsschutz zu gewähren. An den Schutz veröffentlichter Werke kann die Erfüllung bestimmter Förmlichkeiten gekoppelt werden. Der Schutz wird nach Art. II WUA grundsätzlich an die Staatsangehörigkeit geknüpft, ansonsten werden durch das WUA lediglich Werke geschützt, die erstmals im Hoheitsgebiet eines Vertragsstaates veröffentlicht werden. Der Begriff der Veröffentlichung wird in Art. VI WUA definiert; das Werk muss in körperlicher Form vervielfältigt und der Öffentlichkeit durch Werkstücke zugänglich gemacht werden, die es erlauben, das Werk zu lesen oder anders optisch wahrzunehmen.[206]

Werke, die bei Inkrafttreten in dem Vertragsstaat, in dem Schutz beantragt wird, nicht (mehr) geschützt sind, bleiben nach Art. VII WUA ungeschützt. In Art. II WUA ist der Inländerbehandlungsgrundsatz geregelt, von dem das Folgerecht (bei Weiterveräußerung erhält der Urheber einen Anteil des Erlöses) nach überwiegender Ansicht ausgenommen ist;[207] die Mindestschutzfrist beträgt grundsätzlich 25 Jahre p.m.a. (Art. IV Abs. 2a WUA),[208] Art. IV 4 WUA sieht einen Schutzfristenvergleich vor.[209] Art. IVbis (Vervielfältigungs-, Aufführungs-, Senderecht) und Art. V WUA (Übersetzungsrecht) sind allerdings keine

---

205 Dies gilt sogar dann, wenn die abweichende Bestimmung für den Urheber günstiger wäre, siehe BGHZ 70, 268 (273) – Buster-Keaton-Filme; *Nordemann/Vinck/Hertin*, Internationales Urheberrecht, Art. XIX WUA Rn. 2; *Ulmer*, Urheber- und Verlagsrecht, S. 104; nur wenn RBÜ und WUA beide in einem Mitgliedstaat gelten, können abweichende Verträge angewendet werden, da sich die RBÜ gegenüber dem WUA durchsetzt und dem günstigeren Abkommen Vorrang gewährt.

206 Wandtke/Bullinger/*v. Welser*, PK UrhR, § 121 UrhG Rn. 25.

207 *Ulmer*, GRUR 1974, 593 (599); Schricker/Loewenheim/*Katzenberger/Metzger*, UrhR, § 121 UrhG Rn. 12; dagegen *Nordemann/Vinck/Hertin*, Internationales Urheberrecht, Art. II WUA Rn. 1.

208 *Nordemann/Vinck/Hertin*, Internationales Urheberrecht, Art. IV WUA Rn. 3; *Ulmer*, Urheber- und Verlagsrecht, S. 101 f.; Wandtke/Bullinger/*v. Welser*, PK UrhR, § 121 UrhG Rn. 27.

209 *Nordemann/Vinck/Hertin*, Internationales Urheberrecht, Art. IV WUA Rn. 6.

Anspruchsgrundlagen, sondern verpflichten die Mitgliedstaaten, entsprechende Rechte in der eigenen Rechtsordnung vorzusehen.[210]

1967 wird die World Intellectual Property Organization (WIPO) durch das Stockholmer Übereinkommen zur Errichtung der Weltorganisation für geistiges Eigentum als Nachfolgerin des Büros zum Schutz des geistigen Eigentums (BIRPO) von 1883 gegründet, um die Rechte an immateriellen Gütern weltweit zu fördern. 1974 wird die WIPO Teilorganisation der Vereinten Nationen. Zweck der WIPO ist es u.a., den Schutz von Urhebern, ausübenden Künstlern und Tonträgerherstellern für das digitale Onlinezeitalter voranzutreiben.[211] Dafür sieht die WIPO ein ausschließliches Online-Recht sowie den Rechtsschutz technischer Schutzmaßnahmen vor.[212] Am 20.12.1996 wird der WIPO-Urheberrechtsvertrag (WIPO Copyright Treaty (WCT)) für die EU unterzeichnet, nach Art. 1 Abs. 1 WCT ein Sonderabkommen i.S.d. Art. 20 RBÜ. Dem WCT gehören derzeit 96 Staaten an,[213] die sich nach Art. 1 Abs. 4 WCT dazu verpflichten, Art. 1–21 RBÜ und deren Anhang zu befolgen.[214] Der EuGH hat zum parallelen WIPO-Vertrag über Darbietungen und Tonträger (WPPT) entschieden, dass dieser als Teil des Unionsrechts zwar unmittelbar anwendbar ist, Einzelpersonen sich aber nicht unmittelbar darauf berufen können.[215] Der Inländerbehandlungsgrundsatz ist in Art. 3 WCT durch Verweisung auf Art. 5 RBÜ enthalten.[216] Art. 8 WCT gesteht den Urhebern von Werken der Literatur und Kunst das Recht der öffentlichen Wiedergabe, insb. der öffentlichen Zugänglichmachung zu, dabei beginnt die Online-Wiedergabe bereits mit dem Angebot an die Öffentlichkeit.[217] Mindestrecht ist das Verbreitungsrecht (Art. 6 WCT),[218] während die Regelung der Erschöpfung des Verbreitungsrechts nach Art. 6 Abs. 2 WCT den Vertragsparteien überlassen bleibt;[219] diese tritt jedoch erst dann ein, wenn die

---

210 *Nordemann/Vinck/Hertin*, Internationales Urheberrecht, Art. IVbis WUA Rn. 1; *Schack*, Urheber- und Urhebervertragsrecht, Rn. 970a; dagegen *Drexl*, Entwicklungsmöglichkeiten des Urheberrechts im Rahmen des GATT, S. 191, 193 f.; Wandtke/Bullinger/*v. Welser*, PK UrhR, § 121 UrhG Rn. 28.

211 *Rehbinder/Peukert*, Urheberrecht, Rn. 159.

212 *Rehbinder/Peukert*, Urheberrecht, Rn. 1169.

213 Stand 2017 nach Angaben der WIPO.

214 EuGH GRUR 2012, 489 (Tz. 59) – Luksan.

215 EuGH GRUR 2012, 593 (Tz. 48) – SCF.

216 Dazu *von Lewinski*, GRUR Int 1997, 667 (671); Möhring/Nicolini/*Lauber-Rönsberg*, UrhR, § 121 UrhG Rn. 14, 20.

217 *von Lewinski*, GRUR Int 1997, 667 (675).

218 *von Welser*, GRUR Int 2008, 596 (596).

219 EuGH, C-479/04, Slg. I 2006, 8113 (Tz. 42) – Laserdisken.

erste Veräußerung mit Zustimmung des Urhebers erfolgt ist.[220] In bestimmten Sonderfällen dürfen die Vertragsstaaten nach Art. 10 Abs. 1 WCT Schranken in Bezug auf die im WCT gewährten Rechte unter den Voraussetzungen des Dreistufentests einführen;[221] die übliche Auswertung des Werkes darf jedoch nicht beeinträchtigt und die Interessen des Urhebers nicht unzumutbar verletzt werden.[222]

In den letzten Jahrzehnten wird in Europa im Rahmen der Richtlinien der EU von den Staaten vermehrt versucht, den Schutz des Geistigen Eigentums bzw. Urheberrechts durch multilaterale internationale Abkommen zu standardisieren und durchzusetzen. Auch aus handelspolitischen Gründen werden Freihandels- und Zollabkommen geschlossen (beispielsweise das Allgemeine Zoll- und Handelsabkommen (GATT), die Welthandelsorganisation (WTO) und das Übereinkommen über handelsbezogene Aspekte der Rechte des geistigen Eigentums (TRIPS)).

Neben dem deutsch-amerikanischen Abkommen von 1892 bestehen noch weitere bilaterale Abkommen[223] – jedoch ohne wirklich praktische Bedeutung, da sich das höhere Schutzniveau der RBÜ bzw. des WUA gegenüber diesen Abkommen durchsetzt.[224] Ausnahme ist der bilaterale Vertrag mit dem Iran,[225] da dieser weder Mitglied der RBÜ noch des WUA ist.

III. Verschiedene Rechtfertigungsbemühungen

Das deutsche (Rechts-)System führt den Urheberrechtsschutz (generell den Schutz des Geistigen Eigentums) vor allem auf persönlichkeitsrechtliche Gesichtspunkte zurück, das Urheberpersönlichkeitsrecht spielt hier eine große Rolle. Im anglo-amerikanischen Raum dagegen wird Schutz eher unter vermögensrechtlichen Aspekten gewährt.[226] Dies ist eine Grundsatzfrage, wie man den

---

220 *von Lewinski*, GRUR Int 1997, 667 (673).

221 *von Lewinski*, GRUR Int 1997, 667 (675 f.); *Reinbothe*, FS Dittrich, S. 251 (256 ff.).

222 Wandtke/Bullinger/*v. Welser*, PK UrhR, § 121 UrhG Rn. 32.

223 Eine Übersicht bei Schricker/Loewenheim/*Katzenberger/Metzger*, UrhR, Vor §§ 120 ff. UrhG Rn. 56.

224 Wandtke/Bullinger/*v. Welser*, PK UrhR, § 121 UrhG Rn. 34.

225 Gesetz über das deutsch-persische Abkommen über den gegenseitigen Schutz von Erfindungspatenten, Fabrik- oder Handelsmarken, von Handelsnamen und Mustern sowie über den gegenseitigen Schutz von Werken der Literatur und Kunst, RGBl. 1930 II, S. 981.

226 Vgl. Eimer/Röttgers/Völzmann-Stickelbrock/*Weisser-Lohmann*, S. 11.

Schutz des Geistigen Eigentums bzw. die Urheberrechte rechtfertigt. Stallberg unterscheidet individualistische und kollektivistische Begründungsmodelle.[227]

1. Individualistische Rechtfertigung[228]

Individualistische Begründungsmodelle fußen auf der Beziehung zwischen Urheber und Werk, die Leistung des Individuums steht im Vordergrund. Es wird eine Primärbeziehung zwischen Urheber und Werk angenommen, aufgrund derer eine rechtliche Sekundärbeziehung zwischen Urheber und Werk moralisch gerechtfertigt sei.[229] Schon das Naturrecht des 19. Jahrhunderts sieht zwischen Autor und Werk einen natürlichen Zusammenhang wie zwischen „Schöpfer" und „Geschöpf".[230] Die Vorstellung einer moralischen Verbindung des Urhebers mit seinem geistigen Werk ist hauptsächlich im kontinentaleuropäischen Raum die verbreitete Lehrmeinung.[231]

Stallberg differenziert zwischen der Arbeits-basierten, der Persönlichkeits-basierten und der Werk-basierten Rechtfertigung.[232]

a) Arbeits-basierte Rechtfertigung

Hier steht der Schöpfungsakt des Urhebers im Mittelpunkt. Die Handlung der Schöpfung vermittelt dem Urheber ein Recht an seinem Werk, das er durch Arbeit geschaffenes hat.[233]

Argumentiert wird mit moralphilosophischen Vorstellungen John Lockes, die menschliche Arbeit verleihe dem Erschaffer einen Erwerbstitel auf das Produkt seiner Arbeit.[234] Die Arbeits-basierte Rechtfertigung vertritt damit die Anerkennungsthese.[235]

---

227 Diese Unterscheidung bedeutet jedoch nicht, dass beide sich immer ausschlössen oder dass kollektivistische Rechtfertigungsmodelle den Urheber nicht als Individuum einbezögen. *Stallberg*, Urheberrecht und moralische Rechtfertigung, S. 49.

228 *Stallberg*, Urheberrecht und moralische Rechtfertigung, S. 57 ff.

229 *Stallberg*, Urheberrecht und moralische Rechtfertigung, S. 48.

230 *Bluntschli*, Deutsches Privatrecht, S. 115.

231 *Stallberg*, Urheberrecht und moralische Rechtfertigung, S. 200.

232 *Stallberg*, Urheberrecht und moralische RechtfertigungS. 57 ff.

233 *Stallberg*, Urheberrecht und moralische Rechtfertigung, S. 58.

234 *Locke*, The Second Treatise of Government, §§ 25 ff.

235 Die Handlung des Urhebers muss eine moralische Pflicht begründen können, die Werkschaffung anzuerkennen, und diese Pflicht beinhalten, den Verdienst des Urhebers durch das Urheberrecht anzuerkennen. *Stallberg*, Urheberrecht und moralische Rechtfertigung, S. 109.

Der Behauptung, der Urheber verdiene die Urheberschaft, kann entgegengehalten werden, dass es auch noch andere Anerkennungen wie Auszeichnungen, Preise, etc. geben kann.[236] Sehr schwierig ist es allerdings, die Werkbestandteile zu isolieren, die auf der Autonomie des Urhebers beruhen,[237] zumal die Einzigartigkeit des Werkes wesentlich von angeborenen und damit nicht autonomen Fähigkeiten des Urhebers abhängt.[238]

b) Persönlichkeits-basierte Rechtfertigung

Zwischen Urheber und Werk wird hier ein schützenswertes „personales Abhängigkeitsverhältnis" gesehen.[239] Das Urheberrecht sei für die freie persönliche Entwicklung des Urhebers notwendig, zudem identifiziere der Urheber sich mit seinem Werk.[240] Die Persönlichkeits-basierte Rechtfertigung fußt unter anderem auf der Eigentumstheorie Hegels,[241] das Privateigentum sei notwendige Bedingung der menschlichen Freiheitsverwirklichung.[242]

Diese Rechtfertigung ist nicht uneingeschränkt auf alle geistigen Schöpfungen anwendbar. Werke der sog. „kleinen Münze" entsprechen einem Grenzbereich von Werken, deren urheberrechtliche Schutzfähigkeit nicht sofort erkennbar ist (beispielsweise Druckerzeugnisse, Schlager oder Plakate, die in großen Mengen

236 *Stallberg*, Urheberrecht und moralische Rechtfertigung, S. 110.

237 *Stallberg*, Urheberrecht und moralische Rechtfertigung, S. 111.

238 *Stallberg*, Urheberrecht und moralische Rechtfertigung, S. 110 f.

239 *Stallberg*, Urheberrecht und moralische Rechtfertigung, S. 58.

240 *Stallberg*, Urheberrecht und moralische Rechtfertigung, S. 58, 111 f.

241 *Hegel*, Grundlinien der Philosophie des Rechts, §§ 41–71.

242 *Stallberg*, Urheberrecht und moralische Rechtfertigung, S. 113. Nach Hegel gibt sich der Mensch im Eigentum ein äußerliches Dasein seiner Freiheit, um als abstrakte Person zu existieren; dieses ist nur durch die Anrechnung von Sachen möglich. Wenn die urheberrechtlichen Werke „ihrer Natur nach ein Äußerliches" sind, kann ihre rechtliche Aneignung mittels der Hegelschen Eigentumstheorie erwiesen werden. Denn nach Hegel können „Kenntnisse, Wissenschaften, Talente usf.", die „dem freien Geiste eigen und ein Innerliches desselben" seien, nicht als Eigentum deklariert werden, sondern aus rechtlichem Blickwinkel lediglich als Besitz; man könne auch vom geistigen Eigentum sprechen. Jedoch gibt es nach Hegel die Möglichkeit, solche geistigen Gegenstände aus dem Inneren in ein äußerliches Dasein zu überführen, so dass es doch die Möglichkeit des rechtlichen Eigentums gibt. Der freie Geist könne „ihnen durch die Äußerung ein äußerliches Dasein gegeben und sie veräußern […], wodurch sie unter die Bestimmung von Sachen gesetzt werden." *Hegel*, Grundlinien der Philosophie des Rechts, § 65, § 43; *Stallberg*, Urheberrecht und moralische Rechtfertigung, S. 123.

hergestellt werden, ebenso Formulare, Adressbücher, Telefonbücher etc.).[243] Aufgrund der geringen Schöpfungshöhe der Werke dieser „kleinen Münze“ kann hier die Persönlichkeit des Schöpfers entweder gar nicht oder nur sehr wenig zum Ausdruck kommen.[244]

In Deutschland wird weiterhin an den Urheber als Schöpfer des Werkes angeknüpft, wenngleich manche Stimmen behaupten, dies sei nur noch formeller Natur.[245]

c) Werk-basierte Rechtfertigung

Sie stützt sich auf die Besonderheit der Immaterialität geistiger Werke, deshalb hingen geistige Objekte auch nach ihrer Erschaffung noch von ihrem Urheber ab. Eine inhaltliche bzw. semantische Aneignung des Werkes sei nur „mit“ dem Autor möglich; die ontologische Charakteristik des Werkes führe dazu, dass eine Aneignung dieses Werkes in Teilen nur „durch“ den Autor möglich sei.[246] Geistige Werke werden als unselbstständige Entitäten angesehen, die nach bzw. trotz ihrer Erschaffung existenziell an den Urheber gebunden bleiben.[247]

Zum Teil lässt sich diese Ansicht aus der Autorentheorie von Kant ableiten.[248] Kants Argumentation fußt auf der Idee eines Urheberrechts, da er das Recht des Verlegers zum Druck auf ein vorangehendes Autorrecht stützt und das materielle Sacheigentum vom immateriellen (Urheberrecht) abgrenzt.[249] Kants Vorstellung ist der Schutz des Schriftwerks als Rede.[250] Danach unterfallen nur solche geistigen Werke dem Urheberrecht, die man als Gegenstand einer Kommunikation auffassen kann, was bei geistigen Werken in der Regel der Fall sein dürfte.[251]

---

243 Dreier/Schulze/*Schulze*, UrhG, § 2 UrhG Rn. 3 f.

244 Depenheuer/Peifer/*Ohly*, Geistiges Eigentum, S. 151; *Geiger*, IIC 2006, 371 (380); *Rigamonti*, Geistiges Eigentum als Begriff und Theorie des Urheberrechts, S. 152 f.; vgl. auch *Ann*, GRUR Int 2004, 597 (600 ff.); Schack wendet sich u.a. aus diesem Grund gegen den Schutz der „kleinen Münze“ im Urheberrecht, *Schack*, ZUM 1990, 59 (59, 61 f.).

245 Vgl. Dreier/Schulze/*Dreier*, UrhG, Einl. Rn. 17.

246 *Stallberg*, Urheberrecht und moralische Rechtfertigung, S. 58.

247 *Stallberg*, Urheberrecht und moralische Rechtfertigung, S. 154.

248 *Kant*, Kants Werke Band VIII – Von der Unrechtmäßigkeit des Büchernachdrucks, S. 79 ff.; vgl. auch *Kant*, Kants Werke Band VI – Die Metaphysik der Sitten, S. 404 f.

249 So auch *Stallberg*, Urheberrecht und moralische Rechtfertigung, S. 156 f.

250 „Thus, the key to Kantian copyright is speech; when no speech is present, no copyright accrues to the creator.“ *Palmer*, Harv. J.L. & Pub. Pol'y Vol. 13, No. 3 (1990), 816 (840).

251 *Stallberg*, Urheberrecht und moralische Rechtfertigung, S. 176.

Rechtsfolge ist das Recht der Namensnennung des Urhebers,[252] allerdings nicht übertragbar – auch nicht postmortal.[253]

Werk-basierte Rechtfertigung basiert auch auf Gedanken Fichtes zur Rechtswidrigkeit des Büchernachdrucks. Das geistige Werk gilt als exklusiv und schließt andere als den Urheber von seiner Aneignung aus. Es geht um die normative Grenze zwischen Urheber- und Allgemeininteressen.[254] Nach Fichte kann sich ein anderer den Inhalt des Werkes durch das Lesen bzw. das Studium desselben aneignen, jedoch nicht die Form des Werkes, da jeder eine andere Art besitze, geistig zu denken und sich Werkinhalte zu eigen zu machen.[255]

Ein Verstoß gegen das Recht des Urhebers, über Vervielfältigung und Wiedergabe zu entscheiden, bedeutet nach Fichte, dass jemand anderes sich die immaterielle Form des geistigen Werkes angeeignet habe, obwohl diese exklusiv an den Urheber gebunden sei.[256] Danach löst jeder geäußerte Gedanke gleich den Urheberrechtsschutz aus, denn die sprachliche Form des Gedankens führt nach Fichte zu urheberrechtlichem Schutz; eine graduelle Differenzierung des urheberrechtlichen Tatbestands ist nach dieser Theorie nicht möglich.[257]

d) Bewertung

Individualistische Rechtfertigungen können das Urheberrecht moralisch nicht ausreichend begründen.

Anglo-amerikanisches (aber auch deutsches) Recht argumentiert oft mit der Arbeitstheorie Lockes, dem Urheber stehe das Urheberrecht als Frucht der eigenen Arbeit zu. Die These, Locke habe eine eigene Theorie zum geistigen Eigentum entwickelt[258], überzeugt dagegen nicht.[259]

Stichhaltiger sind Argumente der Werk-basierten Rechtfertigung, die das Werk und die Besonderheit der Immaterialität in den Vordergrund stellen.

---

252 *Stallberg*, Urheberrecht und moralische Rechtfertigung, S. 177.

253 *Stallberg*, Urheberrecht und moralische Rechtfertigung, S. 180.

254 *Berking*, Die Unterscheidung von Inhalt und Form im Urheberrecht, S. 18 ff.; *Stallberg*, Urheberrecht und moralische Rechtfertigung, S. 181; exemplarisch Schricker/Loewenheim/*Loewenheim*, UrhR, § 2 UrhG Rn. 38 ff.

255 *Fichte*, Gesamtausgabe der Bayerischen Akademie der Wissenschaften, Band I, 1 (1762–1814), Beweis der Unrechtmäßigkeit des Büchernachdrucks, S. 412; *Stallberg*, Urheberrecht und moralische Rechtfertigung, S. 184.

256 *Stallberg*, Urheberrecht und moralische Rechtfertigung, S. 191.

257 *Stallberg*, Urheberrecht und moralische Rechtfertigung, S. 198.

258 „Lockean Theory of Intellectual Property“ *Moore*, Intellectual Property, S. 81 f.

259 *Stallberg*, Urheberrecht und moralische Rechtfertigung, S. 201.

Überraschenderweise führen individualistische Rechtfertigungsmodelle nicht zu uneingeschränkten Rechten des Urhebers, sondern grenzen die Rechtsfolgen des Urheberrechts stark ein: es kann kein postmortales Urheberrecht begründet werden und je nach Argumentationsmodell nur ein Vermögens- oder Persönlichkeitsrecht.

2. Kollektivistische Rechtfertigung[260]

Die Vertreter dieser Theorie sehen die Rechtfertigungsgründe des Urheberrechts im Verhältnis Gesellschaft und Werk. Primärbeziehung ist eine spezifische zwischen Gesellschaft und Werken, aufgrund derer eine rechtliche Sekundärbeziehung zwischen Urheber und dessen Werk gerechtfertigt ist; moralische Quelle des Urheberrechts ist hier die Gesellschaft als Kollektiv.[261] Das Individuum schafft nur innerhalb der Gesellschaft etwas. Der postmortale Schutz des Urhebers bzw. seines Werkes hat keine individualistische Rechtfertigung, denn der Urheber ist dann bereits tot und kann schwer nachwirkende Interessen haben, sondern eine kollektivistische.[262]

Art. I Sec. 8 der US-amerikanischen Verfassung ist ein bekanntes Beispiel für eine kollektivistische Rechtfertigung.[263] Hier ist moralische Rechtfertigung, die Interessen der Gesellschaft (Wissenschaft und Künste) zu fördern. Diese Rechtfertigung stellt auf die gesellschaftlichen Folgen ab, die an die Einrichtung des Urheberrechts anknüpfen.

Stallberg differenziert zwischen drei verschiedenen kollektivistischen Rechtfertigungsmodellen.

a) Schranken-basierte Rechtfertigung

Die Verteter dieser Rechtfertigungstheorie behaupten eine neutrale Beziehung zwischen der Gesellschaft und geistigen Werken; die Existenz des Urheberrechts

---

260 *Stallberg*, Urheberrecht und moralische Rechtfertigung, S. 203 ff.

261 *Stallberg*, Urheberrecht und moralische Rechtfertigung, S. 48.

262 So *Stallberg*, Urheberrecht und moralische Rechtfertigung, S. 54, da die Rechtsordnung nur lebende Menschen in ihren Interessen schütze, demnach sei nur eine kollektivistische Rechtfertigung fähig, den postmortalen Bestand des Urheberrechts zu begründen.

263 „Congress shall have Power [...] To promote the Progress of Science and useful Arts, by securing for limited Times to Authors and Inventors the exclusive Right to their respective Writings and Discoveries."

könne moralisch erklärt werden, da das Urheberrecht nicht gegen minimale Schranken verstoße.[264]

Diese Rechtfertigung argumentiert negativ, Urheberrecht sei gerechtfertigt, weil es keine negativen gesellschaftlichen Konsequenzen hervorrufe; der moralische Grund für das Urheberrecht liege in universalen gesellschaftlichen Schranken.[265] Dieser Gedanke findet sich auch in den sog. „Sufficiency-Proviso".[266]

Dem Argument, ein Individuum werde bereits geschädigt, indem es die Gelegenheit verliere, durch eine bestimmte Aneignung seine eigene Situation zu verbessern,[267] kann entgegengehalten werden, dass dann eine Aneignung niemals legitim sein kann, denn sie geht immer mit einem Verlust der Nutzungsmöglichkeit anderer Individuen einher.[268] Moore versucht diese

---

264 *Stallberg*, Urheberrecht und moralische Rechtfertigung, S. 205.

265 *Stallberg*, Urheberrecht und moralische Rechtfertigung, S. 206. Zur Begründung wird auch hier auf die Eigentumstheorie Lockes zurückgegriffen. Allerdings auf das Argument der Selbsterhaltung: Aneignungen sind auf den Teil beschränkt, der andere Menschen nicht in der Verwirklichung ihres eigenen Selbsterhaltungsrechts behindert. *Macpherson*, Die politische Theorie des Besitzindividualismus: von Hobbes bis Locke, S. 227.

266 Nach der sich Gegenstände nur aneignen lassen, wenn dann noch „enough, and as good, left" für andere übrig bleibt. *Locke*, The Second Treatise of Government, §§ 27, 33; von Nozick auch Locke's Provisio bezeichnet *Nozick*, Anarchy, State, and Utopia, S. 175 f. Besonders Moore und Gordon begründen die moralische Rechtfertigung von geistigen Schutzrechten derart. *Moore*, Intellectual Property and Information Control, S. 71 ff., 103 ff.; *Gordon*, Yale L.J. 102 (1993), 1533 (1533 ff.). Gordon geht mehr vom Lockeschen Naturrecht aus, im Naturzustand habe jeder die Pflicht, niemandem einen Schaden zuzufügen (Locke, Second Treatise, § 6), *Gordon*, Yale L.J. 102 (1993), 1533 (1538, 1542). In der Proviso kann also die Regel erkannt werden, dass eine Besserstellung insoweit erlaubt ist, wie niemand dadurch schlechter gestellt wird. *Moore*, Intellectual Property and Information Control, S. 109; ähnlich Child, bei dem allerdings deutlich wird, dass eine Besserstellung nicht erforderlich ist, *Child*, The Monist 73 (1990), 578 (581); *Stallberg*, Urheberrecht und moralische Rechtfertigung, S. 209.

267 *Nozick*, Anarchy, State, and Utopia, S. 176.

268 *Moore*, Intellectual Property and Information Control, S. 174; auch Nozick wendet sich mit einem „reverse argument" gegen diese Fassung des Schädigungsbegriffs, *Nozick*, Anarchy, State, and Utopia, S. 180; siehe auch Locke: niemand könne in seinen Rechten verletzt werden, wenn ein anderer einen Schluck Wasser aus einem Fluss trinke, *Locke*, The Second Treatise of Government, § 33; *Stallberg*, Urheberrecht und moralische Rechtfertigung, S. 216.

Problematik zu umgehen, indem er eine „all things considered view“ zu Grunde legt.[269]

Der Tatbestand des Urheberrechts muss nach dieser Rechtfertigung derart ausgestaltet werden, dass Schädigungen anderer vermieden, also potenzielle Herstellungs- und Nutzungsmöglichkeiten anderer nicht beschnitten werden; die Rechtsfolgen richten sich konsequenterweise nach dem gleichen Prinzip.[270]

Eine bestimmte Schutzdauer kann mit dieser Rechtfertigung nicht festgelegt werden, denn der Argumentation folgend muss die Schutzdauer eines Werkes kürzer sein, je wahrscheinlicher seine Schöpfung ist; schließlich muss die mögliche Schädigung anderer Individuen möglichst geringgehalten werden.[271]

Insgesamt kann die Schranken-basierte Rechtfertigung kein Argument für das Urheberrecht (Einführung oder Beibehaltung) sein, da sie moralisch nur zu einer Möglichkeit des Urheberrechts kommt, nicht zu dessen Notwendigkeit.[272]

b) Effizienz-basierte Rechtfertigung

Hier handelt es sich um eine ökonomische Gesellschaftskonzeption; das Urheberrecht wird lediglich als Mittel angesehen, das Bedürfnis nach geistigen Werken zu befriedigen.[273] Diese wohl bekannteste kollektivistische Rechtfertigung hat sich im anglo-amerikanischen Recht etabliert und ist dort im Schrifttum sehr populär.[274] Das Urheberrecht[275] „can be explained as a means for promoting efficient allocation of resources“.[276] Das Urheberrecht wird zum Mittel, um das

---

269 Damit wird die Proviso allgemein ausgelegt, ein bestimmtes Aneignungsobjekt könne nie allein moralisch relevant sein (unabhängig davon, ob es im Überfluss vorhanden ist oder diesbezüglich Knappheit herrscht), sondern nur innerhalb eines „individual's overall level of well-being“. *Moore*, Intellectual Property and Information Control, S. 103; *Stallberg*, Urheberrecht und moralische Rechtfertigung, S. 216.

270 *Stallberg*, Urheberrecht und moralische Rechtfertigung, S. 222, 224.

271 *Stallberg*, Urheberrecht und moralische Rechtfertigung, S. 230.

272 *Stallberg*, Urheberrecht und moralische Rechtfertigung, S. 230.

273 *Stallberg*, Urheberrecht und moralische Rechtfertigung, S. 205.

274 Beiträge zum Schrifttum siehe die umfangreiche Bibliografie bei *Gordon/Bone*, in: Bouckaert/De Geest (Hrsg.) Encyclopedia of Law and Economics, Vol. II, S. 189 (204 ff.); neben diversen Aufsätzen die Monografien *Landes/Posner*, The Economic Structure of Intellectual Property; *Gordon/Watt*, The Economics of Copyright; *Towse*, Creativity, Incentive and Reward; *Watt*, Copyright and Economic Theory.

275 An dieser Stelle geht es nicht um die Unterscheidung zwischen Urheberrecht und Copyright, es soll nur um die Rechtfertigung gehen, wie man eine solche für immateriell geschützte Werke herleitet.

276 *Landes/Posner*, J. Legal Stud. 18 (1989), 325 (325).

geschützte immaterielle Werk ökonomisch effizient produzieren und verwenden zu können.[277] Aufgrund knapper Ressourcen und unendlicher menschlicher Bedürfnisse entsteht ein Konflikt, der nur dadurch gelöst werden kann, dass die vorhandenen Ressourcen möglichst effizient genutzt und insgesamt so verwendet werden, dass das Maximum an Befriedigung der menschlichen Bedürfnisse erreicht wird.[278]

Es wird unterstellt, ein rechtliches Exklusivitätsverhältnis zwischen Urheber und Werk sei ökonomisch sinnvoll und damit effizient; das Urheberrecht sei moralisch gerechtfertigt, da das ökonomisch Sinnvolle auch normativ gesollt sei.[279] Zur Beurteilung der Effizienz wird das „Pareto-Kriterium" herangezogen, was die Wohlfahrtsökonomik entwickelt hat.[280] Nach dem ähnlichen „Kaldor/Hicks-Kriterium" ist allein entscheidend, dass diejenigen, die den einen Zustand bevorzugen, dort die Anhänger des anderen Zustands kompensieren könnten und gleichzeitig den eigenen Vorteil behielten.[281]

Das Effizienzargument beruht auf dem Marktmodell, wonach der Markt ein Mechanismus sei, mit dem die Verwendung von Ressourcen gelenkt werde.[282] Bei einem funktionierenden Markt führe die (rationale) Verfolgung eigener Interessen zugleich zu einem gesellschaftlichen Gemeinwohl,[283] dies funktioniert freilich nur, wenn ein perfekter bzw. vollständiger Wettbewerb vorliegt.[284] Bei

---

277 *Stallberg*, Urheberrecht und moralische Rechtfertigung, S. 231.

278 Sog. Allekationseffizienz (Zum Begriff siehe *Samuelson/Nordhaus*, Volkswirtschaftslehre, S. 248 f.) – jede höhere Bedürfnisbefriedigung eines Individuums ginge zu Lasten eines anderen und ist nicht erwünscht. *Stallberg*, Urheberrecht und moralische Rechtfertigung, S. 231.

279 *Stallberg*, Urheberrecht und moralische Rechtfertigung, S. 232.

280 Vgl. dazu *Schäfer/Ott*, Lehrbuch der ökonomischen Analyse des Zivilrechts, S. 25 ff. Danach ist ein gesellschaftlicher Zustand einem anderen vorzuziehen („pareto-superior"), wenn mindestens ein Gesellschaftsmitglied den einen Zustand bevorzugt und niemand anderes den anderen bevorzugt oder aber alle anderen indifferent sind; eine Verbesserung gelingt hier nur, wenn gleichzeitig eine Person schlechter gestellt wird („pareto-optimal"). *Stallberg*, Urheberrecht und moralische Rechtfertigung, S. 234.

281 *Kaldor*, EJ 49 (1939), 549 (549 ff.); *Stallberg*, Urheberrecht und moralische Rechtfertigung, S. 234.

282 *Pindyck/Rubinfeld*, Microeconomics, S. 9 ff.; vgl. auch *Samuelson/Nordhaus*, Volkswirtschaftslehre, S. 25, 491 f.

283 Insgesamt dazu *Samuelson/Nordhaus*, Volkswirtschaftslehre, S. 60 ff.

284 *Pindyck/Rubinfeld*, Microeconomics, S. 612 f.; *Samuelson/Nordhaus*, Volkswirtschaftslehre, S. 50 ff., 70 f.

einem Marktversagen (market failure)[285] können staatliche Eingriffe gerechtfertigt sein, um diese Mängel zu korrigieren.[286]

Die Effizienz-basierte Rechtfertigung unterstellt im Hinblick auf geistige Werke ein solches Marktversagen.[287] Geistige Werke sind im Gegensatz zu anderen „public goods" nicht verbrauchbar,[288] sondern bieten allen Teilnehmern der Gesellschaft die Möglichkeit, die Werke ohne gesellschaftliche Kosten zu konsumieren.[289] Dies wird als ökonomisches Problem angesehen,[290] da es sich um eine dynamische Knappheit handelt.[291]

Diese Rechtfertigung versucht durch das Urheberrecht das Marktversagen zu korrigieren, indem durch die exklusive Zuordnung der Werke zu ihrem Erschaffer ein Anreiz geschaffen wird, ihn zu motivieren.[292] Dadurch ist das effizienztheoretische Urheberrecht ein Verwertungsrecht, das es dem Urheber ermöglichen soll, die Kosten seiner Werkschaffung zu amortisieren.[293]

Zur Rechtfertigung des Urheberpersönlichkeitsrechts, welches eben nicht monetärer, sondern ideeller Natur ist, wird die Allokationseffizienz herangezogen.[294] Die Mitteltauglichkeit des Urheberrechts als Anreiz würde durch das Urheberpersönlichkeitsrecht bewahrt, zudem würden für die Allgemeinheit sonstige Kosten vermieden.[295] Jedes geistige Werk stelle auch Werbung für seinen Urheber dar und verschaffe ihm einen gewissen Ruf, der sich auf bisherige und künftige Werke auswirke.[296]

---

285 *Pindyck/Rubinfeld*, Microeconomics, S. 323 f.

286 *Stallberg*, Urheberrecht und moralische Rechtfertigung, S. 236.

287 Gesetzt den Fall, dass diese geistigen Werke ökonomische Relevanz besitzen und hier ein Konflikt um knappe Ressourcen besteht. *Stallberg*, Urheberrecht und moralische Rechtfertigung, S. 237.

288 Stallberg sieht hier dennoch eine Möglichkeit der Verbrauchbarkeit, da die geistigen Werke an ihre Erschaffer gekoppelt seien und es ohne Werke interpretierende Menschen kein Bedürfnis nach geistigen Werken geben könne, vgl. *Stallberg*, Urheberrecht und moralische Rechtfertigung, S. 238.

289 *Stallberg*, Urheberrecht und moralische Rechtfertigung, S. 238.

290 *Hadfield*, ASCAP Copyright Law Symposium 38 (1992), 1 (14); *van den Bergh*, IPQ 1 (1998), 17 (20).

291 *Palmer*, Hamline L. Rev. 12 (1989), 261 (276 Fn. 50).

292 *Stallberg*, Urheberrecht und moralische Rechtfertigung, S. 240.

293 *Stallberg*, Urheberrecht und moralische Rechtfertigung, S. 250.

294 *Hansmann/Santilli*, J. Legal Stud. 26 (1997), 95 (95 ff.); *van den Bergh*, IPQ 1 (1998), 17 (20, 30 ff.).

295 *Stallberg*, Urheberrecht und moralische Rechtfertigung, S. 251.

296 *van den Bergh*, IPQ 1 (1998), 17 (30); *Hansmann/Santilli*, J. Legal Stud. 26 (1997), 95 (104, 142); *Stallberg*, Urheberrecht und moralische Rechtfertigung, S. 251.

Die Frage nach der Dauer des Urheberrechts wird mit der Anreizfunktion beantwortet.[297] Nach Landes/Posner hätten zumindest bei 100 Jahren die Einkommenserwartungen „no effect on most author's incentives".[298] Es dürfte aber vom einzelnen Urheber abhängen, welche Zeitspanne für ihn noch finanzielle Relevanz hat.[299] Damit lässt sich kein postmortales Urheberrecht begründen.[300]

Urheberrechtsschranken lassen sich kaum ökonomisch begründen, denn mit klar zugewiesenen Handlungsrechten müsste das Urheberrecht von selbst zu einem erstrebenswerten Marktergebnis führen.[301]

Schranken lassen sich in kollektivistischen Rechtfertigungen moralisch begründen und sind geboten, wenn sie zu einer Steigerung der Wohlfahrt oder des Vermögens führen.[302]

Auch die Effizienz-basierte Rechtfertigung bleibt nicht ohne Kritik. Es kann bestritten werden, das Urheberrecht sei das effizienteste Mittel, die Bedürfnisse der Gesellschaft zu steigern, oder moralisch geboten.[303] Monetäre Gründe

---

297 *Gordon/Bone*, in: Bouckaert/De Geest (Hrsg.) Encyclopedia of Law and Economics, Vol. II, S. 189, S. 198; *Liu*, Mich. L. Rev. 101 (2002), 409 (430 ff.); *Posner*, Economic Analysis of Law, § 11.5; *van den Bergh*, IPQ 1 (1998), 17 (27 f.). Aus der Anreizfunktion folgt auch, dass eine rückwirkende Verlängerung des Urheberrechts nicht gerechtfertigt werden kann, da rückwirkend kein Anreiz gegeben werden kann – im Gegenteil, es entstünden sogar mehr soziale Kosten, da dem Nutzer der Zugang zum Werk erschwert werden würde, siehe *Landes/Posner*, The Economic Structure of Intellectual Property, S. 362; *Lessig*, The Future of Ideas, S. 197 f.; *Stallberg*, Urheberrecht und moralische Rechtfertigung, S. 253.

298 *Landes/Posner*, The Economic Structure of Intellectual Property, S. 362; bereits nach 75 Jahren Lessig: *Lessig*, The Future of Ideas, S. 252.

299 So auch *van den Bergh*, IPQ 1 (1998), 17 (28); *Stallberg*, Urheberrecht und moralische Rechtfertigung, S. 253.

300 So auch *Stallberg*, Urheberrecht und moralische Rechtfertigung, S. 253.

301 *Becher*, Der Sekundärmarkt für Software, S. 98. Aus ökonomischer Sicht führen Schranken zu einer Einschränkung und damit Verwässerung von Handlungsrechten, was von der Rechtsökonomik eigentlich abgelehnt wird. *Furubotn/Pejovich*, JEL 10-4 (1972), 1137 (1146 ff.).

302 *Stallberg*, Urheberrecht und moralische Rechtfertigung, S. 256 f. Nach Gordon ist eine urheberrechtliche Schranke unter drei Bedingungen gerechtfertigt: sie müsse eine Transaktion simulieren, die wegen Marktversagens ansonsten unterblieben wäre; diese Transaktion müsse die Nutzung des geistigen Werkes ermöglichen; die Nutzen-Kosten-Relation sei positiv. *Gordon*, Colum. L. Rev. 82 (1982), 1600 (1614 ff.); *Becher*, Der Sekundärmarkt für Software, S. 98; *Stallberg*, Urheberrecht und moralische Rechtfertigung, S. 257.

303 Ausführliche Kritik bei *Stallberg*, Urheberrecht und moralische Rechtfertigung, S. 259.

müssen nicht ausschlaggebend dafür sein, einen Urheber zum Schaffen eines geistigen Werkes anzureizen.[304]

Ein alternatives Modell könnte ein staatliches Belohnungssystem sein.[305] Dieses könnte weniger soziale Kosten verursachen als das Urheberrecht,[306] der Staat könnte potentiellen Urhebern finanzielle Belohnungen gewähren, um die Anreizfunktion des Urheberrechts zu ersetzen.[307]

Damit aber hätte der Staat besondere Möglichkeit der Zensur und der Einflussnahme auf die Schaffung der Werke durch gezielte Belohnungen.[308]

Im Übrigen ist es zweifelhaft, ob der Preis, den jemand bereit ist für ein Werk zu zahlen, einen ausreichenden Rückschluss auf die jeweilige Wertschätzung zulässt.[309]

---

304 *Hurt/Schuchman*, AER 56 (1966), 421 (425 f.); *Plant*, Economica 1 (1934), 30 (32 f.); *Sterk*, Mich. L. Rev. 94 (1996), 1197 (1213); Schopenhauer geht sogar noch weiter: „Honorar und Verbot des Nachdrucks sind im Grunde der Verderb der Literatur. Schreibenswertes schreibt nur, wer ganz allein der Sache wegen schreibt.“, *Schopenhauer*, Parerga und Paralipomena, § 272.

305 *Calandrillo*, Fordham Intellectual Property, Media & Entertainment Law Journal 9 (1998), 301 (301 ff.); für Patente siehe *Shavell/Ypserle*, J.L. & Econ. 44 (2001), 525 (525 ff.); als Argument gegen ein Urheberrecht verwendet bei *Breyer*, Harv. L. Rev. 84 (1970), 281 (282 f.); *Hettinger*, Philosophy & Public Affairs 18 (1989), 31 (49); *Hurt/Schuchman*, AER 56 (1966), 421 (426); *Moore*, Hamline L. Rev. 26 (2003), 602 (619 ff.).

306 *Croskery*, Chi.-Kent. L. Rev. 68 (1993), 631 (636 ff.); *Stallberg*, Urheberrecht und moralische Rechtfertigung, S. 263.

307 Anders als solche Systeme, bei denen der Staat die Finanzierung der Produktion geistiger Werke finanziert, sondern auch die Besorgung dieser, vgl. *Cooter/Ulen*, Law and Economics; ausführlich *Croskery*, Chi.-Kent. L. Rev. 68 (1993), 631 (636 f.). Durch eine steuerfinanzierte Förderung geistiger Werke könnte die Nutzung der Werke gleichmäßig finanziert werden, denn so profitierten die unmittelbaren Nutzer und auch die Werkschaffer, vgl. *Breyer*, Harv. L. Rev. 84 (1970), 281 (286 f.); anderer Auffassung *Spector*, International Journal of Applied Philosophy 6 (1991), 65 (66).

308 Solche Gegenargumente werden häufig genannt, vgl. *Gordon*, in: Ott/Schäfer (Hrsg.), Ökonomische Analyse der rechtlichen Organisation von Innovationen, S. 328 (330 f.); auch der Demokratie-basierte Ansatz von Netanel basiert teilweise darauf, *Netanel*, Yale L.J. 106 (1996), 283 (352 ff.); anders Hettinger, der nicht in jeder staatlichen Finanzierung die Gefahr einer Inhaltskontrolle erblickt, *Hettinger*, Philosophy & Public Affairs 18 (1989), 31.

309 Vgl. *Dworkin*, A Matter of Principle, S. 221 f.; *Stallberg*, Urheberrecht und moralische Rechtfertigung, S. 271.

c) Demokratie-basierte Rechtfertigung

Nach dieser kulturellen Gesellschaftskonzeption haben geistige Werke einen besonderen Stellenwert im menschlichen Leben und werden für eine demokratische Gesellschaft als unentbehrlich angesehen.[310] Das Urheberrecht schaffe die kommunikativen Grundlagen, auf denen ein demokratisches Gemeinwesen fuße.[311] Die Demokratie-basierte Rechtfertigung argumentiert mit dem Bedürfnis nach einer demokratischen Gesellschaftsform; sie findet wie die Effizienz-basierte Rechtfertigung ihren Ursprung im anglo-amerikanischen Recht und wird auch teilweise vom Supreme Court[312] zugrunde gelegt.[313] Systematisch hat sie Neil Netanel innerhalb verschiedener Beiträge entwickelt.[314] Für Netanel ermöglicht das Urheberrecht erst die freie Rede.[315] Wie bei der Effizienz-basierten Rechtfertigung bleibt die Anreizfunktion Prämisse: ohne finanzielle Anreize sei die Erschaffung geistiger Werke nicht möglich.[316] Dabei wird mit dieser Rechtfertigung ein ganz bestimmtes Demokratiekonzept vorausgesetzt, das auf die Existenz geistiger Werke angewiesen ist und die Produktion dieser nur durch das Urheberrecht gewährleistet werden kann.[317]

Netanel geht davon aus, dass die demokratische Regierungsform weltweit als universaler Wert angesehen werde,[318] das Konzept der Zivilgesellschaft („concept of civil society“) sei Ursprungsort der öffentlichen Kommunikation und des

---

310 *Stallberg*, Urheberrecht und moralische Rechtfertigung, S. 205.

311 *Stallberg*, Urheberrecht und moralische Rechtfertigung, S. 271.

312 Vgl. Harper & Row v. Nation Enterprises, in der vom Urheberrecht als „engine of free expression“ gesprochen wird, *Harper & Row Publishers, Inc. v. Nation Enterprises*, 471 U.S. 539 (U.S.N.Y. 1985).

313 *Stallberg*, Urheberrecht und moralische Rechtfertigung, S. 271.

314 *Netanel*, Yale L.J. 106 (1996), 283; *Netanel*, Vand. L. Rev. 51 (1998), 217; *Netanel*, Vand. L. Rev. 53 (2000), 1879. Grundlage ist unter anderem der viel diskutierte Konflikt zwischen dem Copyright und dem ersten Zusatz der amerikanischen Verfassung (Schutz der freien Rede). Üblicherweise wird das Urheberrecht als Einschränkung der freien Rede aufgefasst und damit als urheberrechtliche Schranke. *Diefenbach*, Public Affairs Quarterly 8 (1994), 225 (230 ff.).

315 *Netanel*, Vand. L. Rev. 51 (1998), 217 (226 Fn. 27).

316 *Stallberg*, Urheberrecht und moralische Rechtfertigung, S. 272. „[…] copyright's primary goal is not allocative efficiency, but the support of a democratic culture." *Netanel*, Yale L.J. 106 (1996), 283 (288).

317 *Stallberg*, Urheberrecht und moralische Rechtfertigung, S. 272; Netanel nennt es „democratic paradigm“, *Netanel*, Yale L.J. 106 (1996), 283 (288 f.).

318 *Netanel*, Vand. L. Rev. 51 (1998), 217 (244); *Stallberg*, Urheberrecht und moralische Rechtfertigung, S. 276.

öffentlichen Diskurses.[319] Nach Netanel besitzt das Urheberrecht eine Produktions-, Strukturfunktion[320] und eine Symbolfunktion,[321] es soll die Quantität und Qualität des gesellschaftlichen Diskurses sichern.[322]

Die Produktionsfunktion stimmt im Wesentlichen mit der Anreizfunktion überein.[323] Jedoch steht im Mittelpunkt die Förderung öffentlicher Kommunikation.[324]

„Copyright promotes the democratic character of public discourse."[325] Nach Netanel steckt das Urheberrecht einen Rahmen, innerhalb dessen Autonomie und Diversität geistiger Werke ermöglicht werde.[326] Ohne das Urheberrecht gerieten Urheber und Verleger in ein Abhängigkeitsverhältnis, in dem sie auf private oder staatliche Hilfe angewiesen seien, was dann wiederum die Freiheit des Ausdrucks bedrohe.[327]

Netanel deutet Urheberrecht als kulturelles Medium, er schätzt den Wert individueller Werke, die zum öffentlichen Diskurs beitragen (eine Art Symbolfunktion des Urheberrechts).[328]

Es bleibt offen, inwieweit das geschaffene geistige Werk besondere Kreativität oder Schöpfungshöhe aufweisen muss.[329]

Bereits an dieser Stelle lässt sich Netanels Annahme kritisieren, alle Werke als kommunikative Ausdrücke müssten geschützt werden.[330] Einige Werke werden das politische Handeln mehr und direkter beeinflussen als andere.[331]

---

319 […] the space in which political, social, and aesthetic norms are debated and determined." *Netanel*, Yale L.J. 106 (1996), 283 (342).

320 „[…] that a robust copyright is a necessary (though not necessarily sufficient) condition both for the creation and dissemination oft hat expression and for its independent and pluralist character." *Netanel*, Yale L.J. 106 (1996), 283 (288 f.).

321 *Netanel*, Vand. L. Rev. 51 (1998), 217 (273 f.).

322 *Netanel*, Yale L.J. 106 (1996), 283 (339).

323 „Without copyright, creative expression would likely be both underproduced and, no less importantly, underdisseminated." *Netanel*, Yale L.J. 106 (1996), 283 (293).

324 *Stallberg*, Urheberrecht und moralische Rechtfertigung, S. 279.

325 *Netanel*, Yale L.J. 106 (1996), 283 (347, 352).

326 *Stallberg*, Urheberrecht und moralische Rechtfertigung, S. 281.

327 *Stallberg*, Urheberrecht und moralische Rechtfertigung, S. 281.

328 „It affirms certain social rules, values, and understanding of individual capacity and negates others." *Netanel*, Vand. L. Rev. 51 (1998), 217 (272).

329 Siehe *Netanel*, Yale L.J. 106 (1996), 283 (347 Fn. 298).

330 So auch *Stallberg*, Urheberrecht und moralische Rechtfertigung, S. 286.

331 *Yoo*, Vand. L. Rev. 53 (2000), 1933 (1959).

Diese Rechtfertigung ist aber nicht geeignet, Urheberpersönlichkeitsrechte zu begründen. Besteht das Bedürfnis nur darin, den politischen Diskurs anzuregen, könnte es jedoch letztendlich unbedeutend sein, von wem die ursprüngliche Idee stammt.[332] Dann wäre aber auch das Namensnennungsrecht nicht notwendig.

Zur Frage der Schutzdauer sei das Urheberrecht so lange zu gewähren, dass der Anreizzweck erfüllt ist.[333] Eine längere Dauer dürfe nicht dazu führen, dass neue Kommunikation verhindert wird.[334] Eine feste Dauer zu bestimmen nennt Netanel „difficult, if not impossible, to determine with any degree of precision the term of copyright that would lead to optimum support for creative autonomy, while still allowing for sufficient user access."[335]

Insgesamt ist die moralische Prämisse dieser Rechtfertigung überzeugend, dass das beste Herrschaftssystem ein demokratisches sein sollte.[336] Ebenso scheint es nachvollziehbar, geistige Werke als demokratische, politische Kommunikation zu verstehen, die besondere gesellschaftliche Bedeutung haben. Dies ist der größte Vorteil gegenüber der ökonomischen Sichtweise (Effizienz-basierte Rechtfertigung, S. 33). Schwachstellen der Demokratie-basierten Rechtfertigung sind die komplexen, kaum überschaubaren gesellschaftlichen Wirkungszusammenhänge. Deutlich zu unbestimmt ist der Tatbestand des Urheberrechts, da nicht klargestellt wird, welche Werke – welche Kommunikation – dem Urheberrecht unterfallen sollen.[337] Problematisch ist auch die Anreizfunktion, mit der Kommunikation geschützt werden soll; eine Demokratie soll auch gerade das zulassen und sogar fördern, woran bisher noch kein Interesse bestand,[338] so kann diese Rechtfertigung dazu führen, dass solche kommunikativen Werke gefördert werden, nach denen bereits eine Nachfrage besteht.[339]

---

332 *Hayek*, The Constitution of Liberty, S. 112 f.

333 *Stallberg*, Urheberrecht und moralische Rechtfertigung, S. 288.

334 Netanel meint dazu konsequent, es sei für die Demokratie damit besser, dass die Werke nur eine minimale Urheberrechtsdauer erhalten und dann gemeinfrei werden als dass der Urheber weitere finanzielle Vorteile daraus erhält. *Netanel*, Yale L.J. 106 (1996), 283 (369).

335 *Netanel*, Yale L.J. 106 (1996), 283 (369).

336 *Stallberg*, Urheberrecht und moralische Rechtfertigung, S. 290; darin stimmen sogar Netanels Kritiker überein, *Yoo*, Vand. L. Rev. 53 (2000), 1933 (1962); *Weinreb*, Harv. L. Rev. 111 (1998), 1149 (1233 Fn. 340).

337 So auch *Stallberg*, Urheberrecht und moralische Rechtfertigung, S. 291.

338 *Hayek*, The Constitution of Liberty, S. 109 ff.

339 *Stallberg*, Urheberrecht und moralische Rechtfertigung, S. 291.

Auch die Demokratie-basierte Rechtfertigung beruht in erster Linie auf Annahmen.

3. Universalistisch-transzendentale Rechtfertigung

Im Wissen um Stärken und Schwächen der vorliegenden Rechtfertigungsmodelle versucht Stallberg eine eigene Rechtfertigung herzuleiten. Der Schlüssel zur moralischen Rechtfertigung sei die Immaterialität geistiger Werke.[340] Die moralische Rechtfertigung des Urheberrechts basiere auf den Regeln menschlicher Kommunikation bzw. menschlicher Sprache.[341] Stallberg nennt es die Theorie der Sprechakte,[342] deren Grundelement die Produktion oder Hervorbringung eines Symbols/Wortes/Satzes im Vollzug des Sprechaktes ist.[343]

Das Namensnennungsrecht begründet diese Rechtfertigung mit der Fehlerhaftigkeit eines Sprechaktes am Beispiel eines Plagiators.[344] Mit der Annahme, dass Sprechakte vollzogen werden müssten und dieses nicht von selbst, sondern nur durch Anreiz geschehen könne, welcher nur in Form von Verwertungsrechten gegeben werden könne, gelangt die Rechtfertigung zu der moralischen Notwendigkeit von Verwertungsrechten.[345]

---

340 *Stallberg*, Urheberrecht und moralische Rechtfertigung, S. 300.

341 Der Vollzug menschlicher Sprache sei regelgeleitetes Handeln, das moralische Konsequenzen nach sich ziehe *Stallberg*, Urheberrecht und moralische Rechtfertigung, S. 300.

342 *Stallberg*, Urheberrecht und moralische Rechtfertigung, S. 303.

343 *Searle*, Sprechakte, S. 30. Nicht jede menschliche Handlung sei bereits Kommunikation, erst dann, wenn eine bestimmte Intention dahinter stecke; für diese müsse es bestimmte Regeln geben, auf denen der Vollzug der Sprechakte fuße. Am Anfang steht also eine Handlung, die einen Sprechakt hervorbringt, die dann als geistiges Werk aufgefasst und auch als solches bezeichnet wird. Näherliegend als bei Sprachwerken ist dies beispielsweise bei Bildwerken, wenn das Bild als kommunikatives Medium genutzt wird. Siehe etwa *Sachs-Hombach*, Das Bild als kommunikatives Medium, S. 77, 164; *Searle*, Sprechakte, S. 30; *Stallberg*, Urheberrecht und moralische Rechtfertigung, S. 308.

344 *Stallberg*, Urheberrecht und moralische Rechtfertigung, S. 317 ff.; dies gilt selbstverständlich nur, wenn ein Urheberrecht existiert, *Stallberg*, Urheberrecht und moralische Rechtfertigung, S. 321.

345 *Stallberg*, Urheberrecht und moralische Rechtfertigung, S. 321, 325.

Auch an dieser Rechtfertigung kann die normative Beweisführung kritisiert werden.[346] Es dürfte zudem schwierig sein, das Urheberrecht, das so eng mit der Gesellschaft und deren Normen verknüpft ist, isoliert zu betrachten.

Der Vorteil der universalistisch-transzendentalen Rechtfertigung ist die Vermeidung des Konflikts zwischen einer individualistischen und einer kollektivistischen Begründung. Sie stützt die Argumentation auf etwas, was beiden Ansätzen gemein ist: die Sprache als Ausdrucksform des Menschen. Das Urheberrecht folgt mit dieser Rechtfertigung nicht aus moralischen (Vor)Rechten des Urhebers oder Rechten der Gesellschaft, sondern aus der Sprache als deren gemeinsamer Daseinsform.[347]

4. Zwischenergebnis

Urheberrecht wurde und wird in der westlichen Welt wie dargestellt ganz unterschiedlich hergeleitet und gerechtfertigt. Die US-amerikanische Rechtfertigung favorisiert Effizienz-basierte, ökonomische und gemeinschaftsorientierte Gesichtspunkte, dagegen konzentriert sich die deutsche und europäische Rechtfertigung auf das schöpferische Individuum und deshalb auf Urheberpersönlichkeitsrechte. Jedes Modell hat einen tragfähigen geschichtlichen Hintergrund und sich in den jeweiligen Ländern durchaus bewährt.

Wollte man eine Harmonisierung der wichtigsten Rechtfertigungstheorien und damit der US-amerikanischen Gesetzgebung zum Urheberrecht einerseits und der deutschen respektive europäischen andererseits anstreben, bedürfte es schon eines sehr großen Wurfes, derart divergierende und historisch jeweils über lange Zeiträume gewachsene Rechtsdogmatiken einander anzunähern und zu einer einheitlichen Begründung des Urheberrechts weiterzuentwickeln.

IV. Dogmatische Grundlagen

1. Grundsatz der Unübertragbarkeit des Urheberrechts, § 29 UrhG

In Deutschland ist das Urheberrecht zu Lebzeiten nicht übertragbar, § 29 Abs. 1 UrhG. Einzige Ausnahme ist das Vererben. Die Unübertragbarkeit ist konsequente Folge der monistischen Theorie, wonach Vermögensrechte und Urheberpersönlichkeitsrechte zu einer Einheit verschmelzen.[348] Zu Lebzeiten des

346 Dies erkennt Stallberg selbst, *Stallberg*, Urheberrecht und moralische Rechtfertigung, S. 325.

347 *Stallberg*, Urheberrecht und moralische Rechtfertigung, S. 334.

348 Dreier/Schulze/*Schulze*, UrhG, § 29 Rn. 1.

Urhebers bleibt das Urheberrecht mit ihm unzertrennbar verbunden, da das Urheberrecht jedoch über den Tod des Urhebers hinaus geht, soll der Urheber von Todes wegen mit seinem Urheberrecht genauso verfahren können wie mit seinem sonstigen Vermögen.[349] Der Urheber kann anderen Personen verschiedenartige Nutzungsrechte einräumen, je in dem Umfang, den der Urheber bestimmt. Dies geschieht ähnlich der im Patentrecht üblichen Lizenz; das Nutzungsrecht leitet sich aus dem Urheberrecht ab. Eine Verfügung über ein einzelnes Verwertungsrecht (z.B. das Vervielfältigungs- oder Verbreitungsrecht) in seiner Gesamtheit ist unwirksam und nichtig.[350]

2. Einräumung von Nutzungsrechten, § 31 UrhG

Auf das Urheberrecht kann vom Urheber nicht verzichtet werden, weder auf das Urheberrecht als solches[351] noch auf (einzelne) Verwertungsrechte. Selbst wenn ein Autor eines Werkes dieses ins Internet setzt und dazu schreibt, dass jegliches Kopieren und Verbreiten zulässig sein soll, führt das nicht zum Verlust oder Übergang des Urheberrechts bei ihm, es ist vielmehr als eine Art Aufforderung zu verstehen, dass jeder, der ihr nachkommt, ein einfaches Nutzungsrecht zur Herstellung von Kopien erhält.[352] Für eine stillschweigende Rechtseinräumung ist nach dem BGH erforderlich, dass angesichts der Gesamtumstände nach dem objektiven Inhalt der Erklärung unzweideutig zum Ausdruck gekommen ist, dass der Urheber über sein Recht in der Art verfügen wolle, dass er einem Dritten daran ein bestimmtes Nutzungsrecht einräume.[353] Selbst wenn also ein Urheber seine Werke ins Internet stellt ohne einen entsprechenden Hinweis auf Nutzung mit dem Wissen, dass sein Werk von Suchmaschinen erfasst werden wird, genügt dies nach dem BGH nicht für die Einräumung von Nutzungsrechten.[354] Jedoch komme auch in diesem Fall eine „schlichte Einwilligung" in die jeweilige (evtl. auch rechtsverletzende) Nutzungshandlung in Betracht; denn wer als Urheber eigene Texte oder Bilder im Internet frei zugänglich mache,

---

349 Dreier/Schulze/*Schulze*, UrhG, § 29 Rn. 1.

350 Dreier/Schulze/*Schulze*, UrhG, § 29 Rn. 1; Schricker/Loewenheim/*Ohly*, UrhR, § 29 UrhG Rn. 14.

351 *Osenberg*, Die Unverzichtbarkeit des Urheberpersönlichkeitsrechts, S. 21.

352 Dreier/Schulze/*Schulze*, UrhG, § 29 Rn. 10, § 32 Rn. 80; Dreier/Schulze/*Dreier*, UrhG, § 69a Rn. 11, § 69c Rn. 37; vgl. Fromm/Nordemann/*Nordemann*, UrhR, § 29 UrhG Rn. 12; *Nordemann*, GRUR 1969, 127 (128).

353 BGHZ 185, 291 (Rn. 31) – Vorschaubilder I.

354 BGH GRUR 2012, 602 (Rn. 14 ff.) – Vorschaubilder II.

ohne Einschränkungen vorzunehmen, muss nach der Rechtsprechung damit rechnen, dass seine Werke üblichen Nutzungshandlungen im Internet unterfallen.[355]

Wer also eigene E-Books ins Internet stellt (für den Eigenverleger wahrscheinlich relevanter als für denjenigen, der über einen Verlag veröffentlicht), hat selbst Sorge dafür zu tragen, dass seine Werke für Nutzer erkennbar nicht frei nutzbar sind, sondern Beschränkungen unterliegen – sei es auf Nutzungsbeschränkungen hinzuweisen oder die E-Books mit technischen Schutzmaßnahmen zu versehen, sodass ungewollte Nutzungen gar nicht erst entstehen können.

Zu unterscheiden ist zunächst zwischen Verwertungsrechten des Urhebers, die in §§ 15 ff. UrhG geregelt sind, und Nutzungsrechten, §§ 31 ff. UrhG, die den Vertragspartnern eingeräumt werden. Die Verwertungsrechte stehen dem Urheber zu, während Nutzungsrechte meist durch Lizenzen übertragen werden.

Mittlerweile ist es möglich, auf unbekannte Nutzungsarten zu verzichten, der Urheber behält jedoch ein unverzichtbares Widerrufsrecht (§ 31a Abs. 1, 4 UrhG). Bei bekannten Nutzungsarten gilt das Zweckübertragungsprinzip (§ 31 Abs. 5 UrhG) – als grundlegendes Prinzip gilt daher, dass der Urheber keine weitergehenden Nutzungsrechte einräumt, als es der Zweck des Vertrags erfordert.[356] Damit handelt es sich in der Sache um eine teleologische Auslegung der Nutzungsverträge[357] – zugunsten des Urhebers bei Unklarheiten abweichend von §§ 133, 157 BGB[358] – damit der Urheber möglichst weitgehend an den wirtschaftlichen Erträgen seines Werkes beteiligt wird.[359] Das Urheberrecht soll im Ganzen soweit wie möglich auch beim Urheber bleiben.[360]

Das Zweckübertragungsprinzip gilt auch bei der Beurteilung, ob überhaupt ein Nutzungsrecht bzw. ob ein einfaches oder ausschließliches Nutzungsrecht eingeräumt worden ist, wie weit dieses Nutzungsrecht reicht und welche

355 BGHZ 185, 291 (Rn. 34) – Vorschaubilder I; kritisch zu dieser Konstruktion *Spindler*, GRUR 2010, 785 (785 ff.); *Wiebe*, GRUR 2011, 888 (888 ff.).

356 Wandtke/Bullinger/*Wandtke/Grunert*, PK UrhR, § 31 Rn. 39.

357 *Rehbinder/Peukert*, Urheberrecht, Rn. 916; Schricker/Loewenheim/*Ohly*, UrhR, § 31 UrhG Rn. 56; LG Berlin, ZUM-RD 2008, 18 (22); Spindler/Schuster/*Wiebe*, Recht der elektronischen Medien, § 31 UrhG Rn. 13.

358 Spindler/Schuster/*Wiebe*, Recht der elektronischen Medien, § 31 UrhG Rn. 13.

359 BGHZ 131, 8 (12) – Pauschale Rechtseinräumung; m.w.N. *von Riesenhuber*, GRUR 2005, 712 (713 f.).

360 BGHZ 131, 8 (12) – Pauschale Rechtseinräumung; BGHZ 137, 387 (392 f.) – Comic-Übersetzungen I; vgl. auch OLG Köln, MMR 2016, 387 (479).

Einschränkungen evtl. bei der Nutzung vorliegen.[361] Die Beweislast liegt beim Verwerter.[362]

Die Verwertung von Urheberrechten erfolgt durch konstitutive Rechtsübertragung,[363] d.h. die Verwertungsbefugnisse werden vom Urheberrecht abgespalten; fällt das Tochterrecht weg, erstarkt das Mutterrecht, das originär beim Urheber verblieben ist, wieder zum Vollrecht.[364]

Die Einräumung von Nutzungsrechten ist außer bei unbekannten Nutzungsarten formfrei durch Verfügung[365] möglich gem. §§ 398, 413 BGB. Bei zum Zeitpunkt der Einräumung unbekannten Nutzungsarten bedarf es nach § 31a Abs. 1 S. 1 UrhG der Schriftform. Einen gutgläubigen Erwerb bei Nutzungsrechten gibt es dabei nicht.[366]

Werden Werke, die bereits auf dem Markt sind, in anderer Form ebenfalls auf den Markt gebracht, handelt es sich bei der neuen Form in der Regel um eigenständige Nutzungsarten. So auch bei E-Books – werden gedruckte Bücher in neuer Form als E-Books veröffentlicht, handelt es sich dabei um eine eigenständige Nutzungsart.[367]

Um Rechtssicherheit zu gewährleisten, sind Nutzungs- oder Lizenzverträge nicht bereits dann unwirksam, wenn sich im Nachhinein herausstellt, dass das Werk in Wirklichkeit keinen Urheberrechtsschutz genießt; zumindest solange der Lizenzvertrag besteht und der Lizenznehmer eine wirtschaftliche Vorzugsstellung damit erlangt.[368]

Auch hier gilt das Territorialitätsprinzip, wonach Nutzungsrechte grundsätzlich nur für Deutschland eingeräumt werden.[369] Wer Nutzungsrechte für das Ausland einräumen oder sich einräumen lassen möchte, hat das ausdrücklich

---

361 Spindler/Schuster/*Wiebe*, Recht der elektronischen Medien, § 31 UrhG Rn. 20.

362 BGHZ 131, 8 (14) – Pauschale Rechtseinräumung; BGH GRUR 2011, 714 (Rn. 29) – Der Frosch mit der Maske.

363 Auch gebundene Rechtsübertragung, *Forkel*, Gebundene Rechtsübertragungen, S. 44; *Schack*, Urheber- und Urhebervertragsrecht, Rn. 593 ff.; Schricker/Loewenheim/*Ohly*, UrhR, § 31 UrhG Rn. 9; Spindler/Schuster/*Wiebe*, Recht der elektronischen Medien, § 31 UrhG Rn. 3.

364 *Ulmer*, Urheber- und Verlagsrecht, S. 358 f.; Spindler/Schuster/*Wiebe*, Recht der elektronischen Medien, § 31 UrhG Rn. 3.

365 Schricker/Loewenheim/*Ohly*, UrhR, § 31 UrhG Rn. 11.

366 BGHZ 5, 116 (119); BGH GRUR 1959, 200 (203) – Der Heiligenhof.

367 Dreier/Schulze/*Schulze*, UrhG, § 31 UrhG Rn. 46; *Rehbinder/Schmaus*, ZUM 2002, 167 (170); *Schulze*, ZUM 2000, 432 (439).

368 BGHZ 192, 290 (Rn. 17) – Delcantos Hits; Spindler/Schuster/*Wiebe*, Recht der elektronischen Medien, § 31 UrhG Rn. 5.

369 Dreier/Schulze/*Schulze*, UrhG, § 31 UrhG Rn. 30; Schricker/Loewenheim/*Ohly*, UrhR, § 31 UrhG Rn. 36.

(schriftlich) festzuhalten. Möglich ist dies für das deutschsprachige Ausland, für einzelne bezeichnete Länder oder auch weltweit.[370] Zu beachten ist auch hier der Erschöpfungsgrundsatz nach § 17 Abs. 2 UrhG, der in der EU gilt. Es kann verschiedenen Nutzern für deren jeweiliges EU-Land das Verbreitungsrecht als Nutzungsrecht eingeräumt werden; der Ort der Erstverbreitung kann somit innerhalb der EU nach einzelnen Ländern getrennt werden.[371] Die Weiterverbreitung von dort aus in andere EU-Länder kann dann jedoch aufgrund des Erschöpfungsgrundsatzes nicht mehr verhindert werden.[372]

Für die Anwendbarkeit ausländischer Nutzungsverträge gilt das Schutzlandprinzip. Die Feststellung, wer Urheber, wer erster Urheberrechtsinhaber, wer Nutzungsberechtigter ist, welche Schutzwirkung gegeben ist und ob Nutzungsrechte (oder generell urheberrechtliche Befugnisse) übertragbar sind, richtet sich nach dem Recht des Schutzlandes.[373] Ausländische Nutzungsverträge, deren Nutzungen im Inland (also Deutschland) stattfinden, unterfallen damit dem deutschen Urheberrecht und werden im Lichte des § 31 UrhG interpretiert.[374]

a) Einfaches / ausschließliches Nutzungsrecht

Der Urheber kann anderen einfache oder ausschließliche Nutzungsrechte einzuräumen. Das einfache Nutzungsrecht berechtigt den Nutzungsrechtsinhaber dazu, das Werk in der mit dem Urheber vereinbarten Form zu nutzen (§ 31 Abs. 2 UrhG), jedoch nicht dazu, anderen die Nutzung zu untersagen.[375] Im Gegensatz

---

370 Dreier/Schulze/*Schulze*, UrhG, § 31 UrhG Rn. 30.

371 OLG Frankfurt a.M., ZUM-RD 2008, 173 (178 f.); BGHZ 80, 101 (104 ff.) – Schallplattenimport I; BGH GRUR 1985, 924 (925) – Schallplattenimport II; BGH GRUR 1986, 736 (738) – Schallplattenvermietung; Dreier/Schulze/*Schulze*, UrhG, § 31 Rn. 31; Schricker/Loewenheim/*Ohly*, UrhR, § 31 UrhG Rn. 37; Bedenken hiergegen hat allerdings Wandtke/Bullinger/*Wandtke/Grunert*, PK UrhR, § 31 Rn. 9.

372 BGH GRUR 2003, 699 (702) – Eterna; KG, ZUM 2003, 395 (396) – Hase und Wolf; Dreier/Schulze/*Schulze*, UrhG, § 31 UrhG Rn. 31; Dreier/Schulze/*Schulze*, UrhG, § 17 UrhG Rn. 35.

373 BGHZ 136, 380 (386 ff.) – Spielbankaffaire; Dreier/Schulze/*Schulze*, UrhG, § 31 UrhG Rn. 149.

374 Dreier/Schulze/*Schulze*, UrhG, § 31 UrhG Rn. 149.

375 Ausnahme ist die gewillkürte Prozessstandschaft: der Inhaber eines einfachen Nutzungsrechts kann mit Ermächtigung des Inhabers des ausschließlichen Rechts Ansprüche seines Lizenzgebers gegenüber Verletzern geltend machen, da er in der Regel ein eigenes wirtschaftliches Interesse daran hat, dass das Werk nicht von Konkurrenten genutzt wird, die keine eigenen Rechte erworben haben und somit Urheberrechte verletzen, vgl. Dreier/Schulze/*Schulze*, UrhG, § 31 UrhG Rn. 51; BGH GRUR

dazu gewährt das ausschließliche Nutzungsrecht dem Nutzungsrechtsinhaber ein positives Benutzungsrecht und ein negatives Verbotsrecht gegenüber Dritten (§ 31 Abs. 3 UrhG). Somit ist die Art der jeweiligen Nutzung des Werkes bei beiden Nutzungsarten grundsätzlich gleich, nur der Umfang der Berechtigung ist unterschiedlich.[376] Besonders für Verleger interessant ist die Möglichkeit des Nutzungsberechtigten, auch dem Urheber die Nutzung des Werkes in der vereinbarten Weise zu untersagen (sofern nichts anderes vereinbart wurde oder sich der Urheber Nutzungen vorbehalten hat (§ 31 Abs. 3 S. 2 UrhG)).[377] Der Nutzungsrechtsinhaber kann sogar Dritten Nutzungshandlungen untersagen, die er selbst gar nicht vornehmen darf, wenn seine Verwertungsbefugnisse durch die Handlungen dieser Dritten beeinträchtigt werden; somit reicht das Verbotsrecht des Nutzungsinhabers sogar weiter als sein positives Benutzungsrecht.[378]

Das einfache Nutzungsrecht ist mit Zustimmung des Urhebers weiter übertragbar; eine mögliche Weitereinräumung ist in der Literatur umstritten.[379]

Das ausschließliche Nutzungsrecht wird auch Exklusivrecht genannt, da es nur einem Nutzer die alleinige Nutzung erlaubt. Dabei gelten die gesetzlichen Schranken dann dem Inhaber des ausschließlichen Nutzungsrechts gegenüber genauso wie gegenüber dem Urheber.[380] Der Urheber kann jedoch neben dem Inhaber gegen Rechtsverletzungen im eigenen Namen vorgehen;[381] Verletzungen des Urheberpersönlichkeitsrechts betreffen den Urheber,[382] materielle (oder auch ideelle) Interessen des Urhebers können betroffen sein.[383] Auch

1959, 200 (201) – Der Heiligenhof; BGH GRUR 1981, 652 – Stühle und Tische; OLG München, ZUM 1989, 89 (89 f.) – Reihen- und Doppelhäuser.

376 *von Gamm*, Urheberrechtsgesetz, § 31 UrhG Rn. 11; Dreier/Schulze/*Schulze*, UrhG, § 31 UrhG Rn. 25.

377 Spindler/Schuster/*Wiebe*, Recht der elektronischen Medien, § 31 UrhG Rn. 6.

378 BGHZ 118, 394 (399 f.) – ALF; BGHZ 141, 267 – Laras Tochter; Spindler/Schuster/*Wiebe*, Recht der elektronischen Medien, § 31 UrhG Rn. 6.

379 Dagegen Schricker/Loewenheim/*Ohly*, UrhR, § 35 UrhG Rn. 7; Schulze sieht eine Möglichkeit, wenn man das einfache Nutzungsrecht als dingliches Recht sieht, das neben anderen einfach Nutzungsrechten steht, Dreier/Schulze/*Schulze*, UrhG, § 31 UrhG Rn. 55; Fromm/Nordemann/*Nordemann*, UrhR, § 29 UrhG Rn. 22, § 31 UrhG Rn. 89.

380 Dreier/Schulze/*Schulze*, UrhG, § 31 UrhG Rn. 57.

381 Dreier/Schulze/*Schulze*, UrhG, § 31 UrhG Rn. 59.

382 LG Frankfurt, UFITA 1982, 334 (336) – Lachende Sonne; OLG München, GRUR 1984, 524 (525 f.) – Nachtblende; OLG Düsseldorf, GRUR 1993, 903 (907) – Bauhaus-Leuchte.

383 BGH GRUR 1957, 614 (615) – Ferien vom Ich; BGH GRUR 1960, 251 (251 f.) – Mecki Igel II; BGHZ 118, 394 (397 f.) – ALF; BGH GRUR 1994, 191

das ausschließliche Nutzungsrecht ist übertragbar, der Inhaber kann ebenfalls einfache oder ausschließliche Nutzungsrechte einräumen, wenn der Urheber zustimmt.[384]

b) Creative Commons (CC)

Ein anderes Modell, Nutzungen zu erlauben, sind die Creative Commons-Lizenzen.[385] Creative Commons steht für „schöpferisches Gemeingut".[386] Dieses Modell soll den Zugang zu offenen Inhalten ermöglichen und dem Nutzer auf einfachem Weg zeigen, welche Nutzungshandlungen er mit dem vorliegenden Werk vornehmen darf. Es handelt sich um eine Zugangs- und Zugriffsmöglichkeit auf digitale Inhalte, die ansonsten durch Digital Rights Management, urheberrechtliche Regulierung und ähnliche Nutzerhindernisse für die Allgemeinheit schwer zugänglich wären.[387] Open-Source- und Open-Content-Lizenzen bedeuten keinen Verzicht auf Urheberrechte und urheberrechtliche Rechtspositionen. „Im Gegenteil bedienen sich die Nutzer der Bedingungen des Urheberrechts, um ihre Vorstellungen der weiteren Entwicklung und Verbreitung von Software sicherzustellen und zu verwirklichen."[388]

Bei den CC-Lizenzen gibt es mehrere Module, die sich jeder Rechteinhaber für individuelle Lizenzen zusammenstellen kann, so die Module Attribution (BY), Non-Commercial (NC), No-Derivatives (ND) und Share Alike (SA). Gleichzeitiger Vorteil und Nachteil ist die spezielle Anpassung an die jeweiligen Länder und damit die Anpassung an die national teilweise divergierenden Rechtslagen. Die CC-Lizenzen werden insgesamt für mehr als 50 Länder übersetzt und angepasst.[389]

Es werden Musterlizenzverträge bereitgestellt, die alle nutzen können, die ihre Werke kontrolliert zur Nutzung im Internet zur Verfügung stellen wollen. Standardisierte Symbole, Logos und Buttons haben einen hohen Wiedererkennungswert und können so von den Nutzern gut wahrgenommen werden, dazu

---

(191 f.) – Asterix-Persiflagen; BGH GRUR 1999, 49 (50) – Bruce Springsteen and his Band.

384 Dreier/Schulze/*Schulze*, UrhG, § 31 UrhG Rn. 62.

385 www.creativecommons.org (zuletzt aufgerufen am 21.05.2020).

386 Hoeren/Sieber/Holznagel/*Paul*, Handbuch Multimedia-Recht, Teil 7.4 Rn. 121.

387 Hoeren/Sieber/Holznagel/*Paul*, Handbuch Multimedia-Recht, Teil 7.4 Rn. 121.

388 LG München, GRUR-RR 2004, 350 (350) – GPL-Verstoß; Dreier/Schulze/*Dreier*, UrhG, § 69a UrhG Rn. 11.

389 Die deutsche Version ist zu finden unter http://de.creativecommons.org (zuletzt aufgerufen am 21.05.2020).

werden die Lizenzen in den Metadaten auf den Seiten der Verwender hinterlegt und sind somit maschinenlesbar.[390] Großer Vorteil der verschiedenen Module ist die Kombinationsmöglichkeit der Bausteine miteinander, die der Rechteinhaber im Vorfeld bestimmen kann – im Gegensatz zu früher, als der Urheber im Grunde genommen nur bestimmen konnte, ob er sich alle Rechte vorbehält oder alle abgibt. Technische Schutzmaßnahmen sind bei der Bereitstellung von CC-Lizenzen untersagt. Wenn die Lizenzbedingungen vom Nutzer nicht eingehalten werden, führt eine auflösende Bedingung zu einem automatischen Rückfall der Rechte an den Lizenzgeber.[391] Die Nichtnennung des Urhebers eines Fotos (die Namensnennung ist die Mindestlizenz bei CC-Lizenzen), das unter CC lizenziert war, führt beispielsweise zur Verletzung des Urhebers in seinen Rechten nach § 97 Abs. 1 UrhG und damit zur Beendigung der Befugnis des Lizenznehmers, so das LG Berlin.[392]

Die CC-Lizenz hat sich mittlerweile derart etabliert, dass auch einige Rundfunk- und Mediendienste bei der Präsentation digitaler Inhalte den CC-Lizenzen vertrauen.[393]

Die CC-Lizenzen sind vergleichbar mit anderen Open-Content-Lizenzen mit dem Unterschied, dass die CC-Lizenzen an das deutsche Recht angepasst sind und auch in deutscher Sprache zur Verfügung stehen.

Die Unterlizenzierung ist untersagt, es kommt jedes Mal erneut eine Lizenz mit dem Urheber zustande. Dies ist bei Verstoß des ersten Lizenznehmers insofern praktisch, da in diesem Fall der zweite Lizenznehmer unproblematisch die Lizenz weiter nutzen kann, da es sich nicht um eine Unterlizenz handelt.

Mittlerweile gibt es seit November 2013 die Version 4.0, die das erste Mal Datenbankrechte mit lizenziert, auf die in Version 3.0 in Europa verzichtet worden war; auch werden das Data Mining und Text Mining freigestellt, das zwar in vielen Rechtsordnungen ohnehin gilt, jedoch in einigen sogar als eigene Nutzungsart diskutiert wird; ebenfalls werden „verwandte Schutzrechte" und eine Heilungsfrist eingeführt; das Share Alike wird insofern verändert, als es nun ausreicht, die letzte rechtmäßig vergebene Lizenz einzuhalten; die Namensnennung

390 Hoeren/Sieber/Holznagel/*Paul*, Handbuch Multimedia-Recht, Teil 7.4 Rn. 122.

391 Spindler/Schuster/*Wiebe*, Recht der elektronischen Medien, § 31 UrhG Rn. 22.

392 LG Berlin, MMR 2011, 763.

393 Z.B. das ZDF bei „Der Elektrische Reporter"; Hoeren/Sieber/Holznagel/*Paul*, Handbuch Multimedia-Recht, Teil 7.4 Rn. 123.

wird vereinfacht, indem nun per Link auf eine weitere Seite verwiesen wird, die die vollständigen Rechteangaben enthält.[394]

Die Version 3.0 beruht erstmals nicht wie die beiden Vorgängerversionen auf US-amerikanischem Urheberrecht,[395] sondern auf der Berner Konvention und dem ROM-Abkommen.[396]

Da es sich bei den CC-Lizenzen um Musterverträge handelt, ist auch das Recht der Allgemeinen Geschäftsbedingungen anwendbar. Das bedingt naturgemäß die Verpflichtung für den Urheber, ausdrücklich auf die AGB hinzuweisen, indem der Urheber bzw. Lizenzgeber die von CC zur Verfügung gestellten Symbole, Logos und Buttons nutzt und diese kenntlich macht, sodass der Nutzer zumutbar davon Kenntnis nehmen kann (vgl. § 305 Abs. 2 Nr. 2 BGB). Am einfachsten ist dies mit dem Setzen eines Hyperlinks auf die Lizenzbedingungen zu erfüllen. Unbedenklich ist dabei, dass der Nutzer auf den ersten Blick nur eine Kurzfassung der Allgemeinen Geschäftsbedingungen zu sehen bekommt und er die Langfassung erst durch Klicken des Hyperlinks einsehen kann.[397]

Bei den Creative Commons findet der Erschöpfungsgrundsatz Anwendung, da die Creative Commons Public License (dem deutschen Recht angepasst) den Vorrang dieses Grundsatzes vorsieht, unabhängig davon, ob im Allgemeinen eine Erschöpfung bei digitalen Gütern angenommen wird.

Die sog. „Heimfall"-Klausel (bei Verstoß gegen die Lizenzbedingungen fällt die Lizenz zurück zum Rechteinhaber) benachteiligt den Nutzer nicht, da kein Verstoß gegen den Grundgedanken des § 31 Abs. 1 S. 1 UrhG vorliegt; die Rechte Dritter bleiben grundsätzlich unberührt, da jeder Nutzer das einfache Nutzungsrecht direkt vom Lizenzgeber erhält.[398] Wenn ein Ersterwerber gegen die Lizenzbedingungen verstößt und die Lizenz dann einem Zweiterwerber weitergibt, ist dies für den Zweiterwerber somit unproblematisch.

Ein Urheber kann seine Werke nur unter der Creative Commons Public License lizenzieren, wenn er noch keinem anderen die Nutzungsrechte daran eingeräumt hat. Besonders hat der Urheber darauf zu achten, wenn er Verträge

---

394 http://de.creativecommons.org/index.php/2013/11/25/version-4-0-ist-da/ (zuletzt aufgerufen am 21.05.2020).

395 Creative Commons wurde 2001 von Lawrence Lessig, Professor an der Stanford Universität, und anderen Internetrecht- und Intellectual Property-Experten gegründet, https://creativecommons.org/2002/10/16/creativecommonsannounced-2/ (zuletzt aufgerufen am 21.05.2020).

396 *Maracke*, JIPITEC 2010, 4 (4 ff.).

397 Hoeren/Sieber/Holznagel/*Paul*, Handbuch Multimedia-Recht, Teil 7.4 Rn. 132.

398 Hoeren/Sieber/Holznagel/*Paul*, Handbuch Multimedia-Recht, Teil 7.4 Rn. 136.

mit Verwertungsgesellschaften abgeschlossen hat, die ausschließliche Rechte für Primärnutzungen erworben haben; dann darf der Urheber selbst darüber nicht mehr verfügen.[399] Insbesondere betrifft dies wohl den Bereich der Musik – nur „GEMA-freie" Werke können einer Open Content-Lizenz (also auch Creative Commons Lizenz) unterstellt werden.[400]

3. Verwertungsrechte

a) Reiner Werkgenuss

Der rein private Werkgenuss als solcher ist nach Ansicht des BGH[401] und der herrschenden Meinung[402] urheberrechtlich nicht relevant: „Die Benutzung eines Werkes als solche ist kein urheberrechtlich relevanter Vorgang. Dies gilt für das Benutzen eines Computerprogramms ebenso wie für das Lesen eines Buches […]."[403]

Unter die Benutzung fällt die Wahrnehmung des Werkes, die freigestellt und bloßer Werkgenuss ist.[404] Denn der Gesetzgeber hat in § 15 Abs. 1 UrhG das Verwertungsrecht des Urhebers in körperlicher Form geregelt. Abs. 2 enthält eine entsprechende Formulierung jedoch nicht, der Urheber hat vielmehr lediglich das Recht, sein Werk in unkörperlicher Form öffentlich wiederzugeben. Das reine Lesen eines Buches, sei es nun in gedruckter Form oder als E-Book auf einem Reader oder mittels eines Browsers im Internet ist damit zwar eine Nutzung i.S.v. §§ 11, 15 UrhG, jedoch nur ein bloßer Werkgenuss, der freigestellt ist.[405]

Das bedeutet in der Konsequenz aber auch, dass der Besitzer einer Raubkopie eines urheberrechtlich geschützten E-Books diese lesen und weiterbesitzen darf, ohne eine Urheberrechtsverletzung zu begehen, denn der bloße Besitz ist keine Nutzung des Werkes, das als materielle Sache besessen wird, die das immaterielle Werk enthält.[406] Wie bei vielem liegt bei Computerprogrammen

---

399 Hoeren/Sieber/Holznagel/*Paul*, Handbuch Multimedia-Recht, Teil 7.4 Rn. 139.

400 Hoeren/Sieber/Holznagel/*Paul*, Handbuch Multimedia-Recht, Teil 7.4 Rn. 139; *Mantz*, GRUR Int 2008, 20 (21 f.); *Jaeger/Metzger*, MMR 2003, 431 (433).

401 BGHZ 112, 264 (278) – Betriebssystem.

402 Wandtke/Bullinger/*Heerma*, PK UrhR, § 15 Rn. 10.

403 BGHZ 112, 264 (278) – Betriebssystem; BGH GRUR 1994, 363 (364 f.) – Holzhandelsprogramm.

404 *Schulze*, NJW 2014, 721 (723).

405 *Schulze*, NJW 2014, 721 (723).

406 Dreier/Schulze/*Schulze*, UrhG, § 15 UrhG Rn. 20.

eine abweichende Regelung vor: § 69f Abs. 1 UrhG regelt für rechtswidrig hergestellte Vervielfältigungsstücke ausdrücklich, dass der Eigentümer oder Besitzer zur Herausgabe aufgefordert werden kann. Bei anderen Werkarten kann nach § 98 UrhG nur der Verletzer zur Herausgabe und Vernichtung der in seinem Besitz oder Eigentum befindlichen Werkexemplare aufgefordert werden, nicht aber der Besitzer oder Eigentümer, der beispielsweise durch bloßen Werkgenuss selbst keine Urheberrechte verletzt hat. Dies gilt jedoch nur für die private Nutzung. Wird ein rechtswidrig hergestelltes Werkexemplar verbreitet oder öffentlich wiedergegeben, ist die Handlung kein Werkgenuss mehr, es liegt vielmehr eine Verbreitung oder öffentliche Wiedergabe vor, die rechtswidrig ist.[407]

b) Vervielfältigung

Da ein Originalwerk immer nur einem kleinen Kreis von Nutzern zugänglich sein kann, ermöglicht es die Vervielfältigung (in Zusammenhang mit der Verbreitung), Kopien eines Werkes herzustellen, um es einem größeren Kreis von Nutzern zugänglich machen zu können. Dabei sind Vervielfältigung und Verbreitung oft eng miteinander verknüpft, denn ohne eine Vervielfältigung kann ein Werk kaum verbreitet werden und ohne Verbreitung ist eine Vervielfältigung oftmals ohne besonderen Nutzen. Dennoch sind Vervielfältigungs- und Verbreitungsrecht selbstständige Verwertungsrechte.[408]

Der Begriff der Vervielfältigung wird dabei weit gefasst verstanden: jede körperliche Festlegung eines Werkes, die das Werk den menschlichen Sinnen auf irgendeine Weise unmittelbar oder mittelbar wahrnehmbar machen kann.[409] Dabei genügt bereits die Herstellung eines einzigen Exemplars,[410] die manuell, maschinell, analog oder digital erfolgen kann; es ist ausreichend, wenn Abspielgeräte eine Wahrnehmung ermöglichen.[411] Auch eine zeitlich begrenzte Speicherung unterfällt dem Vervielfältigungsbegriff, die Vervielfältigungsdauer

407 Dreier/Schulze/*Schulze*, UrhG, § 15 UrhG Rn. 20.

408 Spindler/Schuster/*Wiebe*, Recht der elektronischen Medien, § 16 UrhG Rn. 2.

409 St. Rspr., vgl. BGHZ 17, 266 (269 f.) – Grundig-Reporter; BGH GRUR 1982, 102 (103) – Masterbänder; BGHZ 144, 232 (235) – Parfumflakon; siehe auch BT-Drucks. IV/270, S. 47; Dreier/Schulze/*Schulze*, UrhG, § 16 UrhG Rn. 6; Spindler/Schuster/*Wiebe*, Recht der elektronischen Medien, § 16 UrhG Rn. 3; Wandtke/Bullinger/*Heerma*, PK UrhR, § 16 UrhG Rn. 4.

410 BGHZ 18, 44 (46) – Fotokopie; BGH GRUR 1963, 441 (443) – „Mit dir allein".

411 Spindler/Schuster/*Wiebe*, Recht der elektronischen Medien, § 16 UrhG Rn. 3.

ist unbedeutend.[412] Denn es ist unerheblich, ob die Vervielfältigung auf Dauer angelegt ist oder nur vorübergehend hergestellt wird,[413] im Gesetzestext der Info-Richtlinie (2001/29/EG) ist dies noch einmal ausdrücklich klargestellt.[414] Das Werk muss in irgendeiner Art und Weise während der Nutzung körperlich fixiert werden.[415]

Verlinkungen stellen weder eine Vervielfältigung nach § 16 UrhG[416] noch eine öffentliche Zugänglichmachung nach § 19a UrhG[417] dar. Der Ausdruck eines digitalen Werks dagegen ist sehr wohl eine Vervielfältigung.[418]

Unbedeutend ist, ob Vervielfältigungen öffentlich oder privat hergestellt werden, anders als beim Verbreitungsrecht (§ 17 Abs. 1 UrhG) und Recht zur öffentlichen Wiedergabe (§ 15 Abs. 2 UrhG), bei denen es Beschränkungen auf Vorgänge in der Öffentlichkeit gibt.[419] Besondere Bedeutung hat die Vervielfältigung im Bereich digitaler Medien; jede Digitalisierung eines Werkes oder Werkteils ist, sofern dieser Teil als solcher für sich schutzfähig ist, eine Vervielfältigung:[420] das Einscannen,[421] Speichern auf der Festplatte eines Computers oder anderen digitalen Trägern,[422] das Einstellen ins Internet,[423] das Herunterladen aus dem Internet,[424] der Abruf aus dem Internet auf den eigenen Computer,[425]

---

412 Dreier/Schulze/*Schulze*, UrhG, § 16 UrhG Rn. 12; Spindler/Schuster/*Wiebe*, Recht der elektronischen Medien, § 16 UrhG Rn. 3.

413 EuGH ZUM 2011, 803 (Tz. 157) – Football Association Premier League; Dreier/Schulze/*Schulze*, UrhG, § 16 UrhG Rn. 12.

414 Vgl. BT-Drucks. 15/38, S. 17; Schricker/Loewenheim/*Loewenheim*, UrhR, § 16 UrhG Rn. 6.

415 Beim Abspielen einer Notenfolge mit einem Musikinstrument ist zwar die Vorlage ein Vervielfältigungsstück, das Spielen des Musikstückes ist jedoch nur eine unkörperliche Nutzung (§ 15 Abs. 2 UrhG), vgl. Dreier/Schulze/*Schulze*, UrhG, § 16 UrhG Rn. 6.

416 BGHZ 156, 1 (11) – Paperboy.

417 BGHZ 156, 1 (14) – Paperboy.

418 Dreier/Schulze/*Schulze*, UrhG, § 16 UrhG Rn. 20; Schricker/Loewenheim/*Loewenheim*, UrhR, § 16 UrhG Rn. 19.

419 Dreier/Schulze/*Schulze*, UrhG, § 16 UrhG Rn. 4.

420 Hoeren/Sieber/Holznagel/*Ernst*, Handbuch Multimedia-Recht, Teil 7.1 Rn. 50 m.w.N.

421 BGH GRUR 2002, 246 (247) – Scanner.

422 KG Berlin, ZUM 2002, 828 (830); LG München, ZUM-RD 2003, 607 (610); Schricker/Loewenheim/*Loewenheim*, UrhR, § 16 UrhG Rn. 21.

423 BGH GRUR 2015, 258 (Rn. 35) – CT-Paradies.

424 *Dreyer/Kotthoff/Meckel*, UrhR, § 16 UrhG Rn. 29.

425 Dreier/Schulze/*Schulze*, UrhG, § 16 UrhG Rn. 7.

ebenso eine kurzzeitige Speicherung im Arbeitsspeicher[426] und das Browsing[427]. Dabei sind das sog. Caching (nicht im Proxy Cache-Speicher[428]) und Browsing im Internet zulässig, da es sich um flüchtige, kurzzeitige technisch notwendige Maßnahmen einer rechtmäßigen Nutzung handelt, die keine eigenständige wirtschaftliche Bedeutung haben.[429]

Beim Sampling[430] kommt es darauf an, ob der betroffene Werkteil selbst Urheberrechtsschutz genießt. Entnimmt jemand in Ausübung der Kunstfreiheit einem Tonträger ein Audiofragment, um es in geänderter und beim Hören nicht wiedererkennbarer Form in einem neuen Werk zu nutzen, stellt eine solche Nutzung keine „Vervielfältigung" i.S.v Art. 2 Buchst. c der Info-Richtlinie 2001/29/EG dar.[431]

Das Vervielfältigungsrecht gilt für sämtliche Werkarten, für Computerprogramme ist es in § 69c Nr. 1 UrhG ausdrücklich gesondert geregelt.

Das Herunterladen einer Datei aus dem Internet auf ein beliebiges Gerät stellt ebenfalls eine Vervielfältigung dar, genauso wie der Upload einer Datei, um sie für den Download zur Verfügung zu stellen.[432] Das sog. Streaming[433] ist keine vorübergehende Vervielfältigung (§ 44a UrhG),[434] danach handelt es sich beim Streaming durch einen Nutzer nicht um eine rechtmäßige vorübergehende Vervielfältigung urheberrechtlich geschützter Werke, wenn diese ohne Erlaubnis der Urheberrechtsinhaber angeboten werden; die normale Verwertung solcher Werke ist damit grundsätzlich beeinträchtigt und die berechtigten Interessen der Rechtsinhaber können verletzt sein.

Ein ähnliches Problem ist bei E-Books denkbar, wenn die Datei nicht auf ein eigenes Gerät heruntergeladen wird, sondern beispielsweise mittels eines Browsers sozusagen „gestreamt" wird, das Werk also lediglich im Internet angesehen

---

426 BGH GRUR 2011, 418 (Rn. 13) – UsedSoft; OLG Hamburg, GRUR 2001, 831 (831) – Roche Lexikon Medizin; LG München, ZUM 2001, 1008 (1011) – Newsclub; Dreier/Schulze/*Schulze*, UrhG, § 16 UrhG Rn. 13 m.w.N.

427 Auch zum Routing und Caching vgl. Wandtke/Bullinger/*Heerma*, PK UrhR, § 16 UrhG Rn. 20 f; Spindler/Schuster/*Wiebe*, Recht der elektronischen Medien, § 16 UrhG Rn. 5.

428 Vgl. *Hohagen*, Fair Use im deutschen und europäischen Urheberrecht?, S. 216, 329.

429 § 44a UrhG; Art. 5 Abs. 1 Info-Richtlinie 2001/29/EG.

430 Dreier/Schulze/*Schulze*, UrhG, § 16 UrhG Rn. 9.

431 EuGH GRUR 2019, 929 (Rn. 31) – Metall auf Metall.

432 KG Berlin, GRUR 2002, 252 (253) – Mantellieferung; *Gounalakis/Backhaus*, Rechtshandbuch Electronic Business, § 23 Rn. 25.

433 Abspielen eines Videos im Webbrowser des Nutzers.

434 EuGH GRUR 2017, 610 (Tz. 72.) – Streaming.

bzw. gelesen wird. Auch hier kann es sich um einen reinen Werkgenuss handeln, der nicht verboten ist, wenn der Rechteinhaber in die Möglichkeit des Streamens bzw. Lesens eingewilligt hat – anders, wenn keine Einwilligung des Rechteinhabers vorliegt, denn dann begeht der Nutzer eine Urheberrechtsverletzung.

Umstritten ist zudem die Frage, ob die Wiedergabe eines Werks auf dem Bildschirm bzw. Display eine Vervielfältigung darstellt. Argumentiert wird u.a. damit, dass das Werk dort vorübergehend oder dauerhaft genauso sichtbar gemacht werde wie es zuvor unsichtbar im Arbeitsspeicher festgehalten sei; damit sei eine große Vergleichbarkeit gegeben, die eine ähnliche Behandlung rechtfertigen könne.[435] Andere sehen in der reinen Bildschirm- bzw. Displaywiedergabe keine Vervielfältigung; es sollte jedoch zwischen einer kurzzeitigen Speicherung im Arbeitsspeicher und einer Bildschirm-/Displayanzeige unterschieden werden, da es sich bei einer vorübergehenden Fixierung nicht um eine körperliche Festlegung handelt,[436] sondern um eine unkörperliche Wiedergabe des in digitaler Form festgelegten Werks.[437]

Eine Vervielfältigung eines elektronischen Werkes liegt nicht vor, wenn sich das Werk nicht auf einem Speichermedium des Erwerbers befindet, sondern beispielsweise auf einem Server, und der Erwerber lediglich die Zugangsdaten an einen Dritten weitergibt; denn somit ist das ursprüngliche elektronische Werk nicht vervielfältigt worden, es liegt immer noch auf demselben Ort auf demselben Server.[438]

Anders als das Verbreitungsrecht erschöpft sich das Vervielfältigungsrecht nicht.[439] Der Gedanke spielt höchstens dann eine Rolle, wenn Abbildungen bzw. Vervielfältigungen von Gegenständen als übliche werbliche Maßnahmen zur Weiterverbreitung erforderlich sind.[440] Beschränkt werden kann das Vervielfältigungsrecht nur durch die gesetzlichen Schranken, §§ 44a ff. UrhG.

---

435 *Berger*, FS Pfennig, S. 3 (3, 10 ff.); Dreier/Schulze/*Schulze*, UrhG, § 16 UrhG Rn. 7; EuGH ZUM 2011, 803 (Tz. 159) – Football Association Premier League; *Schulze*, ZUM 2000, 432 (441).

436 BGHZ 112, 264 (278) – Betriebssystem; *Dreyer/Kotthoff/Meckel*, UrhR, § 16 UrhG Rn. 35; *Hoeren/Bilek*, CR 2011, 735 (740); *Ulmer*, GRUR 2002, 297 (301); *Katzenberger*, GRUR 1973, 629 (632); Schricker/Loewenheim/*Loewenheim*, UrhR, § 16 UrhG Rn. 19.

437 *Hoeren/Bilek*, CR 2011, 735 (740); Wandtke/Bullinger/*Heerma*, PK UrhR, § 16 UrhG Rn. 17.

438 *Cichon*, GRUR-Prax 2010, 381 ff.

439 BGH GRUR 2005, 940 (942) – Marktstudien.

440 BGHZ 144, 232 (239) – Parfumflakon; Dreier/Schulze/*Schulze*, UrhG, § 16 UrhG Rn. 4.

Technisch notwendige, kurzzeitige Vervielfältigungen sind nach § 44a UrhG zulässig; erlaubt ist auch unter gewissen Voraussetzungen das Zitat nach § 51 UrhG oder die Vervielfältigung zum privaten und sonstigen eigenen Gebrauch nach § 53 UrhG. In der Regel soll der Urheber für Vervielfältigungen angemessen vergütet werden; die Vergütung und die Ausschüttung übernehmen die jeweiligen Verwertungsgesellschaften (VG Wort, GEMA u.a.), die Gelder einziehen und unter den Urhebern aufteilen.

Stellen Teile eines Werkes selbstständig schutzfähige Werke dar, ist auch die Vervielfältigung eines Werksteils urheberrechtlich relevant.[441]

Unter das Vervielfältigungsrecht fallen nicht nur identische, sondern auch „nahezu identische" Vervielfältigungen;[442] Bearbeitungen oder Umgestaltungen sind im privaten Bereich aber grundsätzlich zulässig.[443]

Vervielfältigungen zum privaten Gebrauch dürfen nur dann angefertigt werden, wenn die Vervielfältigungsquelle rechtmäßig ist, so hat der EuGH entschieden; ist das Werk also schon unrechtmäßig erworben (z.B. durch illegalen Download), darf davon auch keine Vervielfältigung zum privaten Gebrauch (Privatkopie) angefertigt werden.[444]

Die Info-Richtlinie kennt keine Regelung wie die Computerprogramm-RL, die ein gesetzliches Nutzungsrecht für Vervielfältigungshandlungen zur „bestimmungsgemäßen Nutzung" enthält (§ 69d Abs. 1 UrhG), das allerdings nur für Computerprogramme gilt.[445] Zur Rechtfertigung von Vervielfältigungshandlungen könnte höchstens die Schranke der Privatkopie (§ 53 Abs. 1 UrhG) herangezogen werden,[446] jedoch ist diese Norm gerade bei E-Books nicht anwendbar, da § 53 Abs. 4 lit. b) UrhG das Recht zur Anfertigung einer im wesentlichen vollständigen Kopie eines Buches gesetzlich ausschließt. E-Books sind nicht die einzigen anderen Güter, die von den engen Grenzen des § 53 Abs. 1 UrhG betroffen sind. Es gibt in der Literatur Überlegungen, eine der Computerprogramm-Richtlinie vergleichbare Regelung auch für andere Güter zu entwerfen.[447]

---

441 Dreier/Schulze/*Schulze*, UrhG, § 16 UrhG Rn. 9.

442 BGH GRUR 1988, 533 (535) – Vorentwurf II; BGH GRUR 1991, 529 (530) – Explosionszeichnungen; Dreier/Schulze/*Schulze*, UrhG, § 16 UrhG Rn. 10.

443 Dreier/Schulze/*Schulze*, UrhG, § 16 UrhG Rn. 10; Wandtke/Bullinger/*Heerma*, PK UrhR, § 16 UrhG Rn. 10.

444 EuGH GRUR 2014, 546.

445 EuGH GRUR Int 2012, 759 (Tz. 81) – UsedSoft.

446 So z.B. *Ohly*, JZ 2013, 42 (44); *Redeker*, CR 2014, 73 (77); *Scholz*, ITRB 2013, 17 (19); *Ganzhorn*, CR 2014, 492 (495).

447 So beispielsweise *Ganzhorn*, CR 2014, 492 (495).

c) *Verbreitungsrecht*

Auch das Verbreitungsrecht steht dem Urheber zu, § 17 UrhG. Denn allein mit dem Vervielfältigungsrecht können Urheber und Werk nicht ausreichend geschützt werden; irgendwann werden die meisten Werke in den Verkehr und damit an die Öffentlichkeit gebracht. Wie und zu welchen Bedingungen das geschieht, ist dem Urheber über das Verbreitungsrecht überlassen. Das Verbreitungsrecht gilt für sämtliche Werkarten, ist aber für Computerprogramme in § 69c Nr. 3 UrhG noch einmal gesondert geregelt.

Um ein Werk zu verbreiten, muss es in den Verkehr gebracht werden, wenn also mindestens ein Originalwerk(stück) oder Vervielfältigungsstück aus der Sphäre des Urhebers durch Überlassung des Eigentums oder Besitzes in die Öffentlichkeit gelangt.[448] Ob für die Verbreitung auch nur die Überlassung des Besitzes ausreicht, ist umstritten. Nach herkömmlicher Auffassung ist keine Eigentumsübertragung erforderlich.[449] Nach neuer Rechtsprechung des BGH soll jedoch eine Eigentumsübertragung an Werk(stück)en notwendig sein.[450]

Das Verbreitungsrecht gilt nur für Vorgänge in der Öffentlichkeit,[451] worauf auch die einschlägigen EU-Richtlinien hindeuten (Art. 4c Computerrichtlinie,[452] Art. 9 Abs. 1 Vermiet- und Verleihrechtrichtlinie,[453] Art. 5c Datenbankrichtlinie,[454] Art. 4 Abs. 1 Info-Richtlinie[455]). Das Werk muss also der Öffentlichkeit angeboten werden (die private Werknutzung ist bei dieser Verwendungsart gemeinfrei),[456] wobei unerheblich ist, ob das Angebot letztendlich Erfolg hat.[457] Keine Öffentlichkeit liegt jedenfalls dann vor, wenn der Personenkreis klar abgegrenzt ist und die Personen darin entweder untereinander oder durch

---

448 BGH GRUR 1985, 129 (130) – Elektrodenfabrik; BGHZ 113, 159 (161) – Einzelangebot; OLG München, ZUM 2005, 755 (757); LG Köln, ZUM 2008, 707 (708).

449 KG Berlin, GRUR 1996, 968 (969) – Möbel-Nachbildungen; OLG Köln, GRUR-RR 2007, 1 (2) – Nachbildungen von Le-Corbusier-Möbeln.

450 BGH GRUR 2009, 840 (841) – Le-Corbusier-Möbel II; EuGH, C-456/06, Slg. I 2008, 2750 – Le-Corbusier-Möbel; Schricker/Loewenheim/*Loewenheim*, UrhR, § 17 UrhG Rn. 10; weitere Nachweise zur Rechtsprechung und zum Meinungsstand Wandtke/Bullinger/PK UrhR, § 17 UrhG Rn. 4 ff.

451 BGHZ 113, 159 (161 f.) – Einzelangebot; Dreier/Schulze/*Schulze*, UrhG, § 17 Rn. 4.

452 Richtlinie 2009/24/EG.

453 Richtlinie 2006/115/EG.

454 Richtlinie 1996/9/EG.

455 Richtlinie 2001/29/EG.

456 Wandtke/Bullinger/*Heerma*, PK UrhR, § 17 Rn. 17.

457 BGHZ 113, 159 (163) – Einzelangebot.

denjenigen, der das Werk verwertet, persönlich verbunden sind, wobei eine familiäre oder freundschaftliche Verbindung nicht notwendig ist.[458]

Durch die Erschöpfung (siehe S. 50 ff.) darf das Werk nach der Erstverbreitung auch ohne die Einwilligung des Urhebers grundsätzlich weiterverbreitet werden (§ 17 Abs. 2 UrhG und Art. 4 Abs. 2 Info-Richtlinie).

Die ausschließlichen Verwertungsrechte des Urhebers gehen derart weit, dass sie der Warenverkehrsfreiheit entgegenstehen können. Der EuGH hat 2012 entschieden, dass der freie Warenverkehr zum Schutz des Urheberrechts beschränkt werden kann.[459] Wenn ein grenzüberschreitender Verkauf urheberrechtlich geschützter Waren vorliegt, der auch Deutschland betrifft, liegt ein Verbreiten in Deutschland auch dann vor, wenn Eigentumsübergang und Wechsel der Verfügungsgewalt nicht in Deutschland selbst stattfinden.[460]

§ 15 Abs. 1 UrhG spricht vom „Recht der Verbreitung des Werkes in körperlicher Form", somit fallen unter § 17 UrhG grundsätzlich auch nur körperliche Werke, die verbreitet werden können. Alle unkörperlichen Verwertungen fallen vom Wortlaut her nicht unter § 17 UrhG.[461] Auch dafür wurde § 19a UrhG eingeführt, der die öffentliche Zugänglichmachung, also unkörperliche Verbreitung regelt.

d) Erschöpfung

aa) Begriff

Das deutsche Urheberrecht unterliegt dem Erschöpfungsgrundsatz; somit kann der rechtliche Schutz des Gegenstandes nicht mehr in Anspruch genommen werden, wenn dieser geschützte Gegenstand erstmals rechtmäßig in den Verkehr gebracht wurde.

Ursprünglich entstammt der Gedanke der Einführung der Erschöpfung dem Sachenrecht, allerdings ist dieser Begründungsansatz schon seit längerem einem

---

458 Wandtke/Bullinger/*Heerma*, PK UrhR, § 15 Rn. 23, 25.

459 Vorlagefrage an den EuGH: Möbelimitate hergestellt in Italien – dort nicht geschützt oder der Schutz nicht durchsetzbar – wurden an einen Erwerber in Deutschland verkauft – dort geschützt; Eigentumsübergang bereits in Italien, tatsächliche Verfügungsgewalt jedoch erst in Deutschland: EuGH GRUR 2012, 817 (Tz. 36) – Donner; BGHSt 58, 15 (Rn. 56 ff.) – Italienische Bauhausmöbel.

460 BGHSt 58, 15 (Rn. 47 f.) – Italienische Bauhausmöbel; Dreier/Schulze/*Schulze*, UrhG, § 17 Rn. 37.

461 BGH GRUR 1986, 742 (743) – Videofilmvorführung; BGH GRUR 1972, 141 – Konzertveranstalter; BGHZ 129, 66 (74) – Mauer-Bilder; Amtl. Begr. siehe *Schulze*, Materialien zum Urheberrechtsgesetz: Texte – Begriffe – Begründungen, S. 440.

anderen gewichen. Der Urheberrechtsinhaber habe durch die erste Veräußerung seines Werkes sein Verwertungsinteresse an diesem bestimmten Werk bereits realisiert, somit bedürfe es keiner weiteren Verwertungsmöglichkeit mehr.[462] Mit einer ähnlichen Begründung hat auch der Europäische Gerichtshof den Erschöpfungsgrundsatz in das europäische Recht aufgenommen.[463]

Sowohl die EU-Richtlinie zum Vermiet- und Verleihrecht (Art. 9 Abs. 2 92/100/EWG) als auch die Info-Richtlinie (Art. 4 Abs. 2 2001/29/EG) geben den Erschöpfungsgrundsatz mittlerweile vor. Im Rahmen der richtlinienkonformen Auslegung sind beide heranzuziehen.

Der Urheber soll selbst entscheiden können, ob und wann Vervielfältigungsstücke seines Werkes in die Öffentlichkeit gelangen sollen und wenn, in welchem Umfang. Auf der anderen Seite ist es kaum praktikabel für den Nutzer, wenn der Urheber über diese Vervielfältigungen, die er selbst in die Öffentlichkeit gelangen ließ, noch eine ausschließliche Befugnis ausüben dürfte.[464] Deshalb ist das Verbreitungsrecht durch den Erschöpfungsgrundsatz begrenzt. Der Urheber hat sein ausschließliches Verwertungsrecht genutzt und somit verbraucht, weitere Verwertungshandlungen durch den Nutzer sind nicht mehr vom Schutzrecht erfasst.[465] Der Urheber hat also nur das Recht zur Erstverbreitung.[466] Diese Beschränkung der urheberrechtlichen Verwertungsinteressen ist auch im Gedanken des grundsätzlich unbeschränkten Verkehrs mit Wirtschaftsgütern verknüpft; dieser lässt eine Beschränkung der Veräußerlichkeit nach dem Inverkehrbringen der Wirtschaftsgüter grundsätzlich nicht zu.[467]

bb) Computerprogramme („UsedSoft"-Entscheidung)

Für Computerprogramme ist der Erschöpfungsgrundsatz in § 69c Nr. 2 S. 2 geregelt. In der „UsedSoft"-Entscheidung hat der EuGH sich mit drei vom BGH vorgelegten Fragen auseinandergesetzt, in denen es um gebrauchte

---

462 Schricker/Loewenheim/*Loewenheim*, UrhR, § 17 UrhG Rn. 35; *Terhaag/Telle*, K&R 2013, 549 (552).

463 EuGH GRUR Int 1981, 229 (230) – Gebührendifferenz II; bereits zuvor hatte er bereits mit der Entscheidung Polydor darauf hingearbeitet: EuGH GRUR Int 1971, 450 – Polydor.

464 Dreier/Schulze/*Schulze*, UrhG, § 17 UrhG, Rn. 24; Spindler/Schuster/*Wiebe*, Recht der elektronischen Medien, § 17 UrhG Rn. 7.

465 BGH GRUR 1985, 924 (925) – Schallplattenimport II.

466 Dreier/Schulze/*Schulze*, UrhG, § 17 Rn. 24; Schricker/Loewenheim/*Loewenheim*, UrhR, § 17 UrhG Rn. 36 m.w.N.

467 Spindler/Schuster/*Wiebe*, Recht der elektronischen Medien, § 17 UrhG Rn. 7.

Softwarelizenzen geht; Themen sind die Erschöpfung des Verbreitungsrechts und die Verletzung des Vervielfältigungsrechts. Das Verbreitungsrecht ist nach dieser Entscheidung auch dann erschöpft, wenn eine Programmkopie heruntergeladen wird – jedenfalls dann, wenn der Rechteinhaber gegen Entgeltzahlung ein zeitlich unbegrenztes Nutzungsrecht an der Programmkopie eingeräumt hat.[468] Der Zweiterwerber dieser Nutzungslizenz kann sich auf die Erschöpfung des Verbreitungsrechts berufen und als berechtigter Erwerber einer Programmkopie (Art. 5 Abs. 1 Computerprogramm-RL)[469] Vervielfältigungssendungen zur bestimmungsgemäßen Benutzung vornehmen.[470]

Daraus lässt sich für die urheberrechtliche Behandlung von Computerprogrammen herleiten, dass ein Zweiterwerb möglich sein kann, wenn anfangs die Möglichkeit besteht, durch den Erstverkauf eine angemessene Vergütung zu erzielen,[471] dem Ersterwerber muss vom Rechteinhaber ein zeitlich unbegrenztes Nutzungsrecht eingeräumt worden sein,[472] der Ersterwerber muss seine Programmkopie unbrauchbar machen[473] und der Zweiterwerber ist über den Nutzungsumfang zu unterrichten, da dieser sich aus dem zwischen dem Rechteinhaber und dem Ersterwerber geschlossenen Lizenzvertrag ergibt[474].[475]

cc) Übertragbarkeit der „UsedSoft"-Entscheidung auf andere Werke

Es stellt sich die Frage, inwieweit die „UsedSoft"-Entscheidung des EuGH auch auf andere Werke als Computerprogramme anwendbar ist.

Für Software gelten bereits vom Gesetz her andere Regelungen als für andere elektronische Güter. Bei der Nutzung von Software ist es zwingend notwendig, diese bei der Installation auf einem Rechner (und auch teilweise bei jeder Nutzung) zu vervielfältigen, um sie nutzen zu können. Diese Vervielfältigungen gestattet § 69d Abs. 1 UrhG dem berechtigten Nutzer. Für andere digitale Güter gibt es eine solche Regelung nicht.

---

468 EuGH GRUR Int 2012, 759 (Tz. 88) – UsedSoft.

469 *Ganzhorn*, CR 2014, 492 (493).

470 EuGH GRUR Int 2012, 759 (Tz. 88) – UsedSoft; *Ganzhorn*, CR 2014, 492 (493).

471 EuGH GRUR Int 2012, 759 (Tz. 49, 72, 88) – UsedSoft; BGH GRUR 2014, 264 (Rn. 58–60) – UsedSoft II.

472 EuGH GRUR Int 2012, 759 (Tz. 72, 88) – UsedSoft; BGH GRUR 2014, 264 (Rn. 61) – UsedSoft II.

473 EuGH GRUR Int 2012, 759 (Tz. 70, 78) – UsedSoft; BGH GRUR 2014, 264 (Rn. 63–65) – UsedSoft II.

474 BGH GRUR 2014, 264 (Rn. 66–68) – UsedSoft II.

475 *Ganzhorn*, CR 2014, 492 (493).

Ein Rückgriff auf das Kaufrecht überzeugt nicht, da nicht der Träger (CD, DVD etc.) von Interesse für den Käufer ist, sondern der Inhalt. § 17 Abs. 1 UrhG untersagt es, ein Vervielfältigungsstück ohne Zustimmung des Rechteinhabers zu veräußern, § 17 Abs. 2 UrhG erlaubt jedoch genau dieses. Dies zeigt, dass es sich hier nicht um kaufrechtliche Fragestellungen handelt, sondern um urheberrechtliche, denn nach Abs. 1 ist ein erstmaliges Inverkehrbringen urheberrechtlich relevant und eine anschließende Weiterverbreitung desselben Werkes der Reichweite des Urhebers entzogen.[476]

Der EuGH stützt seine Argumentation darauf, die Computerprogramm-Richtlinie sei lex specialis und speziell zu Art. 3 Abs. 3 bzw. Erwägungsgrund 29 der Info-Richtlinie.[477]

Denn Art. 3 Abs. 3 Info-Richtlinie – gestützt von Erwägungsgrund 29 – legt fest, dass „die in den Absätzen 1 und 2 bezeichneten Rechte [...] sich nicht mit den in diesem Artikel genannten Handlungen der öffentlichen Wiedergabe oder der Zugänglichmachung für die Öffentlichkeit [erschöpfen]."

Die Computerprogramm-Richtlinie dagegen zeigt, dass die Frage der Erschöpfung bezogen auf Software offengelassen wurde; somit entwickelt der EuGH am Gesetzeswortlaut vorbei (Erstverkauf einer „Programmkopie") eine Art „digitale Erschöpfung" für Software.[478]

Einige sehen in der Entscheidung des EuGH und dessen Betonung des besonderen Charakters der Computerprogramm-Richtlinie eine Hintertür für eine abweichende Bewertung bei E-Books,[479] andere wiederum finden, die Argumentation des EuGH sei im Grundsatz auf andere digitale Werke anwendbar.[480] Auch

---

476 *Hilty*, GRUR 2018, 865 (866 f.).

477 EuGH GRUR Int 2012, 759 (Rn. 58.) – UsedSoft.

478 *Hilty*, GRUR 2018, 865 (867 f.).

479 Dreier/Schulze/*Schulze*, UrhG, § 17 UrhG Rn. 30; *Hansen/Libor*, AfP 2012, 447 (450); *Jani*, K&R 2012, 297 (297 f.); *Jani*, FS Wandtke, S. 331 (334 f., 340 f.); *Krüger/Biehler/Apel*, MMR 2013, 760 (765); *Marly*, EuZW 2012, 654 (657); *Ohrtmann/Kuß*, BB 2012, 2262 (2264 f.); *Rauer/Ettig*, EWS 2012, 322 (327); *Schack*, Urheber- und Urhebervertragsrecht, Rn. 463a; Spindler/Schuster/*Wiebe*, Recht der elektronischen Medien, § 17 UrhG Rn. 8; *Stieper*, ZUM 2012, 668 (670); *Winklbauer/Geyer*, ZIIR 2014, 93 (97 ff.).

480 Vgl. Dreier/Schulze/*Dreier*, UrhG, § 69c UrhG Rn. 24; *Hartmann*, GRUR Int 2012, 980; *Hilty*, CR 2012, 625 (635 f.); *Hoeren/Försterling*, MMR 2012, 642 (647); *Kubach*, CR 2013, 279 (281 ff.); *Kubach*, in: Taeger (Hrsg.) DSRI Tagungsband Herbstakadie 2013, S. 361 (370 ff.); *Malevanny*, CR 2013, 422 (425 f.); *Peifer*, AfP 2013, 89 (90 ff.); *Redeker*, CR 2014, 73 (77); *Schmitt*, MR 2012, 256 (259 f.); *Scholz*, ITRB 2013, 17 (20 f.); *Schneider/Spindler*, CR 2012, 489 (497); *Terhaag/Telle*, K&R 2013, 549 (551 ff.); *Walter*, MR-Int 2012, 40 (41 f.).

wenn Art. 3 Abs. 3 Info-Richtlinie und Erwägungsgrund 29 dagegen sprechen, kann im Hinblick auf den Download des Nutzers auf einen eigenen Träger eine analoge Anwendung des Erschöpfungsgrundsatzes nach Art. 4 Abs. 2 Info-Richtlinie in Frage kommen.[481]

Das LG Bielefeld argumentiert, eine Untersagung einer Weitergabe von digitalen Medien (hier Hörbücher) durch eine Klausel stelle keine unangemessene Benachteiligung des Käufers dar, denn der Verbraucher erwerbe kein Eigentum an der herunterladbaren Datei, sondern nur „ein einfaches, nicht übertragbares Recht, die heruntergeladene Datei zum ausschließlich persönlichen Gebrauch zu nutzen", eine Erschöpfungswirkung von § 17 Abs. 2 UrhG trete bei einer Online-Übermittlung von digitalen Medien weder beim Herunterladen noch bei der durch Werknutzung hergestellten Verkörperung ein; eine Übertragung der „UsedSoft"-Rechtsprechung auf andere digitale Inhalte komme nicht in Betracht.[482] Aufgrund der Möglichkeit der „verlustfreie[n] digitale[n] Datenübertragung" trage der Verlag das Risiko, an dieser Vervielfältigung nicht mehr beteiligt zu werden, da keine Abnutzung des weitergegebenen Gegenstands erfolge.[483] Auch das OLG Stuttgart ist gegen eine Erschöpfung bei online vertriebenen Hörbüchern, die Entscheidung erging jedoch schon vor der „UsedSoft"-Entscheidung des EuGH.[484] Ebenso beurteilt das OLG Hamm die Veräußerung von Hörbüchern im Internet (der Kunde kann die entsprechende Datei herunterladen und bei sich digital speichern) nicht als den Verbreitungstatbestand nach § 17 UrhG erfüllend an, es komme folglich auch keine Erschöpfung in Betracht; eine analoge Anwendung des § 17 Abs. 2 UrhG scheide aufgrund des Fehlens einer planwidrigen Regelungslücke ebenso wie der mangelnden Vergleichbarkeit eines Kaufs einer verkörperten und der einer digitalen Audiodatei aus.[485] Vergleichbar damit sieht das auch ein New Yorker Bezirksgericht und lehnt den Weiterverkauf von mp3-Dateien, die auf iTunes gekauft wurden, ab; die „First-Sale"-Doktrin (ähnlich dem Erschöpfungsgrundsatz)[486] gelte nicht für mp3-Dateien.[487]

---

481 M.w.N. *Hilty*, GRUR 2018, 865 (869).

482 *Krüger/Biehler/Apel*, MMR 2013, 760 ff.

483 LG Bielefeld, CR 2013, 812 (813).

484 OLG Stuttgart, GRUR-RR 2012, 243 – Onlinevertrieb bei Hörbüchern.

485 OLG Hamm, CR 2014, 498 – Hörbuch-AGB.

486 Sobald das urheberrechtlich geschützte Werk verkauft oder unentgeltlich übergeben wurde, ist das Recht, das der Urheberrechtsinhaber (der nicht der Schöpfer des Werkes sein muss) an dem verkörperten Werk erschöpft.

487 *Capitol Records, LLC v. ReGIGI Inc.*, 934 F.Supp.2d 640 (12 Civ. 95 (RJS)).

Der EuGH weist in seiner Entscheidung „UsedSoft“ zwar darauf hin, dass Computerprogramme mit der Computerprogramm-Richtlinie speziell zu behandeln sind, und betont bei diesen Werken den Willen des Gesetzgebers, analoge und digitale Programmkopien gleichzustellen,[488] allerdings spricht er auch die grundsätzlich wirtschaftliche Vergleichbarkeit der Erschöpfung an, sowohl bei Computerprogrammen als auch bei Werken, die der Info-Richtlinie unterfallen;[489] auch sieht der EuGH die Problematik, dass bei Nichtanwendung des Erschöpfungsgrundsatzes der Rechteinhaber die Möglichkeit der Kontrolle über den Wiederverkauf behält und damit erneut Einnahmen generieren kann, obwohl er bereits angemessen vergütet wurde.[490]

Wenn man das E-Book ähnlich dem gedruckten Buch behandeln möchte – und diese Einschätzung liegt aus mehreren Gründen nahe –, dann kann dies kaum im Einklang mit dem Erschöpfungsgrundsatz bzgl. des Verbreitungsrechts stehen. Der EuGH hat die Problematik bei anderen digitalen Gütern durchaus gesehen,[491] sie waren nur bei der konkreten Entscheidung bislang nicht relevant. Somit scheint der EuGH tatsächlich eine Art „Hintertür“[492] für die Anwendung des Erschöpfungsgrundsatzes bei anderen digitalen Gütern offengelassen zu haben – aber nur, wenn Vorgaben (wie sie für die Weitergabe von Computerprogrammen aufgestellt wurden) für eine Weitergabe erfüllt sind.

Geht man begründet davon aus, dass es einem Leser von Büchern auf den Inhalt des Buches bzw. E-Books ankommt und nicht auf den Einband bzw. den Datenträger,[493] auf dem sich der Inhalt befindet, dann kann unterstellt werden, dass auch gedruckte Bücher wegen des Inhaltes erworben werden und in der Konsequenz daraus § 17 Abs. 2 UrhG auch nicht auf gedruckte Bücher anwendbar wäre, da ja der Inhalt zähle. Dies kann kein vertretbares Ergebnis darstellen,

488 EuGH GRUR Int 2012, 759 (Tz. 58) – UsedSoft.

489 EuGH GRUR Int 2012, 759 (Tz. 61 ff.) – UsedSoft; *Ganzhorn*, CR 2014, 492 (494).

490 EuGH GRUR Int 2012, 759 (Tz. 63) – UsedSoft; *Ganzhorn*, CR 2014, 492 (494).

491 Einerseits betont der EuGH zwar nur hinsichtlich der Computerprogramm-Richtlinie den Willen des Gesetzgebers zur Gleichstellung körperlicher und unkörperlicher Programmkopien, andererseits weist er auch auf die generelle wirtschaftliche Vergleichbarkeit des Problems der Erschöpung bei Computerprogrammen und Werken, die der Info-Richtlinie unterfallen, hin. EuGH GRUR Int 2012, 759 (Tz. 58, 61 ff.) – UsedSoft.

492 *Ganzhorn*, CR 2014, 492 (494).

493 Bei E-Books ohne speziellen Einband ist diese sicherlich eher der Fall als bei gedruckten Büchern, deren Einband derart künstlerisch und interessant gestaltet sein kann, dass ein Leser erst durch den Einband auf das Buch aufmerksam gemacht wird. Dennoch wird wohl die Mehrheit der Buchkäufer ein Buch wegen des Inhaltes kaufen und nicht nur wegen eines schönen Einbandes.

vielmehr spricht es dafür, digitale und analoge Werke bzgl. der Erschöpfungswirkung gleichzustellen. Unter der Annahme, dass neuartige digitale Nutzungsformen dem Gesetzgeber nicht bekannt waren, kommt diesbezüglich eine analoge Anwendung von § 17 Abs. 2 UrhG aufgrund einer planwidrigen Regelungslücke in Betracht.[494] Das alleinige Argument, eine planwidrige Regelungslücke komme nicht in Betracht, da der Bundestag den Gesetzentwurf „Gesetzesentwurf zur Ermöglichung der privaten Weiterveräußerung unkörperlicher Werkexemplare"[495] in der zweiten Beratung abgelehnt habe, kann insofern nicht tragen, da eine planwidrige Regelungslücke auch dann vorliegen kann, wenn der Gesetzgeber eine solche bewusst nicht geschlossen hat, um sie der Rechtsfortbildung zu überlassen.[496]

Für Online-Dienstleistungen schließt die Info-Richtlinie eine Erschöpfungswirkung ausdrücklich aus.[497] Dabei ist aber zu beachten, dass die Info-Richtlinie im Jahr 2001 verabschiedet wurde (die Computerprogrammrichtlinie dagegen im Jahr 2009), einer Zeit, in der der Markt mit digitalen Gütern längst nicht einen so hohen Stellenwert hatte wie heute. Der Gesetzgeber konnte die neuen Entwicklungen des digitalen Onlinemarktes nicht derart vorhersehen, um schon vorsorglich entsprechende Regelungen zu treffen.[498]

Erwägungsgründe sind allerdings nicht mit gesetzlichen Regelungen gleichzustellen; auch wenn der EuGH oftmals auf sie abstellt und darauf verweist, sind sie nicht gleichermaßen bindend, sondern geben nur den Willen des Gesetzgebers bei der Erstellung der Vorschriften wieder.[499]

Beim Download eines E-Books kann es sich trotz teilweise vertretener Gegenansicht[500] um eine Verbreitung nach § 17 UrhG handeln, denn aufbauend auf der vorausgehenden öffentlichen Zugänglichmachung wird mit Zustimmung

494 *Hoeren*, CR 2006, 573 (573 f.); *Terhaag/Telle*, K&R 2013, 549 ff.

495 BT-Drucks. 17/8377.

496 *Hoeren/Jakopp*, CR 2014, 646 (648).

497 29. Erwägungsgrund der Info-Richtlinie 2001/29/EG.

498 *Hartmann*, GRUR Int 2012, 980 (984).

499 *Ganzhorn*, CR 2014, 492 (494); *Hartmann*, GRUR Int 2012, 980 (982); Teile der Literatur zur Methodenlehre für das EU-Recht fordern sogar, dass Regelungsabsichten aus den Erwägungsgründen, die im normativen Teil eines Rechtsakts keinen Anhalt fänden, erst gar nicht berücksichtigt werden könnten, so z.B. von Riesenhuber/*Roth/Jopen*, Europäische Methodenlehre, S. 285 Rn. 46; dahingehend auch Generalanwältin Stix-Hackl, Schlussantrag vom 25.11.2003 EuGH, C-222/02, Slg. 2004, I-9425 (Tz. 132) – Paul/Deutschland.

500 Umstritten: siehe dazu *Redeker*, CR 2014, 73 (76 f.); dagegen OLG Hamm, CR 2014, 498 (Leitsatz) – Hörbuch-AGB.

desjenigen, der das E-Book zum Download bereitgestellt hat, eine Werkkopie auf der Festplatte desjenigen erstellt, der den Download veranlasst hat; dies entspricht der Übergabe des E-Books auf einen Datenträger und ist nicht wie die öffentliche Zugänglichmachung eine neue urheberrechtlich relevante Handlung.[501]

Somit gilt Art. 4 Abs. 1 der Info-Richtlinie, der gar nicht mehr von einer verkörperten Form spricht, sondern nur noch die Verbreitung von Vervielfältigungen in beliebiger Form thematisiert.[502] Zwar könnten Art. 6 WIPO-Urheberrechtsvertrag und die Erklärungen zu Art. 6 und 7 so ausgelegt werden, eine Erschöpfungswirkung nur für analoge Vervielfältigungsstücke anzunehmen; der BGH hat sich dazu jedoch so geäußert, dass das Verbreitungsrecht von den Vertragspartnern nur als Mindestrecht gewährleistet werden muss.[503] Weitere Argumente für die Anwendbarkeit bei anderen digitalen Werken sind die wirtschaftliche Vergleichbarkeit analoger und digitaler Werke,[504] der ähnliche Aushändigungsvorgang (Datenträgerübergabe oder Download), die vergleichbare Interessenlage und auch das Bedürfnis einer befriedigenden Regelung bei digitalen Werken, die keine Computerprogramme sind.[505]

Auch eine Lösung über Lizenzen wird angedacht. Die von einem Ersterwerber erhaltene Lizenz könnte wirksam auf einen Zweiterwerber übertragen werden; der Ersterwerber hätte kein Recht (und durch geeignete Maßnahmen keine Möglichkeit) zur Nutzung mehr, während der Zweiterwerber nun eine Nutzungsmöglichkeit erhielte.[506] Bei Computerprogrammen ist das überflüssig, da sich ein Nutzungsrecht schon aus dem Gesetz ergibt, sodass kein vertragliches mehr eingeräumt werden muss. Doch der BGH hat bereits vertraglich vereinbarte Lizenzübertragungsverbote als wirksam angesehen, sodass diese in der Praxis für den Nutzer wünschenswerte Alternative auch auszuscheiden scheint.[507]

Das OLG Hamm hat in seinem Urteil die Anwendung des Erschöpfungsgrundsatzes beim Onlinevertrieb von Hörbüchern abgelehnt.[508] Dabei stellt es beim Download von Hörbüchern auf das Recht der öffentlichen Zugänglichmachung

---

501 *Redeker*, CR 2014, 73 (76 f.).

502 *Redeker*, CR 2014, 73 (77).

503 BGH GRUR 2014, 264 (Rn. 40) – UsedSoft II.

504 EuGH GRUR Int 2012, 759 (Tz. 61) – UsedSoft.

505 Dreier/Schulze/*Dreier*, UrhG, § 69c UrhG Rn. 24b; *Ganzhorn*, CR 2014, 492 (494).

506 *Ganzhorn*, CR 2014, 492 (495).

507 BGH GRUR 2014, 264 (Rn. 43) – UsedSoft II.

508 OLG Hamm, CR 2014, 498 – Hörbuch AGB.

nach § 19a UrhG ab, das keine Erschöpfung kennt, und nicht auf das Verbreitungsrecht.[509] Das OLG Hamm lehnt eine direkte Anwendbarkeit von§ 17 Abs. 2 UrhG also ab, beschäftigt sich jedoch auch mit der Frage, ob eine analoge Anwendung des Erschöpfungsgrundsatzes möglich ist.[510] Dazu führt es aus, es liege keine Regelungslücke vor aufgrund des gescheiterten Gesetzentwurfes „zur Ermöglichung der privaten Weiterveräußerung unkörperlicher Werkexemplare". Es ist jedoch fraglich, ob dieser Sichtweise zugestimmt werden kann; der Gesetzgeber hat an dieser Stelle den Handlungsbedarf nicht übersehen, sondern sich nur dazu entschieden, keine neue Norm ins Gesetz aufzunehmen, die die Weitergabe digitaler Güter ausdrücklich regelt; dies schließt nicht automatisch aus, dass eine Weitergabe digitaler Medien mit der jetzigen Gesetzeslage nicht vereinbar ist.[511] Weiter lehnt das OLG Hamm eine Systemwidrigkeit der Regelungslücke ab, es finde keine „Substanzverschiebung" statt; mache der Erwerber von der Möglichkeit Gebrauch, die Datei(en) herunterzuladen, würde keinerlei physische Veränderung der Sachen des Anbieters eintreten.[512] Das OLG Hamm unterscheidet zwischen körperlichen Datenträgern und herunterladbaren Audiodateien. Jedoch geht es auch beim Kauf eines Datenträgers nicht primär um die gegenständliche CD oder DVD, sondern um den Inhalt darauf; entsprechend gilt dies für eine heruntergeladene Datei. Es handelt sich also bei letzterer sehr wohl um eine Substanz.[513] Erstaunlicherweise geht das OLG Hamm auch davon aus, dass die „Eigentumsübertragung […] nur […] bei Computerprogrammen auch in anderer Weise erfolgen könne als durch Übergabe eines körperlichen Vervielfältigungsstücks".[514] Dies ist mit den Entscheidungsgründen des EuGH nur schwer vereinbar,[515] der klarmacht, dass es dem Willen des Unionsgesetzgebers entspreche, körperliche und nichtkörperliche Programmkopien im Hinblick auf den in der Richtlinie 2009/24 vorgesehenen Schutz einander gleichzustellen;[516] ebenso seien die Veräußerung eines Programms auf CD/DVD und die Veräußerung durch Herunterladen aus dem Internet vergleichbar.[517]

---

509 OLG Hamm, CR 2014, 498 (Rn. 47–127) – Hörbuch-AGB.
510 OLG Hamm, CR 2014, 498 (Rn. 90–127) – Hörbuch-AGB.
511 *Ganzhorn*, CR 2014, 492 (495).
512 OLG Hamm, CR 2014, 498 (Rn. 105 f.) – Hörbuch-AGB.
513 *Ganzhorn*, CR 2014, 492 (496).
514 OLG Hamm, CR 2014, 498 (Rn. 126) – Hörbuch-AGB.
515 *Ganzhorn*, CR 2014, 492 (496).
516 EuGH GRUR Int 2012, 759 (Tz. 58) – UsedSoft.
517 EuGH GRUR Int 2012, 759 (Tz. 61) – UsedSoft.

Weiter geht das OLG Hamm davon aus, dass der Verbraucher eines online erworbenen Gutes keine Eigentümerstellung erlangt, sondern weiß, dass er nur ein begrenztes Recht erwirbt und eben kein Eigentum erlangt.[518] Dies muss allerdings spätestens nach der „UsedSoft"-Entscheidung angezweifelt werden; es wird beim Online-Erwerb von digitalen Gütern in der Regel der Eindruck erweckt, dass der Verbraucher diese kauft und damit dieselben Rechte hat wie beim Kauf eines Datenträgers.[519] Denn das Interesse des Käufers richtet sich regelmäßig genauso auf den Inhalt des Datenträgers und nicht auf den Datenträger selbst wie beim Online-Erwerb auf die digitale Datei. Daher muss zumindest von einer eigentümerähnlichen Stellung ausgegangen werden.[520]

Ebenso wie das LG Bielefeld hat sich das OLG Hamm nicht mit E-Books befasst, sondern mit Hörbüchern. Diese sind zwar wie E-Books digitale Güter, jedoch müssen bei der Bewertung der Übertragbarkeit der Grundsätze der „UsedSoft"-Entscheidung und der Frage der Erschöpfungswirkung die Besonderheiten der Werkart E-Books berücksichtigt werden.

(1) Computerimplementierte E-Books

E-Books können im Gegensatz zu gedruckten Büchern mit weiteren digitalen Inhalten versehen werden, etwa mit Videos, Audio-Dateien, Elementen wie Quiz-Fragen, Karten oder weiteren interaktiven Elementen. Ganzhorn nennt sie „E-Books im weitesten Sinne",[521] da sie neben den klassischen Elementen „gedruckter" Texte oder Bilder auch andere Elemente enthalten, die in gedruckten Büchern so nicht vorkommen können. Auch hier sind zwar interaktive Elemente denkbar, beispielsweise elektronische Stifte bei Kinderbüchern, die bei Kontakt mit einer bestimmten Stelle im Buch eine vordefinierte Aktion auslösen, z.B. einen Ton oder eine kurze Musikfolge erklingen lassen. Diese Elemente sind jedoch bei E-Books deutlich verbreiteter und ausgereifter. Teilweise verbinden sich E-Books mit interaktiven Lehreinheiten für Kinder/Schüler/Studierende und heben sich damit immens von den gedruckten Büchern ab.

In diesen E-Books sind ebenfalls Computerprogramme enthalten, das elektronische Buch ist damit selbst ein Computerprogramm.[522] Insgesamt handelt es

518 OLG Hamm, CR 2014, 498 (Rn. 152 ff.) – Hörbuch-AGB.

519 *Ganzhorn*, CR 2014, 492 (496).

520 Ebenso *Ganzhorn*, CR 2014, 492 (495).

521 *Ganzhorn*, in: Taeger (Hrsg.) DSRI Tagungsband Herbstakademie 2013, S. 483 (488, 491).

522 Siehe auch *Ganzhorn*, CR 2014, 492 (496).

sich bei einem E-Book in seiner Gesamtheit jedoch nicht um ein gleichermaßen geschütztes Computerprogramm, was in der Literatur auch grundsätzlich nicht umstritten ist.[523]

Der BGH plädiert in seiner Entscheidung „Videospiel-Konsolen" dafür, beide Richtlinien parallel anzuwenden (Info-Richtlinie und Computerprogramm-Richtlinie), wenn es sich um kombinierte Produkte handelt.[524] Auch der EuGH hat einen urheberrechtlichen Schutz an grafischen und klanglichen Bestandteilen eines Videospiels als Teile des Gesamtwerks nach der Info-Richtlinie bejaht,[525] scheint also ähnlich zu entscheiden wie der BGH.

Die Problematik der kombinierten Produkte ergibt sich jedoch nicht nur bei E-Books, sondern auch bei Computerspielen. An diesem Beispiel wird noch mehr als bei E-Books klar, wie sehr dieser Ansatz der parallelen Richtlinienanwendung zu Problemen führen kann: soll doch bei Computerprogrammen grundsätzlich die Computerprogramm-Richtlinie greifen, führt es zu Abgrenzungsproblemen und Wertungswidersprüchen, wenn dazu parallel auf gewisse Inhalte bei Computerspielen die Info-Richtlinie angewendet werden soll und es damit zu Ungleichbehandlungen kommen kann.[526] Wo hört der Regelungsbereich der einen Richtlinie auf und wo fängt der der anderen an?

Wenn die Grundsätze der „UsedSoft"-Entscheidung des EuGH nicht auf andere digitale Güter anwendbar sind und sich die Ansicht durchsetzen sollte, auf kombinierte Produkte seien beide Richtlinien parallel anwendbar, würde der Rechtsinhaber von den für ihn günstigeren Regelungen der Info-Richtlinie profitieren, da diese eine Erschöpfungswirkung im Gegensatz zur Computerprogramm-Richtlinie nicht kennt.[527] Ob dieser Ansatz praxistauglich ist oder wirtschaftlich sinnvoll, wird sich erweisen, zumindest aber ist der Ansatz rechtssystematisch korrekt hergeleitet.[528]

(2) Buchpreisbindungsgesetz (BuchPrG)

Sowohl Bücher als auch E-Books unterfallen dem Buchpreisbindungsgesetz. Zweck dieses Gesetzes ist der Schutz des Kulturgutes Buch; die Festsetzung

---

523 Vgl. für Computerspiele und m.w.N. nur *Krüger/Biehler/Apel*, MMR 2013, 760 (762); für E-Books *Ganzhorn*, in: Taeger (Hrsg.) DSRI Tagungsband Herbstakademie 2013, S. 483 (489).

524 BGH GRUR 2013, 1035 (Rn. 24) – Videospiel-Konsolen.

525 EuGH GRUR 2014, 255 (Tz. 22 f.) – Nintendo Unternehmen/PC Box u.a.

526 So auch Dreier/Schulze/*Dreier*, UrhG, § 69c Rn. 24 f.; *Ganzhorn*, CR 2014, 492 (496).

527 *Ganzhorn*, CR 2014, 492 (496).

528 *Ganzhorn*, CR 2014, 492 (496).

verbindlicher Preise beim Verkauf an Letztabnehmer soll den Erhalt eines breiten Buchangebots sichern und gewährleisten, dass das Buchangebot für eine breite Öffentlichkeit zugänglich ist, indem es die Existenz einer großen Zahl von Verkaufsstellen fördert (§ 1 BuchPrG). Dies soll dadurch ermöglicht werden, dass Verleger oder Importeure einen Endpreis für den Verkauf an Letztabnehmer festsetzen (§ 5 Abs. 1 BuchPrG). Die Preisbindung wurde eingeführt, um der Doppelfunktion von Büchern gerecht zu werden, die andere Güter in dieser Art nicht haben: Bücher sind einerseits Kulturgüter, andererseits auch Wirtschaftsgüter.[529] Diese besondere zweifache Funktion soll die Preisbindung in einer ansonsten freien Marktwirtschaft rechtfertigen.[530] Die Verleger bzw. Importeure können die Endpreise selbst festlegen, um einen Preisverfall und Dumpingpreise zu verhindern.[531] Erst wenn das gedruckte Buch zu diesem zuvor festgelegten Preis an den Endabnehmer verkauft wurde, darf dieser das „gebrauchte" Buch zu einem Preis weiterverkaufen, den er bestimmt, was wiederum aus dem Erschöpfungsgrundsatz folgt.[532] Denn der Handel mit gebrauchten gedruckten Büchern wird nicht vom BuchPrG erfasst.[533] Dies ist auch nicht notwendig, da gebrauchte gedruckte Bücher mit der Zeit einen Qualitätsverlust erleiden, wenn sie durch mehrere Hände gegangen sind. Dies rechtfertigt dann einen geringeren Preis und beeinträchtigt nicht den Ersthandel dieser Bücher. Bei E-Books ergibt sich jedoch das Problem, dass sich diese nicht abnutzen, sondern in ihrer Qualität unverändert bleiben wie beim Erstkauf. Wenn ein E-Book gebraucht weiterverkauft wird, erlangt der Zweiterwerber zu einem geringeren als dem Neupreis zwar ein bereits „gebrauchtes" E-Book, das jedoch von der Qualität nicht zu unterscheiden ist von einem neuen. Dies kann im Gegensatz zum Weiterverkauf gedruckter Bücher zu Problemen beim Primärmarkt bei E-Books führen:[534] denn warum sollte der Verbraucher ein neues E-Book kaufen, wenn er dieses in gleicher Qualität auch „gebraucht" zu einem geringeren Preis kaufen kann?

Bei einer Gleichbehandlung von gedruckten Büchern und E-Books könnte das BuchPrG in Frage gestellt werden.[535]

---

529 *Wallenfels/Russ*, Buchpreisbindungsgesetz, § 1 BuchPrG Rn. 2.

530 *Ganzhorn*, CR 2014, 492 (496).

531 *Ganzhorn*, CR 2014, 492 (496).

532 Der rechtliche Schutz des Gegenstandes kann dann nicht mehr in Anspruch genommen werden, wenn dieser geschützte Gegenstand erstmals rechtmäßig in den Verkehr gebracht wurde.

533 *Wallenfels/Russ*, Buchpreisbindungsgesetz, § 3 BuchPrG Rn. 55.

534 *Ganzhorn*, CR 2014, 492 (497).

535 *Ganzhorn*, CR 2014, 492 (497)

Auf der anderen Seite muss jedoch auch das Marktverhalten im Blick behalten werden. Beispielsweise kann ein gedrucktes Buch auch gleich weiterverkauft werden ohne Gebrauchsspuren aufzuweisen. Dies ist nach dem BuchPrG unproblematisch möglich. Außerdem wird der Weiterverkaufspreis für E-Books sich aller Wahrscheinlichkeit nach nah am Erstkaufspreis orientieren, denn der Ersterwerber wird wissen, dass ein E-Book sich nicht abnutzt und er somit einen deutlich höheren Weiterverkaufspreis rechtfertigen kann als bei einem gebrauchten gedruckten Buch.

Damit ist auch die Existenzberechtigung des BuchPrG nicht in Frage gestellt. Die Gegebenheiten bei gedruckten Büchern und E-Books unterscheiden sich bei näherer Betrachtung gar nicht so sehr.[536]

Dass die Gefahr illegaler, urheberrechtsverstoßender Raubkopien bei E-Books viel größer ist als bei gedruckten Büchern, liegt an den technischen Gegebenheiten und ist nicht zu leugnen, jedoch ist dies ein Problem einer anderen Ebene und sollte demzufolge mit anderen Mitteln angegangen werden. Hier sind sinnvolle technische Lösungen gefragt, die den Vertrieb von E-Books für Verleger interessanter, einfacher und sicherer machen, dass ein gekauftes E-Book auch nur in begrenzter Häufigkeit weitergegeben werden kann – genauso wie es beim gedruckten Buch der Fall ist.[537]

Das BuchPrG steht damit einer Erschöpfungswirkung für E-Books nicht entgegen.[538]

(3) „Self-Publishing“

Konnten früher Autoren grundsätzlich nur mithilfe von Verlagen ihre Werke veröffentlichen (ein Grund: Kostenfaktor), ist es heute jedermann möglich, auch ohne Verlag die eigenen Werke digital zu veröffentlichen. Die sog. „Self-Publisher“ nutzen dafür bestimmte Software (z. B. Layoutprogramme) und können auch ohne Programmierkenntnisse auf recht simplem Weg eigene E-Books (auch multimediale) erstellen und in den Verkauf bringen – sei es auf einer eigenen Webseite oder bei Online-Händlern wie beispielsweise Amazon oder iTunes.

Dieser Trend ist mittlerweile derart weit vorangeschritten, dass auch einige große Verlage in Deutschland sog. „Self-Publishing-Plattformen“ anbieten, um den Autoren einen einfachen, aber gleichzeitig auch professionellen

---

536 *Ganzhorn*, CR 2014, 492 (497).
537 *Ganzhorn*, CR 2014, 492 (497).
538 So auch *Ganzhorn*, CR 2014, 492 (497).

Veröffentlichungseinstieg zu bieten. Dies hat den Vorteil für die Autoren, dass sie ihre Werke relativ professionell anbieten können, ohne auf größere Hilfe von einem Verlag angewiesen zu sein; gleichzeitig können die Verlage finanziell davon profitieren, ohne viel Arbeit in die Veröffentlichung investieren zu müssen.

Auch bei „Self-Publishern" stellt sich die Frage, ob bei einem selbst verlegten Buch der Erschöpfungsgrundsatz Anwendung findet oder nicht. Für diese Art von verlegten Büchern gilt das BuchPrG grundsätzlich nicht, um den Autor vor aufwendigen Reglementierungen zu schützen.[539] Möglich wäre es, den Erschöpfungsgrundsatz nicht auf selbstverlegte Bücher anzuwenden. Somit wäre der Selbstverleger im Gegensatz zum großen Verleger besser geschützt und hätte auch bessere Chancen, sich auf dem Markt durchzusetzen. Denn durch die Nichtanwendung des BuchPrG auf selbstverlegte E-Books werden weder Rechte von anderen Marktteilnehmern beschnitten noch wird der Schutzzweck des BuchPrG verletzt.[540]

Jedoch beinhaltet diese Sichtweise ein Problem für die Erwerber selbstverlegter E-Books und begrenzt deren Rechte, denn die Weitergabe der erworbenen E-Books wäre unzulässig, obwohl sie von einer eigentümerähnlichen Stellung ausgehen.[541] Für den Erwerber dürfte außerdem nicht immer auf Anhieb zu erkennen sein, wann ein E-Book von einem „Self-Publisher" oder einem Verleger stammt. Daher sollten auch für „Self-Publisher" gleiche Grundsätze gelten wie für Verlage. Für den Erwerber fair scheint die Anwendung des Erschöpfungsgrundsatzes für E-Books genauso wie für andere erworbene Güter.

dd) Zwischenergebnis

Bei der Frage, ob der Erschöpfungsgrundsatz auch für digitale Güter wie E-Books gelten sollte, kommt es unter anderem darauf an, ob E-Books den Büchern in rechtlicher Hinsicht gleichgestellt sind bzw. gleichgestellt werden sollten. Ein E-Book ist nicht im wörtlichen Sinne ein Buch. Der Duden trennt zwischen Buch und E-Buch (= E-Book). Buch wird dort definiert als „größeres, gebundenes Druckwerk; Band" (1. a.)[542], „in Buchform veröffentlichter

539 Ohne Begründung *Wallenfels/Russ*, Buchpreisbindungsgesetz, § 2 BuchPrG Rn. 2; mit ausführlicher Begründung *Ganzhorn*, in: Taeger (Hrsg.) DSRI Tagungsband Herbstakademie 2013, S. 483 (494 ff.); *Ganzhorn*, CR 2014, 492 (497).

540 *Ganzhorn*, CR 2014, 492 (497).

541 *Ganzhorn*, CR 2014, 492 (497).

542 Duden Online-Wörterbuch 2020

literarischer, wissenschaftlicher o. ä. Text" (1. b.),[543] „aus gebundenen, gehefteten o. ä. Seiten bestehender, mit einem festen Deckel oder kartoniertem Einband versehener Gegenstand unterschiedlicher Größe und Verwendung" (2.).[544] Das E-Book (= Electronic Book) ist laut Duden dagegen ein „in digitalisierter Form vorliegender Inhalt eines Buches, der mithilfe des Electronic Books gelesen werden kann".[545] Somit handelt es sich rein begrifflich schon nicht um ein und dasselbe. Das Buch meint nach dem Duden den Inhalt samt seiner Verpackung, also inklusive der Seiten aus Papier und einem Buchdeckel. Unter dem Begriff E-Book wird dagegen nur der Inhalt verstanden, der mittels eines E-Book-Readers sichtbar und damit lesbar gemacht werden kann.

Dennoch sind sich beide Buchformen sehr ähnlich. Mit guten Gründen kann eine Gleichbehandlung beider Buchformen vertreten werden.[546] Es wird auf verschiedenen Ebenen versucht, eine rechtliche Gleichbehandlung herzustellen. Sogar die „UsedSoft"-Entscheidung lässt sich dahingehend interpretieren, dass die vom EuGH urheberrechtlich für zulässig erachtete Weitergabe auch für andere digitale Güter (z. B. E-Books) gilt, besonders da der EuGH wiederholt auf die Verkehrsfreiheiten hinweist und sich digitale und analoge Bücher wirtschaftlich und auch im Hinblick auf die Interessenslage vergleichen lassen.[547] Dieser Ansicht steht nicht entgegen, dass es bei E-Books weiterhin bestimmte Besonderheiten geben kann wie beispielsweise das BuchPrG und das „Self-Publishing".

Wie eine unerlaubte Weitergabe bei E-Books vertraglich oder technisch rechtlich zulässig realisiert werden kann, ist eine weitere Frage, die mit der Übertragbarkeit des Erschöpfungsgrundsatzes zunächst wenig zu tun hat.

ee) Wirksamkeit von Weitergabeverboten

In den Allgemeinen Geschäftsbedingungen fast aller Online-Anbieter von E-Books findet sich eine Klausel zum Weitergabeverbot für E-Books. Die Verkehrsfähigkeit digitaler Güter im Allgemeinen (ausgenommen Computersoftware) ist bisher nicht höchstrichterlich entschieden. Die Oberlandesgerichte hatten sich jedoch bereits in einigen Fällen mit Weitervergabeverbotsklauseln in Allgemeinen Geschäftsbedingungen zu befassen.

---

543 Duden Online-Wörterbuch 2020.

544 Duden Online-Wörterbuch 2020.

545 Duden Online-Wörterbuch 2020.

546 Vgl. zur Problematik der Gleichbehandlung analoger und digitaler Informationsträger und zur Zurückhaltung des EuGH dazu *Busche*, FS 200 Jahre Carl Heymanns Verlag, S. 345 ff.; *Ganzhorn*, CR 2014, 492 (497).

547 So auch *Ganzhorn*, CR 2014, 492 (497).

Sowohl das OLG Stuttgart[548] als auch das OLG Hamm[549] hatten Klagen von Verbraucherzentralen abgewiesen, die sich gegen das Weiterverkaufsverbot von E-Books und Audiodateien richteten.

Die Entscheidung des OLG Hamburg vom 04.12.2014 nimmt mehrfach Bezug auf die vorangegangenen Entscheidungen der Oberlandesgerichte Stuttgart und Hamm.[550] Das OLG hatte über eine Verbandsklage gegen eine Klausel über die Einräumung eines einfachen Nutzungsrechts an E-Books und Audiodateien zu entscheiden. Der Dachverband aller 16 Verbraucherzentralen der Bundesländer und weiterer 26 verbraucher- und sozialorientierter Organisationen in Deutschland klagte gegen einen Online-Buchhändler, der sowohl E-Books (digitale Textausgaben) als auch Hörbücher (sowohl Tonaufzeichnungen einer Lesung eines Buches als auch Hörspiele, Features und Audio-Guides) im Internet anbot. In den Allgemeinen Geschäftsbedingungen fanden sich zwei strittige Klauseln:

1. (§ 5.1) [Der Online-Buchhändler] verschafft dem Kunden an eBooks und Audiodateien kein Eigentum. Der Kunde erwirbt ein einfaches, nicht übertragbares, vor vollständiger Zahlung der Lizenzgebühr widerrufliches Recht zur Nutzung des angebotenen Titels für den persönlichen Gebrauch.
2. (§ 5.3) Dem Kunden wird gestattet, die Audiodateien im MP3-Format ausschließlich für den persönlichen Gebrauch zu kopieren. Eine Weitergabe der MP3-Audiodatei an Dritte (Freunde, Verwandte, Bekannte oä), [das öffentliche Zugänglichmachen der Audiodatei bzw. das Weiterleiten, entgeltliche oder unentgeltliche Einstellen ins Internet oder in andere Netzmedien], der Weiterverkauf [und/oder jede Art der Nutzung zu kommerziellen Zwecken] sind nicht zulässig.

Das OLG Hamburg lehnt die Klage auf Unterlassung dieser Klauseln ab, da sie einer Inhaltskontrolle am Maßstab der §§ 307–309 BGB standhielten. Sie wichen weder von der grundlegenden Wertung einer gesetzlichen Regelung ab (§ 307 Abs. 2 Nr. 1 BGB), noch führten sie zu einer Vertragszweckgefährdung wegen wesentlicher Einschränkungen vertraglicher Rechte und Pflichten (§ 307 Abs. 2 Nr. 2 BGB).[551]

548 OLG Stuttgart, GRUR-RR 2012, 243 – Onlinevertrieb bei Hörbüchern.
549 OLG Hamm, CR 2014, 498 – Hörbuch-AGB.
550 OLG Hamburg, GRUR-RR 2015, 361 – eBook-AGB.
551 OLG Hamburg, GRUR-RR 2015, 361 (Rn. 4) – eBook-AGB.

Das OLG Hamburg unterstellt eine eindeutige Rechtslage der Weitergabe von digitalen Gütern, was jedoch im Widerspruch zu vielen Stimmen in der Literatur steht. Derart eindeutig scheint die Rechtslage somit nicht zu sein.

Die Klausel § 5.1 gebe lediglich die bestehende Rechtslage wieder, dass an heruntergeladenen E-Books und Audiodateien kein Eigentumsrecht entstehe; Eigentum i.S.v. § 903 BGB könne nur an körperlichen Gegenständen i.S.d. § 90 BGB entstehen. Beim „Kauf" von E-Books und anderen digitalen Dateien schließe der Kunde mit dem Anbieter einen Vertrag, der dem Kunden das Recht einräume, die Datei herunter zu laden und anschließend zu speichern. Diese Daten seien jedoch „unkörperlich" und damit nicht eigentumsfähig i.S.d. BGB.[552]

Das OLG Hamburg befasst sich auch mit der „UsedSoft"-Entscheidung, in der schließlich von einem Eigentumserwerb an einer aus dem Internet heruntergeladenen Kopie eines Computerprogramms die Rede ist. Das OLG beruft sich bei seiner Argumentation darauf, dass der Begriff der „Übertragung des Eigentums" vom EuGH nicht für das deutsche Recht bestimmt wurde und der EuGH diesen in seinem Urteil als autonomen Begriff des Unionsrechts angesehen habe, der – anders als im deutschen Recht – die Einräumung eines unbefristeten Nutzungsrechts an einer nicht körperlichen Computerprogrammkopie umfassen soll.[553] Auch der BGH habe die Erklärung des EuGH in dieser Weise aufgefasst, wie er in der an die „UsedSoft"-Entscheidung anknüpfenden Entscheidung „UsedSoft II" darlege.[554] Zur Anwendbarkeit auf andere Werkarten als Computerprogramme führt das OLG Hamburg lediglich an, dass diese Entscheidung des EuGH eben nicht übertragbar sei, denn Computerprogramme seien in der Richtlinie 2009/24/EG erfasst und mit Sonderregelungen bedacht, die eben nicht analog auf andere von der Richtlinie 2001/29/EG erfasste Mediendateien anwendbar seien.[555]

Die Klausel über den lediglich persönlichen Gebrauch und der Ausschluss der Weitergabemöglichkeit verstießen gegen keine grundlegenden Wertungen der Gesetze. Die Regelung des § 453 BGB (Rechtskauf) fände hier keine Anwendung, da im Fall eines Downloads nicht das Recht selbst übertragen, sondern lediglich eine Nutzungsbefugnis eingeräumt werde; somit werde keine umfassende Rechtsstellung des Erwerbers begründet.[556]

552 OLG Hamburg, GRUR-RR 2015, 361 (Rn. 9) – eBook-AGB.
553 OLG Hamburg, GRUR-RR 2015, 361 (Rn. 10) – eBook-AGB.
554 BGH GRUR 2014, 264 – UsedSoft II.
555 OLG Hamburg, GRUR-RR 2015, 361 (Rn. 10, 30) – eBook-AGB.
556 OLG Hamburg, GRUR-RR 2015, 361 (Rn. 12 f.) – eBook-AGB.

Auch zum Erschöpfungsgrundsatz nimmt das OLG Hamburg Stellung: ein Verstoß gegen diesen bei einem Weitergabeverbot sei nicht gegeben, da der Erschöpfungsgrundsatz aus § 17 Abs. 2 UrhG nicht auf den nicht-körperlichen Vertrieb von urheberrechtlich geschützten Werken anwendbar sei.[557] Das OLG Hamburg führt zur Untermauerung seiner Argumentation eine Entscheidung des OLG Stuttgart vom 03.11.2011 zu Allgemeinen Geschäftsbedingungen bei Hörbuch-Downloads an, in der das OLG entschieden hatte, dass die Erschöpfung sich nur auf ein in einem Vervielfältigungsstück körperlich festgelegtes Werk beziehen könne und für eine Onlineübertragung nicht gelte.[558] Das OLG Hamm entschied am 15.05.2014 mit gleicher Tendenz zu einer ähnlichen Klausel in den Allgemeinen Geschäftsbedingungen, dass § 17 Abs. 2 UrhG auf downloadbare Audiodateien schon dem Grundsatz nach unanwendbar sei, da solche Audiodateien nicht in verkörperter Form beim Kunden ankommen würden.[559]

Das OLG Hamburg schloss sich den Entscheidungsgründen beider vorangegangener Urteile an. Der Wortlaut von § 17 Abs. 2 UrhG könne schon nicht für Dateien gelten, da der Erschöpfungsgrundsatz nur bei Verbreitung „des Originals oder von Vervielfältigungsstücken des Werkes" einschlägig sei; zur Frage, ob auch unkörperliche Dateien hierunter zu subsumieren seien, beruft sich das OLG Hamburg auf die Info-Richtlinie[560] – besonders auf Art. 4 Abs. 2 und Erwägungsgrund Nr. 29 –, im Lichte derer das UrhG europarechtskonform auszulegen sei.[561] Der Download digitaler Dateien sei damit eine Form des öffentlichen Zugänglichmachens und unterfalle der Regelung des § 19a UrhG.[562]

Für die Frage, ob die Klausel einer Inhaltskontrolle standhält, kommt es entscheidend darauf an, ob der Erschöpfungsgrundsatz beim Download von einem Online-Anbieter Anwendung findet oder nicht.

Eine direkte Anwendung von § 17 Abs. 2 UrhG scheidet im Ergebnis in der Tat aus, wenngleich nicht aus den Gründen, die das OLG Hamburg anführt. Art. 4 Abs. 2 Info-Richtlinie und der 29. Erwägungsgrund erfassen nicht nur körperliche Formen. Denn weder das Wort „copy" in der englischen Fassung noch das Wort „Gegenstand" in der deutschen Fassung lassen ohne weitere

557 OLG Hamburg, GRUR-RR 2015, 361 (Rn. 14 f.) – eBook-AGB.

558 OLG Stuttgart, GRUR-RR 2012, 243 – Onlinevertrieb bei Hörbüchern.

559 OLG Hamm, CR 2014, 498 – Hörbuch-AGB.

560 Info-Richtlinie 2001/29/EG.

561 OLG Hamburg, GRUR-RR 2015, 361 (Rn. 18 f.) – eBook-AGB.

562 Auch hier schließt sich das OLG Hamburg der Entscheidung des OLG Hamm an: OLG Hamm, CR 2014, 498 – Hörbuch-AGB.

Interpretation darauf schließen, dass es sich zwingend um eine verkörperte Form handeln muss.[563]

Wenn sich das Gericht auf den Erwägungsgrund 29 beruft, sieht es die Entstehungsgeschichte einseitig. Die Regelung des § 19a UrhG wurde in den 90er-Jahren vorbereitet, als das Internet zunehmend populär wurde. Aus dieser Zeit stammt auch die Überlegung, dass alles, was im Internet geschehe – also alles, was online passiere – auch ein Online-Dienst sein müsse; da bei einem solchen Dienst die Dienstleistung im Vordergrund steht (das „Zugänglichmachen"), passe die Erschöpfung darauf nicht – denn Waren sind von der Logik her weiterverkäuflich, Dienstleistungen nicht.[564]

Die Erschöpfung ist aber dann bedeutsam, wenn es sich nicht um eine Online-Dienstleistung (als Unterfall der Dienstleistung), sondern um einen Verkauf handelt. Dann nämlich liegt der Fall im Ganzen bereits anders, da sich dort das Bedürfnis eines Weiterverkaufs erst ergibt.[565] Dafür ist aber genau zu differenzieren, wie eine Online-Dienstleistung und wie ein Verkauf im Internet zu definieren sind. Da erste Gedanken zu § 19a UrhG aus den 90er Jahren stammen, scheint es heutzutage nicht mehr angebracht, eine Unterscheidung rein aus historischen Erwägungen zu treffen.

Zwar ist es technisch notwendig, dass der Urheber das E-Book zunächst einmal öffentlich zugänglich macht, indem er es im Internet anbietet. Danach jedoch findet zwangsläufig eine Verbreitung statt.[566] Eine strikte Trennung von körperlicher und unkörperlicher Nutzung wird mit der zunehmenden Digitalisierung immer schwieriger und die Grenzen verschwimmen.[567]

Eine analoge Anwendung des Erschöpfungsgrundsatzes lehnt das OLG Hamburg unter Bezugnahme auf die Entscheidungsgründe des OLG Hamm ab, da eine planwidrige Gesetzeslücke fehle; denn § 19a UrhG, der später als § 17 Abs. 2 UrhG in Kraft tritt, fehle gerade eine entsprechende Regelung zur Erschöpfungswirkung – wäre eine solche gewollt gewesen, hätte der Gesetzgeber sie aufgenommen.[568] Ebenso verneint das Gericht eine vergleichbare Interessenlage, denn Kauf und Download seien sowohl tatsächlich als auch rechtlich unterschiedlich, was eine differenzierte Bewertung rechtfertige, denn eine Verkehrsfähigkeit

563 *Ganzhorn*, CR 2015, 525 (526).
564 *Kubach/Schuster*, CR 2014, 504 (504).
565 *Kubach/Schuster*, CR 2014, 504 (504).
566 *Ganzhorn*, CR 2015, 525 (526).
567 *Ganzhorn*, CR 2015, 525 (526); auch bereits in den 90er Jahren *Hoeren*, CR 1996, 517 (519).
568 OLG Hamburg, GRUR-RR 2015, 361 (Rn. 26) – eBook-AGB.

solcher digitaler Werkstücke führe zu einem „nicht kontrollierbaren Sekundärmarkt“ und eröffnete ein „erhebliches Missbrauchsrisiko“.[569]

Die Beschränkung der Nutzungsmöglichkeit auf den eigenen, privaten Gebrauch sei auch deshalb nicht zu beanstanden, da ein Download zwangsläufig eine Kopie der Datei mit sich bringe und damit das Vervielfältigungsrecht (= Verbotsrecht) des Urhebers betroffen sei; wolle man als Nutzer in ein solches Recht eingreifen, müsse einem dieses Recht eingeräumt werden.[570]

Diese Argumentation des Gerichts ist im Grunde genommen von früheren Entscheidungen übernommen und stützt sich auf teils veraltete Annahmen und Ansichten. Da auch bei digitalen Werken nach der öffentlichen Zugänglichmachung tatsächlich eine Verbreitung erfolgt, muss diese auch in unkörperlicher Form möglich sein und dann hat nach dem Gesetz der Erschöpfungsgrundsatz gem. § 17 Abs. 2 UrhG zu greifen. Bei der momentanen Gesetzeslage kann dies nur in analoger Anwendung geschehen.[571] Gerichte orientieren sich an deutschen und europäischen Gesetzesmaterialen zur öffentlichen Zugänglichmachung, übersehen jedoch gern den nachgeschalteten Verbreitungsakt.[572] Eine planwidrige Regelungslücke ist entgegen der Annahme der Gerichte gegeben.[573]

Der Zweck des Erschöpfungsgrundsatzes besteht darin, die Verkehrsfähigkeit von Werk(stück)en sicherzustellen.[574] Dieser Grundsatz besteht sowohl für körperliche als auch unkörperliche Kopien von Werken.

Die Begründung des Gerichts bzgl. eines nicht kontrollierbaren Sekundärmarkts und bzgl. Eröffnung eines erheblichen Missbrauchsrisikos basiert zwar auf lobenswerten Erwägungen, ist in der Sache jedoch nicht zielführend. Schließlich ist auch der Internethandel nicht deshalb verboten, da sich aufgrund dessen die Produktpiraterie verzigfacht hat und es durch Betrüger zu einem erheblichen Missbrauchsrisiko bei (unseriösen, aber oft gut getarnten) Online-Anbietern kommt. Der Erschöpfungsgrundsatz dient nicht dazu, Urheberrechtsverletzungen zu verhindern.[575]

---

569 OLG Hamburg, GRUR-RR 2015, 361 (Rn. 27) – eBook-AGB.

570 OLG Hamburg, GRUR-RR 2015, 361 (Rn. 34) – eBook-AGB; so auch OLG Stuttgart, GRUR-RR 2012, 243 – Onlinevertrieb bei Hörbüchern.

571 *Ganzhorn*, CR 2015, 525 (526).

572 Amtl. Begr. BR-Drucks. 684/02, S. 36; Denkschrift zum WIPO-Urheberrechtsvertrag, Begründung zu Art. 8, BT-Drucks. 15/15, S. 45.

573 So auch *Ganzhorn*, CR 2015, 525 (526).

574 Wandtke/Bullinger/*Heerma*, PK UrhR, § 17 Rn. 30 f.

575 *Ganzhorn*, CR 2015, 525 (526).

Das Argument des OLG Hamburg, die „UsedSoft"-Entscheidung des EuGH könne man nur bedingt heranziehen, da Software eben anders behandelt werden müsse als die restlichen digitalen Güter, ist ebenfalls diskussionswürdig. Denn wie bereits beschrieben spricht in der Entscheidung sehr wohl einiges für einen weiten Erschöpfungsbegriff – im Unterschied zum engen Erschöpfungsbegriff, von dem das OLG Hamburg (ebenso die Oberlandesgerichte Hamm und Stuttgart) ausgeht.

Auch der EuGH stützt sich in seiner Argumentation unter anderem darauf, dass eine öffentliche Wiedergabe/Zugänglichmachung über Art. 6 Abs. 1 WCT[576] durch Eigentumsübertragung zu einer Verbreitungshandlung wird.[577] Damit ist gemeint, dass der Urheber zunächst die öffentliche Zugänglichmachung vornimmt, indem er sein Werk bei einem Online-Anbieter zur Verfügung stellt und durch den Verkauf eine Verbreitungshandlung stattfindet. Die Verbreitung folgt also unmittelbar dem Erstverkauf.[578]

Deshalb lässt sich schwerlich noch eine klare Trennung von körperlichen und unkörperlichen Verwertungen rechtfertigen.

Bei einem normalen Ablauf Kauf – Download – Nutzen kommt es beim Download stets zu einer Verbreitung, demnach sollte auch bei anderen digitalen Gütern als Software der Erschöpfungsgrundsatz gelten. Dem steht auch nicht entgegen, dass der EuGH die Software-Richtlinie[579] als lex spezialis gegenüber der Info-Richtlinie ansieht,[580] denn damit ist nicht ausgeschlossen, dass die Erschöpfungswirkung nicht auch für den Anwendungsbereich der Info-Richtlinie gelten und damit auch andere digitale Güter als Software erfassen kann.[581]

Der EuGH betont immer wieder die Warenverkehrsfreiheit und das Gebot der Verhinderung der Abschottung der Märkte.[582] Dies kann nicht nur für Software gelten, sondern auch für die anderen digitalen Güter.

Zudem weist der EuGH auf materielle Datenträger hin, die grundsätzlich mit digitalen Dateien gleichzusetzen seien – ein weiteres Indiz dafür, dass auch der EuGH dazu tendiert, körperliche und unkörperliche Werkstücke gleich zu behandeln.[583]

---

576 Art. 3 und Art. 4 Info-Richtlinie 2001/29/EG sind in erster Linie danach auszulegen.

577 EuGH GRUR Int 2012, 759 (Tz. 52) – UsedSoft.

578 *Ganzhorn*, CR 2015, 525 (526).

579 Richtlinie 2009/24/EG.

580 EuGH GRUR Int 2012, 759 (Tz. 51, 56) – UsedSoft.

581 *Ganzhorn*, CR 2015, 525 (526); a.A. jedoch OLG Hamburg, GRUR-RR 2015, 361 (Rn. 30) – eBook-AGB.

582 EuGH GRUR Int 2012, 759 (Tz. 62 f.) – UsedSoft.

583 EuGH GRUR Int 2012, 759 (Tz. 47, 61, 79) – UsedSoft; *Ganzhorn*, CR 2015, 525 (527).

Weiterhin ist das Vervielfältigungsrecht streng vom Verbreitungsrecht zu trennen; beide können gleichzeitig tangiert sein, dies ist jedoch in keinem Fall zwingend. Das OLG Hamburg geht bei Weitergabe anderer digitaler Güter als Software davon aus, dass es zu weiteren, nicht zu rechtfertigenden Vervielfältigungen kommt, und stützt darauf seine Argumentation, dass eine Weitergabe aufgrund dessen schon nicht möglich sein könne bzw. sogar dürfe. Allerdings ist es keinesfalls erforderlich, dass einer Weitergabe zwangsläufig eine Vervielfältigung folgt. Denn die Unzulässigkeit der Vervielfältigung kann die bereits beim ersten Kauf eingetretene Erschöpfung nicht verhindern.[584] Hier zeigt sich die strikte Trennung zwischen Verbreitungsrecht und Vervielfältigungsrecht, das Eine kann das Andere faktisch nicht ausschließen.[585]

Wenn man – anders als das OLG Hamburg – nach alldem den Erschöpfungsgrundsatz auch für andere digitale Güter wie E-Books und Audiodateien annimmt, widerspräche ein Weitergabeverbot wie im vorliegenden Fall dem urheberrechtlichen Leitbild des Erschöpfungsgrundsatzes; der Anbieter hätte dann die Möglichkeit, auf schuldrechtlicher Ebene den Erschöpfungsgrundsatz auszuhebeln, was letztendlich die Interessen des Erwerbers unzulässig massiv beeinträchtigen würde.[586]

Das OLG Hamburg führt weiter aus, auch der Vertragszweck sei nicht gefährdet i. S. v. § 307 Abs. 2 Nr. 2 BGB, da es auf die Erwartungshaltung des typischen Erwerbers digitaler Produkte ankomme, und dieser könne sinnvollerweise nur erwarten, den erworbenen Vertragsgegenstand (die zum Download bereitgestellte Datei) in den urheberrechtlichen Grenzen nutzen zu können; § 5.1 der Allgemeinen Geschäftsbedingungen diene auch dazu, juristischen Laien die urheberrechtlichen Grenzen aufzuzeigen.[587]

Zunächst darf bezweifelt werden, dass der typische Erwerber (also der Durchschnittsnutzer digitaler Werke) wissen kann, dass er beim Kauf eines E-Books

584 *Ganzhorn*, CR 2015, 525 (527).

585 In Ausnahmefällen kann sogar die Vervielfältigung bei der Weitergabe gerechtfertigt sein: bei hybriden Produkten (§ 69d Abs. 1 UrhG), bei Privatkopie (§ 53 Abs. 1 UrhG) und für andere Fälle sogar eine ungeschriebene Rechtfertigung, die sowohl von EuGH und BGH in ähnlichen Fällen angenommen wurde: EuGH GRUR Int 1998, 140 – Dior/Evora; BGHZ 144, 232 – Parfumflakon; EuGH GRUR 2014, 1078 – Elektronische Leseplätze.

586 *Ganzhorn*, CR 2015, 525 (527).

587 OLG Hamburg, GRUR-RR 2015, 361 (Rn. 40 f.) – eBook-AGB; so auch OLG Stuttgart, GRUR-RR 2012, 243 – Onlinevertrieb bei Hörbüchern; und OLG Hamm, CR 2014, 498 – Hörbuch-AGB.

oder einer Audiodatei lediglich ein beschränktes Nutzungsrecht erwirbt und kein Eigentum an der Datei. Zuzustimmen ist dem OLG Hamburg allenfalls darin, dass die Erwartungshaltung des Erwerbers nur dahin gehen kann, erworbene digitale Werke nur in den vom Urhebergesetz gesetzten Grenzen nutzen zu können; hier dürfte der typische Erwerber mittlerweile genügend sensibilisiert sein um zu wissen, dass Urheberrechte an digitalen Werken bestehen und diese nicht verletzt werden dürfen.[588]

Ansonsten sind beim Online-Vertrieb digitaler Güter die Vorschriften des Kaufrechts nach § 453 Abs. 1 Alt. 2 BGB (Rechtskauf, „sonstige Gegenstände") entsprechend anzuwenden, wenn dem Kunden vom Anbieter ein dauerhaftes Nutzungsrecht eingeräumt wird.[589] Die Pflicht zur Eigentumsübertragung beim Kauf wird beim Rechtskauf sonstiger Gegenstände ersetzt durch die Pflicht zur Einräumung eines einfachen, aber unbegrenzten Nutzungsrechts.[590]

Kernelement des Kaufvertragsrechts ist die freie Verfügungsbefugnis des Käufers über den erworbenen Gegenstand[591] – dies ist etwas, was der durchschnittliche Käufer auch erwartet. Leitbild besonders für das Kaufvertragsrecht ist dabei die Verkehrsfähigkeit.[592]

Der Urheber bzw. der Rechteinhaber kann sich im Vorfeld überlegen, ob er dem Erwerber ein zeitweiliges Nutzungsrecht (Miete) oder ein dauerhaftes (nach dem Kauf) einräumen möchte.[593]

Den vom anglo-amerikanischen Recht geprägten Lizenzvertrag (das Eigentum verbleibt beim Softwarehersteller und der Nutzer erwirbt mit dem „Kauf" der Software lediglich eine Lizenz) gibt es in dieser Form in Deutschland so nicht, auch wenn die Softwarehersteller Entsprechendes zunächst versucht haben. Grund dafür mag die Scheu sein, dem Nutzer mit dem Softwarekaufvertrag auch das Eigentum an der konkreten Softwarekopie zu überlassen.

Zumindest in Allgemeinen Geschäftsbedingungen ist es ausgeschlossen, dass der Rechteinhaber sich einerseits verpflichtet, durch Kauf des Erwerbers ein dauerhaftes Nutzungsrecht gegen Zahlung eines Kaufpreises einzuräumen, andererseits aber seine ihm nach § 433 Abs. 1 BGB treffende Pflicht, das Eigentum an der Sache zu verschaffen, relativiert einschränkt; solche Einschränkungen

---

588 Dass sog. Raubkopien unzulässig sind, dürfte mittlerweile hinreichend bekannt sein.

589 *Druschel*, GRUR Int 2015, 135 (136 f.); *Ganzhorn*, CR 2015, 525 (527); dazu bereits *Haedicke*, Rechtskauf und Rechtsmängelhaftung, S. 312.

590 BeckOK BGB/*Faust*, BGB, § 453 BGB Rn. 24 f.; *Ganzhorn*, CR 2015, 525 (527).

591 *Ganzhorn*, CR 2015, 525 (527).

592 *Zech*, ZGE/IPJ Volume 5, 2013, 368 (383, 385 m.w.N.).

593 *Kubach/Schuster*, CR 2014, 504 (505).

sind mit der Eigenart des Eigentums nicht zu vereinbaren und verstoßen auch gegen § 137 BGB.[594]

Das OLG Hamm[595] hat in seiner Entscheidung geschlussfolgert, beim Erwerb von Audio-Dateien aus dem Internet gebe es keine sachenrechtlich relevante „Substanzverschiebung“ wie bei einem „normalen“ Kaufvorgang. Dem kann jedoch nicht gefolgt werden. Denn die urheberrechtlich relevante Substanz (nicht nur bei Hörbüchern, sondern auch bei E-Books) besteht gerade nicht in CD- oder DVD-Scheiben, sondern im Inhalt des literarischen Werkes; diese Substanz besteht aber unabhängig von übertragenen Daten und unabhängig von ihrer Herkunft (CD, DVD oder als Download aus dem Internet) ist sie es, die verkauft, erworben und deren Substanz „verschoben“ wird.[596]

Dem Argument, es verbleibe bei körperlicher Verwertung keine Substanz beim Verkäufer, bei unkörperlicher Verwertung jedoch wohl, kann nicht gefolgt werden. Denn zunächst kann es sich um einen schlichten Verkauf handeln, bei dem nach der Transaktion keine Daten mehr beim Verkäufer verbleiben; in diesem Fall findet auch bei einer unkörperlichen Transaktion eine „Substanzverschiebung“ statt. Aber auch bei einem Verkauf, der an mehrere Käufer als Download möglich ist, wird jedes Mal eine Datenmenge als „Substanz verschoben“, genauso wie eine CD über die Ladentheke geht. Dass beim Download eine Ursprungsdatei auf dem Server verbleibt, kann an dieser Schlussfolgerung nichts ändern, da auch bei CDs, DVDs etc. immer eine Ursprungsdatei beim Verkäufer (bzw. Verleger oder Produzenten) verbleiben wird.

Art. 4 Abs. 2 Info-Richtlinie koppelt die Erschöpfung an einen „Erstkauf“. Sowohl beim Kauf einer CD/DVD im Geschäft als auch beim Erwerb bei einem Online-Anbieter zahlt der Käufer ein Entgelt, um ein unbeschränktes Recht zur Nutzung zu erwerben. Auch beim Online-Kauf hat der Urheber die Möglichkeit, mit dem Erstverkauf eine angemessene Vergütung für sein Werk zu erhalten; ein Indiz dafür ist sicherlich auch ein vergleichbarer Preis der digitalen Variante und der der CD/DVD.[597] Somit handelt es sich hier um einen Vorgang, der von der analogen Welt in die digitale übertragen werden kann.

Ein Weitergabeverbot im Kaufvertragsrecht verstößt damit gegen elementare Grundlagen desselben: den Erwerb einer weiterveräußerungsfähigen Position für den Käufer.[598]

---

594 *Kubach/Schuster*, CR 2014, 504 (505).
595 OLG Hamm, CR 2014, 498 – Hörbuch-AGB.
596 *Kubach/Schuster*, CR 2014, 504 (506).
597 *Kubach/Schuster*, CR 2014, 504 (505).
598 *Ganzhorn*, CR 2015, 525 (527).

Aufgrund der aufgezeigten Argumente sollte der Erschöpfungsgrundsatz auch für andere digitale Güter als Software gelten. Die berechtigte Erwartungshaltung des Erwerbers geht entgegen der Ansicht des OLG Hamburgs dahin, dass der Erwerber auch E-Books und Audiodateien weitergeben kann, wenn er die Datei für die eigene Nutzung unschädlich macht. Denn was ein Kunde kaufrechtlich erworben hat, steht ihm grundsätzlich frei zu nutzen, weiterzugeben oder auch weiter zu verkaufen.

Die § 307 Abs. 2 Nr. 1 und Nr. 2 BGB führen nur im Zweifel zu einer unangemessenen Benachteiligung und damit zur Nichtigkeit der Klausel. Eine Beweislastregel, die eine (widerlegbare) Vermutung der Unwirksamkeit beinhaltet, enthält die Formulierung nicht.[599] Man kann sie aber als Umkehrung der Beweislast im Verhältnis zu Abs. 1 verstehen.[600] Damit könnte der Online-Anbieter als Verwender der Allgemeinen Geschäftsbedingungen Tatsachen darlegen und beweisen, dass die Klausel angemessen ist; er könnte also überwiegende Interessen geltend machen.[601] Das dürfte sich jedoch als schwierig erweisen, da die Verkehrsfähigkeit erworbener Produkte einen der Leitgedanken und damit berechtigte Interessen der Erwerber darstellt; darüber hinausgehende überwiegende Interessen der Online-Anbieter wird man an dieser Stelle wohl kaum annehmen können.[602] Die Befürchtung einer widerrechtlichen weil mehrfachen Weitergabe der E-Books und Audiodateien sowie die Angst vor einem ausufernden Sekundärmarkt sind an dieser Stelle nicht zu beachten. Hier liegt es an den Online-Anbietern und auch am Gesetzgeber, technisch wirksame und angemessene Mittel zu finden, solche unerlaubten Vervielfältigungen zu unterbinden. Allen Erwerbern eine Weitergabe zu untersagen, nur weil noch keine technische Lösung gefunden ist, schränkt Rechte ehrlicher und redlicher Erwerber unzumutbar ein, während andere Nutzer weiterhin widerrechtliche Kopien anfertigen und in Umlauf bringen werden.

Somit sind grundsätzlich geltende Weitergabeverbote nach Inhaltskontrolle der Allgemeinen Geschäftsbedingungen rechtlich unwirksam.

---

599 *Canaris*, FS Ulmer, S. 1073 (1075 ff.); MüKo-BGB/*Wurmnest*, Band 2, SchuldR AT I, § 307 Rn. 65; Staudinger/*Stoffels*, Buch 2: §§ 305–310, § 307 BGB Rn. 222 f.; Ulmer/Brandner/Hensen/*Fuchs*, AGB-Recht, § 307 BGB Rn. 195; a.A. BGH GRUR 2005, 62 (69) – CITROËN; Palandt/*Grüneberg*, BGB, § 307 BGB Rn. 28.

600 MüKo-BGB/*Wurmnest*, Band 2, SchuldR AT I, § 307 Rn. 65.

601 *Ganzhorn*, CR 2015, 525 (527 f.).

602 *Ammann*, Der Handel mit Second-Hand-Software aus rechtlicher Sicht, S. 105 f.; a.A. in Sonderkonstellationen: Wandtke/Bullinger/*Grützmacher*, PK UrhR, § 69c Rn. 66 ff.; *Ganzhorn*, CR 2015, 525 (528); *Scholz*, GRUR 2015, 142 (148).

Das OLG Hamburg vertritt die Auffassung, die Rechtslage sei klar geregelt, eine Berufung der Kläger sei offensichtlich aussichtslos und der Rechtssache fehle es an grundsätzlicher Bedeutung.[603] Tatsächlich ist die Rechtslage aber derart umstritten, dass es der Rechtssache kaum an Bedeutung fehlen und eine Berufung offensichtlich nicht aussichtslos sein kann. Das Ergebnis, zu dem das OLG Hamburg kommt, ist zwar grundsätzlich vertretbar – immerhin gibt es auch Stimmen für eine abweichende Beurteilung anderer digitaler Güter als Software, die in sich stimmig sind –, aber weder eindeutig noch zwingend, wie es vom Gericht selbst dargestellt wird.[604] Die EuGH-Entscheidung „Used-Soft" bietet viele Anhaltspunkte dafür, dass die Erschöpfungswirkung auch für andere digitale Werkarten als Software gelten kann. Der EuGH hat sich bisher zum Anwendungsbereich der Info-Richtlinie und explizit zur Anwendbarkeit der Erschöpfung bei E-Books nicht geäußert. Solange er dies nicht tut, wird sich wohl auch an der Rechtsprechung der deutschen Gerichte nichts ändern.[605]

ff) Erschöpfung bei Creative Commons (CC)

Auch bei den CC stellt sich die Frage der Erschöpfung, und zwar an der Stelle, an der der Lizenznehmer die Lizenz nur unter gleichen Bedingungen weitergeben darf und hier evtl. unangemessen benachteiligt wird (§ 307 Abs. 2 Nr. 1 BGB). Denn durch solche Verpflichtungen kann die Erschöpfung des Verbreitungsrechts beschränkt werden.[606] Unabhängig davon, ob man eine Erschöpfungswirkung nur bei verkörperten Werk(stück)en oder auch bei digitalen annimmt, sieht die mittlerweile an das deutsche Recht angepasste Creative Commons Public License den Vorrang des Erschöpfungsgrundsatzes vor.

Wenn der Rechteinhaber also ein nach CCPL lizenziertes Werk in den Verkehr bringt oder es mit seiner Zustimmung in den Verkehr gebracht wird, kann er die Weiterverbreitung aufgrund der Erschöpfung nicht verbieten.

e) Gemeinfreie Werke

Nach § 64 UrhG erlischt das Urheberrecht siebzig Jahre nach dem Tod des Urhebers. Das gilt für alle urheberrechtlich geschützten Werke i. S. d. § 2 UrhG und für gem. § 69a UrhG geschützte Computerprogramme.[607] Als Rechtsfolge

---

603 OLG Hamburg, GRUR-RR 2015, 361 (Rn. 55 f.) – eBook-AGB.

604 *Ganzhorn*, CR 2015, 525 (528).

605 So auch *Ganzhorn*, CR 2015, 525 (528).

606 Hoeren/Sieber/Holznagel/*Paul*, Handbuch Multimedia-Recht, Teil 7.4 Rn. 133.

607 Wandtke/Bullinger/*Lüft*, PK UrhR, § 64 Rn. 9.

dessen wird das Werk gemeinfrei. Damit kann das Werk von jedermann verwertet werden, ohne dass Urhebererben darauf Einfluss nehmen könnten. Ebenso erlöschen der „urheberpersönlichkeitsrechtliche Schutz“[608], die Verwertungsrechte am Werk und daran anknüpfend auch die abgeleiteten Nutzungsrechte am Werk, insbesondere das Verlagsrecht.[609]

Gemeinfrei wird ein Werk, wenn der Urheber länger als 70 Jahre tot und das Urheberrecht bereits erloschen ist oder wenn das Werk nach dem UrhG niemals geschützt war.

Der Aspekt der Urhebernachfolgevergütung – der Gedanke, auf die Nutzung gemeinfreier Werke nach Ablauf der Schutzfrist eine Kulturabgabe („domaine public payant“) zu erheben und davon die urheberrechtliche Kreativität und das Schaffen in der Gegenwart zu fördern – ist bereits in der Französischen Revolution thematisiert, der deutsche Gesetzgeber hat diesen Gedanken jedoch anders als in anderen Ländern nicht umgesetzt.[610] In einem Regierungsentwurf zum UrhG von 1965 wurde überlegt, eine solche Urheberrechtsnachfolgevergütung einzuführen, um durch Verwerterabgaben einen Urheberfonds anzulegen und zu fördern, der als Stiftung des öffentlichen Rechts gegründet werden sollte; Urheber, die sich besonders verdient gemacht hätten, sollten mit einem Ehrensold bedacht werden, ebenso sollten Hinterbliebene von verdienten Urhebern unterstützt und Förderungsbeihilfen an besonders begabte Urheber ausgezahlt werden.[611] Der deutsche Gesetzgeber ist diesen Vorschlägen jedoch nicht gefolgt.

4. Leistungsschutzrechte

Das Urheberrecht schützt nicht nur den Urheber, sondern auch den sog. Werkmittler, ohne den das Werk zumeist nicht in die Öffentlichkeit gelangen würde; der Werkmittler setzt mit seiner Leistung an das vorhandene Werk an.[612] Diese Leistung ist der schöpferischen Leistung des Urhebers ähnlich oder wird im Zusammenhang mit den urheberrechtlichen Werken erbracht und ist damit auch dem Schutz des UrhG unterstellt.[613]

---

608 Wandtke/Bullinger/*Lüft*, PK UrhR, § 64 Rn. 13.

609 *Rehbinder/Peukert*, Urheberrecht, Rn. 629.

610 Mehr dazu bei *Jean-Richard-dit-Bressel*, Ewiges Urheberrecht oder Urhebernachfolgevergütung (domaine public payant)?

611 *Rehbinder/Peukert*, Urheberrecht, Rn. 632.

612 BeckOK UrhG/*Ahlberg*, UrhR, § 7 UrhG Rn. 14.

613 Begründung BT-Drucks. IV/270, S. 86.

Denkbar wäre es, digitale Güter im Gesamten unter das Leistungsschutzrecht zu fassen, da eine digitale Form am entscheidenden Inhalt der Güter ansetzt und diesen in digitaler Form im Internet (oder auf einem anderen Datenträger) abrufbar macht. Da aber rechtsdogmatisch zwischen den klassischen Urheberrechten und den Leistungsschutzrechten eine klare Trennlinie zu ziehen ist und beides grundsätzlich nebeneinander steht[614], führte das zu der Konsequenz, dass analoge und digitale Güter grundsätzlich rechtlich unterschiedlich behandelt werden müssten. Dies entspräche geradezu einer „künstlichen" Trennung und führte lediglich dazu, dass der durchschnittliche Nutzer gar nicht mehr unterscheiden könnte, welche Rechte er nun hat bei analogen und digitalen Gütern. Ebenfalls müssten die gesetzlichen Regelungen umgestaltet werden, was sich als schwierig erweisen dürfte. Ebenso dürfte kaum begründbar sein, warum ein analog gedrucktes Buch im Selbstdruckverfahren ohne beteiligten Verleger dem Urheberrechtsschutz unterfiele, ein selbst digital erstelltes und online verfügbar gemachtes E-Book dem Leistungsschutzrecht.

614 Begründung BT-Drucks. IV/270, S. 87.

3. Teil: Spezifische Anwendungsfälle

I. Funktionsweise von E-Books

1. Begriff „E-Book"

Der Begriff „E-Book" wird nicht immer einheitlich verwendet. Für einige beinhaltet der Begriff sowohl die Datei des Buches als solches als auch das Gerät, mit dem die Buchdatei wiedergegeben werden kann, um sie zu lesen, für andere nur das digitale Werk an sich.

Das analoge Buch wird vom Schriftsteller verfasst, auf Papier gedruckt, im (Online-)Buchhandel verkauft und vom Leser in die Hand genommen. E-Books sind zunehmend beliebte elektronische Bücher, die mittels eines elektronischen Gerätes (E-(Book)-Reader, Computer, Tablets und Smartphones) gelesen werden können. Entweder lagen sie zuvor als gedruckte Version vor und sind nun parallel als digitale Version abrufbar oder es sind ausschließlich in elektronischer Form angebotene Schriften. E-Books stehen in unterschiedlichen Formaten zur Verfügung und können je nach Format nur auf bestimmten Geräten aufgerufen werden.[615] Kostenpflichtige Angebote umfassten hauptsächlich wissenschaftliche Literatur.

Neueste Technik bietet mit Bildschirmen mit sehr hoher Pixeldichte, die für das menschliche Auge nicht mehr erkennbar sind,[616] einen Papier-Effekt, der das Auge den Unterschied zwischen Papier und Display kaum erkennen lässt,[617] die Möglichkeit, auch längere Texte auf Bildschirmen komfortabler zu lesen.

2. Gegenüberstellung von Buch und E-Book

E-Books bieten mehr Nutzungsmöglichkeiten (z.B. Such-, Markierungs- und Lesezeichenfunktion) als gedruckte Bücher, ansonsten unterscheiden sich beide Formen der Bücher weder inhaltlich noch funktionell,[618] da diese zusätzlichen

---

615 Der Amazon Kindle z.B. arbeitet mit dem Amazon-Format AZW, viele andere Anbieter nutzen das Format EPUP.

616 Führend in 2016 Apple.

617 Vgl. beispielsweise der E-Book-Reader „Paperwhite" von Amazon, mit dem auch in hellem Sonnenlicht gelesen werden kann, ohne dass die Oberfläche spiegelt.

618 *Ganzhorn*, CR 2014, 492 (492).

Nutzungsfunktionen nicht aus dem Buch selbst heraus kommen, sondern durch die jeweils verwendete Darstellungssoftware ermöglicht werden.[619]

Bei gedruckten Büchern als auch bei E-Books handelt es sich um eine „Hülle" für ein Kulturgut, der „Kern" (also der Inhalt) ist grundsätzlich entscheidend und schließlich der Anlass, warum ein Buch angeschafft und gelesen wird.[620]

Nach dem Buchpreisbindungsgesetz (BuchPrG) werden gedruckte Bücher und E-Books gleich behandelt, § 2 Abs. 1 Nr. 3 BuchPrG.[621]

Nach dem Urhebergesetz wird der Inhalt eines Buches ebenso wie der eines E-Books als Schriftwerk nach § 2 Abs. 1 Nr. 1 Var. 1 UrhG geschützt.

Umsatzsteuerlich werden beide unterschiedlich behandelt: für gedruckte Bücher gilt der ermäßigte Steuersatz von 7 % (§ 12 Abs. 2 Nr. 1 UStG i.V.m. Anlage 2 Nr. 49), für E-Books müssen 19 % gezahlt werden.[622]

Ebenso lässt sich in Bibliotheken eine unterschiedliche Behandlung von gedruckten Büchern und E-Books ausmachen. Der Verleih von E-Books innerhalb von Bibliotheken ist gesetzlich nicht geregelt. § 27 Abs. 2 UrhG ermöglicht

---

619 *Becker*, DStR 2014, 462 (464).

620 *Ganzhorn*, CR 2014, 492 (492).

621 Seit September 2016 gilt die Buchpreisbindung für E-Books gesetzlich, zuvor war man zumindest von einer Gleichbehandlung von gedruckten Büchern und E-Books in Bezug auf das BuchPrG ausgegangen; laut Börsenverein des Deutschen Buchhandels wurde die Preisbindung auch schon vorher auf E-Books angewendet; *Wallenfels/Russ*, Buchpreisbindungsgesetz, § 2 Rn. 9 f.; *Ganzhorn*, CR 2014, 492 (492); *Schulz/Ayar*, MMR 2012, 652 (654).

622 Die Rechtfertigung einer unterschiedlichen steuerrechtlichen Behandlung erscheint fragwürdig, da der ursprüngliche Zweck des ermäßigten Steuersatzes war, der deutschen Bevölkerung die Teilhabe am kulturellen Leben zu erleichtern, vgl. BT-Drucks. IV/1590. Jedoch erscheint es unangemessen, die Zweckerreichung von der Erscheinungsform abhängig zu machen, es kommt schließlich für die kulturelle Teilhabe im Hinblick auf Bücher hauptsächlich auf den Inhalt an und nicht auf die Erscheinungsform, zustimmend *Ganzhorn*, CR 2014, 492 (492). Da eine Änderung des UStG jedoch nicht ohne weiteres möglich ist (vgl. Art. 98 Abs. 2 i.V.m. Anhang III der Mehrwertsteuersystemrichtlinie 2006/112/EG), gab es in der Politik bereits erste Bestrebungen, diese Richtlinie zu ändern. Der Börsenverein und andere europäische Branchenverbände haben die Präsidenten von Kommission, Rat und Europäischem Parlament dazu aufgerufen, durch eine Änderung der Mehrwertsteuersystemrichtlinie die Anwendung des reduzierten Mehrwertsteuersatzes auf E-Books in den Staaten der EU zu ermöglichen. Der EuGH hat 2015 entschieden, dass die Reduzierung der Mehrwertsteuer für E-Books nicht von den einzelnen Mitgliedstaaten allein durchgeführt werden kann, EuGH MMR 2015, 310 – Ermäßigter Steuersatz auf E-Books; EuGH MMR 2015, 308 – Ermäßigter Steuersatz auf E-Books.

zwar i.V.m. § 17 UrhG den Verleih eines Werkes gegen Vergütung, jedoch sind zumindest nach vorherrschender Meinung von dieser Vergütungsregel nur körperliche Werke erfasst, also keine E-Books.[623] Der EuGH hat 2016 betont, das Verleihen von E-Books sei von der Verleihrichtlinie (2006/115/EG) aufgrund dynamischer Auslegung zwar umfasst – demnach wären Urheber, deren Werke in Bibliotheken als E-Books verliehen werden, ebenso zu vergüten –,[624] jedoch ist die konkrete Ausgestaltung für das öffentliche Verleihwesen nach der Verleihrichtlinie den nationalen Gesetzgebern überlassen.

Es gibt in Deutschland bereits Bestrebungen, die Vergütungsregelung auch auf den digitalen Verleih anzuwenden oder ansonsten eine eigene Vergütungsregelung in diesem Bereich zu schaffen.[625]

3. Vorteile des E-Books

Vorteile eines E-Books für den Nutzer sind die unmittelbare Verfügbarkeit (Herunterladen aus dem Internet ohne Bestellwartezeiten von jedem Ort der Welt aus), die Möglichkeit des Speicherns auf allen Speichermedien ohne Abnutzungsspuren und der Vorteil des Platzsparens. Für Verleger und Anbieter sinken Kosten (keine Druck- und Lagerkosten, sondern nur noch geringere Serverkosten) und es eröffnet sich ein großer Markt. Es lassen sich auf einem E-Book-Reader bis zu mehrere 1000 E-Books speichern, und der Preis liegt in der Regel 15–20 % unter dem gedruckter Bücher,[626] was sich unter anderem mit geringeren Fertigungskosten erklären lässt.

Auch wird es dem Autor möglich, selbst online zu veröffentlichen ohne sich an einen Verlag bzw. an eine Verkaufsplattform zu binden[627] und ohne Druckkosten seine Werke zu verkaufen. Dem einzelnen eröffnen sich dadurch größere Möglichkeiten.

623 Dreier/Schulze/*Schulze*, UrhG, § 27 Rn. 22; *Dreyer/Kotthoff/Meckel*, UrhR, § 27 UrhG Rn. 21; Schricker/Loewenheim/*Loewenheim*, UrhR, § 27 UrhG Rn. 16.

624 EuGH GRUR 2016, 1266 – Verleihen von E-Books.

625 BT-Drucks. 18/5405; *Hartmann*, GRUR Int 2012, 980 (988); *Peifer*, AfP 2013, 89 (92).

626 *Ganzhorn*, CR 2014, 492 (492).

627 Die E-Book Versionen von *J.K. Rowlings* Erfolgsroman „Harry Potter" wurden ursprünglich ausschließlich von der Autorin selbst auf einer eigens hierfür eingerichteten Seite angeboten und verkauft (www.pottermore.com), um sich nicht den Geschäftsbedingungen einer der großen Verkaufsplattformen für E-Books unterwerfen zu müssen.

4. Nachteile des E-Books

Viel Freiheit birgt auch größere Risiken. Was einmal im Internet als Inhalt zu finden ist, ist deutlich mehr der Gefahr der Raubkopie ausgesetzt und kann selten wieder entfernt werden.

Zudem ist der Leser auf elektrischen Strom angewiesen. Sowohl E-Book-Reader als auch Computer, Tablets oder Smartphones können E-Books nur mit geladenem Akku anzeigen und lesbar machen. Je nach E-Book-Reader ist man an einen Anbieter gebunden, da oft nur dessen Formate gelesen werden können. Für Verleger und Anbieter wächst die Gefahr der unautorisierten Vervielfältigung der elektronischen Bücher enorm. Elektronische Daten lassen sich sehr viel schneller und einfacher kopieren, per E-Mail verschicken oder per Speichermedium übertragen als Bücher in Papierform. Auch die Wahrung der Rechte der Autoren wird schwieriger zu gewährleisten: sobald Daten im Internet verfügbar sind, kann kaum noch nachvollzogen werden, wohin sie verbreitet werden; im Internet stehen Daten grundsätzlich in Sekundenschnelle der ganzen Welt offen.

Anbieter von E-Books (Verlage wie auch Urheber in Eigenpublikation) stellen die Nutzung von E-Books unter strenge Regeln, die es beim gedruckten Buch so nicht gibt. In den Allgemeinen Geschäftsbedingungen finden sich unter anderem Klauseln, dass E-Books nicht verliehen und nicht weiterverkauft werden dürfen.[628]

Was bei gekauften gedruckten Büchern unter den urheberrechtlichen Erschöpfungsgrundsatz fallen dürfte, stellt bei E-Books regelmäßig eine Vervielfältigungshandlung dar. Aufgrund dessen versehen Anbieter von E-Books diese zumeist mit einem Kopierschutz, sodass E-Books untrennbar mit dem angelegten Nutzerkonto verbunden bleiben.

Wird das Benutzerkonto gesperrt, kann der Nutzer nicht mehr auf seine zuvor erworbenen E-Books zugreifen. Dazu hat das OLG Köln 2016[629] entschieden, dass Amazon zwar das Kundenkonto eines Nutzers sperren kann, wenn dieser gegen die Geschäftsbedingungen von Amazon verstößt, der Nutzer jedoch weiter auf bereits gekaufte digitale Güter zugreifen können muss. Die Klausel der Allgemeinen Geschäftsbedingungen von Amazon, die es gestattet, Kunden „Services auf der Website vorzuenthalten, Mitgliedskonten zu schließen oder Inhalte zu entfernen oder zu verändern",[630] falls sie „gegen anwendbare Gesetze, diese Nutzungsbedingungen oder andere anwendbare Vertragsbedingungen

---

628 Fraglich ist, ob dies mit dem Erschöpfungsgrundsatz vereinbar ist. Siehe dazu S. 50 ff.

629 OLG Köln, MMR 2016, 387.

630 OLG Köln, MMR 2016, 387 (Rn. 5).

oder Richtlinien verstoßen",[631] hat das OLG Köln für unwirksam erklärt. Eine solche Klausel ist insbesondere dann unwirksam, wenn die Voraussetzungen, auf die der Verwender (hier Amazon) sich beruft, intransparent geregelt sind. Das Urteil ist rechtskräftig.

Dieses Urteil betrifft alle Online-Anbieter, die digitale Inhalte gegen Entgelt im Internet anbieten. Dennoch ist ein Nutzer darauf angewiesen, dass der Online-Anbieter, bei dem er seine digitalen Inhalte erworben hat, davon weiß bzw. sich daran gebunden fühlt.

Der BGH hat 2014 entschieden, dass von den E-Book-Anbietern aufgestellte allgemeine Geschäftsbedingungen, die den Weiterverkauf von E-Books verbieten, rechtens sind; digitale Bücher könnten anders beurteilt werden als analoge, auch wenn die Verbraucherzentrale Bundesverband vehement dagegen argumentierte.[632] Der Börsenverein des deutschen Buchhandels unterstützt die Ansicht der Online-Händler, der legale digitale Weiterverkauf würde nicht weniger als den Untergang des Buchmarktes bedeuten und der Primärmarkt für E-Books (und Hörbücher) zerstört werden, gäbe es einen legalen Gebrauchtmarkt.[633] Denn digitale Werke unterstehen kaum Alterungs- und Zerfallsprozessen.

Trotz diverser Versuche, die Einhaltung der durch das Urheberrecht gewährten Rechte durch Kopierschutz oder Allgemeine Geschäftsbedingungen einzufordern und durchzusetzen, öffnet sich auch bei E-Books ein Markt für den illegalen Tausch (ähnlich wie bei digitaler Musik). Sharehoster-Dienste wie „ifile.it" und die damit verknüpfte Linksammlung „library.nu"[634] beherbergten eine Art Internet-Bibliothek und insgesamt mehr als 400.000 E-Books in teils sehr guter Qualität illegal zum sofortigen kostenlosen und anonymen Download.[635] Die Betreiber der Seiten konnten durch Werbung, Spenden und Anbieten von sog. Premium-Konten einen geschätzten jährlichen Umsatz von 8 Millionen

631 OLG Köln, MMR 2016, 387 (Rn. 5).

632 Die unter dem Aktenzeichen BGH I ZR 120/14 geführte Nichtzulassungsbeschwerde wurde zurückgenommen; Vorinstanz OLG Hamm, CR 2014, 498 – Hörbuch-AGB.

633 OLG Hamm, CR 2014, 498 – Hörbuch-AGB.

634 Die besondere Gefährlichkeit ergebe sich durch die Verknüpfung des Sharehoster-Dienstes und der Linksammlung, durch die die Möglichkeit bestand, sämtliche illegal eingestellten urheberrechtlich geschützten E-Books in sortierter Reihenfolge der unbegrenzten Öffentlichkeit zugänglich zu machen, vgl. Mitteilung des Börsenvereins des deutschen Buchhandels vom 15.02.2012.

635 *MMR-Aktuell*, MMR-Aktuell 2012, Verlage wehren sich gegen E-Book-Sharing, 328681.

Euro erzielen und gehörten nach Einschätzung des Börsenvereins des deutschen Buchhandels zu den gefährlichsten Piraterie-Webseiten weltweit.[636] Erst 2012 gelang es dem Börsenverein, die mutmaßlichen Betreiber der Seiten ausfindig zu machen und ihnen gerichtliche Unterlassungsverfügungen zuzustellen. Das Auffinden solcher Betreiber stellt die Rechteinhaber regelmäßig vor große Probleme, da die Betreiber in der Regel wissen, dass sie sich illegal verhalten und ihre Identitäten oft mit großem Aufwand verschleiern. In diesem Fall wurden vor dem LG München I 17 einstweilige Verfügungen erwirkt und in Irland zugestellt.[637]

Bei E-Books besteht erhöhtes rechtliches Konfliktpotenzial.

5. Urheberrechtliche Problematik bei E-Books

Wenn E-Books urheberrechtlich grundsätzlich behandelt werden wie gedruckte Bücher, erscheint dies nachvollziehbar. Es handelt sich um dieselbe Werkart, denselben Text, allerdings einmal in analoger und einmal in digitaler Form. Ob die Digitalisierung eine neue Nutzungsart[638] ist oder als solche nur die Voraussetzungen für die Nutzung digitaler Inhalte schafft und insofern keine eigene Nutzungsart[639] ist, wird in der Literatur nicht einheitlich gesehen; letztendlich spielt dies jedoch für die Beurteilung der rechtlichen Problematik an dieser Stelle eine eher untergeordnete Rolle.[640]

Unterschiedlich sind aber die rechtlichen Risiken: Wird ein Werk, das zuvor in gedruckter Form vorlag, in ein digitales Werk umgewandelt, handelt es sich um eine Vervielfältigung gem. § 16 UrhG; wird das Werk im Internet zum Download bereitgestellt, liegt erneut eine Vervielfältigung durch das Hochladen auf den Server vor und wiederum eine Vervielfältigung durch das Herunterladen

---

636 *MMR-Aktuell*, MMR-Aktuell 2012, Verlage wehren sich gegen E-Book-Sharing, 328681.

637 *MMR-Aktuell*, MMR-Aktuell 2012, Verlage wehren sich gegen E-Book-Sharing, 328681.

638 Dreier/Schulze/*Schulze*, UrhG, § 31 UrhG Rn. 46; *Rehbinder/Schmaus*, ZUM 2002, 167 (170); *Schulze*, ZUM 2000, 432 (439); wohl auch Wandtke/Bullinger/*Wandtke/Grunert*, PK UrhR, § 31a UrhG Rn. 29.

639 Wegner/Wallenfels/Kaboth/*Wegner*, Recht im Verlag, 2. Kapitel Rn. 39.

640 Dies spielt eine Rolle im Zusammenhang mit der Frage, was das Recht, E-Books zu verlegen, umfasst. Handelt es sich um eine neue Nutzungsform, ist das Recht, E-Books zu verlegen, nicht im Recht enthalten, ein Werk in Buchform zu vervielfältigen und zu verbreiten. *Rehbinder/Schmaus*, ZUM 2002, 167 (167 f.); *Schulz/Ayar*, MMR 2012, 652 (652).

durch den Nutzer.[641] Ebenso betroffen sind das Verbreitungsrecht, § 17 UrhG, und das Recht der öffentlichen Zugänglichmachung, § 19a UrhG.

Es stellen sich die Fragen nach der Zulässigkeit technischer Schutzmaßnahmen, nach der Möglichkeit der vertraglichen Beschränkung von Nutzungsrechten und der Rechtsdurchsetzung der Rechteinhaber und der Möglichkeit, die (besonders urheberrechtlichen) Regelungen aus der „analogen Welt" in die „digitale Welt" zu übernehmen für gedruckte Bücher wie auch für E-Books.[642]

Die Langlebigkeit von E-Books kann kein Argument gegen eine juristische Gleichbehandlung sein.[643] Stattdessen kann vielleicht auf technische oder vertragliche Maßnahmen für den Urheberrechtsschutz zurückgegriffen werden.

6. Möglichkeiten der Rechtsdurchsetzung

Bereits Johann Gottlieb Fichte vertraut nicht auf das Billigkeitsdenken des Menschen: „Da aber in Sachen des auf die Billigkeit Andrer nicht sehr zu rechnen ist, so tritt der Staat ins Mittel, und macht durch ein ausdrückliches Gesetz [...] dasjenige Recht, was vorher nur Sache der Billigkeit war."[644]

„Recht haben und Recht bekommen ist zweierlei",[645] so heißt es bereits im ausgehenden 19. Jahrhundert. Was nutzt dem Urheber sein Recht an seinem Werk, wenn er dieses nicht durchsetzen kann.

Bei Dateien sind größte Gefahren für Urheber und Verleger die Anfertigung illegaler Kopien sowie die einfache Veränderungsmöglichkeit von Dateien. Ein Autor eines Schriftwerkes möchte im Regelfall nicht, dass seine Schrift ohne Erlaubnis in geänderter Fassung auftaucht. Um dies angesichts der Gefahr der schnellen Verbreitung im Internet zu erschweren oder gar unmöglich zu machen, gibt es viele Ansätze technischer Schutzmaßnahmen, mit unterschiedlichem Erfolg.

Rechtsdurchsetzungsmaßnahmen können sich an private Nutzer oder an kommerzielle Anbieter richten oder von Privaten oder der Öffentlichen Hand durchgeführt werden. Sie haben jeweils unterschiedliche Nachteile, einerseits Eingriffe in die Privatsphäre von Nutzern, zum anderen teils hohe Kosten.

641 Dreier/Schulze/*Schulze*, UrhG, § 16 UrhG Rn. 7; Schricker/Loewenheim/*Loewenheim*, UrhR, § 16 UrhG Rn. 18; Wandtke/Bullinger/*Heerma*, PK UrhR, § 16 UrhG Rn. 19.

642 *Ganzhorn*, CR 2014, 492 (492).

643 So auch *Ganzhorn*, CR 2014, 492 (492).

644 *Fichte*, Berlinische Monatsschrift 1793, 443 (466 f.).

645 *Zitelmann*, Die juristische Willenserklärung, S. 130.

An private Nutzer richten sich die Abmahnung oder beispielsweise die HADOPI[646]-Initiative in Frankreich von 2010.

HADOPI ist seit 2009 eine staatliche Behörde, die sich (teilweise auch ohne Initiative der Rechteinhaber) um Identifikation und Abmahnung von Verbrauchern kümmert, die online Urheberrechte verletzt haben. Bei einer dritten Abmahnung kann auch ein zeitlich begrenzter Ausschluss vom Internet verhängt werden.[647]

Fünf Jahre später konnte festgestellt werden, dass die Musikverkäufe (analog und digital) dennoch rückläufig waren, die digitalen Musikverkäufe aber in Frankreich um fast 25% höher waren als in Vergleichsländern ohne ähnliche Durchsetzungsmaßnahmen.[648] Ob dies an der öffentlichen, abschreckenden Diskussion von HADOPI lag oder an der Durchsetzung tatsächlicher Maßnahmen, kann bislang nicht eindeutig geklärt werden.

2013 führten mehrere Internet Service Provider (ISP) das US Copyright Alert System (CAS) ein, um urheberrechtsverletzende Internetnutzer über ihre rechtswidrigen Handlungen aufzuklären und zu bestrafen. Bei solchen Handlungen erscheinen im Browser intensive Warnungen, wenn unautorisiertes Herunterladen erkannt wird. Nach sechs Warnungen werden die Maßnahmen verstärkt und der Internet Service Provider kann die Geschwindigkeit der Internetverbindung reduzieren.

Eine exakte Wirkungsanalyse steht noch aus, jedoch soll bereits das erste Jahr des Copyright Alert Systems erfolgreich gewesen sein.[649]

In Frankreich und Schweden wurden bisher kaum Strafen durch Abmahnungen verhängt, sondern mehr die Debatte zur Urheberrechtsdurchsetzung angeheizt und Warnungen ausgesprochen.[650]

In Deutschland wurden zwischen 2005 und 2014 hunderttausende Privathaushalte abgemahnt und zu Zahlungen aufgefordert.[651] Allerdings lässt sich empirisch nicht belegen, dass sich die Medienverkäufe oder das Angebot neuer

---

646 Haute Autorité pour la Diffusion des œuvres et la Protection des Droits sur l'Internet (Hohe Behörde für die Verbreitung von Werken und den Schutz von Internetrechten).

647 *Handke*, Urhebervergütung im digitalen Zeitalter, S. 35.

648 Vergleichsländer: Vereinigtes Königreich, Italien, Spanien, Deutschland und Belgien; *Handke*, Urhebervergütung im digitalen Zeitalter, S. 35.

649 *Tummarello*, The Hill, Six strikes' thwarting piracy, leader says, 24.02.2013.

650 *Handke*, Urhebervergütung im digitalen Zeitalter, S. 36.

651 https://www.dury.de/images/docs/jahresstatistik_Abmahnungen_2014.pdf (zuletzt aufgerufen am 21.05.2020).

Inhalte signifikant verbessert hätten als bei vergleichbaren Ländern[652] ohne eine solche Abmahnstrategie in derart großem Ausmaß.[653]

Androhungen von Strafen und Abmahnungen verbunden mit Strafen dämmen wohl die Urheberrechtsverletzung kaum ein, zumindest nicht signifikant, um dem Rechteinhaber eine faire Vergütung zukommen zu lassen.

Besonders bei urheberrechtlich geschützten Werken wie E-Books (oder Musik) kann das Verfolgen rein konsumierender Nutzer schwierig sein, wenn diese den Inhalt beispielsweise nicht herunterladen, sondern lediglich online aufrufen und dort lesen. Hier bleibt nur die Option, verstärkt die Anbieter rechtswidriger Angebote aufzuspüren und an einer solchen Verhaltensweise zu hindern.

An kommerzielle Anbieter, beispielsweise Tauschbörsen- oder File-Hoster Betreiber, richten sich zusätzlich Auskunftspflichten, um die Durchsetzung anschließend beim privaten urheberrechtsverletzenden Nutzer zu ermöglichen.[654] Dies ist mit hohen Kosten verbunden – viele kommerzielle Anbieter verschleiern ihren Sitz und ihren Namen und haben ihren Sitz offiziell im Ausland.

Mehr Möglichkeiten, Urheberrechtsverstöße zu ahnden, hat der Staat als Öffentliche Hand, er ist durch Wahl auch demokratisch legitimiert.[655] Durchsetzungsmaßnahmen durch den Staat könnten allgemein auch von den Nutzern akzeptiert werden. Jedoch ist der Staat bei Urheberrechtsverstößen in aller Regel nicht selbst betroffen und hat daher weniger Anreiz, gegen die Urheberrechtsverstöße vorzugehen.[656] Ebenso könnten Betroffene beider Seiten versuchen, den Behörden gegenüber unzutreffende Aussagen zu machen und die Rechtsdurchsetzung damit zu erschweren.[657]

a) Abmahnung

Die Abmahnung (von Verbrauchern) scheint von allen genannten Optionen noch das wirksamste Instrument der Rechtsdurchsetzung zu sein.[658]

---

652 Bei Berücksichtigung der gesamtwirtschaftlichen Entwicklung.

653 *Handke*, Urhebervergütung im digitalen Zeitalter, S. 36.

654 Siehe auch *Handke*, Urhebervergütung im digitalen Zeitalter, S. 31.

655 Beispielsweise durch Schaffung einer zusätzlichen Behörde ähnlich einer Staatsanwaltschaft; *Handke*, Urhebervergütung im digitalen Zeitalter, S. 32.

656 Siehe *Handke*, Urhebervergütung im digitalen Zeitalter, S. 32.

657 *Handke*, Urhebervergütung im digitalen Zeitalter, S. 32.

658 *Handke*, Urhebervergütung im digitalen Zeitalter, S. IV.

Die Abmahnung soll zum einen den Verletzer auf sein rechtswidriges Verhalten aufmerksam machen und zum anderen Gerichtskosten sparen durch eine vorgerichtliche Einigung. Die drohende (Erstbegehungsgefahr) oder bereits begangene Rechtsverletzung (Wiederholungsgefahr) muss gem. § 97a Abs. 2 S. 2 Nr. 2 UrhG „in klarer und verständlicher Weise" genau bezeichnet sein und alle relevanten Tatsachen enthalten.[659] Ebenso muss sie so transparent sein, dass der Abgemahnte selbst prüfen kann, ob die Abmahnung zu Recht erfolgt ist.

Meist werden eine Aufforderung zur Abgabe einer strafbewährten Unterlassungserklärung und die Androhung gerichtlicher Schritte bei erfolgloser Abmahnung beigefügt.

Wenn die Abmahnung objektiv erforderlich und begründet ist, hat der Abgemahnte zu reagieren. In der Regel beseitigt er die Urheberrechtsverletzung, gibt eine strafbewährte Unterlassungserklärung ab, beseitigt damit die Wiederholungsgefahr und vermeidet so einen Prozess.

Oft kolportierte ungerechtfertigte Abmahnungen sind dabei nicht der Regelfall und können deshalb nur am Rande in die Diskussion mit einfließen.

Mit einer Abmahnung kann der Rechteinhaber zunächst ohne Klage seine Rechte durchsetzen. Zwar ist dieser Weg meist kostengünstiger als der Klageweg, dennoch mit einigen Kosten verbunden, da jeder einzelne Nutzer ausgemacht und abgemahnt werden muss.[660] Auch wenn die Abmahnung als rechtsgeschäftliche Handlung[661] als solche wohl nicht ersetzt werden kann, wäre es für den Rechteinhaber einfacher und kostengünstiger,[662] wenn andere Methoden die Anzahl von Urheberrechtsverletzungen schon im Vorfeld verringern könnten.

Zudem sind in der Praxis der Rechtsverfolgung zusätzlich Kooperationen mit Internet Service Providern (ISP), den Telekommunikationsanbietern, erforderlich, denn ohne die IP-Adressen der Nutzer bleibt die Rechtsdurchsetzung bei Urheberrechtsverstößen auf der Strecke.[663] Da die Herausgabe von Namen und Adressen anhand von IP-Adressen jedoch einen Eingriff in die Privatsphäre

---

659 Spindler/Schuster/*Spindler*, Recht der elektronischen Medien, § 97a UrhG Rn. 4.

660 Diese hohen Kosten haben vielfach dazu geführt, dass kleinere Rechtsverletzungen nicht geahndet wurden, deshalb kursierte bei vielen privaten Nutzern bis vor ein paar Jahren das Gerücht, eine kleine Anzahl unautorisierter Downloads sei legitim und werde nicht geahndet und bestraft.

661 Spindler/Schuster/*Spindler*, Recht der elektronischen Medien, § 97a UrhG Rn. 2.

662 Wenn auch nicht für den Anwalt.

663 *Handke*, Urhebervergütung im digitalen Zeitalter, S. 31; BGHZ 195, 257 – Alles kann besser werden.

darstellen, können diese nicht schon bei einem geringen Verdacht herausgegeben werden.

Um den Nutzer auch vor geringen Urheberrechtsvergehen abzuschrecken, bräuchte es höhere Strafandrohungen oder die Durchsetzung der Rechte in jedem einzelnen Fall. Bei erstem ergibt sich jedoch das Problem der Verhältnismäßigkeit, bei letzterem das Problem, jeden einzelnen Urheberrechtsverstoß zu entdecken. Geschieht das nicht oder werden nur Urheberrechtsverletzungen verfolgt, die über ein gewisses Maß hinausgehen, ist es für den Nutzer unautorisierter Kopien eine eigene Risiko-Nutzen-Rechnung. Ist das Risiko zwar bei regelmäßigen, aber stets kleineren Urheberrechtsverletzungen grundsätzlich gering, wird der Nutzer kaum davon abgehalten werden. Auf diese Art bleiben etliche Urheberrechtsverstöße ungeahndet.

b) Endbenutzer-Lizenzvertrag

Das End User License Agreement (EULA)[664] ist eine besondere Lizenzvereinbarung mit dem Endbenutzer, der die Softwarebenutzung regeln soll. Es handelt sich hier um einen Versuch des Herstellers, mit dem Nutzer einen zweiten Vertrag zu schließen, der neben den Vertrag des Nutzers mit dem Händler tritt. Meist soll das Öffnen der Verpackung bereits für den Nutzer eine Annahmeerklärung dieses Vertrages sein (sog. Schutzhüllenvertrag). Das Öffnen der Verpackung hat für den Nutzer jedoch allein das Ziel, ein Zugriffshindernis für die Softwarenutzung zu beseitigen; dementsprechend kann darin keine konkludente Annahmeerklärung gesehen werden.[665]

In Deutschland sind EULAs nur dann zwischen Verkäufer und Käufer wirksam, wenn sie bereits bei Vertragsschluss vereinbart sind. Die EULAs sind in Deutschland eher als Allgemeine Geschäftsbedingungen einzuordnen als Lizenzen und unterliegen damit auch der Inhaltskontrolle, denn das deutsche Urheberrecht kennt keine solche Lizenz.[666] Der Nutzer benötigt auch vom Hersteller keine solche Lizenz, da er mit dem Händler einen Vertrag geschlossen hat, der ihn zur Nutzung berechtigt.

Die EULAs sind grundsätzlich auch auf E-Books übertragbar.

664 Auch Shrink-Wrap-Licensing (sog. Schutzhüllenverträge).

665 Westphalen/Thüsing/*Hoeren*, Vertragsrecht und AGB-Klauselwerke, IT-Verträge, Rn. 209.

666 Westphalen/Thüsing/*Hoeren*, Vertragsrecht und AGB-Klauselwerke, IT-Verträge, Rn. 207 ff.

Ob sich der deutsche Urheber oder Rechteinhaber wirksam mit EULAs schützen kann, bleibt jedoch mehr als fraglich. Zum einen dürfte es bereits an der Gültigkeit mangeln, da Allgemeine Geschäftsbedingungen zum Vertragsschluss bekannt sein müssen und nicht erst nach dem Kauf beim ersten Aufrufen oder Abspielen. Zum anderen ist fraglich, ob Allgemeine Geschäftsbedingungen bei der urheberrechtlichen Rechtsdurchsetzung helfen können.

c) Unzureichende Versuche einer technischen Lösung

Schutz technischer Maßnahmen, § 95a UrhG / Schutz durch DRM[667]-Systeme und digitale Wasserzeichen

Bisher wurden Weiterentwicklungen technologischer Gegebenheiten hauptsächlich durch ein stärkeres Urheberrecht ausgeglichen.[668]

Neben rechtlichen Versuchen der Rechtsdurchsetzung sind auch mehrere Ansätze einer technischen Lösung angedacht worden.

Aus der analogen Welt kennt man das Sichern seines Eigentums gegen Diebstahl, etwa die Alarmanlage für das Haus, die Kette für das Fahrrad, den Safe für Wertvolles, gesichert mit einem Schlüssel oder Passwort.

Es sollte ein vergleichbarer Schutz des Urheberrechts auch für digitale Inhalte möglich sein, denn den Schutz nur durch das Gesetz betrachten manche als unzureichend trotz Strafandrohung.

Um Raubkopien und unbefugte Zugänge zu erschweren, werden digitale Inhalte mit einem DRM-Schutz versehen. DRM bedeutet dabei eine „technische Steuerung des Zugangs zu digitalen Produkten und ihrer Nutzungsweise".[669]

Technisch ist es möglich, auch digitale Inhalte mit Schutzmechanismen zu versehen, um sie gegen illegale Vervielfältigung oder Veränderung zu schützen. Solche technischen Maßnahmen werden – ebenfalls digital – an den digitalen Inhalt angefügt, um das Werk zu schützen. Der Erwerber einer legalen Datei erwirbt diese mit dem digitalen technischen Schutzmechanismus, der es zwar ihm erlaubt, die Datei zu nutzen (die Musikdatei zu hören bzw. sie abzuspielen; das E-Book anzeigen zu lassen bzw. zu lesen; die Software zu nutzen), jedoch nicht, sie zu vervielfältigen oder zu verändern. Auch kann durch technische Möglichkeiten die Zahl der Nutzungen beschränkt werden. Ein Film kann beispielsweise nach Zahlung der Gebühr nur einmal abgespielt werden,

667 Digital Rights Management; auf Deutsch: Digitale Rechteverwaltung oder Digitales Rechtsmanagement.

668 *Wittgenstein*, Die digitale Agenda der neuen WIPO-Verträge, S. 27.

669 Roßnagel/*Grimm*, Digitale Rechteverwaltung, S. 27.

Musikdateien nicht auf einem zweiten Wiedergabegerät abgespielt werden, ein E-Book nur einmal gelesen. Wahlweise kann die Nutzung auch auf Zeit gewährt werden. Im digitalen Umfeld hat sich in Teilen das System der Bibliotheks-Leihe durchgesetzt.

Derartige technische Schutzsysteme sollen somit Urheberrechtsverletzungen bereits im Vorfeld – also präventiv – verhindern.

aa) Standardisierung

Der standardisierten Datenkompression (auch Datenkomprimierung), durch die eine Menge digitaler Daten reduziert wird, sodass digitale Medien entscheidend weniger Speicherplatz verbrauchen und schneller von Medium zu Medium übertragen werde können, verdanken wir einen bedeutsamen technischen Fortschritt, ermöglicht durch spezielle Kompressionsalgorithmen. Bei Bedarf können komprimierte Dateien nach Übertragung wieder dekomprimiert werden – möglichst verlustfrei.[670] Zu den wohl bekanntesten Kompressionen zählt der MP3[671]-Standard. Mit Einführung dieses Standards ging parallel eine Flut digital übertragener Medien über das Internet. Denn selbst bei Qualitätsverlusten durch Dekomprimierung sind diese aufgrund besonderer Technik (psychoakustische Kompression[672]) für das menschliche Gehör kaum herauszuhören (verloren gehen primär die leiseren Töne, die vom menschlichen Gehör meist kaum noch wahrgenommen werden).

Die standardisierte Kompression hat dem Markt mit digitalen Inhalten Schwung verliehen.

bb) Peer-To-Peer (P2P)[673]

Seit Entwicklung komprimierter Standards gibt es das verstärkte Bedürfnis der Nutzer, digitale Daten möglichst schnell und zu jeder Zeit zur Verfügung gestellt zu bekommen. Im Standard-Modell stellt ein Anbieter einen Server auf und bietet von dort aus seine digitalen Angebote an. Der Server ist damit

---

670 Verlustfrei bedeutet, dass alle Daten aus der komprimierten Datei wieder ausgelesen und sozusagen wiederhergestellt werden können, sodass die Datei durch die Vorgänge der Kompression und Dekompression keinen Qualitätsverlust erleidet.

671 Kurzbezeichnung für MPEG 1 Audio Layer 3, meistverwendetes Dateiformat für (verlustbehaftete) komprimierte Audiodateien, das ab 1987 am Fraunhofer-Institut für Integrierte Schaltungen in Erlangen entwickelt wurde (Brockhaus 2014, „MP3"), ISO/IEC 11172-3 und ISO/IEC 13818-3.

672 Brockhaus 2014 „MP3".

673 Englisch sinngemäß für „von gleich zu gleich".

übergeordnet und einzelne Rechner von Nutzern können darauf zugreifen und Inhalte abrufen (Client-Server-Modell). Dieses Modell setzt allerdings voraus, dass der Server auch immer erreichbar ist, und hat die Schwäche, dass ein Server schnell überlastet sein kann, wenn viele Nutzer gleichzeitig darauf zugreifen. Um einen schnelleren, unkomplizierteren Datenaustausch zu ermöglichen, hat sich das Peer-To-Peer-Netzwerk entwickelt. Im Gegensatz zum Client-Server-Modell existiert hier kein festgelegter Server, sondern alle Rechner sind prinzipiell gleichrangig; jeder Rechner kann gleichzeitig Server und Client sein. Im Internet wird das Peer-To-Peer-Prinzip aufgrund dieser Eigenschaften hauptsächlich beim Filesharing genutzt.[674] Peer-To-Peer erschwert die rechtliche Verfolgung von Verletzungen der Urheberrechte und dürfte für die gesamte digitale Marktindustrie eine Bedrohung darstellen – gerade bezüglich digitaler Inhalte, die nicht technisch geschützt sind.[675] Besonders das Filesharing verdeutlicht diese Schwäche. Über Tauschbörsen wurden Milliarden Titel unter den Nutzern über Peer-To-Peer-Netzwerke getauscht. Üblicherweise ist dabei jeder Filesharer gleichzeitig ein Nutzer, der digitale Inhalte herunterlädt und zugleich mit seinem PC auch wieder anbietet. Somit entsteht ein riesiges Netzwerk aus Filesharer-PCs. Früher noch mehr verbreitet als heute gab es meist kostenlose Programme dazu, die dann den PC des Nutzers nach meist digitalen Titeln durchsuchen und diese Ergebnisse an einen zentralen Server senden. Ein anderer Nutzer, der ebenfalls dasselbe Programm installiert hat, wird über eine Suchfunktion auf den PC des ersten Nutzers weiterverwiesen. Besonders bekannt war „Napster",[676] eine Tauschbörse, die wohl hauptsächlich dem Zweck diente, Urheberrechte der Künstler und ihrer Rechteinhaber zu umgehen und zu verletzen[677].[678]

---

674 Brockhaus 2014 „Peer-to-peer-Netz (Informatik)".

675 *Bechtold*, Vom Urheber- zum Informationsrecht, S. 2, 129.

676 Von Shawn Fanning, John Fanning und Sean Parker gegründet und 1999 online gegangen.

677 *Gampp*, GRUR Int 2003, 991 (991).

678 Die Plattenfirmen sahen darin erstmals eine große, ernstzunehmende Bedrohung durch das „Teilen" urheberrechtlich geschützter Musiktitel. A&M Records, Inc. reichte 1999 zusammen mit siebzehn anderen Plattenfirmen Klage beim United States District Court in San Francisco gegen Napster, Inc. ein mit dem Vorwurf, Napster habe für millionenfache, durch eigene Nutzer verursachte Verletzungen der den Plattenfirmen zustehenden Urheberrechte zu haften. Das Gericht erließ eine einstweilige Verfügung gegen Napster mit dem Verbot, sich an derartigen Urheberrechtsverletzungen zu beteiligen bzw. bei einer Verletzungshandlung zu helfen; sollte Napster den Betrieb weiterhin aufrecht erhalten wollen, müsste es Maßnahmen treffen, die sicherstellten, dass durch den Betrieb keine weiteren urheberrechtlich geschützten

Zwar dürfte der Nutzer in der Regel wissen, damit Rechte anderer zu verletzen, es lockt aber die komfortable und unerschöpfliche Informationsquelle.

Verschleiert der Nutzer zusätzlich seine Spuren im Internet (z.B. durch alternative Proxy-Server), erweist sich die rechtliche Verfolgung von Urheberrechtsverletzungen als besonders schwierig. Nur mit erhöhtem Arbeitsaufwand lassen sich Internet-Anschlüsse der Rechte verletzenden Nutzer ermitteln.

Das Internet als weltweites dezentrales Datennetz verhindert aufgrund seiner besonderen Struktur eine zentrale Kontrolle des Datenaustausches, da alle Computer untereinander vernetzt sind und es nicht einen riesigen übergeordneten, alles kontrollierenden Server gibt. Deshalb bleibt es naturgemäß schwierig, Rechte verletzende Aktivitäten im Internet ausfindig zu machen.

II. Digital Rights Management

„The answer to the machine is in the machine."[679] *(Charles Clark, 1994)*

Digital Rights Management (DRM), digitales Rechtemanagement oder digitale Rechteverwaltung, meint elektronische Vertriebssysteme, mittels derer digitale Daten mit zusätzlichen Informationen versehen und dadurch kontrollierbarer werden; durch Verschlüsselung von Daten können unerwünschte Nutzerhandlungen besser verhindert und individuelle Werknutzungshandlungen kontrolliert werden.[680] Wichtige Anbieter von DRM sind momentan Apple mit „FairPlay" im iTunes-Store und Microsoft mit „Windows Media DRM".

Das heutige Urheberrecht hat eine lange Tradition, so liegt die Überlegung nahe zu versuchen, die analoge Welt in der digitalen nachzubilden, also Werke an Personen, Computer oder sonstige Datenträger zu binden[681] und damit zu

---

Musiktitel herauf- oder heruntergeladen werden (*A&M Records, Inc. v. Napster, Inc.*, 114 F.Supp.2d 896 (900, 927) (N.D.Cal. 2000); Bestätigung des Berufungsgerichts mit kleinen Änderungen: *A&M Records, Inc. v. Napster, Inc.*, 239 F.3d 1004 (1027 f.) (C.A.9 (Cal.) 2001); modifizierte Verfügung des United States District Court: *A&M Records, Inc. v. Napster, Inc.*, WL 227083 (N.D.Cal. 2001).). Schließlich wurde Napster in der Insolvenzversteigerung von Roxio, Inc. aufgekauft und in der ursprünglichen Form abgeschaltet. Mittlerweile ist Napster ein kommerzieller Musikanbieter im Internet, der Musikflatrates für einen monatlichen Beitrag anbietet, der jedoch außer dem Namen und dem Logo kaum mehr Gemeinsamkeiten mit dem ursprünglichen Napster hat.

679 *Clark*, The Publisher in the Electronic World – Report from the International Publishers Copyright Council for the Third IPA International Copyright Symposium.

680 Brockhaus 2014 „digitales Rechtemanagement".

681 *Mittenzwei*, Informationen zur Rechtewahrnehmung im Urheberrecht, S. 18.

ähnlich befriedigenden Ergebnissen wie in der analogen Welt zu kommen. Es wird gewünscht, dass die Urheber die Kontrolle über den Vertriebsweg genauso wie in der analogen Welt behalten können.[682] Ein Weg, die Kontrolle mit DRM zu behalten, ist das „pay per use"-Vergütungsmodell, das jede Werknutzung von der Zahlung eines Entgeltes abhängig macht.

Bildlich gesehen sind Informationen zur Rechtewahrnehmung der Verstand der DRM-Systeme; noch vor der Nutzungsmöglichkeit werden vom Abspielsystem diverse Parameter abgefragt, anhand derer autonom selbst entschieden wird, ob eine Werknutzung gestattet wird oder nicht; die technischen Schutzmaßnahmen setzen diese Entscheidung lediglich um.[683] Aus diesem Grund dürfen die zur Rechtewahrnehmung erforderlichen Informationen auch nicht verändert oder entfernt werden, § 95c Abs. 1 UrhG.

Während des Booms des illegalen digitalen Tauschhandels um die Jahrtausendwende erhofften sich viele, dem Kontrollverlust durch das Internet mittels DRM Herr zu werden. Erwartungsgemäß ist man sich darin uneins: ist DRM nun Lösung des immer größer werdenden Problems der Urheberrechtsverletzungen und des Umsatzschwundes oder lassen sich technische Schutzmaßnahmen gut verkaufen, aber ohne die erhoffte Wirkung.

Radikale Befürworter der DRM-Systeme unterstellen, dass in einer Welt, in der Urheber ihre Werke mit technischen Maßnahmen gegen unbefugte Weiterverbreitung schützen könnten, das Urheberrecht als primäres Schutzinstrument durch diese Systeme ersetzt werden könne; denn das Urheberrecht greife erst nach der Verletzungshandlung ein (ex-post-Schutz), während der technische Schutz durch DRM bereits davor bestehe (ex-ante-Schutz) und eben eine solche Verletzungshandlung schon verhindern solle.[684]

Die bisherigen Erfahrungen mit den DRM-Systemen lassen den Schluss zu, dass diese nur einen sehr geringen Schutz gegen unberechtigte (Weiter-)Verbreitung bieten, jedoch immerhin ein kleines Hindernis darstellen, das vom Durchschnittsnutzer nicht ohne Weiteres umgangen werden kann.

1. Grundlagen der Kryptografie

DRM-Systeme basieren auf der Idee einer Zugriffskontrolle auf digitale Inhalte mithilfe kryptographischer Verfahren.

---

682 *Bechtold*, Vom Urheber- zum Informationsrecht, S. 2; *Kreile/Becker*, FS Schricker, S. 387 (388).

683 *Mittenzwei*, Informationen zur Rechtewahrnehmung im Urheberrecht, S. 19.

684 *Bechtold*, Vom Urheber- zum Informationsrecht, S. 278 f.

Grundsätzlich hat der Nutzer, sobald sich das Endgerät in seinem Nutzungsbereich befindet, vollen Zugriff auf alle Daten dieses Geräts. Um diese Daten sinnvoll schützen zu können, gibt es die Möglichkeit, diese Daten zu verschlüsseln. Besonders vertrauliche Informationen sollten auf ihrem Weg vor unbefugtem Zugriff geschützt werden.

Mittenzwei erklärt den Begriff der Verschlüsselung für Laien: die digitalen Informationen, die das Werk ausmachen, müssen in der Art angeordnet und zerwürfelt werden, dass es sich nach außen als zufällige Anordnung darstellt; nur die Abspielsoftware eines berechtigten Nutzers kennt die richtige Anordnung und ist in der Lage, das digitale Werk vollständig und fehlerfrei wiederzugeben, während ein unberechtigter Nutzer die Informationen zwar sehen, aber nicht in die richtige Reihenfolge bringen kann.[685]

Um eine tragfähige rechtliche Regelung zu finden, ist es unvermeidbar, sich die mathematischen Grundlagen näher anzuschauen und zu verstehen, denn sonst droht juristischen Debatten, an den Hauptproblemen vorbei zu diskutieren bzw. regulieren.[686]

Der Mechanismus, mit dem die meisten DRM-Systeme arbeiten, ist die Kryptografie. Der Begriff stammt ursprünglich aus dem militärischen Bereich und meint die Wissenschaft, Nachrichten zu verschlüsseln. Das Gegenstück zur Kryptographie ist die Kryptoanalyse. Hier wird versucht, Schwachstellen in Verschlüsselungsalgorithmen aufzudecken, anhand derer die Algorithmen, also die Verschlüsselung an sich, verbessert werden kann.

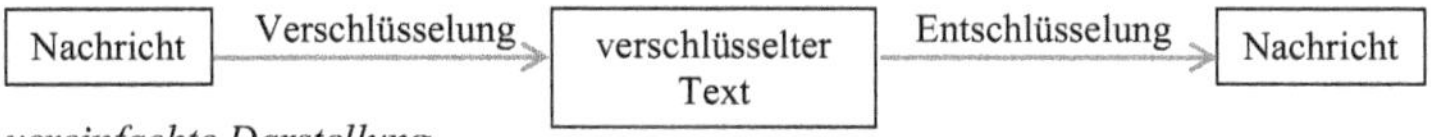

vereinfachte Darstellung

$C = E_K(M)$
$M = D_K(C)$

E( ) = Verschlüsselungsfunktion
D( ) = Entschlüsselungsfunktion
M = Nachricht
C = nicht lesbarer Ciphertext
K = passender digitaler Schlüssel

mathematische Darstellung[687]

685 *Mittenzwei*, Informationen zur Rechtewahrnehmung im Urheberrecht, S. 67.
686 *Bechtold*, Das Urheberrecht und die Informationsgesellschaft, S. 67, S. 80 f.
687 *Mittenzwei*, Informationen zur Rechtewahrnehmung im Urheberrecht, S. 72

Neben Kryptografie wird auch Stenografie eingesetzt. Hier werden typischerweise Nachrichten innerhalb anderer Nachrichten versteckt, um nicht weiter aufzufallen. Diese Technik wird zum Beispiel bei nicht sichtbaren digitalen Wasserzeichen genutzt.

Die Grundannahmen der modernen Kryptographie beschreibt das Kerckhoffs-Prinzip: ernstzunehmende, sichere Verfahren zur Verschlüsselung von Nachrichten basieren einzig auf der Geheimhaltung von Schlüsseln.[688] Werden nur die Schlüssel geheim gehalten, bedeutet das, dass das Verfahren zur Verschlüsselung der Daten und Nachrichten somit komplett offengelegt ist; die Grundüberlegung dazu ist, dass es einem Angreifer immer möglich sein wird, in den Besitz des Verschlüsselungsalgorithmus zu gelangen, nicht aber in den Besitz des richtigen Schlüssels.[689] Ein Algorithmus kann erst dann als hinreichend sicher anzusehen sein, wenn er von verschiedenen Personen ausreichend getestet wurde und es ihnen nicht gelungen ist, ihn zu brechen.

„Jeder, der darauf vertraut, dass niemand seinen Code zerlegt und rekonstruiert, ist naiv.“[690] Kann jemand einen Code entwickeln, wird es auch jemanden geben, der diesen bis zu seinen Anfängen wieder rekonstruieren kann.

Als Ergänzung zur Offenlegung der Algorithmen wird das sogenannte „Full Disclosure“ genutzt: sämtliche Details einer Sicherheitslücke werden veröffentlicht, einschließlich einer Anleitung, wie man die Sicherheitslücke ausnutzen kann; Hersteller sollen so gezwungen werden, gegen Schwachstellen in ihrer Software vorzugehen und diese zu beheben.[691] Mehrere Fachleute werden bessere Ergebnisse bringen als nur wenige Entwickler. Gibt man die Sicherheitslücken preis, können viel mehr Menschen an einer Lösung dafür arbeiten, als es einer einzigen Firma möglich wäre. Man erhofft sich dadurch ein besonders sicheres System, das bereits viele auf seine Sicherheit getestet und insgesamt verbessert haben.

---

688 *Kerckhoffs*, Journal des Sciences Militaires IX 1883, 161 (161).

689 *Mittenzwei*, Informationen zur Rechtewahrnehmung im Urheberrecht, S. 69.

690 *Schneier*, Declaration of Bruce Schneier, 00 Civ. 0277 (LAK), http://cryptome.org/mpaa-v-2600-rb.htm#Schneier (zuletzt aufgerufen am 21.05.2020), S. 7: „And if you think that someone won't disassemble your code and reverse-engineer your algorithm, you're naïve.“.

691 *Mittenzwei*, Informationen zur Rechtewahrnehmung im Urheberrecht, S. 71 f.

Gegenkonzept zum Kerckhoffs-Prinzip ist „Security through Obscurity“. Die Funktionsweise des Systems bleibt hier im Dunkeln und wird nicht offengelegt. Dadurch erhofft man sich die Geheimhaltung des Verschlüsselungsmechanismus und des Schlüssels, den niemand herausfinden können soll. Wenn aber niemand die Funktionsweise dieser Verschlüsselungsmethode testen kann, besteht die Befürchtung, der Hersteller könne den vermeintlich sicheren Kanal auch für zusätzliche, völlig unkontrollierbare andere Datentransfers nutzen; aus diesem Grund wird diese Art der Verschlüsselung auch „Black-Box-Kryptografie“ genannt.[692]

a) Probleme der Kryptographie bei DRM-Systemen

Grundgedanken der Nutzung von Kryptografie bei DRM-Systemen beruhen auf dem Kerckhoffs-Prinzip, also der Geheimhaltung von Schlüsseln. Nicht unproblematisch erscheint dabei, dass der Schlüssel grundsätzlich auf dem System des Nutzers abgelegt werden muss, damit er die Werke wiedergeben und nutzen kann – damit liegen alle Geheimnisse auf dem PC des Nutzers,[693] der somit volle Zugriffsmöglichkeit auf diese Geheimnisse und ihre mögliche Entschlüsselung hat. Da nicht grundsätzlich von der Ehrlichkeit eines jeden Nutzers auszugehen sein dürfte, bietet sich dem Unehrlichen hier der vollständige Zugriff auf den Schlüssel, der auch eine Kopie oder Untersuchung dessen beinhalten kann. Mit einem solchen DRM-Schutz ist es auf einem frei programmierbaren PC wohl nicht möglich, digitale Inhalte dauerhaft sicher vor dem Zugriff des Nutzers zu schützen.[694]

Dabei geht man grundsätzlich davon aus, dass es sich um redliche Inhalte handelt, die mittels Kryptografie geschützt werden sollen; genauso aber können mit Kryptografie nicht redliche Inhalte vor Polizei und Staat geschützt werden, sodass diese den Inhalt nicht auslesen können. Dieses Risiko beinhalten jedoch die meisten Schutzmaßnahmen. Schützen sie vor dem Eindringen, schützen sie meist gleichzeitig auch vor dem Auslesen durch den Staat.

---

692 *Mittenzwei*, Informationen zur Rechtewahrnehmung im Urheberrecht, S. 70.

693 *Doctorow*, Microsoft Research DRM talk, http://craphound.com/msftdrm.txt (zuletzt aufgerufen am 21.05.2020).

694 *Mittenzwei*, Informationen zur Rechtewahrnehmung im Urheberrecht, S. 73.

b) Verschlüsselung

aa) Symmetrische Verschlüsselung

Symmetrische Verschlüsselung bedeutet, dass Sender und Empfänger jeweils denselben digitalen Schlüssel verwenden. Der Sender verschlüsselt mit Schlüssel A seine Nachricht, schickt sie an den Empfänger und dieser entschlüsselt sie ebenfalls mit Schlüssel A. Diese Verschlüsselungsmethode hat jedoch folgende Nachteile: Sender und Empfänger müssen sich zunächst auf einen geheimen Schlüssel einigen (dies sollte das kleinere Problem darstellen); wird der Schlüssel einmal abgefangen, ist es illegalen Mithörern möglich, in der Vergangenheit übermittelte Nachrichten zu entschlüsseln, da ja immer derselbe Schlüssel verwendet wird; um dem zu begegnen, bräuchte es für jede übermittelte Nachricht jeweils einen neuen geheimen Schlüssel; bei vielen Nachrichten führte das zu ausgesprochen vielen digitalen Schlüsseln, was im Alltag nicht praktikabel ist.[695]

bb) Asymmetrische Verschlüsselung

Daher ist die asymmetrische Verschlüsselung die sicherere Variante. Zur Ver- und Entschlüsselung werden hier unterschiedliche Schlüssel (Schlüsselpaar) verwendet. Ein Schlüssel ist dabei ein öffentlicher, der an alle Kommunikationsteilnehmer verteilt wird, der andere Schlüssel ist ein geheimer, wobei sich der öffentliche Schlüssel aus dem geheimen errechnen lässt, jedoch nicht umgekehrt.[696] Weil sich ein Schlüssel aus dem anderen errechnen lässt, ist die asymmetrische Verschlüsselung erheblich rechenintensiver als die symmetrische. Rein asymmetrische Verfahren sind insgesamt selten,[697] manchmal werden sie kombiniert mit symmetrischen Verschlüsselungsverfahren.

Eine Kombination von symmetrischem und asymmetrischem Schlüssel wird beispielsweise als Verschlüsselungstechnik zum Schutz von E-Books bei Verleger und E-Book-Reader sowie beim Digital Object Identifier (DOI) verwendet.[698]

---

695 *Mittenzwei*, Informationen zur Rechtewahrnehmung im Urheberrecht, S. 76.

696 Wiebe/Leupold/*Höhne*, Recht der elektronischen Datenbanken, Teil V, C Rn. 32 f.; *Mittenzwei*, Informationen zur Rechtewahrnehmung im Urheberrecht, S. 76.

697 *Schmeh*, Kryptografie, 11.1.

698 Wandtke/Bullinger/*Wandtke/Ohst*, PK UrhR, § 95a Rn. 38.

cc) Digitale Signatur

Unter einer digitalen Signatur versteht man eine spezielle, schlüsselabhängige Prüfsumme, die im Zusammenhang mit einem digitalen Dokument ähnliche Eigenschaften aufweist wie eine Unterschrift von Hand.[699] Mittels einer digitalen Signatur kann nachgeprüft werden, ob Meta-Informationen, Programme oder Programmteile verändert oder manipuliert worden sind, denn ändert man einen auch noch so kleinen Teil der Daten, erhält man ein gänzlich unterschiedliches Ergebnis; der Beweiswert digitaler Signaturen liegt damit darin, dass der Signaturvorgang immer eindeutig dem Signierenden zuzuordnen ist (ähnlich einer getätigten Unterschrift), denn nur er kennt das Geheimnis.[700] Doch auch hier ist Voraussetzung eine sichere Übertragung des öffentlichen Schlüssels zwischen Versender und Empfänger.[701]

dd) Public-Key-Infrastruktur

Asymmetrische Verschlüsselung und digitale Signaturen können nur als sicher gelten, wenn der öffentliche Schlüssel auch wirklich vom Anbieter kommt und die digitale Signatur nicht geleugnet, also einem Versender genau zugeordnet werden kann. Eine mögliche Infrastruktur, um asymmetrische Kryptografie sinnvoll einzusetzen, wird als Public-Key-Infrastruktur bezeichnet.[702]

Um zu verhindern, dass ein Benutzer die übermittelten Daten abgreifen kann, müssen die Schlüssel von Versender und Empfänger persönlich ausgetauscht werden, was auch über eine vertrauenswürdige dritte Partei geschehen kann; die Sicherheit dabei steht und fällt mit der Vertrauenswürdigkeit der dritten Person.[703]

ee) Identifikation bzw. Identifizierung

Die allermeisten DRM-Systeme basieren auf einer Identifikation als Nachweis der Berechtigung. Dies ist besonders einfach möglich durch eine Passwortabfrage; diese hat jedoch den Nachteil, dass der Nutzer sich unter Umständen viele verschiedene Passwörter zu merken hat und ein kompliziertes auswählen muss, das nicht sofort entschlüsselt werden kann. Eine gefährliche Einfallstelle für sog.

---

699 *Schmeh*, Kryptografie, 12.1.

700 *Mittenzwei*, Informationen zur Rechtewahrnehmung im Urheberrecht, S. 78 ff.

701 *Mittenzwei*, Informationen zur Rechtewahrnehmung im Urheberrecht, S. 80.

702 *Schmeh*, Kryptografie, 26 f.; Wiebe/Leupold/*Höhne*, Recht der elektronischen Datenbanken, Teil V, C Rn. 36 f.

703 *Mittenzwei*, Informationen zur Rechtewahrnehmung im Urheberrecht, S. 81.

Hacker ist neben dem Ausprobieren verschiedener Passwörter die notwendige Übermittlung des Passwortes im Klartext; denn im Klartext kann ein Hacker das Passwort während der Übertragung mitlesen.[704]

Um solche Probleme zu vermeiden, werden in den Fällen, in denen Versender und Empfänger häufiger miteinander zu tun haben, Einmalpasswörter[705] genutzt – landläufig am bekanntesten durch das Online-Banking.

ff) Zero-Knowledge-Verfahren

Beim Zero-Knowledge-Verfahren legt keine der beiden Parteien ihr Geheimnis der Verschlüsselung offen, damit gibt es insgesamt nur eine hohe Wahrscheinlichkeit (wenngleich keine 100%tige Sicherheit), dass die andere das Geheimnis kennt; dieser Zero-Knowledge-Beweis ist komplex und erfordert eine hohe Rechenkapazität sowie viel Interaktion der Parteien untereinander, da nur mittels hoher Wahrscheinlichkeit der Zugriff auf bestimmte Informationen erlaubt wird.[706] Dieses Verfahren kann auch dazu verwendet werden, dass eine der Parteien ihre Berechtigung nachweist, ohne ihre Identität offen zu legen.[707] DRM-Systeme können mit diesem Verfahren datenschutzkonform gestaltet werden.[708]

c) Digitale Wasserzeichen

Digitale Wasserzeichen lassen sich in digitale Inhalte versteckt einbetten und werden damit im besten Fall so mit dem digitalen Inhalt verbunden, dass das Wasserzeichen als solches nicht mehr erkennbar ist. Sie haben die Aufgabe, die Echtheit, Originalität und Urheberschaft eines Werkes nachzuweisen,[709] und dienen indirekt der Rechtewahrnehmung der Urheber, da sie eine rein passive Bedeutung haben: den Beweis der Urheberschaft oder einen Nachweis von Verletzungshandlungen zu führen.[710] Dabei werden die Informationen des digitalen Wasserzeichens meist an mehreren Stellen in das Werk eingebracht, sodass es nicht einfach zu finden und zu entfernen ist, ohne dass dies bemerkt wird. Um

---

704 *Mittenzwei*, Informationen zur Rechtewahrnehmung im Urheberrecht, S. 82; *Schmeh*, Kryptografie, 21.1.1, 21.3.1.

705 *Schmeh*, Kryptografie, 21.3.1.

706 *Mittenzwei*, Informationen zur Rechtewahrnehmung im Urheberrecht, S. 83.

707 *Schneier*, Declaration of Bruce Schneier, 00 Civ. 0277 (LAK), http://cryptome.org/mpaa-v-2600-rb.htm#Schneier (zuletzt aufgerufen am 21.05.2020), S. 130.

708 *Mittenzwei*, Informationen zur Rechtewahrnehmung im Urheberrecht, S. 84.

709 *Dittmann*, Digitale Wasserzeichen, S. 16; Wandtke/Bullinger/*Wandtke/Ohst*, PK UrhR, § 95a Rn. 24.

710 *Mittenzwei*, Informationen zur Rechtewahrnehmung im Urheberrecht, S. 86.

das Auffinden des Wasserzeichens zu erschweren, kann man es mit Verschlüsselungsmechanismen kombinieren.[711] Das digitale Wasserzeichen kann auch als Ganzes in den wichtigsten Bestandteil des Werkes integriert werden, sodass das Werk, wenn das digitale Wasserzeichen entfernt wird, gänzlich unbrauchbar wird.[712]

Das Verfahren basiert wie das Kerckhoffs-Prinzip auf der Geheimhaltung des Schlüssels und nicht auf der Geheimhaltung des Verfahrens.[713] Die Verfahren öffentlich zugänglich zu machen, hat auch hier den Vorteil, dass die Verfahren selbst von verschiedensten Wissenschafts-Gruppen getestet werden können. Damit ist die Wahrscheinlichkeit höher, dass das Verfahren (die Algorithmen) selbst irgendwann als hinreichend sicher eingestuft werden können. Da der Schlüssel zum Entschlüsseln geheim gehalten wird, kann allein mit dem Verfahren niemand etwas anfangen.

Merkmale von Wasserzeichen-Verfahren sind Robustheit, Sicherheit, gleichzeitig Zerbrechlichkeit, Kapazität und Nichtwahrnehmbarkeit.[714]

Digitale Wasserzeichen sind robust, da eingebrachte Informationen auch dann noch ausgelesen werden können, wenn das Datenmaterial (beabsichtigt oder unbeabsichtigt) verändert und nicht vollständig zerstört wird;[715] vor allem dann, wenn das Wasserzeichen verteilt in viele verschiedene Bereiche des Werkes eingegliedert wird, denn so bleiben einige Teile unverändert, während andere Teile verändert werden. Das digitale Wasserzeichen ist damit resistent.

Im Gegensatz zu robusten Wasserzeichen können auch zerbrechliche Wasserzeichen genutzt werden, deren Ziel es ist, bei Veränderungen der Daten so zu zerbrechen, dass das Wasserzeichen nicht mehr erkennbar ist und eine Veränderung oder Manipulation der Daten sofort erkennbar wird.[716]

Sicherheit des Wasserzeichens meint unter anderem Schutz vor so genannten „Koalitionsangriffen“. Da der Datensatz der Werke durch das Einbringen von Wasserzeichen leicht verändert wird, kann ein Angreifer versuchen, möglichst

711 *Dittmann*, Digitale Wasserzeichen, S. 22; *Katzenbeisser*, LNCS 2939, 2004, in: Kalker/Cox/Man Ro (Hrsg.), Digital Watermarking, 50 (53 ff.).

712 Wandtke/Bullinger/*Wandtke/Ohst*, PK UrhR, § 95a Rn. 25.

713 *Dittmann*, Digitale Wasserzeichen, S. 15.

714 *Mittenzwei*, Informationen zur Rechtewahrnehmung im Urheberrecht, S. 88 f.

715 *Dittmann*, Digitale Wasserzeichen, S. 25.

716 *Dittmann*, Digitale Wasserzeichen, S. 17; *Mittenzwei*, Informationen zur Rechtewahrnehmung im Urheberrecht, S. 89.

viele Werke übereinander zu legen und somit die Unterschiede der Wasserzeichen darzulegen und zu verwischen.[717]

Wasserzeichen können in hoher Kapazität eingefügt werden, das bedeutet, möglichst viele Informationen werden in das Werk eingebracht, ohne dass eine Veränderung des Werkes erkennbar wird.

Das Wasserzeichen kann auch weitgehend nicht wahrnehmbar eingebracht werden, sodass „Koalitionsangriffe“ nicht so einfach durchzusetzen sind.[718]

Aufgrund des Aufbaus eines digitalen Wasserzeichens ist ein absoluter Nachweis eines solchen kaum mit Sicherheit möglich, es kann vielmehr nur eine Wahrscheinlichkeit für das Vorliegen eines Wasserzeichens angegeben werden.[719] Ist ein Wasserzeichen sofort eindeutig erkennbar, hat es wohl seinen Zweck verfehlt, denn dann ist es einfach zu lokalisieren und vielleicht einfach zu entfernen (Ausnahme: das Werk wird bei Entfernen des Wasserzeichens unbrauchbar).

Wird für jeden Kunden ein individuelles, einzelnes Wasserzeichen im Werk versteckt, steigt die Gefahr von Koalitionsangriffen, denn sind die Wasserzeichen unterschiedlich, kann der Ort der Veränderung in den Werken gut lokalisiert werden, indem man viele von ihnen „übereinander legt“ und miteinander vergleicht.

Mithilfe des Watermarking-Verfahrens und des Versehens der Datei mit einem Transaktionswasserzeichen kann verfolgt werden, welchen Verlauf die Dateien nehmen. Es erleichtert die spätere Auffindbarkeit der Dateien und die Rückverfolgung des zurückgelegten Datenwegs. So kann nachvollzogen werden, wohin die Dateien verschoben wurden und an welcher Stelle eine unautorisierte Handlung stattgefunden hat.

Ebenso wie das Transaktionswasserzeichen dient das sogenannte Fingerprinting dem Wiederauffinden der einmal in den Verkehr entlassenen Dateien.

2. Strukturbedingte Schwächen von DRM-Systemen

Zwar haben DRM-Systeme den Vorteil, digitale Inhalte vor unberechtigtem Vervielfältigen, Verbreiten und überhaupt vor unberechtigter Nutzung zu schützen, jedoch bleibt die Vorstellung, dass mit DRM-Systemen solche Handlungen unterbunden werden können, wohl eine optimistische Wunschvorstellung.

---

717 *Dittmann*, Digitale Wasserzeichen, S. 27; *Wayner*, Disappearing Cryptography, S. 328 f.

718 *Mittenzwei*, Informationen zur Rechtewahrnehmung im Urheberrecht, S. 89.

719 *Mittenzwei*, Informationen zur Rechtewahrnehmung im Urheberrecht, S. 94.

DRM-Systeme haben die fast unlösbare Aufgabe, die Nutzung digitaler Werke durch einen rechtmäßigen Kunden zu ermöglichen und gleichzeitig eine Nutzung durch Unbefugte zu verhindern.[720] Aufgrund ihres Aufbausystems sind DRM-Systeme aber schwach und können insgesamt leicht umgangen werden. Dazu Steve Jobs in einem Interview: „None of this technology that you're talking about's gonna work. We have PhDs here that know the stuff cold, and we don't believe it's possible to protect digital content... What's new is this amazingly efficient distribution system for stolen property called the Internet – and no one's gonna shut down the Internet. And it only takes one stolen copy to be on the Internet. And the way we expressed it to them is: pick one lock – open any door. It only takes one person to pick a lock."[721] Je verbreiteter und bekannter eine Schutzmaßnahme ist, desto schneller lassen sich im Internet von jedermann, der auch nur einigermaßen mit Suchmaschinen vertraut ist, Umgehungsmaßnahmen finden. Eine DRM-Plattform enthält stets die Mittel für ihre eigene Umgehung, da der Schlüssel zum Entschlüsseln des digitalen Inhaltes ja jederzeit einsatzbereit sein und sich damit in unmittelbarer digitaler Nähe befinden muss. Im ungünstigsten Fall ist der Schlüssel zum Entschlüsseln in der Datei selbst enthalten. Ein sog. Hacker hat ihn in diesem Fall also nur ausfindig zu machen und zu extrahieren, um den Schutz auszuhebeln.

Jeder digitale Inhalt, der mit einem DRM-System geschützt ist, kann irgendwann mit einem Gerät analog wiedergegeben werden (Monitor, Stereoanlage, iPod, etc.).[722] Spätestens dann hat der Nutzer das DRM-System verlassen und das Werk befindet sich ungeschützt in seinen Händen; aufgrund des zwingenden Erfordernisses der analogen Wiedergabe kann das Werk durch DRM nicht gegen eine Redigitalisierung geschützt werden und ist gegen eine Weiterverbreitung im Internet nicht mehr geschützt.[723] Auch ohne einen computer- oder programmieraffinen Hacker ist es dem normalen Nutzer also durchaus mit einfachen Mitteln möglich, den DRM-Schutz zu durchbrechen und die nun ungeschützte Datei im Internet zu verbreiten. Der DRM-Schutz ist komplett durchbrochen, wenn der Schutz einmal von einem Nutzer illegal ausgehebelt wurde.

Aufgrund dieser Schwächen geht Mittenzwei davon aus, dass der zum Teil hochgelobte Schutz durch DRM-Systeme nur scheitern könne, da er im Grunde nur eine Wunschvorstellung sei und nicht praxistauglich: „Die Konzeption

720 *Mittenzwei*, Informationen zur Rechtewahrnehmung im Urheberrecht, S. 21.
721 *Jobs*, Rolling Stone (Interview), 16.06.1994.
722 *Dreier*, EUZ 2005, 46 (50).
723 *Mittenzwei*, Informationen zur Rechtewahrnehmung im Urheberrecht, S. 22.

eines sicheren DRM-Systems ist aufgrund der Charakteristika von digitalen Medien von vornherein zum Scheitern verurteilt."[724] Er plädiert dafür, dass legale Download-Plattformen attraktiver werden und sich von illegalen Tauschbörsen im Hinblick auf Geschwindigkeit, Funktionalität und Komfort so stark abheben, dass die Mehrzahl der Nutzer freiwillig kommerzielle Angebot nutzt. Dann bedürfe es auch keiner technischen Schutzmaßnahmen mehr, um digitale Inhalte vor einer Weiterverbreitung zu schützen.[725]

Doch auch diese Erwartung lässt ein gewisses Wunschdenken durchscheinen. Es werden bezahlte digitale Inhalte zwar immer häufiger in Anspruch genommen, Grund dafür sind aber wohl große Abmahnwellen und die Angst der Nutzer vor hohen Strafen und nicht die Effizienz der DRM-Systeme. Sogenannte Medien-Flatrates haben sich auf dem Markt etabliert, die gegen einen festen Monatsbetrag eine unbegrenzte Möglichkeit des Musik-/Video-/Lesegenusses bieten. Nicht einmal mehr (so wie anfangs noch erforderlich) eine aktive Internetverbindung ist dafür notwendig, längst schon ist eine offline-Nutzung ebenfalls möglich. So preiswert diese Flatrates auch angeboten werden, um sie attraktiv zu machen, der kostenlose Mediengenuss ist für den Nutzer immer noch der bequemste. Zwar werden digitale Inhalte mittlerweile häufiger gekauft bzw. über Flatrates bezogen als illegal über Tauschbörsen heruntergeladen, doch auch hier tendieren Nutzer oft dazu, sich von einem Dritten die Datei geben zu lassen, nachdem dieser den DRM-Schutz entfernt hat. Auf die Einfachheit der Entfernung des Schutzes für den normalen Nutzer wird später noch ausführlicher eingegangen.

Trotz dieser konzeptionellen Schwächen der DRM-Systeme kann durchaus angemerkt werden, dass das Buch selten so geschützt war wie mit DRM.[726]

3. Gefahren der DRM-Systeme

DRM-Systeme wurden ursprünglich eingeführt, um Urheber und Verleger zu schützen (und Kunden an die eigene Plattform zu binden). Aber auch wenn ein Urheber großes Interesse am Schutz seiner geistigen Leistung hat, sollte auch der Kunde das Recht haben, den gekauften digitalen Inhalt so nutzen zu können, wie er dafür gezahlt hat. Mit dem Einsatz von DRM-Systemen besteht die Gefahr eines überschießenden Urheberrechtsschutzes. So könnte der Schutz des Urhebers zu weit ausgedehnt werden und sich damit eventuell über die Schranken der

724 *Mittenzwei*, Informationen zur Rechtewahrnehmung im Urheberrecht, S. 23.
725 *Mittenzwei*, Informationen zur Rechtewahrnehmung im Urheberrecht, S. 23.
726 *Guggemos*, ZUM 2004, 183 (187).

urheberrechtlichen Ausschließlichkeitsrechte hinwegsetzen.[727] Die Ausschließlichkeitsrechte (besonders die Verwertungsrechte des Urhebers) haben (siehe S. 45, 155) ihren Ursprung in Art. 14 GG, da das Recht an der Werkschöpfung dem Geistigen Eigentum unterfällt, das damit wiederum vom Schutzbereich des Art. 14 GG umfasst ist. Sie können jedoch nicht schrankenlos gewährt werden, da das Geistige Eigentum – wenn es wie Sacheigentum behandelt werden soll – auch der Sozialbindung unterliegt, Art. 14 Abs. 2 S. 2 GG.[728] Es ist für einen Urheber kaum möglich, ein eigenes Werk zu schaffen, ohne dabei in irgendeiner Art und Weise auf Werke von Urhebern vor ihm zurückzugreifen; die Auseinandersetzung mit bereits erschaffenen Werken ist dabei vielmehr ein Teil der „geistig-schöpferischen Tätigkeit".[729]

Können also DRM-Systeme in der Art genutzt werden, dass der Urheber unbeschränkt entscheidet, in welcher Weise das Werk genutzt werden darf, droht ein überschießender Urheberrechtsschutz, der unter Umständen mit den Schranken des Urheberrechtsschutzes nicht mehr vereinbar ist. Zwar hat der Gesetzgeber versucht, mit § 95b UrhG eine Korrektur zu diesem überschießenden Urheberrechtsschutz einzuführen, indem der DRM-Systeme nutzende Rechteinhaber verpflichtet ist, gewissen Begünstigten unter bestimmten Voraussetzungen die notwendigen Mittel zur Verfügung zu stellen, von den gesetzlichen Bestimmungen in dem erforderlichen Maße Gebrauch machen zu können; denn ansonsten können dieselben technischen Schutzmaßnahmen, die unerlaubte Nutzungen im Rahmen der Ausschließlichkeitsrechte schützen, zugleich auch den vom Gesetzgeber an sich gewollten freien Zugriff auf geschützte Werke und Leistungen im Rahmen von Schrankenbestimmungen verhindern,[730] was widersinnig wäre.

Die Gefahr des überschießenden Urheberrechtsschutzes besteht jedoch nur dann konkret, wenn DRM-Systeme wirklich wie versprochen einen kompletten Schutz böten, wovon aber kaum auszugehen sein dürfte.

Weiteres Gefahrenpotenzial ergibt sich beim Schutz von Software durch DRM-Systeme, nämlich die angestrebte Marktmacht im Bereich von DRM-Plattformen. Denn gerade bei Software ist es üblich, diese mittlerweile über

---

727 *Spindler*, GRUR 2002, 105 (115).

728 Fromm/Nordemann/*Dustmann*, UrhR, Vor §§ 44a ff. UrhG Rn. 1; *Hohagen*, FS Schricker, S. 353 (359); *Arlt*, Digital-Rights-Management-Systeme, S. 42; Schricker/Loewenheim/*Melichar/Stieper*, UrhR, Vor §§ 44a ff. UrhG Rn. 1.

729 *Arlt*, Digital-Rights-Management-Systeme, S. 42; *Kirk*, IPQ 1999, 37 (54); *Senftleben*, CR 2003, 914 (916); Schricker/Loewenheim/*Loewenheim*, UrhR, § 24 UrhG Rn. 2.

730 Dreier/Schulze/*Specht*, UrhG, § 95b UrhG Rn. 1.

Online-Plattformen anzubieten. So kann der DRM-Schutz besser greifen, wenn die Software auf der Plattform verbleibt und gar nicht erst in die direkte Eingriffssphäre des Nutzers gelangt. Wenn ein Rechteinhaber jedoch gezwungen ist, ein bestimmtes DRM-System zum Schutz seiner Werke einzusetzen, um einen gewissen Anteil des Marktes überhaupt zu erreichen, führt dies zu einer mittelbaren Kontrolle dieses DRM-Systemanbieters über die Inhalte, die auf dem Markt erscheinen.[731] Somit ist es mit DRM-Systemen möglich, einen Markt für sich abzuschotten, indem man die Kompatibilität im eigenen wirtschaftlichen Interesse verhindert.[732]

Beim Einsatz von DRM-Systemen ist weiterhin die Nachhaltigkeit der digitalen Inhalte zu bedenken, denn nur offene und interoperable Systeme und Plattformen ermöglichen auch eine langfristige Lesbarkeit digitaler Dokumente und somit die Bewahrung des aktuellen Kulturgutes für nachfolgende Generationen.[733] Dagegen lässt sich jedoch einwenden, dass dies in Bezug auf Technik schon immer ein Problem war und auch wohl immer bleiben wird. Kassettenrecorder beispielsweise nutzt heutzutage kaum einer mehr, dabei waren Kassetten in den 70er bis 90er Jahren Standard. Auch hier besteht bei neuen Systemen standardmäßig keine Interoperabilität zu Kassetten mehr.

Datenschutz stellt ebenfalls ein Problem dar: Daten, die innerhalb der DRM-geschützten Werke – genauer innerhalb von Informationen zur Rechtewahrnehmung – gespeichert sind, können in großem Ausmaß Nutzerverhalten abbilden. Besonders DRM-Systeme, die der Verfolgung von Urheberrechtsverstößen dienen, sind darauf angelegt, die Nutzer zu identifizieren; um dies gewährleisten zu können, werden persönliche Kundendaten gesammelt und zu gegebener Zeit ausgewertet.[734] Bereits beim gesamten Vorgang (Aussuchen, Kaufen, Herunterladen, Abspielen/Lesen) können Daten gesammelt werden, die anschließend mittels des DRM-Schutzes ein Verhaltensbild des Nutzers abbilden können. Zwar geben Internetanbieter digitaler Inhalte meist eine Datenschutzerklärung ab, doch geht nur in seltenen Fällen aus dieser hervor, ob ein DRM-Schutz auch Nutzerdaten auslesen kann und wird.[735]

Erwägungsgrund 19 der Verbraucherrechterichtlinie (RL 2011/83/EU) geht auf digitale Inhalte ein. Nach einer kurzen Definition dieser wird darauf

---

731 *Mittenzwei*, Informationen zur Rechtewahrnehmung im Urheberrecht, S. 28.

732 *Arlt*, GRUR 2005, 1003 (1004).

733 *Mittenzwei*, Informationen zur Rechtewahrnehmung im Urheberrecht, S. 29.

734 *Grimm/Puchta*, DuD 2006, 74 (75); *Mittenzwei*, Informationen zur Rechtewahrnehmung im Urheberrecht, S. 30.

735 *Grimm/Puchta*, DuD 2006, 74 (75).

hingewiesen, dass der Unternehmer den Verbraucher über die Funktionsweise und die Interoperabilität der digitalen Inhalte informieren soll, die er ihm entgeltlich zur Verfügung stellt, damit der Verbraucher mehr Einblicke in die digitalen Inhalte bekommt, für die er sich entscheiden und Geld ausgeben soll. Mit Information über die Funktionsweise ist gemeint, dass der Verbraucher nachvollziehen kann, wie die digitalen Inhalte verwendet werden können, mit welchen technischen Beschränkungen (DRM oder Regionalcodierung) er rechnen muss und inwieweit sein Verhalten nachverfolgt werden kann. Insoweit wird hier das Problem des Datenschutzes zwar erkannt, die Formulierung ist aber recht schwach gewählt. In Erwägungsgrund 19 findet sich die Formulierung „sollte"; daraus kann keine unbedingte Pflicht des Unternehmers hergeleitet werden, den Verbraucher notwendigerweise umfassend zu informieren, es wird hier ein Ratschlag vorgegeben, der Pflichten nur in besonderen Fällen begründet und es jedem Unternehmer selbst überlässt, den Verbraucher zu informieren oder auch nicht. In Art. 5 Abs. 1 g), h) RL 2011/83/EU „informiert der Unternehmer den Verbraucher [...] gegebenenfalls" über die Funktionsweise digitaler Inhalte und die Interoperabilität. Dies wird in Art. 246a Abs. 1 Nr. 14, 15 EGBGB, auf den § 312d BGB verweist, im Wesentlichen übernommen. Danach ist der Unternehmer dazu verpflichtet, den Verbraucher „gegebenenfalls" zu informieren. Eine Pflicht zur Information besteht möglicherweise, wenn es sich um digitalen Inhalt mit besonderen Funktionsweisen, technischen und möglicherweise nicht interoperablen Schutzmaßnahmen handelt.

4. § 95c und § 95a UrhG

§ 95c und § 95a UrhG setzen die EU-Richtlinie 2001/29/EG (Info-Richtlinie) zur Harmonisierung bestimmter Aspekte des Urheberrechts und der verwandten Schutzrechte in der Informationsgesellschaft direkt um.

Am 19.07.1995 veröffentlicht die Europäische Kommission ein Grünbuch[736] zum Schutz geistigen Eigentums in der Informationsgesellschaft (KOM (95) 382 endg.), um den technischen Neuerungen, die besonders das Urheberrecht betreffen, Rechnung zu tragen und das bestehende Urheberrecht daraufhin zu überprüfen, ob es den veränderten Anforderungen entspricht. „Um eine harmonische Entwicklung sowohl der Informationsgesellschaft als auch der europäischen Kultur zu gewährleisten, ist es zwingend erforderlich, ein ausgewogenes Verhältnis zwischen dem Schutz des kulturellen Erbes Europas sowie des geistigen Eigentums und seiner Verwertung zu wirtschaftlich tragfähigen

736 „Urheberrecht und verwandte Schutzrechte in der Informationsgesellschaft".

Bedingungen herbeizuführen."[737] Die Kommission kommt zur Ansicht, es seien keine tiefgreifenden Änderungen des Urheberrechts erforderlich, die gegenwärtigen rechtlichen Regelungen zum Schutz der Urheberrechte, also der geltende Rechtsrahmen, sei jedoch „harmonisch und kohärent" an die neuen Bedürfnisse anzupassen.[738] Die Kommission plädiert im Grünbuch von 1995 insgesamt für die Einführung technischer Schutz-und Identifikationssysteme, entwickelt jedoch keine konkreten Vorstellungen, wie dies im Einzelnen funktionieren soll.[739]

Am 20.11.1996 veröffentlicht die Europäische Kommission die Mitteilung über Initiativen zum Grünbuch über Urheberrecht und verwandte Schutzrechte in der Informationsgesellschaft. Hier beschäftigt sich die Kommission wiederum mit neuen Herausforderungen für das Urheberrecht und die verwandten Schutzrechte, die beide aufgrund neuer Technologien zu meistern haben.

Die meisten Mitgliedstaaten befürworten die Entwicklung technischer Zugangskontroll- und Identifikationssysteme sowie Vervielfältigungsschutzvorrichtungen unter der Voraussetzung, dass alle Initiativen diesbezüglich vom Markt ausgehen. „Es wird eine zügige Standardisierung befürwortet, die zu einheitlichen Normen führen sollte, die weltweite Anerkennung genießen."[740]

5. Umsetzung der WIPO-Verträge

Im Dezember 1996 werden im Rahmen der Weltorganisation für geistiges Eigentum (WIPO) der WIPO-Urheberrechtsvertrag (WCT-Vertrag[741]) und der WIPO-Vertrag über Darbietungen und Tonträger (WPPT-Vertrag[742]) geschlossen.

a) USA

In den USA werden die Vorgaben des WCT-Vertrags bereits im Oktober 1998 durch den „Digital Millennium Copyright Act (DMCA)" umgesetzt.[743] Auch hier ist das Bestreben, das US-Urheberrecht an das sich rasch verändernde digitale Umfeld anzupassen. Besonderes Augenmerk wird dabei auf den Schutz

737 KOM (95) 382 endg., S. 11.
738 KOM (95) 382 endg., S. 28.
739 KOM (95) 382 endg., S. 79 f.
740 KOM (96) 568 endg., S. 16.
741 WIPO Copyright Treaty.
742 WIPO Phonograms and Performances Treaty.
743 *Peukert*, GRUR Int 2002, 1012 (1013).

technischer Maßnahmen gelegt, der seinerseits der Durchsetzung des Copyright dienen soll (17 U.S.C. §§ 1201–1205).[744]

Ein genereller „fair use"-Einwand (zum Begriff „fair use" siehe S. 134 ff.) findet sich in diesen Regelungen nicht, in Bezug auf die Umgehung von Kopierschutzmechanismen sind in U.S.C. § 1201 (e)-(j) nur einige Ausnahmen für eine erlaubte Umgehung definiert.[745] Mithin dürfte es schwierig sein, „fair use" in einem DRM-System durch Informationen zur Rechtewahrnehmung abzubilden; denn Technik allein kann die Entscheidung, ob „fair use" vorliegt oder nicht, nicht treffen.[746]

b) WIPO-Verträge / Info-Richtlinie – Umsetzung in Europa

Die WIPO-Verträge werden in Europa durch die Info-Richtlinie (2001/29/EG) umgesetzt zur Vereinheitlichung der Regelungen in der Europäischen Gemeinschaft. Kernpunkte sind dabei das Ausschließlichkeitsrecht der Online-Zugänglichmachung (Art. 3 Info-Richtlinie), ebenso das Recht der Vervielfältigung (Art. 2 Info-Richtlinie) und ein einheitlicher, abschließender Schrankenkatalog (Art. 5 Info-Richtlinie).[747] Trotz Widerstands der Musikindustrie bleibt die Schranke der Privatkopie erhalten.[748]

In Art. 6 Abs. 3 Info-Richtlinie werden die Mitgliedstaaten dazu verpflichtet, Rechtsschutz gegen die Umgehung technischer Maßnahmen zu bieten:

„Im Sinne dieser Richtlinie bezeichnet der Ausdruck „technische Maßnahmen" alle Technologien, Vorrichtungen oder Bestandteile, die im normalen Betrieb dazu bestimmt sind, Werke oder sonstige Schutzgegenstände betreffende Handlungen zu verhindern oder einzuschränken, die nicht von der Person genehmigt worden sind, die Inhaber der Urheberrechte oder der dem Urheberrecht verwandten gesetzlich geschützten Schutzrechte oder des in Kapitel III der Richtlinie 96/9/EG verankerten Sui-generis-Rechts ist. Technische Maßnahmen sind als „wirksam" anzusehen,

---

744 *Peukert*, GRUR Int 2002, 1012 (1013).

745 *Mittenzwei*, Informationen zur Rechtewahrnehmung im Urheberrecht, S. 45.

746 *BSA*, The Compliance Gap – BSA Global Software Survey, http://globalstudy.bsa.org/2013/downloads/studies/2013GlobalSurvey_Study_en.pdf (zuletzt aufgerufen am 21.05.2020), S. 7; *Mittenzwei*, Informationen zur Rechtewahrnehmung im Urheberrecht, S. 46.

747 *Busche*, FS 200 Jahre Carl Heymanns Verlag, S. 345 (246); *Hoeren*, MMR 2000, 515 (516 f.); *Kröger*, CR 2001, 316 (317 f.); *Mittenzwei*, Informationen zur Rechtewahrnehmung im Urheberrecht, S. 46 f.; *Spindler*, GRUR 2002, 105 (107 f.); *von Lewinski*, MMR 1998, 115 (116).

748 *Metzger/Kreutzer*, MMR 2002, 139 (139).

soweit die Nutzung eines geschützten Werks oder eines sonstigen Schutzgegenstands von den Rechtsinhabern durch eine Zugangskontrolle oder einen Schutzmechanismus wie Verschlüsselung, Verzerrung oder sonstige Umwandlung des Werks oder sonstigen Schutzgegenstands oder einen Mechanismus zur Kontrolle der Vervielfältigung, die die Erreichung des Schutzziels sicherstellen, unter Kontrolle gehalten wird."

Nicht ganz unproblematisch sind die Beibehaltung der Schranke der Privatkopie und gleichzeitig das Verbot der Umgehung technischer Schutzmaßnahmen. In der Info-Richtlinie findet sich keine Pflicht der Mitgliedsländer zur Durchsetzung der Privatkopie nach europäischem Recht.[749] In Deutschland wird die Info-Richtlinie im Juni 2003 vom Gesetzgeber mit einer Urheberrechtsnovelle umgesetzt. Dabei ist strittig die Frage der Zulässigkeit privater Vervielfältigungen auf digitalen Trägern, der sog. Privatkopie. Einerseits wird vertreten, die Schranke der Privatkopie sei essenziell für einen unbehinderten Fluss von Informationen und Kulturgütern in einer Demokratie – besonders im digitalen Umfeld.[750] Privatkopie sei ein Recht, welches nicht durch technische Schutzmaßnahmen eingeschränkt werden dürfe.[751] Auf der anderen Seite wird von wirtschaftlicher Seite argumentiert, die private Vervielfältigung sei nicht zu vernachlässigen[752] und stelle ein Risiko für Urheber und Verwerter dar.

Man einigt sich darauf, die Vorlage zur Vervielfältigung für den privaten Gebrauch dürfe nicht aus einer „offensichtlich rechtswidrigen" Quelle stammen. Eine endgültige Regelung wird auf den „Zweiten Korb"[753] verschoben.[754] Dort wird im geänderten § 53 UrhG klargestellt, dass die Herkunftsquelle der vervielfältigten Datei nicht offensichtlich rechtswidrig hergestellt oder offensichtlich rechtswidrig öffentlich zugänglich gemacht sein darf; damit ist das File-Sharing urheberrechtlich geschützter Werke auf Tauschbörsen (Peer-to-Peer-Netzwerken) gesetzlich verboten.[755]

Der EuGH stellt 2014 klar, dass die Rechtmäßigkeit der Vorlage zwingende Bedingung von Art. 5 Abs. 5 Info-Richtlinie ist und dies in nationalen

---

749 *Reinbothe*, GRUR Int 2001, 733 (742).

750 *Kreutzer*, GRUR 2001, 193 (199); *Metzger/Kreutzer*, MMR 2002, 139 (142); *Schricker/Dreier*, Urheberrecht auf dem Weg zur Informationsgesellschaft, S. 166.

751 Vgl. im Ganzen *Holznagel/Brüggemann*, MMR 2003, 767.

752 *Davies*, GRUR Int 2001, 915 (919).

753 Der „Zweite Korb" wurde am 05.07.2007 verabschiedet und trat am 01.01.2008 in Kraft.

754 *Mittenzwei*, Informationen zur Rechtewahrnehmung im Urheberrecht, S. 51.

755 Wiebe/Leupold/*Wiebe*, Recht der elektronischen Datenbanken, § 53 UrhG Rn. 2.

Rechtsvorschriften auch zum Ausdruck kommen müsse.[756] Erlaubt sind also nur Privatkopien legaler Quellen.

Damit scheint § 53 UrhG dem EU-Recht zu entsprechen, wobei § 53 UrhG nicht wie der EuGH zwischen rechtmäßigen und unrechtmäßigen Quellen unterscheidet, sondern zwischen offensichtlich rechtswidrigen und nicht offensichtlich rechtswidrigen Vorlagen. Der EuGH bürdet dem Verbraucher also auf, das volle Risiko dafür zu übernehmen, dass die von ihm kopierten Inhalte nicht rechtswidrig öffentlich zugänglich gemacht wurden.[757]

Manche bestreiten die Notwendigkeit der Privatkopie bei funktionierenden, systemübergreifenden DRM-Systemen. Wäre es möglich, eine unzweifelhafte Verbindung von Werken und Benutzer und gleichzeitig eine Übertragbarkeit von Werken zwischen verschiedenen Endgeräten zu ermöglichen, bestehe kein Bedarf mehr an der Schranke der Privatkopie, da der Nutzer dieses Instrument nicht benötige, denn er könne seine digitalen Inhalte an jedem ihm zur Verfügung stehenden Endgerät aufrufen; gelänge es also, funktionierende DRM-Systeme zu etablieren, sei die Schranke der Privatkopie überflüssig.[758]

Es ist jedoch kritisch anzumerken, dass diese Ansicht von offenen, interoperablen DRM-Systemen ausgeht. Denn die Idee der überflüssigen Schranke der Privatkopie kann nur substanziell werden, wenn die digitalen Inhalte garantiert auf unbestimmte Zeit auf verschiedenen Geräten aufgerufen werden können. Dies erfordert aber wieder eine Interoperabilität der Hard- und Softwarehersteller, die diese wie bereits aufgezeigt bisher nicht liefern. Erst bei Vorliegen dieser Voraussetzung könnten die Privatkopien überflüssig werden, was momentan aber nicht zutrifft. Eventuell sind derartige offene und interoperable DRM-Systeme im Hinblick darauf sogar prinzipiell unmöglich.[759]

c) Zugangskontrolldiensteschutz-Gesetz (ZKDSG) aus dem Jahr 2002

Am 23.03.2002 tritt das ZKDSG in Kraft, das der Umsetzung der Zugangskontrollrichtlinie vom 20.11.1998 dient. Inhaltlich ähnelt das ZKDSG dem § 95a UrhG: „Zweck dieses Gesetzes ist es, Zugangskontrolldienste gegen unerlaubte Eingriffe zu schützen.“ Es soll kostenpflichtige digitale Radio- und

---

756 EuGH GRUR 2014, 546 ff.; Digital Rights Management: A Restrictive Rather than a Defensive Mechanism and the Survival of the ‚Fair Use‘ Doctrine, 2012, http://ssrn.com/abstract=2180305 (zuletzt aufgerufen am 21.05.2020).

757 *Müller/Rößner*, EuZW 2014, 501 (505).

758 *Bechtold*, Das Urheberrecht und die Informationsgesellschaft, S. 67, S. 81 f.

759 *Mittenzwei*, Informationen zur Rechtewahrnehmung im Urheberrecht, S. 54.

Fernsehsendungen, die mit Verschlüsselung vor unberechtigter Nutzung gesichert sind, vor Umgehung der Verschlüsselung schützen.[760] Damit wird das Gesetz anfangs auch „Lex Premiere"[761] genannt. § 3 ZKDSG verbietet, ähnlich wie § 95a Abs. 3 UrhG, bestimmte vorbereitende Handlungen, dagegen verbietet § 95a Abs. 1 UrhG nicht die tatsächliche Umgehung zugangskontrollierender Dienste; insgesamt überschneiden sich die Regelungsbereiche.[762] In beiden Gesetzen selbst finden sich keine Regelungen zur Konkurrenz. Die Rechtsprechung hat bisher kaum Berührung mit dem ZKDSG und muss bisher die Regelungsbereiche auch nicht genauer abstecken. In der Literatur wird überwiegend eine parallele Anwendbarkeit von § 95a Abs. 3 UrhG und § 3 ZKDSG vertreten.[763] Ebenso nimmt das OLG Hamburg eine parallele Anwendbarkeit an.[764]

6. Tatbestandsmerkmale des § 95c UrhG

§ 95c UrhG dient, wie Art. 7 der Info-Richtlinie, an dessen Wortlaut § 95c UrhG angelehnt ist, dem Schutz der sog. Rights-Management-Systeme.[765] Diese Systeme – auch Systeme der Rechtewahrnehmung – bestehen aus den Informationen zur Rechtewahrnehmung und den technischen Schutzmaßnahmen,[766] deren Vorhandensein i.S.v. § 95a UrhG ein ungeschriebenes Tatbestandsmerkmal des Schutzes von Informationen zur Rechtewahrnehmung nach § 95c UrhG ist.[767]

a) Schutzmaßnahmen

Schutzmaßnahmen sind mittlerweile ein großer Bestandteil von Rechtewahrnehmungssystemen geworden. Einige dieser Schutzmaßnahmen sollen im Folgenden kurz vorgestellt werden.

---

760 *Mittenzwei*, Informationen zur Rechtewahrnehmung im Urheberrecht, S. 57.

761 *Dreyer/Kotthoff/Meckel*, UrhR, Vor. §§ 95a ff. Rn. 18.

762 Hoeren/Sieber/Holznagel/*Arlt*, Handbuch Multimedia-Recht, Teil 7.7 Rn. 78, 89.

763 Dreier/Schulze/*Dreier/Specht*, UrhG, § 95a UrhG Rn. 9; *Dreyer/Kotthoff/Meckel*, UrhR, Vor §§ 95a ff. UrhG Rn. 22; Fromm/Nordemann/*Czychowski*, UrhR, § 69f UrhG Rn. 15, Vor §§ 95a ff. UrhG Rn. 37 und § 95a UrhG Rn. 59; Schricker/Loewenheim/*Götting*, UrhR, Vor §§ 95a ff. UrhG Rn. 24; Wandtke/Bullinger/*Wandtke/Ohst*, PK UrhR, § 95a Rn. 7.

764 OLG Hamburg, ZUM 2010, 63 (67).

765 Dreier/Schulze/*Dreier/Specht*, UrhG, § 95c UrhG Rn. 1; *Flechsig*, ZUM 2002, 1 (16); Wandtke/Bullinger/*Wandtke/Ohst*, PK UrhR, § 95c Rn. 2.

766 *Mittenzwei*, Informationen zur Rechtewahrnehmung im Urheberrecht, S. 180.

767 *Mittenzwei*, Informationen zur Rechtewahrnehmung im Urheberrecht, S. 181.

aa) Digitale Wasserzeichen

Bei digitalen Wasserzeichen handelt es sich um den Schutzmechanismus der Verzerrung i.S.d. § 95a Abs. 2 UrhG als technische Schutzmaßnahme.[768]

bb) Passwortabfragen

Passwortabfragen können nicht per se eine technische Schutzmaßnahme darstellen, da sie nicht dazu dienen, urheberrechtswidrige Handlungen einzuschränken, sondern nur eine Berechtigungsabfrage für den Zugriff auf digitale Inhalte sind.[769]

cc) Software

Auch eine spezielle Software kann als Schutzmaßnahme eingesetzt werden. Bei DRM-Systemen spielt es eine entscheidende Rolle, an welcher Stelle die Entscheidung getroffen wird, ob eine Berechtigung vorliegt oder nicht; die Software entscheidet dann, ob der Zugriff gewährt wird oder nicht, also ob das Werk angezeigt oder abgespielt wird. Das Problem liegt wie bei anderen nicht zerstreut eingefügten Schutzmaßnahmen darin, dass das Umfeld der Software nicht mehr kontrolliert werden kann, sobald sich das Werk im Wirkbereich des Nutzers befindet; die Software ist also nicht vor Einflüssen geschützt und bietet damit keinen vollständigen Schutz.[770]

Die Funktionsweise lässt sich mit einer einfachen IF-THEN-ELSE-Abfrage darstellen:

If Rechteregel(valid) *Then* abspielen *Else* Fehlermeldung

Dieser Schutzmechanismus durch Software wird von vielen im Allgemeinen jedoch als nicht sicher erachtet. Software ist schnell angreifbar, wenn sie in frei verfügbarer Sphäre des Nutzers auf dessen Computer liegt.[771] Ein komplexer Algorithmus verlängert lediglich die Zeit, bis die entscheidende Software isoliert und angreifbar ist.[772]

Ist der Schutzmechanismus einmal durchbrochen, kann dieser Akt der Umgehung über einen sog. „crack“ bei allen Werken eingesetzt werden; ein „crack“ ist

768 *Mittenzwei*, Informationen zur Rechtewahrnehmung im Urheberrecht, S. 181.

769 *Mittenzwei*, Informationen zur Rechtewahrnehmung im Urheberrecht, S. 184.

770 *Mittenzwei*, Informationen zur Rechtewahrnehmung im Urheberrecht, S. 186.

771 *Schneier*, Applied Cryptography, 10.5 Hardware Encryption versus Software Encryption.

772 Vgl. *Schneier*, Declaration of Bruce Schneier, 00 Civ. 0277 (LAK), http://cryptome.org/mpaa-v-2600-rb.htm#Schneier (zuletzt aufgerufen am 21.05.2020).

ein kleines Programm, das der Nutzer bei sich aufrufen kann, um den Sicherheitsmechanismus der Software zu überwinden.[773] Solche „cracks“ sind einfach über eine Suchmaschine im Internet zu finden und fordern dem Nutzer keine besonderen fachlichen Kenntnisse ab.

dd) Kryptografie

Die Verschlüsselung von Werken ist ein wichtiger Bestandteil des DRM; ist die Verschlüsselungsmethode öffentlich und von Nutzern ausreichend auf Lücken und Fehler geprüft, ist die Methode als ausreichend sicher anzusehen. Bei öffentlicher Verschlüsselungsmethode muss der Schlüssel geheim bleiben. Dabei ist ein Schlüssel nur so lange geheim und sicher, bis jemand ihn oder die entschlüsselte Nachricht weitergibt.[774] Wird der Schlüssel wissentlich weitergegeben, fällt es dem Dritten leicht, die Nachricht und je nach Methode (immer derselbe private Schlüssel oder jedes Mal ein anderer) auch frühere und kommende Nachrichten mitzulesen. Wird die entschlüsselte Nachricht weitergegeben, kann ein Hacker unter Umständen die verschlüsselte und die entschlüsselte Nachricht übereinanderlegen und daraus Rückschlüsse auf den Schlüssel ziehen. Es dürfte kaum zu verhindern sein, dass jedes (Schlüssel-)Geheimnis Interessierte dazu animieren wird, dieses zu lösen.

ee) Hardware

Auch Hardware kann eine Schutzwirkung entfalten, indem die Hardware einen Bereich auf einem Abspielsystem darstellt, auf den der Nutzer selbst nicht zugreifen kann. Damit kann in Ansätzen das Problem angegangen werden, dass das Abspielsystem vollständig vom Nutzer veränderbar ist und seinen manuellen Veränderungen am System unterliegt.

Als Hardware werden beispielsweise Dongles (auch Hardlock oder Kopierschutzstecker) genutzt, die auf eine Computerschnittstelle gesteckt werden und bei denen abgefragt wird, ob eine Werknutzung gestattet ist oder nicht.[775] Ist der Dongle entfernt, ist eine Nutzung nicht mehr möglich. Es werden Smartcards (auch Chipkarten) mit ähnlichem System verwendet.[776]

---

773 *Arlt*, Digital-Rights-Management-Systeme, S. 84; *Mittenzwei*, Informationen zur Rechtewahrnehmung im Urheberrecht, S. 187.

774 *Mittenzwei*, Informationen zur Rechtewahrnehmung im Urheberrecht, S. 188.

775 Wandtke/Bullinger/*Wandtke/Ohst*, PK UrhR, § 95a Rn. 31.

776 *Mittenzwei*, Informationen zur Rechtewahrnehmung im Urheberrecht, S. 189; *Schulz*, GRUR 2006, 470 (472).

Vorteil dieser Hardware-Systeme ist die sichere Aufbewahrung der Schlüssel, da der Nutzer nicht auf den Inhalt der Hardware (und damit auch nicht auf den Schlüssel) selbst zugreifen kann.

Von Nachteil ist jedoch, dass die Entschlüsselung mithilfe des Schlüssels zwar außerhalb des Einflussbereiches des Nutzers stattfindet, das entschlüsselte Werk anschließend aber wieder zurück in den Einflussbereich des Nutzers gebracht wird, damit er es lesen oder abspielen kann.[777] Somit ist ein entschlüsseltes Werk wieder der vollen Nutzungsmöglichkeit des Nutzers unterworfen. Dies kann nur verhindert werden, wenn auch der Darstellvorgang innerhalb der Hardware stattfinden kann. Selbst dann ergibt sich immer noch das Problem der analogen Wiedergabe, die auch keine Hardware mehr sichern kann.

Die Modelle „Trusted Platform Module" und „Trusted Computing" versuchen diese Sicherheitslücke zu schließen.

„Trusted Platform Module" (TPM) sollen die Endgeräte sicherer machen, indem das TPM an ein System gebunden ist, das den Benutzer das Endgerät nur noch in der Form benutzen lässt, wie es der mitgegebene elektronische Lizenzschlüssel erlaubt.[778]

Das Modell des „Trusted Computing" (seit 2003 Trusted Computing Group (TCG), von 1999 bis 2003 Trusted Computing Platform Alliance (TCPA)) soll sicher sein, da Teile der Hard- und Software von einem vertrauenswürdigen Dritten kontrolliert werden können. Diese Teile sind damit dem Einfluss des Nutzers entzogen und vor Manipulationen geschützt oder – falls unbefugte Eingriffe doch bereits schon aufgetreten sein sollten – sind diese frühzeitig erkennbar.[779]

Dies könnte bei E-Book-Readern vorteilhaft sein, da diese Hard- und Software enthalten können, die dem Nutzer entzogen sind. Durch das Element der „Remote Attestation"[780] kann ein Systemzustand eines anderen Gerätes (z.B. Computer) festgestellt werden, was insgesamt die Basis einer sicheren Verbindung darstellt.[781] So können Firmen z.B. durch eine Abfrage an das System beim

---

777 *Mittenzwei*, Informationen zur Rechtewahrnehmung im Urheberrecht, S. 190.

778 *Schulz*, GRUR 2006, 470 (473).

779 *Schmeh*, Kryptografie, 24.2; *Spitz/Pramateftakis/Swoboda*, Kryptographie und IT-Sicherheit, S. 235; *Weis*, DuD 28, 2004, 651 (651).

780 Vgl. hierzu ausführlich: *Coker, u. a.*, Int. J. Inf. Secur. 2011, 63 (63).

781 *Pfitzner*, in: Koenig/Neumann/Katzschmann (Hrsg.), Trusted Computing, S. 27 (31); *Gu, u. a.*, STC '08 – Proceedings of the 3rd ACM workshop an Scalable trusted computing 2008, 11 (11).

Nutzer erkennen, ob eine Software noch ordnungsgemäß läuft oder bereits verändert wurde.

Diese Methode ist seit der TCPA bis heute umstritten. Kritiker sehen bzgl. der Bindung DRM-gesicherter Werke an definierte Systemzustände die Gefahr, dass aus einem Personal Computer ein Trusted Computer und damit eine reine E-Commerce-Plattform werden könnte.[782] Auch muss sichergestellt sein, dass der Dritte sorgfältig den Datenschutz beachtet und selbst integer ist. Denn der kryptografische Schlüssel befindet sich nicht beim Benutzer; einerseits macht dies den Computer sicherer, da Benutzerfehler ausgeschlossen werden, andererseits hat der Nutzer keinen eigenen Zugriff auf diesen Schlüssel.[783] Auch wettbewerbsrechtlich können sich hier Probleme ergeben, da auf technischem Weg Ausschließlichkeitsbindungen durchgesetzt werden können.[784]

Der Computer als frei nutzbarer Arbeitshelfer ist eine der wichtigen modernen Errungenschaften; schränkt man seine Nutzungsmöglichkeiten wieder ein, um Werke vor Veränderungen zu schützen, droht man das zu verlieren, was man ursprünglich entwickeln wollte: einen vom Menschen frei nutzbaren und programmierbaren Computer.

Werke lassen sich digital auch mit Trusted Computing nicht vollumfänglich sichern. Denn zwar verbleibt der Schlüssel in der unzugänglichen Hardware und wird dort entschlüsselt, doch findet die Wiedergabe des Werkes stets auf dem PC des Nutzers statt; spätestens dort ist das Werk damit nicht mehr digital gesichert und auch nicht mehr gegen eine Weitergabe geschützt, da einem erneuten Digitalisieren nichts mehr im Weg steht.[785] Dabei kann das Redigitalisieren gleich wieder auf dem Computer stattfinden, ohne dass dafür ein weiteres Gerät benötigt wird. Programme auf dem PC, die „aufnehmen“, was ein anderes Programm abspielt, sind leicht aus dem Internet kostenlos herunterzuladen.

Diese mögliche Redigitalisierung durch analoge Wiedergabe nennt man auch „analoges Loch“ oder „analoge Lücke“.[786]

---

782 So z.B. im Ganzen *Grassmuck*, in: Koenig/Neumann/Katzschmann (Hrsg.), Trusted Computing, S. 148.

783 Diese Bedenken äußerten bereits früh bedeutsame Kryptografen wie Whitfield Diffie oder Ron Rivest, in: *Weis*, DuD 28, 2004, 651 (652).

784 *Mittenzwei*, Informationen zur Rechtewahrnehmung im Urheberrecht, S. 191.

785 *Mittenzwei*, Informationen zur Rechtewahrnehmung im Urheberrecht, S. 192.

786 Hoeren/Sieber/Holznagel/*Arlt*, Handbuch Multimedia-Recht, Teil 7.7 Rn. 21; Wandtke/Bullinger/*Wandtke/Ohst*, PK UrhR, § 95a Rn. 51.

b) *Wirksamkeit der technischen Maßnahmen, § 95a UrhG*

Um Schutz zu gewähren, müssen technische Maßnahmen auch wirksam sein und Angriffe abwehren können, denn nur dann fallen sie unter den Tatbestand von § 95a UrhG. Nach dem Wortlaut sind technische Maßnahmen dann wirksam, soweit durch sie die Nutzung eines geschützten Werkes von dem Rechtsinhaber durch eine Zugangskontrolle, einen Schutzmechanismus wie Verschlüsselung, Verzerrung oder sonstige Umwandlung oder einen Mechanismus zur Kontrolle der Vervielfältigung unter Kontrolle gehalten wird.

DRM-Systeme, die standardmäßig mit Kryptografie arbeiten, sind trotz aller Finessen nicht zwingend ausreichend wirksam, sie könnten dennoch von Nutzern ausgehebelt werden. In diesem Fall ist dann der Schutzbereich des § 95a UrhG ausgehöhlt, er käme kaum noch zur Anwendung, da vom Wortlaut her eine wirksame Maßnahme gefordert wird.[787] Wirksamkeit kann dabei nicht eine vollständige Absicherung ohne Umgehungsmöglichkeit meinen. Die Widerstandsfähigkeit gegen Hacker ist also nicht entscheidend für die Anwendbarkeit des § 95a UrhG, denn ansonsten würden Hacker durch möglichst weite Verbreitung von Umgehungsmitteln für die eigene Straffreiheit sorgen.[788]

Deshalb stellen einige auf den Durchschnittsnutzer ab. Eine technische Maßnahme soll dann wirksam sein, wenn der durchschnittliche Techniknutzer (früher der durchschnittliche Computernutzer) von der Umgehung der technischen Maßnahme abgehalten wird (bzw. werden kann).[789] Sog. Hacker dürften insgesamt die Minderheit der Nutzer ausmachen. Somit soll eine Schutzmaßnahme dann trotzdem als wirksam angesehen werden, auch wenn sie praktisch von einem Hacker durchbrochen werden kann.

Diese Ansicht mag im ersten Augenblick überzeugend klingen, trägt jedoch dem Umstand keine Rechnung, dass ein Angriff eines einzigen ambitionierten Hackers ausreicht, um einer großen Anzahl von Internetnutzern mittels eines Cracks die Umgehung der technischen Maßnahme mitzuteilen.[790]

---

787 *Hoeren*, MMR 2000, 515 (520); *Mittenzwei*, Informationen zur Rechtewahrnehmung im Urheberrecht, S. 193; zustimmend: *Linnenborn*, K&R 2001, 394 (397); *Schippan*, ZUM 2004, 188 (196); *Spindler*, GRUR 2002, 105 (116); siehe auch Begründung des Gesetzgebers: BT-Drucks. 15/38, S. 26.

788 *Dreier*, EUZ 2005, 46 (50); *Trayer*, Technische Schutzmaßnahmen und elektronische Rechtewahrnehmungssysteme, S. 28.

789 *Arlt*, Digital-Rights-Management-Systeme, S. 77 f.; *Hoeren*, MMR 2000, 515 (515); *Kröger*, CR 2001, 316 (322); Hoeren/Sieber/Holznagel/*Arlt*, Handbuch Multimedia-Recht, Teil 7.7 Rn. 21; OLG Hamburg, ZUM 2010, 63 (65) m.w.N.

790 *Mittenzwei*, Informationen zur Rechtewahrnehmung im Urheberrecht, S. 194.

Andere fordern deshalb, vom denkbar stärksten Angreifer auszugehen;[791] denn gerade aufgrund der weltweiten Verfügbarkeit von Wissen dank des Internets lassen sich zu und in jedem Genre Angreifer finden.

Der Anbieter einer technischen Schutzmaßnahme habe dafür zu sorgen, dass sein System auch sicher sei; dem Angreifer müsse daher eine ernstzunehmende Hürde entgegengesetzt werden, das System müsse dem Stand der Technik entsprechen und ein ernsthaftes Bemühen, es dem Angreifer besonders zu erschweren, wird vorausgesetzt.[792]

Weiter gibt es die Überlegung, zwar bzgl. der Wirksamkeit grundsätzlich von einem Durchschnittsnutzer auszugehen, aber bei der Wirksamkeit danach zu differenzieren, ob dieser Durchschnittsnutzer sich die von Hackern geschaffenen Umgehungstools leicht beschaffen und diese auch bedienen kann.[793] Diese Überlegung scheint jedoch ein Zirkelschluss zu sein. Geht man von einem Durchschnittsnutzer aus und muss dieser erst das Internet nach einer Umgehungsmöglichkeit durchsuchen, ist die Wirksamkeit der technischen Schutzmaßnahme als gegeben anzusehen, denn ansonsten sei eben doch vom stärksten Angreifer auszugehen.

Hier dürfte der h.M. zu folgen sein, im Rahmen der Vorschrift des § 95a UrhG von einer Wirksamkeit einer technischen Maßnahme auszugehen, wenn sie den Durchschnittsnutzer an einer Umgehung hindert.

Beim heute weniger bekannten CD/DVD-Kopierschutz handelt es sich dagegen nicht um eine wirksame technische Schutzmaßnahme, sondern um eine Zugangsbeschränkung.[794] Abspiellaufwerke mit funktionierender Fehlererkennung verweigern hier sofort ihren Dienst, ohne den Inhalt der CD/DVD auszugeben; nur Laufwerken mit einer funktionierenden Fehlerkorrektur ist ein Abspielen möglich. Hier kann es somit auch den legalen Erwerber einer CD/DVD treffen, wenn er ein Laufwerk hat, das solche CDs/DVDs nicht abspielen kann. Dies kann der Definition nach schon keine wirksame technische Maßnahme darstellen. Technische Maßnahmen dürfen bei ihrem Einsatz den normalen Betrieb elektronischer Geräte nicht behindern.[795]

---

791 *Mittenzwei*, Informationen zur Rechtewahrnehmung im Urheberrecht, S. 194.

792 *Mittenzwei*, Informationen zur Rechtewahrnehmung im Urheberrecht, S. 194; *Stickelbrock*, GRUR 2004, 736 (738).

793 LG München, ZUM-RD 2010, 159, hier wird der Grad der Wirksamkeit weit ausgelegt.

794 *Mittenzwei*, Informationen zur Rechtewahrnehmung im Urheberrecht, S. 196.

795 Erwägungsgrund 48 der Info-Richtlinie 2001/29/EG.

c) *Probleme technischer Schutzmaßnahmen*

Wie bereits angesprochen ist bei DRM-Plattformen oftmals eine Marktabschottung zu befürchten. Damit es nicht dazu kommt, dass Werke von Anbietern nur auf eigenen Anbieter-Plattformen abgespielt werden können, sollte Interoperabilität eine große Rolle spielen; damit ist gewährleistet, dass Werke von allen Systemen gelesen und gespielt werden können. Fraglich ist allerdings, ob Anbieter eine solche Lösung bevorzugen und bewusst deren Entwicklung vorantreiben, denn sie profitieren eher von einer Plattformabhängigkeit.

Offene Standards und Interoperabilität zwischen verschiedenen DRM-Systemen werden daher für die Entwicklung der Informationsgesellschaft von gesetzgeberischer Seite immer wieder herausgestellt.[796]

Hier existiert ein Spannungsfeld zwischen rechtlichen Vorgaben an die Industrie und wirtschaftlichen Interessen, die oftmals eine andere Priorität aufweisen.

Voraussetzung einer Interoperabilität ist die Kompatibilität der einzelnen DRM-Komponenten untereinander.[797] Das wiederum ist nach Mittenzwei Voraussetzung für einen funktionierenden Wettbewerb, als Konsequenz aus § 69e UrhG, nach dem die umgekehrte Entwicklung („Reverse Engineering") von Software zur Herstellung von Interoperabilität unter bestimmten Voraussetzungen erlaubt ist.[798]

Nachteilig für Hersteller ist, dass zur Herstellung von Interoperabilität die Schlüssel zum Entschlüsseln der geschützten Werke offenzulegen sind, denn nur so ist es anderen Herstellern (Konkurrenten) möglich, geeignete Anzeige- und Abspielmöglichkeiten herzustellen.[799] Anbieter von DRM-Systemen und auch die Anbieter der Werke (die dann durch DRM-Systeme geschützt sind) dürften aber genau das zu verhindern versuchen. Beide Anbieter – die der Werke und die der DRM-Systeme für diese Werke – profitieren davon, dass Kunden an ihre Systeme gebunden werden.

---

796 *Bangemann-Report*, Europe and the global information society, Chapter 2; Erwägungsgrund 54 der Info-Richtlinie 2001/29/EG; *USPTO*, Intellectual Property and the National Information Infrastructure, S. 197; KOM (96) 568 endg., S. 16; SEC (2007) 1710 endg., S. 26; *Bremer/Buhse*, LNCS 2770, 2003, Becker/Buhse/Günnewig/Rump (Hrsg.), Digital Rights Management, Digital Rights Management,, 334 (336); *Dreier*, EUZ 2005, 46 (52); *Kreile/Becker*, FS Schricker, S. 387 (390); *Marks/Turnbull*, EIPR 2000, 198 (202); *Peukert*, UFITA 2002 III, 689 (692).

797 *Bechtold*, Vom Urheber- zum Informationsrecht, S. 101.

798 *Mittenzwei*, Informationen zur Rechtewahrnehmung im Urheberrecht, S. 197.

799 *Mittenzwei*, Informationen zur Rechtewahrnehmung im Urheberrecht, S. 198.

Eine für alle zufriedenstellende Lösung wird damit nur schwer realisierbar sein. Mittenzwei spricht von der Illusion der Vorstellung, dass DRM-geschützte Werke alsbald auf allen Geräten abspielbar werden.[800] Die Realität der letzten Jahre scheint ihm Recht zu geben: Plattformgebundene Angebote nehmen zu, so werden z.B. Amazon Prime Mitglieder an die eigene Plattform gebunden und dürfen dort elektronische Bücher ausleihen. Zusätzlich wird eine App angeboten, auf der nur die auf der Plattform verfügbaren Medien angezeigt und abgespielt werden können. Plattformanbieter wie Amazon verdienen in diesem Bereich in erster Linie an E-Books und nicht an den E-Book-Readern, die Amazon nahezu zum Selbstkostenpreis anbietet, es dürfte dort gewollt sein, nur eigene Bücher auf den eigenen Geräten abspielen zu können, um den Kunden daran zu hindern, auf andere Plattformen auszuweichen. Nur der eigene Kindle E-Book-Reader soll die von Amazon angebotenen Werke lesen können.

Bei anderen Anbietern hat sich in Bezug auf das E-Book das Format EPUB durchgesetzt. Gesetzeskonform und aus Verbraucherfreundlichkeitsgründen haben sich viele Anbieter darauf eingelassen, EPUB-Formate anzubieten und auf ihren Plattformen abspielen zu lassen. Daran geknüpft werden dann anbieterspezifische Rechteverwaltungssysteme. Kauft man bei iBooks von Apple ein Buch, erhält man es in der Regel im EPUB-Format (das hauseigene Format ist das iBooks-Format, das auch nur im iBookstore von Apple verkauft werden darf), jedoch mit der Beschränkung, es mit einem Kauf nur auf 10 Geräten (davon max. 5 Computern) lesen zu dürfen.[801] Apple bietet hier keinen gesonderten E-Book-Reader an, sodass die E-Books als gesondertes zusätzliches Produkt angeboten werden.

Als Konkurrenz zu Amazons Kindle hat sich in Deutschland der Tolino Shine etabliert. Die sogenannte Tolino-Allianz, bestehend aus der Telekom und den Buchhandelsketten Thalia, Hugendubel, Weltbild und dem Bertelsmann Buchclub, will mit dem Tolino bewusst ein deutsches Konkurrenzprodukt zum Kindle auf den Markt bringen, obwohl der Tolino im Gegensatz zum Kindle von Amazon vornehmlich nur in Deutschland und in Teilen Österreichs und der Schweiz zu finden ist. Auf dem Tolino können alle gängigen E-Book-Formate angezeigt werden, er ist damit nicht an einen Händler geknüpft.

800 *Mittenzwei*, Informationen zur Rechtewahrnehmung im Urheberrecht, S. 198.

801 Digitale Käufe werden persönlich mit dem Nutzer – seiner Apple-ID – verknüpft, mit dieser kann er sich auf maximal 10 Geräten (darunter maximal 5 Computern) anmelden und seine digitalen Käufe aufrufen.

Nahezu alle kommerziell vertriebenen E-Books sind mit einem DRM-Schutz ausgestattet. Der DRM-Schutz hat sich dahingehend entwickelt, Interoperabilität (die Abspielmöglichkeit auf Fremdprodukten) grundsätzlich zu erlauben, dafür aber deren Anzahl zu beschränken und das Kopieren bzw. Duplizieren zu unterbinden.

Bei Software ist eine Plattformabhängigkeit dagegen meist ausdrückliches Ziel der Anbieter. Mehr Kunden bedeuten in der Regel mehr Umsatz. Praktisch bedeutet dies, dass alle bereits erworbenen Artikel bei einem Wechsel zu einem konkurrierenden DRM-Anbieter unabspielbar und damit unbrauchbar werden; die vom Gesetzgeber intendierte Interoperabilität und der DRM-Schutz stehen damit in einem Zielkonflikt.[802]

Insgesamt können wirksame technische Maßnahmen noch am ehesten vor einer Umgehung geschützt werden, wenn der mathematisch-technische Hintergrund des Schutzes im Verborgenen bleibt.[803] Es wird auf der anderen Seite aber das Interesse daran bestehen, bereits bestehende technische Schutzmaßnahmen (die dahinterstehenden Algorithmen) auf ihre Sicherheit hin zu überprüfen. Um die technischen Schutzmaßnahmen wirksamer und sicherer zu machen, sollte die bisherige Kryptografie weiterentwickelt werden.

Nach gängiger Ansicht fällt die Kryptografieforschung nicht unter den Tatbestand des Umgehungsschutzes.[804] Denn eine wissenschaftliche Auseinandersetzung mit den Sicherheitslücken eines Kryptografieschutzes soll gerade nicht verhindert werden.[805]

d) Tathandlung des § 95c UrhG

Entfernen oder Verändern von Rechtsinhabern stammender Informationen für die Rechtewahrnehmung

Das Entfernen oder Verändern von Informationen für die Rechtewahrnehmung kann bei DRM-Systemen im Abspalten der Rechteregeln[806] oder auch in der Veränderung dieser bestehen.[807]

---

802 *Mittenzwei*, Informationen zur Rechtewahrnehmung im Urheberrecht, S. 199.

803 *Mittenzwei*, Informationen zur Rechtewahrnehmung im Urheberrecht, S. 199.

804 Erwägungsgrund 48 der Info-Richtlinie 2001/29/EG; Amtliche Begründung BT-Drucks. 15/38, S. 26; Loewenheim/*Peukert*, Handbuch UrhR, § 34 Rn. 17, 26; *Spindler*, GRUR 2002, 105 (116); Wandtke/Bullinger/*Wandtke/Ohst*, PK UrhR, § 95a Rn. 25.

805 Wandtke/Bullinger/*Wandtke/Ohst*, PK UrhR, § 95a Rn. 46.

806 *Mittenzwei*, Informationen zur Rechtewahrnehmung im Urheberrecht, S. 201.

807 *Ernst*, CR 2004, 39 (42); *Reinbothe/von Lewinski*, The WIPO Treaties on Copyright, Art. 12 WCT Rn. 15.

Dafür muss aktiv in den Inhalt einer Rechteregel oder eines Parameters einer Rechteregel eingegriffen werden: ein aktiver Eingriff ist dabei eine bewusste Handlung zum Entfernen oder Verändern der Rechteregel. Wird nur verhindert, dass die technische Schutzmaßnahme selbst Veränderungen an der Rechteregel vornimmt, stellt dies keinen aktiven Eingriff dar. Ebenfalls ist die Nichtbeachtung von Rechteregeln kein Eingriff in dieselben und unterfällt nicht dem Tatbestand von § 95c UrhG. Solch eine Nichtbeachtung liegt beispielsweise vor, wenn ein kompatibles DRM-System eingesetzt und genutzt wird. Auch die Weitergabe der Schlüssel zum Entschlüsseln der technischen Schutzmaßnahme ist der Definition nach kein Eingriff in die Rechteregeln, da die Informationen für die Rechtewahrnehmung damit zwar weitergegeben, aber nicht entfernt oder verändert werden. Bei einer Kopie des Werkes ist zu differenzieren, ob es sich um eine 1:1-Kopie handelt oder um eine Herstellung einer Kopie ohne DRM-Schutz. Bei einer 1:1-Kopie handelt es sich um keinen Eingriff, da das Werk mitsamt der ihm anhängenden technischen Schutzmaßnahme kopiert wird. Die Informationen für die Rechtewahrnehmung werden damit zwar kopiert, aber nicht entfernt oder verändert. Das 1:1-Kopieren fällt damit nicht unter den Tatbestand des § 95c UrhG. Sind die Daten bereits entschlüsselt und wird dann darauf zugegriffen, liegt ebenso kein Eingriff vor, da nur auf Daten zugegriffen wird, die bereits keine Informationen zur Rechtewahrnehmung mehr enthalten.[808]

Eine Redigitalisierung („analoges Loch“[809]) unterfällt ebenfalls nicht dem Tatbestand des § 95c UrhG.[810] Nach Entscheidung des LG Frankfurt fällt die Redigitalisierung auch nicht unter § 95a UrhG: „Die Herstellung einer analogen Kopie und anschließende Redigitalisierung eines mit einem Kopierschutz versehenen digitalisierten Werkes ist keine Umgehung einer wirksamen technischen Maßnahme gem. § 95a Abs. 1 UrhG.“[811] (Leitsatz); wenn der DRM-Schutz nicht gerade darauf ziele, eine analoge Kopie zu unterbinden, liege im Ziehen einer analogen Kopie keine Umgehung einer wirksamen technischen Maßnahme.

Diese Entscheidung gibt Anlass, die Auslegung der geltenden Regelungen zu überdenken. Wenn ein geschütztes Werk bewusst redigitalisiert wird zu dem Zweck, danach eine Version des Werkes ohne DRM-Schutz zu haben, wird dem allgemeinen Verständnis nach eine vorhandene technische Maßnahme nach

808 Zum Ganzen siehe *Mittenzwei*, Informationen zur Rechtewahrnehmung im Urheberrecht, S. 202.

809 Siehe S. 95 ff.

810 *Mittenzwei*, Informationen zur Rechtewahrnehmung im Urheberrecht, S. 202.

811 LG Frankfurt, ZUM 2006, 881 – Musik-Flatrate.

§ 95a UrhG bewusst umgangen. Hier könnte sich ein Einfallstor für eine grundsätzliche Umgehung bestehender Schutzregelungen auftun.

Das Gericht begründet seine Entscheidung unter anderem damit, dass das „analoge Loch" eine große Schwachstelle des DRM-Schutzes sei. Eine technische Maßnahme könne niemals über das Anhaften an der digitalen Datei hinausgehen. Sobald das Werk analog ausgegeben werde, sei eben der digitale Schutz wirkungslos. Keine digitale technische Maßnahme könne das ändern. Somit sei der DRM-Schutz bei analogen Kopien nicht wirksam, denn schließlich könne er niemals darauf abzielen, eine analoge Kopie (die nachher wieder digitalisiert werde) zu verhindern.

Im Anfertigen einer analogen Kopie sieht das Gericht keine Umgehung des DRM-Schutzes (Kopierschutzes), wenn der DRM-Schutz nur die Anfertigung digitaler Kopien verhindern will bzw. kann. Eine Anfertigung einer digitalen Version aus der analog erstellten kann ebenfalls keine Umgehung sein, da es sich bei der Herstellung der analogen Kopie schon nicht um eine Umgehung gehandelt hat.

Damit hat der DRM-Schutz mit dem „analogen Loch" eine zusätzliche Schwachstelle, die durch das Gesetz nicht erschöpfend geregelt ist.

e) Abgrenzung von § 95c und § 95a UrhG

§ 95a UrhG untersagt die wissentliche Umgehung technischer Schutzmaßnahmen (unbefugte Handlung), die der Urheber an seinem Werk angebracht hat, um z.B. Vervielfältigungen oder unerlaubte Nutzungen zu verhindern.

§ 95c UrhG dient dagegen dem Schutz erforderlicher Informationen zur Rechtewahrnehmung vor Veränderung oder Entfernung.

Bei bestimmten Handlungen fällt eine Abgrenzung nicht immer leicht. Handlungen, die nicht unter § 95c UrhG fallen, da die Informationen zur Rechtewahrnehmung nicht verändert oder entfernt werden, können aber dem Schutzbereich des § 95a UrhG unterfallen, wenn es sich zwar nicht um eine Veränderung oder Entfernung der Informationen handelt, die Handlung aber dennoch eine Umgehung der Schutzmaßnahmen darstellt.

Ein Eingriff in eine Abspielsoftware als solche durch eine Veränderung der Vergleichsroutine stellt keine Veränderung einer Information zur Rechtewahrnehmung dar, wohl aber eine Umgehung einer technischen Schutzmaßnahme.[812]

---

812 *Mittenzwei*, Informationen zur Rechtewahrnehmung im Urheberrecht, S. 203.

Besonders digitale Wasserzeichen sind durch § 95c UrhG geschützt.[813] Ihr Löschen, Überdecken oder Verändern stellt eine unbefugte Handlung nach § 95c UrhG dar. Das Einbinden falscher Wasserzeichen unterfällt nicht dem Schutzbereich des § 95c UrhG, da damit nur neue Daten hinzugefügt werden und nicht bestehende Informationen zur Rechtewahrnehmung verändert werden.[814] Sobald das Hinzufügen eines falschen digitalen Wasserzeichens jedoch das ursprüngliche Wasserzeichen überdecken soll, liegt eine unbefugte Handlung nach § 95c UrhG vor. Entsprechendes gibt es bei DRM-Systemen. Werden zusätzliche Rechteregeln eingebracht, stellt dies keinen Eingriff in die Informationen zur Rechtewahrnehmung dar.

Die Tathandlung des § 95c UrhG muss unbefugt erfolgen. Somit sind solche Handlungen nicht unbefugt, in die der Rechteinhaber zuvor eingewilligt hat.[815] Ändert das System des Nutzers während der legalen Benutzung des Werkes die Rechteregeln und geschieht dies mit Einwilligung des Rechteinhabers, liegt hier keine unbefugte Handlung vor.[816]

Die Handlung muss zudem wissentlich unbefugt geschehen oder dem Handelnden ist bekannt oder muss den Umständen nach bekannt sein, dass er durch seine Handlung die Verletzung von Urheberrechten oder verwandter Schutzrechte veranlasst, ermöglicht, erleichtert oder verschleiert (§ 95c UrhG). Verlangt werden also Vorsatz, Kenntnis oder fahrlässige Nichtkenntnis der Urheberrechtsverletzung.

Eine abstrakte Gefährdung reicht nicht aus; darüber hinaus muss ein subjektives Element im Hinblick auf die Urheberrechtsverletzung vorliegen.[817]

Geht ein Täter also davon aus, dass das veränderte Werk oder das Werk mit entferntem Schutz niemals seinen Einflussbereich verlassen wird, fehlt es

---

813 BeckOK UrhG/*Lindhorst*, UrhR, § 95c UrhG Rn. 11; Dreier/Schulze/*Specht*, UrhG, § 95c UrhG Rn. 7; *Mittenzwei*, Informationen zur Rechtewahrnehmung im Urheberrecht, S. 203; Wandtke/Bullinger/*Wandtke/Ohst*, PK UrhR, § 95c Rn. 10.

814 *Bechtold*, Vom Urheber- zum Informationsrecht, S. 237; Loewenheim/*Peukert*, Handbuch UrhR, § 35 Rn. 11; *Reinbothe/von Lewinski*, The WIPO Treaties on Copyright, Art. 12 WCT Rn. 15.

815 BeckOK UrhG/*Lindhorst*, UrhR, § 95c UrhG Rn. 5; *Mittenzwei*, Informationen zur Rechtewahrnehmung im Urheberrecht, S. 203; Spindler/Schuster/*Spindler*, Recht der elektronischen Medien, § 95c UrhG Rn. 4.

816 *Mittenzwei*, Informationen zur Rechtewahrnehmung im Urheberrecht, S. 203.

817 *Mittenzwei*, Informationen zur Rechtewahrnehmung im Urheberrecht, S. 205; *Reinbothe*, GRUR Int 2001, 733 (742); *Spindler*, GRUR 2002, 105 (119); Spindler/Schuster/*Spindler*, Recht der elektronischen Medien, § 95c UrhG Rn. 5; Wandtke/Bullinger/*Wandtke/Ohst*, PK UrhR, § 95c Rn. 17.

an gerade diesem erforderlichen subjektiven Element; kann der Täter also ausschließen, dass es zu einer Urheberrechtsverletzung kommt, liegt kein Vorsatz bzgl. einer Urheberrechtsverletzung vor.[818]

7. Der Erschöpfungsgrundsatz in DRM-Systemen

Der Erschöpfungsgrundsatz des Urheberrechts muss auch in DRM-Systemen abgebildet werden, ansonsten überschreiten DRM-Systeme, die sich mithilfe ihrer Regeln über den Erschöpfungsgrundsatz hinwegsetzen, die Grenzen des Urheberrechts und sind folglich nicht durch die ergänzenden Schutzbestimmungen geschützt.[819]

8. Strafrechtliche Sanktionen

Das Entfernungs- und Änderungsverbot (§ 95c Abs. 1 UrhG) und das Nutzungsverbot (§ 95c Abs. 3 UrhG) sind in § 108b UrhG strafrechtlich sanktioniert. § 108b Abs. 1 Nr. 2a UrhG bezieht sich dabei auf § 95c Abs. 1 UrhG, § 108b Abs. 1 Nr. 2b UrhG auf § 95c Abs. 3 UrhG. In § 111a Abs. 1 Nr. 1 UrhG sind bestimmte Verstöße gegen § 95a Abs. 1, 3 ordnungsrechtlich sanktioniert. Der deutsche Gesetzgeber hat diese Sanktionen eingeführt, obwohl dies keine Vorgabe der Info-Richtlinie (2001/29/EG) war – dies konnte sie jedoch auch nicht vorschreiben, da der Europäischen Union insoweit die Kompetenz dafür fehlt.[820]

Gem. § 108b Abs. 1 UrhG wird derjenige mit einer Freiheitsstrafe bis zu einem Jahr oder mit Geldstrafe bestraft, wer in der Absicht, sich oder einem Dritten den Zugang zu einem nach diesem Gesetz geschützten Werk oder einem anderen nach diesem Gesetz geschützten Schutzgegenstand oder dessen Nutzung zu ermöglichen, eine wirksame technische Maßnahme ohne Zustimmung des Rechtsinhabers umgeht und dadurch wenigstens leichtfertig die Verletzung von Urheberrechten oder verwandten Schutzrechten veranlasst, ermöglicht, erleichtert oder verschleiert. Wird die Tat gewerbsmäßig begangen, erhöht sich die Freiheitsstrafe auf bis zu drei Jahre. Erfolgt die Tat ausschließlich zum eigenen privaten Gebrauch[821] des Täters oder mit dem Täter persönlich verbundener

818 *Mittenzwei*, Informationen zur Rechtewahrnehmung im Urheberrecht, S. 206.

819 *Mittenzwei*, Informationen zur Rechtewahrnehmung im Urheberrecht, S. 208.

820 *Arlt*, Digital-Rights-Management-Systeme, S. 225; *Trayer*, Technische Schutzmaßnahmen und elektronische Rechtewahrnehmungssysteme, S. 137.

821 Die Aufnahme war erforderlich, da die Schranke des privaten Gebrauchs aus § 53 UrhG auf § 108b UrhG nicht anwendbar ist, da § 53 UrhG nur Vervielfältigungen betrifft: MüKo-StGB/*Heinrich*, Band 7, § 108b UrhG Rn. 3.

Personen[822] oder bezieht sie sich auf einen derartigen Gebrauch, scheidet eine Strafbarkeit aus, § 108b Abs. 1 a. E. UrhG. Hierbei entfällt jedoch nur die Strafbarkeit, die zivilrechtliche Verantwortlichkeit bleibt bestehen.[823] Es handelt sich um einen Tatbestandsausschluss, nicht um einen Rechtfertigungsgrund.[824]

Gem. § 109 UrhG wird die Tat nur auf Antrag verfolgt, es sei denn, die Strafverfolgungsbehörde hält ein Einschreiten wegen des besonderen öffentlichen Interesses an der Strafverfolgung von Amts wegen für geboten. Bei der Antragsberechtigung wird danach differenziert, welches Delikt begangen wurde. Bei einer Strafbarkeit nach § 108b Abs. 1 Nr. 1 UrhG ist der entsprechende Rechteinhaber, also der Inhaber der Rechte am technisch geschützten Inhalt, antragsberechtigt.[825] Im Hinblick auf § 95a Abs. 3 UrhG und die darauffolgende Strafe aus § 108b Abs. 1, 3 UrhG ist auch der Hersteller der DRM-Technik antragsberechtigt, da der Hersteller im Fall der Umgehung des entwickelten DRM-Schutzes insofern getroffen wird als sein Produkt möglicherweise entwertet wird, weil kein Rechteinhaber mehr seine Technologie wird nutzen wollen.[826]

Ob für die Umgehung von DRM-Systemen (§ 95a UrhG) und die Entfernung oder Veränderung von Informationen der Rechteinhaber für die

822 Rückgriff auf § 15 Abs. 3 UrhG zur Abgrenzung der Öffentlichkeit, BT-Drucks. 15/38, S. 29; kritisch dazu Fromm/Nordemann/*Ruttke/Scharringhausen*, UrhR, § 108b UrhG Rn. 3 f.; *Abdallah/Gercke/Reiert*, ZUM 2004, 31 (34 ff.).

823 *Arlt*, Digital-Rights-Management-Systeme, S. 225 f.

824 *Arlt*, Digital-Rights-Management-Systeme, S. 226; MüKo-StGB/*Heinrich*, Band 7, § 108b UrhG Rn. 3; Loewenheim/*Flechsig*, Handbuch UrhR, § 90 Rn. 125; Möhring/Nicolini/*Sternberg-Lieben*, UrhR, § 108b UrhG Rn. 8; Schricker/Loewenheim/*Kudlich*, UrhR, § 108b UrhG Rn. 14; *Stieper*, Rechtfertigung, Rechtsnatur und Disponibilität der Schranken des Urheberrechts, S. 486; Wandtke/Bullinger/*Reinbacher*, PK UrhR, § 108b UrhG Rn. 6.

825 *Arlt*, Digital-Rights-Management-Systeme, S. 227; Dreier/Schulze/*Dreier*, UrhG, § 109 Rn. 5; Erbs/Kohlhaas/*Kaiser*, Strafrechtliche Nebengesetze, § 109 UrhG Rn. 6; *v. Gravenreuth*, Das Plagiat aus strafrechtlicher Sicht, S. 133 f.; *Heinrich*, Die Strafbarkeit der unbefugten Vervielfältigung und Verbreitung von Standardsoftware, S. 332; *Hildebrandt*, Die Strafvorschriften des Urheberrechts, S. 341 m.w.N; *Reinbacher*, Die Strafbarkeit der Vervielfältigung urheberrechtlich geschützter Werke zum privaten Gebrauch nach dem Urheberrechtsgesetz, S. 311; Schricker/Loewenheim/*Kudlich*, UrhR, § 109 UrhG Rn. 2; RGSt 38, 6 (7); Wandtke/Bullinger/*Reinbacher*, PK UrhR, § 109 Rn. 3.

826 *Arlt*, Digital-Rights-Management-Systeme, S. 227; *Pleister/Ruttig*, MMR 2003, 763 (766).

Rechtewahrnehmung (§ 95c Abs. 1 UrhG) darüber hinaus noch eine Strafbarkeit nach den allgemeinen Vorschriften des StGB in Betracht kommt, ist fraglich.[827]

9. Zusammenfassung

Insgesamt gestaltet sich der Einsatz von DRM-Systemen zum Schutz der digitalen Werke als schwierig. Ist die Schutzwirkung stark, leiden unter Umständen die ehrlichen Käufer darunter; außerdem wird es unabhängig von der Komplexität des kryptografischen Schutzes irgendwann einen Angreifer geben, der jeden Schutz durchbrechen kann.

Der Einsatz sicherer Hardwarekomponenten scheint eher als hinreichend effektiver Schutz tauglich zu sein; dabei sind hohe technische Anforderungen zu erfüllen, um der Gefahr, die von Hackern ausgeht, entgegenwirken zu können.[828]

Naturgemäß dürften Angreifer jeglicher Schutzmaßnahmen oft einen zeitlichen Vorsprung gegenüber rechtlichen Regelungen haben.

a) DRM als sinnvolle Alternative?

Was als DRM-Schutzmaßnahme bereits bei digitaler Musik erprobt ist, könnte auch für E-Books eine Alternative zur Rechtedurchsetzung sein. Auch Anbieter von E-Books sind daran interessiert, Raubkopien zu verhindern und Kunden an eigene Wiedergabegeräte zu binden.

Es bleibt aber fraglich, ob ein Schutzsystem, was schon beim Musikschutz nicht überzeugen kann,[829] sich bei E-Books durchsetzt.

Bereits bei anderen digitalen Inhalten haben sich Vor- und Nachteile des rechtlichen Schutzes gegen Umgehung technischer Schutzmaßnahmen offenbart. Das Digital Rights Management wird weiterhin vielfach verwendet und ist

827 *Arlt*, Digital-Rights-Management-Systeme, S. 227 ff. sieht auch den Tatbestand des § 303a StGB als erfüllt an; *Stieper*, Rechtfertigung, Rechtsnatur und Disponibilität der Schranken des Urheberrechts, S. 487, dagegen differenziert: bei einer bloßen Umgehung einer Schutzmaßnahme ohne dauerhafte Entfernung dürfte es an einer Beeinträchtigung der Daten und einem Eingriff in die urheberrechtlich geschützten Inhalte fehlen, auch der Tatbestand des § 202a Abs. 1 StGB sei bei Überwindung des Kopierschutzes nicht erfüllt; dazu auch MüKo-StGB/*Graf*, Band 4, § 202a StGB Rn. 39.

828 *Mittenzwei*, Informationen zur Rechtewahrnehmung im Urheberrecht, S. 207.

829 Gegen DRM: *Tschmuck*, Beantwortung der Fragen zur „Entwicklung des Urheberrechts in der digitalen Gesellschaft“ der Enquete-Kommission Internet und digitale Gesellschaft des Deutschen Bundestags, S. 1 ff.; *Doctorow*, Microsoft Research DRM talk, http://craphound.com/msftdrm.txt (zuletzt aufgerufen am 21.05.2020).

bei einigen zu schützenden Daten bis heute Mittel der Wahl. Ob es bei E-Books eine wichtige Rolle spielen kann und wird, bleibt fraglich.

b) Vorteile des Digital Rights Managements

Von Vorteil ist hier die wirksamere Durchsetzung urheberrechtlicher Ausschließlichkeitsrechte.[830] Der Rechteinhaber erhält Kontrolle über Nutzung und Zugang seiner Werke und kann selbst festlegen, wie seine Werke genutzt werden dürfen.

Auch Content-Providern eröffnen sich damit neue Möglichkeiten, beispielsweise Pay-Per-View.[831]

Für den Nutzer erweist sich das DRM größtenteils als Einschränkung, andererseits kann er sich sicher sein, in diesem Fall einen Inhalt legal erworben zu haben. Aus DRM erwächst für den Nutzer zudem der Vorteil, nur für das zu bezahlen, was auch genutzt werden soll.

c) Nachteile des Digital Rights Managements

Von Nachteil beim DRM-Schutz sind: die relativ leichte Umgehbarkeit, die Plattformgebundenheit, der unsichere Datenschutz und unter Umständen die Nutzungsbegrenzungen für den ehrlichen Kunden. Wegen des zuletzt genannten Problems sehen manche im DRM-Schutz insgesamt einen größeren Schaden als Nutzen für ehrliche Käufer. Schrape stellt für den DRM-Schutz bei E-Books fest, der DRM-Schutz schade insgesamt dem ehrlichen E-Book-Käufer[832], da dieser meist einen ähnlichen (bei neu erscheinenden Büchern mehr als bei älteren Auflagen) Preis zu zahlen habe wie bei einer Printausgabe. Das E-Book kann er jedoch nicht weitergeben, ausdrucken oder weiterverkaufen. Damit zahlt er dank des DRM-Schutzes beinahe gleichviel für entscheidend weniger Möglichkeiten.

„Statt die technologischen Gegebenheiten zu bekämpfen, sollten Urheber und Rechteinhaber vielmehr dazu übergehen, die neuen Möglichkeiten besser zu nutzen."[833] Der Satz „The answer to the machine is in the machine" kann dann

830 Dreier/Schulze/*Dreier/Specht*, UrhG, § 95a UrhG Rn. 2.

831 Ein besonderes Bezahlsystem – beispielsweise Video-on-Demand –, bei dem dem Nutzer nach dem Bezahlen bestimmte Online-Inhalte decodiert (freigeschaltet) werden.

832 *Schrape*, Gutenberg-Galaxis reloaded?, S. 40.

833 *Mittenzwei*, Informationen zur Rechtewahrnehmung im Urheberrecht, S. 211.

vielleicht so interpretiert werden, dass die Technik nicht bekämpft, sondern im Sinne der Urheber genutzt werden sollte.[834]

Anfangs wurden große Hoffnungen auf den DRM-Schutz gesetzt, die DRM-Maßnahmen sind größtenteils jedoch wieder beendet worden, sogar in der Musikindustrie. Eine endgültige Bewertung der Nutzung der DRM-Systeme steht noch aus, doch dürfte der DRM-Schutz unter den derzeitigen Marktbedingungen wohl keinen bedeutsamen Nettonutzen für die Rechteinhaber erbracht haben.[835] Nach Umfragen konnte die Piraterie mit rechtswidrig hergestellten Kopien durch den Einsatz von DRM-Systemen bislang nicht signifikant eingedämmt werden, Nutzer gaben eine geringere Zahlungsbereitschaft an für Werke, die durch DRM geschützt sind und für den rechtmäßigen Nutzer mit großen Einschränkungen einhergehen; somit übersteigt der negative Effekt auf Einnahmen des Rechteinhabers den positiven Effekt auf die Nachfrage nach autorisierten Leistungen, wenn der DRM-Schutz eine unautorisierte Nutzung erschwert.[836]

Einer Studie zufolge könnte ein Anbieter, der als einziger seine DRM-Schutzmaßnahmen abschafft, sogar seinen Marktanteil erhöhen, da der Verbraucher zumindest minimal besser dastehen würde.[837]

Dies mag als Beleg für die mangelnde Wirtschaftlichkeit und Ineffektivität von DRM-Systemen gelten.

Auch die akademische Forschung kann bisher keine belastbaren Belege dafür präsentieren, dass DRM aus der Sicht des Rechteinhabers ein ausreichend wirksames Mittel für die Rechtsdurchsetzung des Urheberrechtsschutzes darstellt.[838]

Da das DRM Forschung und Innovation zumindest bremst und im ärgsten Fall eine technische Kontrolle darüber ermöglicht, wer und in welchem Umfang sich Wissen in digitaler Form aneignen kann oder darf (in der Praxis eher unwahrscheinlich, aber technisch durchaus möglich), sollte stets versucht werden, eine Möglichkeit zu finden, positive und negative Aspekte in einen sinnvollen Ausgleich zu bringen und den freien Zugang zu Informationen zu fördern, wie es die Europäische Union in ihrer Info-Richtlinie fordert.[839]

---

834 *Mittenzwei*, Informationen zur Rechtewahrnehmung im Urheberrecht, S. 211.

835 *Handke*, Urhebervergütung im digitalen Zeitalter, S. 34; Verbraucherschützer und Wettbewerbshüter erhöhten zudem den Druck auf Apples iTunes Store, bei dem Musik gegen Entgelt heruntergeladen werden kann, das Apple-eigene DRM-System kompatibel mit denen der Konkurrenz zu gestalten.

836 *Handke*, Urhebervergütung im digitalen Zeitalter, S. 34; vgl. *Sinha/Machado/Sellman*, Journal of Marketing 74, 2010, 40.

837 Vgl. *Kim/Leung*, NET Institute Working Paper No. 13-03, 2013, 1 ff.

838 *Handke*, Urhebervergütung im digitalen Zeitalter, S. 34.

839 Erwägungsgrund 54 der Info-Richtlinie 2001/29/EG; SEC (2007) 1710 endg., S. 26.

Es scheint grundsätzlich nur schwerlich Harmonie zwischen einem ausreichenden Urheberrechtsschutz einerseits und einer nutzerorientierten Zugangsmöglichkeit zu Werken andererseits geben zu können. Raubkopien werden umso interessanter, je höher der Schutz der Werke ist. Werden E-Books jedoch nicht technisch geschützt, mangelt es an der Möglichkeit ausreichender Rechtedurchsetzung. Aufgrund hoher Kommerzialisierung unserer Gesellschaft dürfte es für die meisten Autoren bei weitem nicht mehr ausreichen, reines Ansehen oder bloße Bekanntheit für eine Veröffentlichung zu erlangen, ohne einen finanziellen Nutzen aus ihren Werken generieren zu können.

Problematisch ist ebenfalls die Einhaltung des Datenschutzes und der Privatsphäre des Nutzers. Mittels DRM lässt sich das erworbene Werk dem Nutzer zuordnen. Somit können anhand dieser Nutzungsdaten Nutzungsprofile erstellt werden. Der Umstand, dass die DRM-Systeme derart unterschiedlich sind, führt zu einer Registrierungspflicht des Nutzers bei unterschiedlichen Systemen. Auch hier müssen wieder Daten eingegeben werden, die gespeichert werden.

Auch ein umfassender DRM-Schutz kann die Probleme der Durchsetzung der Urheberrechte im digitalen Bereich nicht ausreichend mindern. Andererseits ist der Wunsch eines Autors berechtigt, sein urheberrechtlich geschütztes digitales Werk wenigstens ansatzweise mithilfe technischer Schutzmittel sichern zu wollen.

Ein erstrebenswerter DRM-Schutz scheint nur innerhalb einer Plattform gelingen zu können, denn Interoperabilität und DRM-Schutz können vielleicht ein unerlaubtes Kopieren hinauszögern (nicht einmal verhindern), jedoch momentan kein harmonisches Zusammenspiel bilden. Man kann kaum mithilfe technischer Schutzmaßnahmen seine digitalen Werke sichern und gleichzeitig den Schlüssel anderen Herstellern geben, um eine Interoperabilität zu gewährleisten.

DRM-Schutz ist also ansatzweise (plattformgebunden mittels Hardware) ein Weg, digitale Werke zu schützen, jedoch (auch technisch) nicht der Weisheit letzter Schluss.

III. Zusätzliche durch Digitalisierung bedingte urheberrechtliche Aspekte

1. Internationale Gerichtszuständigkeit – (kein) „fliegender Gerichtsstand"

Bei internetbezogenen Delikten, bei Taten, deren Ort der Tatbegehung nicht örtlich beschränkt ist, gilt grundsätzlich der sog. „fliegende Gerichtsstand" (§ 32

ZPO). Zur Begründung des Gerichtsstandes sind alle Handlungen geeignet, die eine Urheberrechtsverletzung begründen. Kommen mehrere Handlungsformen in Frage, beispielsweise eine Vervielfältigung und eine Verbreitung, wird hinsichtlich jeder einzelnen Handlung geprüft, ob die örtliche Zuständigkeit des angerufenen Gerichts begründet ist.[840]

Da in vielen Fällen die Rechtsverletzung nicht auf einen Ort beschränkt ist, wird in der Praxis oft die örtliche Zuständigkeit mehrerer Gerichte begründet; der Rechteinhaber kann dann wählen, für welchen Ort er sich entscheidet.[841]

Gerade Urheberrechtsverletzungen im Internet können einen Gerichtsstand überall dort begründen, wo die Verletzung stattfindet; dies kann einen großen örtlichen Bereich umfassen. Dies ist der Fall des sog. „fliegenden Gerichtsstandes".[842] Zur Bestimmung der Verletzung ist ausschlaggebend, an welchem Ort das herunterladbare Material zur Verfügung gestellt wird.[843]

Der „fliegende Gerichtsstand" war früher hauptsächlich für den Kläger angenehm, da er sich faktisch das Gericht seiner Wahl aussuchen konnte. In neuerer Zeit gibt es das Konstrukt des „fliegenden Gerichtsstandes" in dieser Art jedoch nicht mehr.

Zum einen wurde der „fliegende Gerichtsstand" durch das Gesetz gegen unseriöse Geschäftspraktiken in § 104a Abs. 1 S. 1 UrhG für Privatleute (nicht nachweislich gewerblich oder selbstständig beruflich Handelnde mit Wohnsitz und gewöhnlichem Aufenthalt in Deutschland) abgeschafft.[844]

Doch auch schon zuvor nahm die Rechtsprechung zunehmend vom „fliegenden Gerichtsstand" Abschied. Zuständig war das Gericht, in dessen Bezirk sich die Rechtsverletzung auswirkt bzw. auswirken kann.

Die Neuregelung des Gerichtsstandes für Privatpersonen scheint zwar die Suche nach dem Gerichtsstand zu vereinfachen, jedoch verschiebt sich jetzt der Maßstab der Klageerhebung im Deliktsrecht. Das Sonderdeliktsrecht des UrhG ist systematisch (im Urteil einzelner sogar systemwidrig)[845] nun anders als das allgemeine Deliktsrecht, in dem grundsätzlich die Wertung gilt, der

840 Wandtke/Bullinger/*Kefferpütz*, PK UrhR, § 105 UrhG Rn. 16.

841 Wandtke/Bullinger/*Kefferpütz*, PK UrhR, § 105 UrhG Rn. 18.

842 OLG Stuttgart, GRUR 1954, 131 (831); LG München, GRUR 2005, 574 – O Fortuna.

843 Dabei kommt es u.a. auf die Top-Level-Domain an; bei einer „.de"-Domain ist grds. die Zuständigkeit aller deutschen Gerichte begründet, siehe Wandtke/Bullinger/*Kefferpütz*, PK UrhR, § 105 UrhG Rn. 19.

844 Eine entsprechende Regelung für das UWG wurde zunächst einmal zurückgestellt.

845 *Maaßen*, GRUR-Prax 2012, 252 (253); Wandtke/Bullinger/*Kefferpütz*, PK UrhR, § 104a UrhG Rn. 5.

Verletzte sei schutzwürdiger als der Verletzer.[846] Diese Differenzierung des Sonderdeliktsrechts im UrhG und des allgemeinen Deliktsrechts ist womöglich als unverhältnismäßig anzusehen, denn unberechtigte Abmahnungen, denen die Neuregelung entgegenwirken will, dürften empirisch gesehen – wenngleich es sicherlich viele Fälle gibt – dennoch wohl die Ausnahme sein.[847]

Somit wird dem Rechteinhaber die Rechtsdurchsetzung erschwert, da er nun gezwungen ist, am Wohn- oder Aufenthaltsort des Verletzers Klage zu erheben.

2. Kollisionsrecht

Seit der grenzüberschreitenden Existenz des Internets stellen sich kollisionsrechtliche Fragen, welches Recht auf einen urheberrechtlichen Rechtsfall anwendbar ist.

Diese Arbeit geht wie die herrschende Meinung vom Schutzlandprinzip (lex loci protectionis) als Anknüpfungspunkt aus. Mögliche urheberrechtliche oder leistungsschutzrechtliche Ansprüche werden bei grenzüberschreitenden Sachverhalten nach dem Recht des Schutzlandes beurteilt, also nach dem Recht desjenigen Staates, für den der Immaterialgüterschutz in Anspruch genommen wird.[848] Das anzuwendende Recht wird mithilfe der Regeln des IPR, der sogenannten lex fori, ermittelt. Das Schutzlandprinzip ist in Art. 8 Abs. 1 Rom II-VO verankert und das anwendbare Recht von betroffenen Parteien nicht frei vereinbar (Abs. 3). Die Rom II-VO regelt jedoch nur das auf außervertragliche Schuldverhältnisse anzuwendende Recht, wenn diese Schuldverhältnisse aus der Verletzung von Rechten des geistigen Eigentums entstehen.

Weltweit wenden viele Gerichte das Kollisionsrecht ihres Gerichtsortes an, und so kann es aufgrund deutlicher Unterschiede der einzelnen Kollisionsrechte verschiedener Staaten zu unterschiedlichen Ergebnissen führen.

Der BGH geht bei der Anknüpfung der Gerichtszuständigkeit nicht allein von der Abrufmöglichkeit von Internetinhalten aus.

Das deutsche UrhG ist anwendbar, wenn die Benutzungshandlung in Deutschland stattgefunden hat; Anknüpfungspunkt ist also der Handlungsort, an dem die verletzende Handlung stattgefunden hat. Inländisches Recht kann also nur durch eine inländisch begangene Handlung verletzt werden.[849] Hier

---

846 *Maaßen*, GRUR-Prax 2012, 252 (253).

847 Wandtke/Bullinger/*Kefferpütz*, PK UrhR, § 104a UrhG Rn. 5.

848 BeckOK UrhG/*Lauber-Rönsberg*, UrhR, Sonderbereiche, Kollisionsrecht und internationale Zuständigkeit Rn. 7.

849 Vgl. BGHZ 126, 252 (254 ff.) – Folgerechtsanspruch des Künstlers; Dreier/Schulze/*Dreier*, UrhG, Vor §§ 120 UrhG Rn. 32.

muss jede Handlung einzeln bewertet werden, was zum Ergebnis führen kann, dass unterschiedliches nationales Recht betroffen sein kann. Die Idee eines sog. Universalitätsprinzips (der Urheber hat ein einziges weltweites Urheberrecht) hat sich nicht durchgesetzt, vielmehr besitzt der Urheber ein Bündel nationaler Rechte.[850]

Ein Eingriff in das Vervielfältigungsrecht ist nach deutschem Recht immer dann gegeben, wenn die Vervielfältigungshandlung in Deutschland stattfindet; dies gilt auch dann, wenn die vervielfältigten Werke anschließend ins Ausland geliefert werden, da Anknüpfungspunkt die Handlung ist.[851]

3. Zwischenergebnis

Insgesamt zeigt sich (besonders empirisch), dass die meisten staatlichen und privaten Durchsetzungsmaßnahmen (insbesondere DRM, Webseitensperrungen oder Abmahnungen) kaum dauerhafte Wirkung haben oder ansonsten nicht zum gewünschten Ziel führen. Manche Durchsetzungsmaßnahmen, gedacht zur Rechtsdurchsetzung des Urhebers bzw. Rechtinhabers, haben diesem letztlich gar nicht selten sogar geschadet.[852]

Da ökonomisch gesehen das Urheberrecht, der Schutz der und des Kreativen, nicht nur Selbstzweck ist, sondern jemand in das Urheberrecht investieren muss, seien es nun Private oder staatliche Institutionen, sollte ein Interessenausgleich gefunden werden.

Der Schutz des Kreativen beruht in Europa hauptsächlich auf ökonomischen Gesichtspunkten, ein Selbstzweck des Kreativen steht seit längerem nicht im Vordergrund. Trotz der historisch-dogmatischen Herleitung entwickelt sich der Urheberrechtsschutz immer weiter hin zu einem Investitionsschutz. Investitionen von Plattformbetreibern, privat oder staatlich, die häufig auf Einnahmen abzielen, dem Rechteinhaber eine faire Vergütung sichern und für den Nutzer attraktiv sein wollen, sollten sich in der Regel amortisieren, sonst besteht die Gefahr, dass Investoren ihr Interesse am Engagement verlieren könnten, sollten sich nicht andere Vorteile für sie ergeben.

Eine Investition in vom Urheberrecht geschützte Werke bringt Transaktionskosten mit sich: Kosten für die Suche nach Handelspartnern, Vertragskosten (Kosten für Verhandlungen und Verfassen eines Vertrags) und

850 Dreier/Schulze/*Dreier*, UrhG, Vor §§ 120 UrhG Rn. 28 f.

851 BGHSt 49, 93 (103 ff.) – Tonträgerpiraterie durch CD-Export; Dreier/Schulze/*Dreier*, UrhG, Vor §§ 120 UrhG Rn. 33.

852 Siehe *Handke*, Urhebervergütung im digitalen Zeitalter, S. 2.

Monitoring-Kosten für die Überwachung von rechtswidrigen Handlungen und Handelspartnern.

Verwertungsgesellschaften können hier ein Mittel sein, um die Transaktionskosten möglichst gering zu halten.

Günstigenfalls spielen also Investoren, Verwertungsgesellschaften und Nutzer zusammen, die bereit sind, einen angemessenen Beitrag für das Nutzen urheberrechtlich geschützter Werke zu zahlen.

4. Datenschutz und Privatsphäre

Bisher nur am Rande betrachtet sind Datenschutz und Eingriffe in die Privatsphäre des Verbrauchers. Bei E-Books ergeben sich im Vergleich zu gedruckten Büchern erhebliche Datenschutzprobleme. Gedruckte Bücher können anonym in einem Buchhandel gekauft werden, E-Books werden in der Regel über das Internet gekauft und können technisch einer bestimmten Person zugeordnet werden.

Es soll hier davon ausgegangen werden, dass die E-Books legal erworben und die Lesegeräte wie E-Book-Reader oder Tablets etc. ordnungsgemäß genutzt werden. Werden von E-Books Raubkopien erstellt und/oder das Dateiformat unzulässigerweise in ein anderes Format umgewandelt, kann das Auslesen des Nutzerverhaltens umgangen werden. Datenschutz ist für E-Books deutlich schwieriger zu gewährleisten.

Wenn E-Books auf Geräten gelesen werden, die mit dem Internet verbunden sind, ist es anderen grundsätzlich möglich, ein bestimmtes Nutzerverhalten auszulesen. Es kann – ohne dass der Nutzer Kenntnis davon erlangen kann – vom Hersteller herausgefunden und über das Internet übermittelt werden, welches E-Book zu welcher Zeit und wie oft gelesen wird; ebenso kann leicht ermittelt werden, welche E-Books der Nutzer zusätzlich noch gelesen hat, wo also seine Interessen liegen dürften. Dies kann für Verkäufer insofern interessant sein, als dass einige Endgeräte auch Werbung anzeigen, die aufgrund der ausgelesenen Daten dann auch personenbezogen sein kann.

Um über Amazons E-Book-Reader Kindle beispielsweise Inhalte lesen zu können, muss der Nutzer einwilligen, dass Amazon gleichzeitig Daten über das Leseverhalten des Nutzers erhebt. Dies sind Lesezeichen, Markierungen, Anmerkungen, Notizen und die letzte Seite, die gelesen wurde, die insgesamt gespeichert und ausgewertet werden.

Auf diese Weise können auch personenbezogene Daten (Angaben über persönliche und/oder sachliche Verhältnisse des Betroffenen) ausgelesen werden, was bei einem anonymen Kauf in einem Buchhandel meist nicht der Fall ist. Für die (legale) Nutzung von E-Books und E-Book-Readern muss der Nutzer personenbezogene Daten – mindestens Name und E-Mail-Adresse – hinterlegen, um den Dienst überhaupt nutzen zu können. In den allermeisten Fällen sind auch Adresse und Kontodaten für den Bezahlvorgang anzugeben.

Beim Kauf eines Buches „offline", etwa im Buchhandel, entscheidet der Nutzer selbst, ob er persönliche Daten preisgeben will oder nicht. Bei der elektronischen Variante bleibt nur die Entscheidung, die Daten anzugeben oder ganz auf die Dienste zu verzichten.

Dem Durchschnittsnutzer ist beim Kauf eines Lesegerätes nur selten klar, dass sein Leseverhalten mit einfachsten Mitteln ausgelesen werden kann, sobald er das Endgerät mit dem Internet verbindet. Der Nutzer wird kaum darüber informiert, ob seine Daten mit- und ausgelesen werden und – gegebenenfalls – was mit ihnen geschieht. Da sich bei Online-Einkäufen personifizierte Werbung durchgesetzt hat, ist auch eine dauerhafte Überwachung des Leseverhaltens zu erwarten. Selbst bei ausgeschaltetem Internetzugang des Geräts z.B. über WLAN speichert das Gerät automatisch Daten und gibt diese weiter, sobald irgendwann erneut eine Internetverbindung besteht.

Hier fehlt es an Transparenz für den Nutzer. Knappe Passagen in Allgemeinen Geschäftsbedingungen sind hier nicht ausreichend, um den Durchschnittsnutzer angemessen zu informieren und zu sensibilisieren, welche Rückschlüsse durch das Lesen von E-Books mittels E-Book-Readern oder anderen elektronischen Geräten, die E-Books darstellen können, gezogen werden können und wie diese dann verwertet werden.

Mag es für einige Nutzer durchaus interessant sein, personenbezogene Werbung zu erhalten und Buchvorschläge anhand ihres bisherigen Leseverhaltens angezeigt zu bekommen, kann der Nutzer sich nicht davor schützen, dass diese Daten überhaupt erhoben werden.

Bei E-Books und anderen digitalen Inhalten, die online erworben werden können, lässt sich immer öfter das Phänomen erkennen, dass kostenlose (aber auch kostenpflichtige) Inhalte nur dann genutzt werden können, wenn sozusagen mit den eigenen Daten „bezahlt" wird.[853] Personenbezogene Daten sollten jedoch nicht als Ware angesehen werden dürfen, mit denen man handelt und für die man eine Gegenleistung welcher Art auch immer erhält.

---

853 Vgl. auch den Einwand des Europäischen Datenschutzbeauftragten zu dem Vorschlag für eine Richtlinie über bestimmte vertragsrechtliche Aspekte der Bereitstellung digitaler Inhalte, ABl. 2017/C 200/07 vom 23.06.2017, S. 10–13.

Somit war auch die Empfehlung des Europäischen Datenschutzbeauftragten, den Begriff „Daten als Gegenleistung“[854] im Vorschlag für eine Richtlinie über bestimmte vertragsrechtliche Aspekte der Bereitstellung digitaler Inhalte[855] nicht zu verwenden, da dieser missverständlich gedeutet werden könne.

Auf die vertragsrechtliche Thematik, inwieweit vor längerer Zeit geschlossene Altverträge bzgl. neuer (technischer) Nutzungsarten dahingehend auslegbar sind, dass alte Klauseln ohne neue Vertragsverhandlungen analog auf neue Gegebenheiten angewendet werden können, soll in dieser Arbeit im Folgenden nur kurz eingegangen werden.

5. Urheberverlagsvertrag – neue Nutzungsarten

Beim klassischen Verlagsvertrag räumt der Urheber dem Verlag ausschließliche Nutzungsrechte ein, die dieser dann auf eigenes Risiko ausübt (§ 1 VerlG).

Problematisch kann ein solcher Verlagsvertrag dann werden, wenn sich neue Nutzungsmöglichkeiten ergeben, die zum Zeitpunkt des Vertragsschlusses noch nicht bekannt waren. Solche Verträge können für beide Vertragspartner unsicher sein, somit sind sie in § 31a UrhG geregelt, der an den Abschluss solcher Verträge bestimmte Voraussetzungen knüpft: die Schriftform[856] und ein Widerrufsrecht des Urhebers.

Entweder sind durch den Verlagsvertrag auch neue Nutzungsarten mit den ausschließlichen Nutzungsrechten abgedeckt und können auch ohne zusätzliche Konsultierung des Urhebers das Werk beispielsweise in digitalisierter Form im Internet angeboten werden, oder der Urheber ist bei jeder neuen Nutzungsart zu befragen und evtl. ein neuer Vertrag abzuschließen. Durch die Verwertung neuer Nutzungsarten – besonders im Internet – hat der Urheber weniger Kontrolle über seine Werke insgesamt.[857]

Bei der Verwertung durch den Verlag im Internet handelt es sich um eine wirtschaftlich eigenständige Verwertung.[858]

---

854 Zusammenfassung der Stellungnahme des Europäischen Datenschutzbeauftragten zu dem Vorschlag für eine Richtlinie über bestimmte vertragsrechtliche Aspekte der Bereitstellung digitaler Inhalte, ABl. 2017/C 200/07 vom 23.06.2017, S. 1.

855 COM(2015) 634 final vom 09.12.2015.

856 Schriftform ist nicht erforderlich, räumt der Urheber unentgeltlich ein einfaches Nutzungsrecht für jedermann ein.

857 *Heckmann*, K&R 2010, 770 (770 f.).

858 *Günther*, ITRB 2002, 76.

In Neuverträgen dürfte eine Vereinbarung zur Digitalisierung meist aufgenommen sein. Grundsätzlich ist die Einräumung von Nutzungsrechten bereits bei Vertragsschluss für noch nicht bekannte Nutzungsarten möglich, wenn dies schriftlich festgehalten wird (§ 31a Abs. 1 UrhG).

Bis zum 25.10.2007 galt § 31 Abs. 4 UrhG a.F., der die Verwertung neuer Nutzungsarten nur erlaubte, wenn die neue Nutzungsart zum Zeitpunkt des Vertragsschlusses bereits bekannt war. Damit sollte der wirtschaftlich meist schlechter gestellte Urheber gegenüber dem Verwerter gestärkt werden.[859] In der praktischen Konsequenz bedeutete dies jedoch erhebliche Mehrarbeit für die Verlage als Verwerter, da Urheber und deren Rechtsnachfolger bei jeder neuen Nutzungsart erneut ausfindig zu machen waren, um die Verwertung der neuen Nutzungsart zu erlauben und die Verträge anzupassen bzw. neu abzuschließen.[860] Damit ließen sich alte Archivbestände in analoger Form nicht mehr zeitgemäß verwerten, was für den Verlag aufgrund mangelnder Verwertbarkeit unter Umständen kaum lukrativ gewesen sein dürfte.

Ab dem 26.10.2007 gilt die Regelung, dass bei bis zum 01.01.2008 abgeschlossenen Verträgen die Rechtseinräumung zugunsten des Inhabers aller bisher bestehenden wesentlichen Nutzungsrechte fingiert wird, sofern der Urheber der neuen Nutzung nicht widerspricht (§ 137l Abs. 1 UrhG). Dieses Widerspruchsrecht steht dem Urheber auch für künftig neu entstehende, unbekannte Nutzungsarten zu. Handelte es sich um eine bis zum Inkrafttreten des Gesetzes bekannte Nutzungsart, betrug die Widerspruchsfrist des Urhebers ein Jahr – dem Bundestag nach eine ausreichende Frist für das sog. „Archivproblem".[861]

Räumt der Urheber dem Verlag vertraglich jegliche unbekannte Nutzungsart ein, ist zu garantieren, dass er von seinem Widerrufsrecht uneingeschränkt Gebrauch und Ansprüche geltend machen kann, wenn ein Verwerter oder auch Nutzer sich über seine Urheberrechte hinwegsetzt.[862]

§ 31a und § 32c UrhG gewähren dem Urheber insofern Schutz vor unüberlegt geschlossenen und nachteiligen Verträgen[863], als dieser die Rechtseinräumung oder die Verpflichtung hierzu widerrufen kann (§ 31a Abs. 1 S. 3 UrhG) und Anspruch auf eine angemessene Vergütung hat (§ 32c UrhG).

---

859 Dreier/Schulze/*Schulze*, UrhG, § 31a UrhG Rn. 1.

860 Dreier/Schulze/*Schulze*, UrhG, § 31a UrhG Rn. 1.

861 BT-Drucks. 16/1828, S. 33.

862 Dreier/Schulze/*Schulze*, UrhG, § 31a UrhG Rn. 3.

863 *Rehbinder/Peukert*, Urheberrecht, Rn. 859.

4. Teil: Schrankendogmatik Deutschland / USA

I. Schrankenregelung in Deutschland

Das Urheberrecht im deutschen Recht ist angesichts seiner Entstehung weit gefasst und flexibel – damit ist es ihm möglich, sich auch an neue Umstände anpassen zu können. Schranken sind dagegen gefasst als Katalog von Einzelausnahmen.

Grenzen sind dem deutschen Gesetzgeber gesetzt durch die Vorgaben der EU. Besonders zu nennen ist hier die Info-Richtlinie (2001/29/EG), die die Schrankenbestimmungen der Mitgliedstaaten zu harmonisieren versucht. Während Art. 5 Abs. 2 und Abs. 3 konkrete Regelungen bzgl. des Vervielfältigungsrechts, des Rechts der öffentlichen Wiedergabe und öffentlichen Zugänglichmachung enthalten, verpflichtet Art. 5 Abs. 5 die Mitgliedstaaten zur Beachtung des Dreistufentests bei jeder einzelnen Schrankenbestimmung.[864]

Die in § 2 Abs. 1 UrhG enthaltenen Werkarten sind lediglich beispielhafte Aufzählungen und nicht abschließend;[865] dies ermöglicht dem deutschen Urheberrecht eine gewisse Flexibilität – auch auf sich ändernde Technik oder Lebensumstände reagieren zu können, ohne dass die Regelung selbst unbrauchbar oder unvollständig wird.[866] Nach § 2 Abs. 2 UrhG ist Voraussetzung eines Urheberrechtsschutzes die persönlich geistige Schöpfung, eine Einordnung in bestimmte Kategorien ist nicht erforderlich.

In den §§ 12–14 UrhG findet sich das Urheberpersönlichkeitsrecht, welches das Erstveröffentlichungsrecht, das Recht auf Anerkennung der Urheberschaft

---

864 Dreier/Schulze/*Dreier*, UrhG, Vor §§ 44a ff. UrhG, Rn. 6.

865 Begr. RegE, BT-Drucks. IV/270, S. 27 ff.; BGHZ 155, 257 (262 f.) – Sendeformat; Dreier/Schulze/*Schulze*, UrhG, § 2 UrhG Rn. 3; Wandtke/Bullinger/*Bullinger*, PK UrhR, § 2 UrhG Rn. 2.

866 Begr. RegE, BT-Drucks. IV/270, S. 27 ff.; BT-Drucks. IV/270 – Dokumentation der deutschen Urheberrechtsreform, UFITA 1965, 240 (251); *Poeppel*, Neuordnung der urheberrechtlichen Schranken, S. 31 f.; *Förster*, Fair Use, S. 76.

Dies ist im US-amerikanischen Recht ähnlich, das ebenfalls versucht, derart flexibel zu sein, dass auch neue, heute noch unbekannte Werkarten Schutz genießen können ohne Gesetzesänderung.

und den Schutz der Werkintegrität umfasst.[867] Die verwertungsrechtlichen Befugnisse des Urhebers sind umfassend benannt. Auch diese sind derart formuliert, dass sie neue technische Entwicklungen und damit neue Verwertungsarten mit umfassen, da sie flexibel ausgestaltet sind. Damit soll erreicht werden, dass möglichst jede Art der Nutzung seines Werkes der Kontrolle des Urhebers unterliegt.[868]

Die Schrankenregelungen sind dagegen in einem Katalog aufgezählt und nicht mittels einer Schrankengeneralklausel geregelt. Durch die Schranken werden hauptsächlich die Verwertungsrechte eingeschränkt, während das Urheberpersönlichkeitsrecht in der Regel nicht beschränkt wird.[869] Anders als mittels einer Schrankengeneralklausel werden durch die deutschen Schranken bestimmte Sachverhalte geregelt.

Manche Stimmen teilen die Schranken nach Eingriffsintensität in Gruppen ein.[870] Die stärksten Eingriffe führten zur Aufhebung der urheberrechtlichen Befugnisse ohne (finanziellen) Ausgleich, häufiger seien jedoch Regelungen zu finden, die eine Kompensation für den Urheber – meist in Form einer gesetzlichen Lizenz[871] – vorsähen.[872] Das ausschließliche Verwertungsrecht des Urhebers werde damit zu einem reinen Vergütungsanspruch.[873] Die Höhe der Vergütung wird dabei i.d.R. durch eine Verwertungsgesellschaft festgelegt (z.B. § 49 UrhG), denn der „zweite Korb“ der Urheberrechtsreform hat ein marktwirtschaftliches Modell eingeführt und damit die gesetzliche Anpassung der Vergütungssätze abgelöst.[874]

Anders als die „fair use“-Doktrin, die eine Handlung entweder als „fair use“ einordnet oder nicht (Ja oder Nein-Entscheidung) sind die Schrankenregelungen

867 Begr. RegE, BT-Drucks. IV/270, S. 27 ff.; BT-Drucks. IV/270 – Dokumentation der deutschen Urheberrechtsreform, UFITA 1965, 240 (258 f.); *Rehbinder/Peukert*, Urheberrecht, Rn. 432.

868 Begr. RegE, BT-Drucks. IV/270, S. 27 ff.; BT-Drucks. IV/270 – Dokumentation der deutschen Urheberrechtsreform, UFITA 1965, 240 (241).

869 *Förster*, Fair Use, S. 77.

870 Dreier/Schulze/*Dreier*, UrhG, Vor §§ 44a ff., Rn. 11 ff.; *Hilty*, GRUR 2005, 819 (821).

871 Z.B. die sog. Privatkopie-Schranke, § 53 f. UrhG; Weitere Beispiele bei *Rehbinder/ Peukert*, Urheberrecht, Rn. 612; Schricker/Loewenheim/*Melichar/Stieper*, UrhR, Vor §§ 44a ff. UrhG Rn. 42 ff.

872 *Förster*, Fair Use, S. 78.

873 Dreier/Schulze/*Dreier*, UrhG, Vor §§ 44a ff., Rn. 11; *Ulmer*, Urheber- und Verlagsrecht, S. 293.

874 *Förster*, Fair Use, S. 79.

und deren Rechtsfolgen im deutschen Urheberrechtssystem deutlich differenzierter.[875]

Die Schranken der §§ 44a ff. UrhG betreffen nur die Verwertungsrechte der §§ 15 ff. UrhG, das Urheberpersönlichkeitsrecht bleibt davon zunächst unberührt; Ausnahme ist § 12 UrhG, das Recht der (ersten) Veröffentlichung, das in den Fällen der §§ 45 (Verwendung für Rechtspflege und öffentliche Sicherheit), 53 Abs. 1, 2 Nr. 1, 2 (Vervielfältigungen zum privaten und sonstigen eigenen Gebrauch)[876], 57 (Verwendung als unwesentliches Beiwerk) eingeschränkt ist.[877] Im deutschen Recht sind die Schranken auf unveröffentlichte Werke anders als im U.S.-amerikanischen Recht nicht anwendbar. Im U.S.-amerikanischen Recht kann die „fair use"-Doktrin durchaus auch auf die Nutzung von unveröffentlichten Werken angewendet werden, auch wenn die Doktrin in der Regel häufig gegen das Vorliegen von „fair use" sprechen wird.[878]

1. § 51 UrhG – Zitate

Den Grundgedanken der „fair use"-Doktrin in Bezug auf die Nutzung von Schriftwerken kann man am ehesten mit der Zitierfreiheit im deutschen Urheberrecht nach § 51 UrhG vergleichen. Nach § 51 UrhG werden Nutzungshandlungen privilegiert, die einen Teil des zitierten Werkes wiedergeben, um es in einen neuen Zusammenhang zu stellen.[879] Vor dem 2. Korb 2007 war § 51 UrhG a.F. kasuistisch ausgestaltet, während er heute Regelbeispiele enthält. Ähnlich der alten Fassung, die die drei Zitatgruppen „Kleinzitat", „wissenschaftliches Großzitat" und „Musikzitat" in einem abschließenden Katalog enthielt, privilegiert die „fair use"-Doktrin ausdrücklich „criticism, comment, news reporting, teaching (including multiple copies for classroom use), scholarship, or research" (17 U.S.C. § 107). So werden jeweils bestimmte Nutzungszwecke privilegiert, die sich durchaus ähnlich sind, z.B. die Privilegierung im Bereich der Wissenschaft. Im US-amerikanischen Recht spricht eine fehlende Gewinnerzielungsabsicht für das Vorliegen von „fair use", während vielen wissenschaftlichen Nutzungen ebenfalls keine primäre Gewinnabsicht zugrunde liegen dürfte; ebenso wird in

875 *Förster*, Fair Use, S. 79.

876 Vgl. § 53 Abs. 6 UrhG, aus dem sich die Einschränkung des § 12 UrhG ergibt; die „Privatkopie" selbst darf nicht zu einer (Erst)Veröffentlichung führen.

877 Dreier/Schulze/*Dreier*, UrhG, Vor §§ 44a ff., Rn. 19.

878 *Förster*, Fair Use, S. 80.

879 Zum Vergleich mit der kasuistischen Schrankenregelung vor dem 2. Korb, § 51 UrhG a.F., siehe *Förster*, Fair Use, S. 85 ff.

beiden Rechtsinstituten auf den Umfang der Nutzung abgestellt, je mehr genutzt wird, umso mehr muss der Zweck es rechtfertigen, bis irgendwann eine Grenze erreicht ist und sowohl das Zitatrecht als auch die „fair use"-Doktrin nicht mehr greifen.[880] Die meisten Fälle, die im deutschen Recht unter das Zitatrecht nach § 51 UrhG fallen, würden wohl auch als „fair use" angesehen werden.[881]

Im deutschen Urheberrecht wird grundsätzlich mehr auf die Nutzungshandlung abgestellt, im U.S.-amerikanischen Recht eher auf die Folgen der Handlung; die „fair use"-Doktrin kann also dazu dienen, bestimmte Folgen gutzuheißen und andere dagegen zu vermeiden, während sich die deutschen Urheberrechtsschranken weniger mit den Folgen als mit der Handlung selbst auseinandersetzen. Das zeigt sich u.a. daran, dass auch gesamte Werke Zitate nach § 51 UrhG sein können, wenn das zitierende Werk ein eigenständiges wissenschaftliches Werk ist;[882] bei der „fair use"-Doktrin müssen immer alle Faktoren geprüft werden, auch wenn hier wissenschaftliche Werke grundsätzlich für „fair use" sprechen.[883]

2. Auslegung der deutschen Urheberrechtsschranken

Die deutschen Urheberrechtsschranken sind laut Rechtsprechung grundsätzlich eng auszulegen und nicht analogiefähig,[884] mittlerweile stimmt der Grundsatz der engen Auslegung jedoch nur noch eingeschränkt, denn das Gebot, der Urheber sei möglichst angemessen an der Nutzung seiner Werke zu beteiligten, sei einzuschränken, wenn eine „weitergehende Auslegung" den Interessen des Urhebers besser Rechnung tragen könne.[885] Anlass zur restriktiven Haltung ist

---

880 *Förster*, Fair Use, S. 97.

881 Ebenfalls *Förster*, Fair Use, S. 97.

882 Dreier/Schulze/*Dreier*, UrhG, § 51 UrhG Rn. 8; Spindler/Schuster/*Wiebe*, Recht der elektronischen Medien, § 51 UrhG Rn. 7; Wandtke/Bullinger/*Lüft*, PK UrhR, § 51 UrhG Rn. 10 ff.

883 *Förster*, Fair Use, S. 97.

884 Ständige Rechtsprechung BGHZ 50, 147 (152) – Kandinsky I; BGHZ 58, 262 (265) – Landesversicherungsanstalt; BGHZ 87, 126 (129) – Zoll- und Finanzschulen; BGH GRUR 1985, 874 (875 f.) – Schulfunksendung; BGHZ 99, 162 (164 ff.) – Filmzitat; BGHZ 114, 368 (371) – Liedersammlung; BGHZ 123, 149 (155 f.) – Verteileranlagen; BGHZ 134, 250 (263 f.) – CB-Infobank I; BGHZ 140, 183 (191) – Elektronische Pressearchive; BGHZ 116, 305 (308) – Altenwohnanstalt II; BGHZ 150, 6 (605 f.) – Verhüllter Reichstag; BGHZ 144, 232 (235 f.) – Parfumflakon; entschieden noch zu KUG und LUGRGZ 128, 102 (113) – Schlager-Liederbücher.

885 BGHZ 151, 300 (311) – Elektronischer Pressespiegel; BGHZ 150, 6 (Leitsatz a)) – Verhüllter Reichstag; BGHZ 123, 149 (155 f.) – Verteileranlagen; BGHZ 99, 162

dabei vor allem die systematische Stellung der Schranken als Ausnahme vom Regelfall zu den Verwertungsrechten des Urhebers.

Auch aus internationalen Vorgaben lässt sich eine enge Auslegung der Urheberrechtsschranken ableiten. Der sog. Dreistufentest, der im deutschen Urheberrecht zu beachten ist, ist in der revidierten Berner Übereinkunft, im TRIPS-Abkommen und in der Info-Richtlinie[886] zu finden. Danach dürfen die Mitgliedstaaten Urheberrechtsschranken nur dann einführen, wenn es sich um einen „gewissen/bestimmten Sonderfall" handelt und sichergestellt ist, dass die Verwertungshandlung „weder die normale Auswertung des Werkes beeinträchtigt noch die berechtigten Interessen des Urhebers unzumutbar verletzt".[887]

Die Rechtsprechung hat in früheren Entscheidungen oftmals angeführt, die Urheberrechtsschranken stammten aus einer Zeit, in der Technologie längst nicht so fortgeschritten war wie heute und demnach in den Schranken keine allzu große Beachtung gefunden habe, was bei der Beurteilung der Urheberrechtsschranken in neuerer Zeit zu berücksichtigen sei.[888]

Mittlerweile trifft dieser Grundsatz nicht mehr uneingeschränkt zu. Denn in der BGH-Entscheidung Elektronischer Pressespiel spricht der BGH nun von einer „weitergehenden"[889] und sogar von einer „ausnahmsweise extensiven Auslegung [mit] Rücksicht auf die neuen technischen Möglichkeiten".[890] Zwar erkennt der BGH in dieser Entscheidung den Grundsatz der engen Auslegung von Schranken an, jedoch müsse auch der verfassungsrechtlichen Position des Nutzers in den Schranken Rechnung getragen werden.[891] Nach dem BGH sei diese ausnahmsweise weite Auslegung auch mit dem Dreistufentest und der

---

(164) – Filmzitat; BGH GRUR 1985, 874 (876) – Schulfunksendung; Fromm/Nordemann/*Dustmann*, UrhR, Vor §§ 44a ff. UrhG Rn. 4; Loewenheim/*Götting*, Handbuch UrhR, § 30 Rn. 12; Schricker/Loewenheim/*Melichar/Stieper*, UrhR, Vor §§ 44a ff. UrhG Rn. 36 f.

886 Richtlinie 2001/29/EG.

887 Art. 9 Abs. 2 RBÜ; Art. 13 TRIPS; Art. 5 Abs. 5 Info-Richtlinie 2001/29/EG.

888 BGHZ 17, 266 (282) – Grundig-Reporter; BGHZ 134, 250 (263 f.) – CB-Infobank I; *Loewenheim*, GRUR 1996, 636 (641); früher zustimmend (bis 2. Auflage 1999) Schricker/Loewenheim/*Melichar*, UrhR, Vor §§ 45 ff. Rn. 15; mittlerweile davon ausgehend, dass die allgemeine Lehre nun nicht mehr eine enge Auslegung von Ausnahmeregeln für notwendig hält Schricker/Loewenheim/*Melichar/Stieper*, UrhR, Vor §§ 44a ff. UrhG Rn. 38.

889 BGHZ 151, 300 (311) – Elektronischer Pressespiegel.

890 BGHZ 151, 300 (310) – Elektronischer Pressespiegel.

891 BGHZ 151, 300 (310) – Elektronischer Pressespiegel; BGHZ 151, 300 (307) – Elektronischer Pressespiegel; bezugnehmend auf BGHZ 150, 6 (8 f.) – Verhüllter Reichstag.

Info-Richtlinie (Richtlinie 2001/29/EG – zum Zeitpunkt der Entscheidung noch nicht umgesetzt) vereinbar.[892]

Eine ähnliche Richtung zur Ausdehnung schlägt der BGH bereits ein, als er 1986 die Anwendung des Kleinzitates nach § 51 Nr. 2 UrhG a. F.[893] auch auf Filmwerke zulässt, obwohl der Wortlaut des Gesetzes lediglich auf Sprachwerke Anwendung findet. Ebenso wird die enge Auslegung aufgelockert, als das Kleinzitat nach § 51 Nr. 2 UrhG a. F. auch auf ganze Werke ausgeweitet wird, während der Wortlaut nur auf „Stellen eines Werkes“ ausgerichtet ist. Besonders bei Bildzitaten tritt die Notwendigkeit einer Ausweitung der engen Auslegung hervor, wenn die Abbildung im Ganzen sinnvoll erscheint, die Voraussetzungen für ein wissenschaftliches Großzitat jedoch nicht vorliegen.[894] Die Rechtsprechung hat dies anerkannt und somit Raum für das „große Kleinzitat“ oder „kleine Großzitat“[895] geschaffen.

Gerade im Hinblick auf die Gesetzesbegründung, dass die Schrankenbestimmungen mit dem zweiten Korb derart ausgestaltet werden sollten, dass die Regelungen flexibel sein sollen, lässt sich diese Wende in der Rechtsprechung durchaus begründen. Deshalb wird wohl auch auf eine abschließende Aufzählung der Verwertungsarten verzichtet.[896] Dies kann gleichwohl nicht zu einer erheblichen Ausweitung der Schrankenbestimmungen führen, hier muss besonders abgewogen werden. Es erscheint sinnvoll, die Schrankenbestimmungen – im Rahmen der bestehenden europäischen Vorgaben – auf neue (technische) Gegebenheiten jeweils anpassend anzuwenden. Den Auslegungsmöglichkeiten sind jedoch Grenzen gesetzt: zwar muss die Auslegung nicht immer eng am Wortlaut erfolgen – es ist stets nach dem Sinn und Zweck der Schrankenbestimmung zu schauen –, jedoch sind auch den Interpretationsmöglichkeiten Grenzen gesetzt, da sich eine Auslegung jeweils zunächst am Gesetzeswortlaut zu orientieren hat. Dennoch kann eine Schrankenanwendung nach Sinn und Zweck der Vorschrift zu einer erweiternden Auslegung eines eng formulierten Wortlauts führen, sodass die Ausnahmetatbestände in Ansätzen auch auf digitale Güter

---

892 Eine Vereinbarkeit verneinend *Berger*, CR 2004, 360 (360 ff.); *Katzenberger*, GRUR Int 2004, 739 (739 ff.); *Niemann*, CR 2003, 119 (119 ff.).

893 In der geltenden Fassung bis zum 31.12.2007.

894 *Förster*, Fair Use, S. 102.

895 Dreier/Schulze/*Dreier*, UrhG, § 51 Rn. 24; Schricker/Loewenheim/*Loewenheim*, UrhR, § 51 UrhG Rn. 45; OLG Hamburg, GRUR 1990, 36 (37) – Foto-Entnahme.

896 So auch Hoeren/Sieber/Holznagel/*Raue/Hegemann*, Handbuch Multimedia-Recht, Teil 7.3 Rn. 43; *Kröger*, MMR 2002, 18 (19 ff.); kritisch dazu *Hoeren*, GRUR 2002, 1022 (1026).

übertragen werden können – ähnlich der BGH-Entscheidung „Elektronischer Pressespiegel“[897], in der die alte Formulierung des § 49 UrhG a.F. zeitgemäß ausgelegt wird.

Eine Auslegung nach Sinn und Zweck einer Vorschrift hat jedoch auch ihre Grenzen: solange noch erkennbar ist, was unter den Tatbestand der Vorschrift fällt, ist eine erweiternde Auslegung wünschenswert (z.B. bei Zeitungen und Presseerzeugnissen, dass auch deren digitale Versionen erfasst sind); wenn aber die Vorschrift derart weit interpretiert werden muss und mithilfe der Wortlautauslegung kaum noch nachvollziehbar ist, was unter den Tatbestand zu fassen ist, ist der Gesetzeswortlaut nicht mehr zeitgemäß. Eine erweiternde Schrankenauslegung ist ein wichtiger Schritt in Richtung eines zeitgemäßen Umgangs mit digitalen Gütern, ersetzt allerdings nicht das Streben nach einem großen Lösungsansatz, gerade in Bezug auf eine Harmonisierung der Schrankenregelungen.

Auch durch Art. 5 Info-Richtlinie, der den Dreistufentest in Abs. 5 enthält, wird die Auslegungsmöglichkeit der Schranken begrenzt, da die Schrankenbestimmungen richtlinienkonform und damit grundsätzlich eng ausgelegt werden müssen. Art. 5 Info-Richtlinie bindet damit auch den die Schranken auslegenden Richter.

Die von der Rechtsprechung angeführten Gründe zur engen Auslegung der Schranken wurden und werden in der rechtswissenschaftlichen Literatur durchaus kritisiert. Gesetzliche Normen seien stets auslegungsbedürftig, es sei mittels Auslegung das Ziel der Vorschrift zu ermitteln und ob ggfs. eine erweiterte Auslegung oder eine Analogie zu einer Abweichung der Grundvorgabe dieser Vorschrift führen könne.[898] Ebenso wird kritisiert, das Abstellen

897 BGHZ 151, 300 – Elektronischer Pressespiegel.

898 Vgl. zur generellen juristischen Methodik *Bydlinski*, Juristische Methodenlehre und Rechtsbegriff, S. 81; Dreier/Schulze/*Dreier*, UrhG, Vor §§ 44a ff. Rn. 7; *Enneccerus/Nipperdey*, Allgemeiner Teil des Bürgerlichen Rechts, Band 1, S. 297 Fn. 6; *Larenz/Canaris*, Methodenlehre der Rechtswissenschaft, S. 175 f.; *Müller/Christensen*, Juristische Methodik – Band 1: Grundlegung für die Arbeitsmethoden der Rechtspraxis, Rn. 373 „pseudo-normative-Regel“; *Poeppel*, Neuordnung der urheberrechtlichen Schranken, S. 43 f.; *Schack*, FS Schricker, S. 511 (514); *Ulmer*, Urheber- und Verlagsrecht, S. 315; *Ulmer*, GRUR 1972, 323 (324); zum Schweizer Recht *Pahud*, UFITA 2000, 99 (135 f.); im Ansatz dagegen auf den „Aufbau des Gesetzes“ abstellend Schricker/Loewenheim/*Melichar/Stieper*, UrhR, Vor §§ 44a ff. UrhG Rn. 36 ff.; „vorsichtig erweiternde[…] Auslegung“, Fromm/Nordemann/*Dustmann*, UrhR, Vor §§ 44a ff. UrhG Rn. 4; *Förster*, Fair Use, S. 107.

der Gegebenheiten allein auf den Zeitpunkt des Gesetzerlasses sei überholt, besonders sei die ursprüngliche Intention und Zielsetzung des Gesetzgebers gewahrt, wenn es sich um neue Nutzungsarten handele, die nun Beachtung fänden, besonders, wenn sie die ursprüngliche Werkverwertung nur ersetzten oder ergänzten.[899]

3. Zusätzliche Schranken (außerhalb des UrhG)

Neben den im Urheberrechtsgesetz festgelegten Schranken kommen auch Schranken außerhalb des Urheberrechtsgesetzes in Betracht, die Rechtfertigungsgründe für Eingriffe darstellen können. Diese können sich aus dem BGB ergeben (teils durch analoge Anwendung):[900] die Notwehr (§ 227 BGB), der Aggressivnotstand (§ 904 S. 1 BGB) und das Schikaneverbot (§ 226 BGB).[901] Sinnvolle Anwendungsbereiche, in denen diese Rechtfertigungsgründe tatsächlich vorliegen könnten, sind jedoch in der Praxis nur schwer vorstellbar.[902]

Eine Minderheit stützt sich auf die Anwendung eines übergesetzlichen Notstands[903] zur Rechtfertigung von Eingriffen in das Urheberrecht. Damit wäre ein Eingriff in das Urheberrecht dann gerechtfertigt, wenn die Nutzung eines urheberrechtlich geschützten Werkes zum Schutz eines höherwertigen Rechtsguts geboten ist. Diese Ansicht wird von den meisten Stimmen der

---

899 Schricker/Loewenheim/*Melichar/Stieper*, UrhR, Vor §§ 44a ff. UrhG Rn. 38; Wandtke/Bullinger/*Lüft*, PK UrhR, Vor §§ 44a ff. Rn. 2; differenzierend Schulze, der danach fragt, ob der Gesetzgeber bei Novellierungen neue Nutzungsarten „durch Nicht-Anpassung des Gesetzes bereits mitregeln – privilegieren – oder hierzu noch keine Regelung treffen wollte“, *Schulze*, FS Erdmann, S. 173 (180); allgemein zum Methodenstreit über die subjektive/entstehungszeitliche versus objektive/geltungszeitliche historische Auslegung *Rüthers/Fischer/Birk*, Rechtstheorie mit juristischer Methodenlehre, Rn. 796 ff.; *Röhl/Röhl*, Allgemeine Rechtslehre, S. 610 ff.

900 Wenn man die Rechtfertigungsgründe des BGB auch außerhalb von diesem Anwendung finden lässt, so z.B. Schricker/Loewenheim/*Melichar/Stieper*, UrhR, Vor §§ 44a ff. UrhG Rn. 22; Staudinger/*Althammer*, Buch 3: §§ 903–924, § 904 Rn. 46 (bei Eingriffen in alle subjektiven Privatrechte analoge Anwendung möglich und sinnvoll).

901 Dazu Schricker/Loewenheim/*Melichar/Stieper*, UrhR, Vor §§ 44a ff. Rn. 22; Staudinger/*Althammer*, Buch 3: §§ 903–924, § 904 BGB Rn. 46.

902 *Förster*, Fair Use, S. 80; *Schack*, FS Schricker, S. 511 (516); *Poeppel*, Neuordnung der urheberrechtlichen Schranken, S. 48; Wandtke/Bullinger/*v. Wolff*, PK UrhR, § 97 UrhG Rn. 33.

903 Der übergesetzliche Notstand hat sich ursprünglich im Strafrecht entwickelt, vgl. *Bornkamm*, FS Piper, S. 641 (647); *Schack*, FS Schricker, S. 511 (517).

rechtswissenschaftlichen Literatur abgelehnt,[904] auch wenn sie von der Rechtsprechung in einigen Fällen sogar zugelassen,[905] in anderen Fällen jedenfalls in Erwägung gezogen wird.[906] Die Anwendung des übergesetzlichen Notstandes wird zurecht abgelehnt, da die übrigen genannten Rechtfertigungsgründe strenge Voraussetzungen haben und diese durch eine erweiternde Anwendung des übergesetzlichen Notstandes unterlaufen würden und kaum noch Anwendung fänden.

Ebenso gibt es wenige Stimmen, die direkt auf das Grundgesetz abstellen und eine unmittelbare Güter-und Interessenabwägung vornehmen wollen.[907] Sollte ein überragendes Interesse der Öffentlichkeit bestehen, müssten die durch Art. 14 GG geschützten Interessen des Rechteinhabers zurücktreten.[908] Diese Auffassung wird jedoch stark kritisiert, da der Gesetzgeber die verfassungsrechtliche Berücksichtigung der Sozialpflichtigkeit des (geistigen) Eigentums (Art. 14 GG) in den Schranken des Urheberrechtsgesetzes bereits verankert und die widerstreitenden Interessen abschließend zum Ausgleich gebracht hat.[909] Denkbar sind hier nur spezielle Einzelfälle, in denen man sich über den Wortlaut des Urheberrechtsgesetzes hinwegsetzen und der Nutzer sich selbst auf eine grundrechtliche Position berufen kann. Ein Ausnahme-Beispiel ist die Germania 3-Entscheidung[910] des Bundesverfassungsgerichts: dort wird eine verfassungskonforme Auslegung der Zitierfreiheit vorgenommen und damit der Grundsatz der engen Auslegung in Teilen aufgeweicht.[911] Diese Entscheidung

---

904 *Bornkamm*, FS Piper, S. 641 (647 f.); Dreier/Schulze/*Dreier*, UrhG, Vor §§ 44a ff. Rn. 2; *Poeppel*, Neuordnung der urheberrechtlichen Schranken, S. 49; *Schack*, FS Schricker, S. 511 (516 f.); Schricker/Loewenheim/*Melichar/Stieper*, UrhR, Vor §§ 44a ff. UrhG Rn. 22; kritisch auch *Förster*, Fair Use, S. 81; *Seifert*, FS Erdmann, S. 195 (209); *Ulmer*, Urheber- und Verlagsrecht, S. 542; mittlerweile lehnt auch der BGH die Anwendung des übergesetzlichen Notstandes an dieser Stelle ab BGHZ 154, 260 (266) – Gies-Adler.

905 LG Berlin, GRUR 1962, 207 (210) – Maifeiern; ähnlich, bezeichnet den übergesetzlichen Notstand jedoch als möglicherweise „verfehlt", jedoch komme es nicht auf Begriffe an: OLG Hamburg, NJW 1999, 3343 (3344) – veröffentlichte Berufungsschrift.

906 KG, NJW 1995, 3392 (3394); ausführlich dazu *Bornkamm*, FS Piper, S. 641 (641 ff.); *Findeisen*, Die Auslegung urheberrechtlicher Schrankenbestimmungen, S. 119 ff.; *Seifert*, FS Erdmann, S. 195 (206 ff.).

907 Vgl. OLG Stuttgart, ZUM-RD 2003, 586.

908 Vgl. OLG Stuttgart, ZUM-RD 2003, 586 (589 f.).

909 BGHZ 154, 260 (264 f.) – Gies-Adler; BGHZ 150, 6 (8 f.) – Verhüllter Reichstag.

910 BVerfG GRUR 2001, 149 – Germania 3.

911 *Förster*, Fair Use, S. 108.

stellt jedoch nicht die im Wege der Urheberrechtsschranken vorgenommene Interessenabwägung in ihren Grundsätzen in Frage, sondern nimmt innerhalb des vorliegenden Rahmens eine verfassungskonforme Auslegung vor.[912]

Auch in Bezug auf digitale Vervielfältigungen auf einem PC sieht der BGH eine Ergänzungsbedürftigkeit des § 54 Abs. 1 UrhG. Die rasante Verbreitung digitaler Datenspeicherung und -vervielfältigung macht eine Vergütungspflicht auch für die gem. § 53 Abs. 1 UrhG a.F. zulässige digitale Privatkopie erforderlich.[913] Damit stellt der BGH klar, dass bei der Auslegung der Schrankenbestimmungen grundsätzlich eine enge Wortlautauslegung vorzugswürdig ist, aber auch immer der Sinn und Zweck der Vorschrift im Blick behalten werden muss, was eine erweiterte Auslegungsmöglichkeit bietet. Somit können neue technische Entwicklungen auch in Ausnahmefällen zur Ausweitung von Ausnahmebestimmungen führen.[914]

Auch in der Rechtsprechung des EuGH zeigt sich eine Abwendung von der engen Auslegung der Schrankenbestimmungen.[915]

Allerdings ist zu beachten, dass im Anwendungsbereich zwingender Vorgaben des Unionsrechts an die Stelle einer verfassungskonformen Auslegung des nationalen Rechts die Auslegung anhand europäischer Grundrechte gem. Art. 51 EU-Grundrechtecharta tritt.[916] Maßstab für die Überprüfung des nationalen Urheberrechts sind an erster Stelle die Richtlinien zum Urheberrecht.[917]

Denkbar ist zudem die Anwendung externer Schranken bei Überschneidung des Anwendungsbereichs des Urheberrechts mit anderen Schutzrechten, besonders dem Markenrecht. In der Entscheidung Parfumflakon[918] war ein Unterlassungsanspruch aus dem Markenrecht aufgrund von Erschöpfung nicht möglich, daher beriefen sich die Hersteller der Flakons auf einen Unterlassungsanspruch aus dem Urheberrecht. Dies wurde jedoch abgelehnt insbesondere mit der Begründung des Vorrangs der Verkehrsfähigkeit vor dem Urheberrechtsschutz

---

912 *Förster*, Fair Use, S. 110.

913 BGH GRUR 2014, 984 (Rn. 44) – PC III.

914 *Stieper*, GRUR 2014, 1060 (1064).

915 EuGH GRUR 2014, 972 (Tz. 22 ff.) – Deckmyn/Vandersteen; EuGH ZUM 2011, 803 (Tz. 163 f.) – Football Association Premier League.

916 GrundlegendBVerfGE 118, 79 (95) – Umweltrecht – Immissionsschutzrecht; BVerfG GRUR 2007, 1064 (Rn. 20) – Kopierschutzumgehung; BGH GRUR Int 2011, 955 (Rn. 32) – Drucker und Plotter II.

917 *Stieper*, GRUR 2014, 1060 (1064).

918 BGHZ 144, 232 – Parfumflakon.

und einer ansonsten drohenden Vertriebskontrolle durch den Rechteinhaber.[919] Insofern wird das Urheberrecht aufgrund der Warenverkehrsfreiheit eingeschränkt.[920]

Auch kartellrechtliche Zwangslizenzen sind denkbar, die die urheberrechtlichen Ausschließlichkeitsrechte beschränken können. Eine Überschneidung von Urheberrecht und Kartellrecht ist jedoch nur in wenigen Konstellationen anzunehmen, und zwar in denen, in denen der Urheber auch eine marktbeherrschende Stellung innehat („bottleneck"-Situation[921]).[922] Weitere mögliche kartellrechtliche Anwendungen auf das Urheberrecht[923] spielen in dieser Untersuchung jedoch keine Rolle und sollen nicht weiter betrachtet werden.

II. Einführung in den Sachverhalt Google Book Search

Um die Schrankenproblematik im Spannungsverhältnis zwischen deutschem und US-amerikanischem Urheberrecht angesichts der schnell voranschreitenden Digitalisierung der Welt mit der Möglichkeit, urheberrechtlich geschützte Werke ohne Zustimmung der Rechteinhaber zu digitalisieren, konkret werden zu lassen, sollen im Folgenden die Uneinheitlichkeit von Regelungen und Auslegungen der Schranken exemplarisch an einem besonders wichtigen Verfahren mit seinen weitreichenden Konsequenzen für Urheber und Nutzer auf der ganzen Welt verdeutlicht werden.

Speziell dieses Verfahren hat weltweit große Aufmerksamkeit gefunden und zu kontroversen Diskussionen geführt mit der wichtigen Frage, wie konkret Schrankenregelungen zu fassen sind, um einerseits noch auslegungsfähig zu bleiben und andererseits für ausreichende Rechtssicherheit zu sorgen.

Googles Praktiken, urheberrechtlich geschützte Werke zu digitalisieren, werden kritisch gesehen: „Weltweit droht entweder der größte bisher bekannte

---

919 BGHZ 144, 232 (238 f.) – Parfumflakon; EuGH GRUR Int 1998, 140 (144) – Dior/Evora.

920 *Förster*, Fair Use, S. 83.

921 Sog. Engpasssituationen; in diesem Fall hatte der Rechteinhaber ein ausschließliches Recht an einer Datenbank und damit marktbeherrschende Stellung.

922 *Förster*, Fair Use, S. 85.

923 Beispielsweise der Schutz des Urheberrechts durch Wahrung des Wettbewerbs; eine wettbewerbskonforme Ausgestaltung des Vertriebs legaler Kopien kann den preiswerten Zugang zu Werken und damit eine Marktordnung fördern, in der Konsumenten weniger Anreize verspüren, auf billigere Raubkopien auszuweichen, *Drexl*, Max-Planck-Institut für Immaterialgüter- und Wettbewerbsrecht, München – Forschungsbericht 2012, 1 (1 ff.).

Diebstahl geistigen Eigentums oder aber winkt ein goldenes Zeitalter freier Verfügbarkeit auch sonst nicht mehr zugänglicher Bücher in der digitalen Welt."[924]

Das Unternehmen Google wurde 1998 von Lawrence Edward Page und Sergei Michailowitsch Brin gegründet. Ursprünglich programmierten sie eine Suchmaschine (BackRub), die anhand von Suchbegriffen Webseiten fand. Die Rangfolge wurde dadurch ermittelt, dass die Anzahl der auf sie verweisenden Links gezählt wurde.

Nach der ebenfalls 1998 erfolgten Gesellschaftsgründung und dem Börsengang 2004 hat Google sich zu einem weltgroßen Unternehmen im Internet entwickelt. Die Marke Google ist eine der wertvollsten der Welt. Laut Interbrand betrug der Wert der Marke Google im Jahr 2017 141,703 Milliarden US-Dollar und landete damit auf dem 2. Platz der 100 wertvollsten Marken der Welt.[925]

Im Jahr 2013 erwirtschaftete Google eigenen Angaben zufolge mit rund 47.000 Mitarbeitern einen Umsatz von knapp 60 Milliarden US-Dollar und einen Gewinn von knapp 13 Milliarden US-Dollar.[926] Angefangen mit der Suchmaschine, die mittlerweile eine der beliebtesten im Internet ist, über Googlemail, Google Maps und das Google Books Project bis hin zum eigenen Betriebssystem Android und eigenem sozialen Netzwerk Google+ hat Google ein riesiges Datennetzwerk mit großer Werbeplattform aufgebaut. Firmenziel sei es, „die Informationen der Welt zu organisieren und für alle zu jeder Zeit zugänglich und nützlich zu machen".[927]

Der Name Google findet sich in vielen urheberrechtlichen Streitfragen auf der ganzen Welt.

1. Alternativen zu Google Book Search

a) Amazon „Search Inside"/ „Blick ins Buch"

Auch das große Internet-Versandhaus Amazon bietet eine Buchsuche an, „Search Inside." Amazon konzentriert sich hier auf Bücher, die aktuell auf dem Buchmarkt verfügbar sind, und gewährt möglichen Kunden einen Einblick ins Buch, vielleicht auch um sie damit zum Kauf zu bewegen.

---

924 *Adolphsen/Mutz*, GRUR Int 2009, 789 (789).

925 http://interbrand.com/best-brands/best-global-brands/2017/ranking/google/ (zuletzt aufgerufen am 21.05.2020).

926 Google Investor Relations: http://investor.google.com/financial/tables.html (zuletzt aufgerufen am 21.05.2020).

927 https://www.google.de/intl/de/about/our-story/ (zuletzt aufgerufen am 21.05.2020).

Hier kann der Nutzer Titel, Inhaltsverzeichnis, Einleitung und einen Textauszug online anschauen, wenn der Verlag dazu vorher sein Einverständnis gegeben hat. Die Einverständniserklärung, die vorzuliegen hat, zeigt einen erheblichen Unterschied im Vergleich zu Googles Book Search; denn auch wenn bei Google viele Rechteinhaber ihr Einverständnis gaben, digitalisierte Google bereits von Anfang an auch urheberrechtlich geschützte Werke ohne Einwilligung.

Nutzer können auch bei Amazon im aufgerufenen Buch nach Begriffen suchen; ähnlich wie bei Googles Book Search wird der Suchtreffer in seinem Satzzusammenhang dargestellt, inklusive den zwei Seiten davor und dahinter.

Der Verlag kann auch nur einen Teil der Buchseiten zur Verfügung stellen; dies ist dann eher wie eine Art online verfügbarer Klappentext zu bewerten, der dem potenziellen Kunden einen Einblick in Art und Inhalt des Buches vermitteln soll.

Das Angebot von „Search Inside" richtet sich deutlich mehr an potenzielle Käufer des Buches, was den Eindruck eines sog. erweiterten Klappentextes verstärkt. Bei Google Books stehen die Bücher eher generell zum online-Lesen zur Verfügung, bzw. zur gezielten online-Suche nach Textstellen. Wohl nur selten wird ein Nutzer bei Amazon ein Buch aufrufen, um dort gezielt nach einer Textstelle zu suchen.

Amazon bietet auch kostenlose E-Books an, jedoch sind diese nicht urheberrechtsverletzend eingescannt – an dieser Stelle ergibt sich kein urheberrechtlich relevantes Problem.

b) Archive.org[928]

1996 wird das Internet Archive in den USA gegründet, es umfasst mittlerweile diverse Texte und Bücher (heute über 10 Millionen), Audiodateien, Videos, Bilder und Software, es ist seit 2007 offiziell als Bibliothek anerkannt. Das Archiv zielt auf eine Langzeitarchivierung und eine Zugangsmöglichkeit für Blinde oder Menschen mit anderen Behinderungen ab.

Als Besonderheit bietet das Internet Archive die „Wayback Machine", mit der der Nutzer gespeicherte Webseiten in verschiedenen Versionen aufrufen kann. Mitte 2017 beträgt der Gesamtumfang 279 Milliarden gespeicherte Seiten.

Mit dem „Million Book Project" werden Bücher und Texte nach dem Ablauf des Copyrights oder solche, die aus anderen Gründen gemeinfrei geworden sind, digitalisiert und dem Nutzer zugänglich gemacht. Die digitalisierten Inhalte sind Teil der Open Library.[929]

928 www.archive.org (zuletzt aufgerufen am 21.05.2020).
929 www.openlibrary.org (zuletzt aufgerufen am 21.05.2020).

c) *Europeana*[930]

Europeana ist eine europäische Initiative, die auf eine gute Vernetzung der europäischen Mitgliedstaaten untereinander setzt und den Zugang untereinander erleichtern möchte. Es handelt sich um eine virtuelle europäische Bibliothek, die das geschichtliche und kulturelle Erbe Europas in digitaler Form für jedermann zugänglich machen soll.

d) *Digital Public Library of America (DPLA)*[931]

Im Zuge der Digitalisierung und Bereitstellung durch Google hat die Harvard University eine eigene digitale öffentliche Bibliothek ins Leben gerufen, die keine Werbung anzeigt und für alle Nutzer frei zugänglich ist. Gesammelt werden hier digitale Werke verschiedener Bibliotheken, die ihre eigenen Bücher eingescannt haben und zur Verfügung stellen. Diese Bibliothek sammelt alle Werke und erleichtert es dem Nutzer, auf sie zuzugreifen und lediglich eine Suchmaske dafür nutzen zu müssen. Ein Argument der Bibliotheksbetreiber selbst ist die Werbefreiheit, die Google nicht bietet.

e) *Libreka*[932]

Libreka (libreka!) ist als Projekt vom Börsenverein des Deutschen Buchhandels ins Leben gerufen worden, um eine zentrale Anlaufstelle für Speicherung, Durchsuchbarkeit, Anzeige und Verkauf digitaler Versionen von Büchern zu werden. 2014 wurde Libreka als eigenes Projekt beendet und in das Angebot von Buchhandel.de integriert. Die Verlage selbst laden Buchinhalte hoch, die der Nutzer durchsuchen kann.

Libreka beinhaltet auch ein Rechtemanagement, das auf verschiedene Kundenprofile zugeschnitten sein soll, jedoch sind die verschiedenen technischen Schutzmaßnahmen wie einfacher Kopierschutz mit begrenzter Downloadzahl oder Wasserzeichen für den Nutzer als auch für den Verlag recht unübersichtlich.

---

930 https://www.europeana.eu/de (zuletzt aufgerufen am 21.05.2020).

931 www.dp.la (zuletzt aufgerufen am 21.05.2020).

932 https://info.libreka.de (zuletzt aufgerufen am 21.05.2020).

f) Zusammenfassende Betrachtung

Da Googles Suchmaschine zu den bekanntesten und meist genutzten zählt, sind die anderen Varianten allein schon deshalb nicht derart bekannt, da Google sein eigenes Angebot als Suchergebnis an die erste Stelle bringt.[933]

Google Book Search unterscheidet sich von den oben genannten Alternativen besonders durch den Urheberrechtsverstoß durch Google, der bei den anderen hier genannten Varianten zumindest nicht im vergleichbaren Umfang zu finden ist.

Bei den oben genannten Varianten sind die Verlage an der Entscheidung der Digitalisierung beteiligt bzw. es werden hauptsächlich gemeinfreie Werke digitalisiert angeboten.

Vielleicht kann Google zugutegehalten werden, die meisten Bücher nicht einzuscannen, um den Büchermarkt zu zerstören, sondern durch sein Tätigwerden das menschliche Wissen fördern zu wollen. Wen dann das Gesamtwerk interessiert, der kann es, so verteidigt sich Google, legal erwerben.

Nach der Entscheidung zugunsten von „fair use" bei Digitalisierung und Anbieten durch Google ist der Weg grundsätzlich auch für andere Anbieter frei, wenngleich nicht für eine Volltextanzeige, sondern nur für Textauszüge, sog. Snippets. Außerdem impliziert die Einschätzung der Vorgehensweise Googles als „fair use" nicht unbedingt, dass ähnliche Praktiken anderer Anbieter ebenfalls als „fair use" anzusehen sind.

g) Ergebnis

Die vorgestellten Alternativen zu Google Book Search haben sich bislang am Markt nur begrenzt etablieren können, da Google Book Search für den Nutzer insgesamt wesentlich mehr Möglichkeiten bietet. So sind bei Google Book Search Werke trotz fehlender Einwilligung durch Urheber bzw. Rechteinhaber durchsuchbar, die bei anderen Anbietern nicht kostenlos in dieser Art zur Verfügung stehen.

2. Mögliche Urheberrechtsverletzung durch Google Book Search nach deutschem Recht

Inwiefern kann Handeln in den USA juristische Folgen in Deutschland nach sich ziehen? Das Einscannen von Werken und die Veröffentlichung im Internet

933 Eine Erörterung, ob dieses Vorgehen kartellrechtlich möglicherweise unzulässig ist, würde an dieser Stelle den Rahmen sprengen und soll hier nicht erfolgen.

ermöglichen es grundsätzlich jedem Internetnutzer in Deutschland, auf die Inhalte nach Belieben zuzugreifen, was deutsche Urheberrechte verletzen kann.

Google möchte Nutzern nach eigenen Angaben dabei helfen, Bücher zu entdecken, nicht, sie online zu lesen: deshalb solle der Autor entscheiden, wie viel von seinem Text angezeigt wird.[934] Jedoch bleibt fraglich, ob dieser Ansatz ausreichend ist, Urheberrechte nicht oder nicht übermäßig zu verletzen.

Im internationalen Immaterialgüterrecht wird bzgl. der Entstehung, des Inhalts, der Übertragung und des Erlöschens des Urheberrechtsschutzes überwiegend auf das Recht des Schutzlandes (lex loci protectionis) abgestellt. Besonders beeinflusst wird diese Art des Schutzes von Eugen Ulmer, der das Schutzlandprinzip aus dem Territorialprinzip herleitet.[935] Für die EU regelt dies Art. 8 Abs. 1 Rom II-VO, der jedoch nur die Verletzung von Rechten des geistigen Eigentums regelt. Vorfragen, wie die nach dem Inhaber des Urheberrechts oder dem Inhalt, werden in der Rom II-VO nicht behandelt.[936]

Fraglich ist, ob auch Urheberpersönlichkeitsverletzungen unter Art. 8 Rom II-VO fallen, da der Anwendungsbereich der Rom II-VO Persönlichkeitsverletzungen dem Wortlaut nach nicht umfasst. Dies wird strittig beurteilt und ist durch Wortlautauslegung und im Hinblick auf Sinn und Zweck der Regelung festzustellen.[937] Erwägungsgrund 26 S. 2 der Rom II-VO umfasst das Urheberrecht als einen Teil des „Rechts des Geistigen Eigentums". In Deutschland zumindest gehören zu den Urheberrechten auch die Nutzungsrechte daran und das Urheberpersönlichkeitsrecht.[938] Vom Wortlaut des Art. 1 Abs. 2 lit. g) Rom II-VO sind weder das allgemeine Persönlichkeitsrecht noch das Urheberpersönlichkeitsrecht umfasst.

Jedoch kann das Urheberpersönlichkeitsrecht nach einer Ansicht vom Anwendungsbereich umfasst werden, wenn der Begriff europäisch-autonom ausgelegt wird; dabei wird angenommen, dass das Urheberpersönlichkeitsrecht rechtlich verselbstständigt ist, auch wenn es vor allem den Schutz der Persönlichkeit des Urhebers schützt, die in dem von ihm geschaffenen Werk zum

---

934 Google-Support im Internet: https://support.google.com/books/partner/faq/3396243#43742 (zuletzt aufgerufen am 21.05.2020).

935 *Ulmer*, Die Immaterialgüterrechte im internationalen Privatrecht, S. 9.

936 *Schack*, Urheber- und Urhebervertragsrecht, Rn. 1018.

937 Dagegen *Schack*, Urheber- und Urhebervertragsrecht, Rn. 1018; dafür Bamberger/Roth/*Spickhoff*, BGB, Art. 8 Rn. 2. VO (EG) 864/2007 (ROM II); *Dreyer/Kotthoff/Meckel*, UrhR, § 120 UrhG Rn. 8; *Grünberger*, ZVglRWiss 2009, 134 (173 f.).

938 *Sack*, WRP 2008, 1405 (1406 f.); Spindler/Schuster/*Bach*, Recht der elektronischen Medien, Art. 8 Rom II Rn. 9.

Ausdruck kommt.[939] Beim Urheberpersönlichkeitsrecht handele es sich um ein Immaterialgüterrecht, deshalb schlage die vom deutschen Gesetzgeber gewählte Bezeichnung Urheber„persönlichkeitsrecht" nicht auf die europäisch-autonome Qualifikation als Recht des geistigen Eigentums durch.[940]

Eine andere Ansicht sieht das Urheberpersönlichkeitsrecht wohl als ähnliches Recht wie das allgemeine Persönlichkeitsrecht. Da Persönlichkeitsrechtsverletzungen vollständig vom Anwendungsbereich der Rom II-VO ausgeschlossen seien, müsse dies auch für Urheberrechtsverletzungen gelten.[941]

Für die beiden konträren Auffassungen gibt es jeweils gute Gründe, doch für die Prüfung der gestellten Fragen nach Urheberrechtsverletzungen durch Google ist ein Streitentscheid hier weniger relevant.

Nach dem Schutzlandprinzip ist das Recht des Staates anzuwenden, für den der Schutz beansprucht wird, also des Staates, in dem die Eingriffshandlung stattgefunden hat oder stattzufinden droht.[942]

Mit der Anwendung des Territorialitätsprinzips, das auch bei anderen Immaterialgüterrechten gilt, haben nationale Immaterialgüterrechte nur begrenzte Wirkung auf das betreffende Territorium;[943] damit entsteht kein weltweites Immaterialgüterrecht, der Urheber bekommt vielmehr ein Bündel nationaler Rechte (Kegel'sche Bündeltheorie).[944] Verständlicher für den Rechteinhaber ist die Bündeltheorie besonders bei Rechten, die vom jeweiligen Staat verliehen werden; das Urheberrecht wird im deutschen Rechtsverständnis jedoch gerade nicht vom Staat verliehen, es entsteht vielmehr aus der Beziehung des Urhebers

939 Spindler/Schuster/*Bach*, Recht der elektronischen Medien, Art. 1 Rom II Rn. 11.

940 *Grünberger*, ZVglRWiss 2009, 134 (173 f.); Spindler/Schuster/*Bach*, Recht der elektronischen Medien, Art. 8 Rom II Rn. 10.

941 *Schack*, Urheber- und Urhebervertragsrecht, Rn. 1018.

942 *Adolphsen/Mutz*, GRUR Int 2009, 789 (791); *Junker*, jurisPR-ITR 1/2008, Anm. 4.

943 So zumindest das allgemeine Verständnis, zum Beispiel *Baetzgen*, Internationales Wettbewerbs- und Immaterialgüterrecht im EG-Binnenmarkt, Rn. 99; *Birkmann*, Die Anknüpfung der originären Inhaberschaft am Urheberrecht, S. 27 ff.; *Fezer*, Markenrecht, Einleitung h Rn. 11; Staudinger/*Fezer/Koos*, Internationales Wirtschaftsrecht, Rn. 883; MüKo-BGB/*Drexl*, Band 12, IntImmGR, Rn. 7; Wandtke/Bullinger/*von Welser*, PK UrhR, Vor §§ 120 Rn. 5.

944 MüKo-BGB/*Drexl*, Band 12, IntImmGR, Rn. 7; Staudinger/*Fezer/Koos*, Internationales Wirtschaftsrecht, Rn. 892, 1009; BGHZ 136, 380 (386 m.w.N.) – Spielbankaffaire; a.A. *Schack*, Urheber- und Urhebervertragsrecht, Rn. 919 ff., der für die Anwendung des Universalitätsprinzips im internationalen Urheberrecht plädiert; BGHZ 152, 322 (322) – Sender Felsberg.

zu seinem Werk. Der Grundsatz der Territorialität soll auch für das Urheberrecht gelten[945] und sich aus dieser territorialen Begrenztheit nach wohl h.M. die Anwendung des Rechtes desjenigen Schutzlandes ergeben (Schutzlandprinzip).[946] Das bedeutet vereinfacht, dass ein inländisches Schutzrecht grundsätzlich nur durch eine im Inland begangene Handlung, ein ausländisches Schutzrecht grundsätzlich nur durch eine im Ausland begangene verletzt werden kann.[947]

Somit muss grundsätzlich getrennt geprüft werden, ob Googles Handlungen deutsches Urheberrecht und/oder US-amerikanisches Copyright Law verletzen. Verletzt Google mit „Book Search" Urheberrechte bzw. Copyright Law, richtet sich danach der Ort, an dem gegen die Rechtsverletzung vorgegangen werden kann.[948]

Liegt eine Einwilligung des Urhebers bzw. Rechteinhabers vor, sind Einscannen und Veröffentlichen im Internet durch Google unproblematisch. Interessant sind die Fälle, in denen Google Werke ohne Einwilligung verwertet.

Das Anzeigen urheberrechtlich geschützter Texte bei Googles „Book Search" im Internet könnte § 14 UrhG verletzen, wenn das Anzeigen der Snippets[949] das Originalwerk entstellen oder sonst beeinträchtigen würde. Es ist zu beachten, dass Google die Originalwerke auch in ihrer originalen Form einscannt und nicht verändert. Als Ziel von Googles „Book Search" wird genannt, dem Nutzer einen kleinen Einblick in das Originalwerk zu geben und nicht, dem Nutzer eine veränderte Version zur Verfügung zu stellen.

Ein Entstellen könnte jedoch möglich sein durch eine ausgewählte Anzahl von Snippets. Indem dem Nutzer nicht das gesamte Werk zur Verfügung gestellt wird, sondern lediglich Ausschnitte daraus, könnten diese durch ihre Auswahl

---

945 BGH GRUR 2007, 691, 691 (Rn. 31) – Staatsgeschenk.

946 *Ahrens*, Gewerblicher Rechtsschutz, Rn. 33; *Birkmann*, Die Anknüpfung der originären Inhaberschaft am Urheberrecht, S. 51 f.; *Briem*, Internationales und Europäisches Wettbewerbsrecht und Kennzeichenrecht, S. 112; *Fezer*, Markenrecht, Einleitung h Rn. 11; Staudinger/*Fezer/Koos*, Internationales Wirtschaftsrecht, Rn. 1072; *Katzenberger*, Festgabe Schricker, S. 225 (239 ff.); Schricker/Loewenheim/*Katzenberger/Metzger*, UrhR, Vor §§ 120 ff. UrhG Rn. 121 ff.; *Kropholler*, Internationales Privatrecht, S. 546; *Loewenheim*, ZUM 1999, 923 (924); *Rehbinder/Peukert*, Urheberrecht, Rn. 1144, 1205 ff.; *Sack*, WRP 2000, 269 (270 f.); MüKo-BGB/*Drexl*, Band 12, IntImmGR, Rn. 7; *Strömholm*, FS Dietz, S. 533 (534 f.); *Ulmer*, Die Immaterialgüterrechte im internationalen Privatrecht, S. 9; *Wegner*, CR 1998, 676 (679).

947 *Adolphsen/Mutz*, GRUR Int 2009, 789 (790); *Schack*, Urheber- und Urhebervertragsrecht, Rn. 1044; BGHZ 126, 252 (256 f.) – Folgerechtsanspruch des Künstlers.

948 Siehe dazu ausführlicher S. 105 ff.

949 Kurze Textauszüge aus einem Werk.

und Darstellung das Gesamtwerk in einen falschen Kontext stellen und damit entstellen oder beeinträchtigen; denn herausgenommene Textfragmente können einen falschen Eindruck des Gesamtwerkes erwecken.

Es weiß aber der Nutzer bei der Nutzung von „Google Book Search", dass ihm lediglich Werkauszüge angezeigt werden, die zu seiner Suchanfrage passen. Auch eingeblendete Werbung (am Rand oder zwischen den angezeigten Snippets) dürfte kaum derart mit dem Werkstück in Verbindung gebracht werden, dass eine Entstellung möglich ist.

Das Anzeigen der Snippets könnte auch §§ 15 Abs. 2 S. 2 Nr. 2, 19a UrhG verletzen. Das Recht der öffentlichen Zugänglichmachung könnte dadurch verletzt sein, dass Google die Werke auf eigenen Servern dem Nutzer im Internet durch gezielte Suchanfragen zugänglich macht.

Damit § 19a UrhG einschlägig ist, muss es sich bei dem angezeigten Snippets (oder bei mehreren Suchergebnissen) um ein Schriftwerk handeln, das Werkschutz nach § 2 UrhG genießt.

Diese angezeigten Snippets könnten also Urheberrechtsschutz genießen, wenn sie ein Sprachwerk i.S.d. § 2 Abs. 1 S. 1 UrhG darstellten. Ein Schutz kann auch dann in Betracht kommen, wenn es sich um einzelne Teile oder Sätze eines Buches handelt.[950]

Eine Schutzfähigkeit ist unzweifelhaft gegeben, wenn das Werk eine persönliche, geistige Schöpfung darstellt. Dies ist bei sehr kurzen Textauszügen wie Snippets zu bezweifeln und ein Urheberrechtschutz nur dann denkbar, wenn der Textauszug besonders individuell ist.[951] Dies ist lediglich in Einzelfällen denkbar, beispielsweise bei einem Gedichtauszug oder einer ganz individuell formulierten Textpassage, wenn tatsächlich die notwendige Schöpfungshöhe erreicht ist.[952]

Im Zuge von Bestrebungen der Harmonisierung der EU lässt sich die Tendenz feststellen, dass nur noch geringe Anforderungen an die Schutzfähigkeit gestellt werden und somit auch für kleinere Textstücke grundsätzlich auch die Überwindung der Schöpfungshöhe angenommen werden kann.[953]

Der Begriff der Öffentlichkeit ergibt sich aus § 15 Abs. 3 UrhG und bestimmt eine Wiedergabe als öffentlich, wenn sie für eine Mehrzahl von Mitgliedern der

950 BGHZ 9, 262 (267 f.) – Lied der Wildbahn; BGHZ 116, 136 (144 ff.) – Leitsätze.
951 Dreier/Schulze/*Schulze*, UrhG, § 2 UrhG Rn. 20 ff.
952 BGHZ 116, 136 (144 f.) – Leitsatze.
953 Dreier/Schulze/*Schulze*, UrhG, § 2 UrhG Rn. 2.

Öffentlichkeit bestimmt ist; er umfasst ebenfalls den zeitversetzten Abruf von Werken aus dem Internet durch einzelne Mitglieder.[954]

Nutzer von „Google Book Search" sind Mitglieder der Öffentlichkeit, die nicht persönlich miteinander verbunden sind und die zum Zeitpunkt ihrer Wahl auf das Werk(teil) zugreifen können. Dass es sich hier lediglich um Textausschnitte handelt, ist unerheblich, da Google auf eine Suchanfrage des Nutzers hin Teile des Werkes öffentlich zugänglich macht; diese angezeigten Suchergebnisse gelten für verschiedene Nutzer in gleicher Weise. Das Einstellen ins Internet ist damit eine öffentliche Zugänglichmachung nach § 19a UrhG.

Auch eine Verletzung des Vervielfältigungsrechts nach §§ 15 Abs. 1 Nr. l, 16 Abs. 1 UrhG kommt in Betracht. Da Google die Werke einscannt und auf mindestens einen Server hochlädt, ist das Vervielfältigungsrecht des Urhebers verletzt. Da die Handlung des Einscannens der Werke jedoch nicht in Deutschland stattfindet, kann der Rechteinhaber nicht gegen Google aus § 97 Abs. 1 S. 1 1. Var. UrhG vorgehen. Anders wäre dies zu beurteilen, würden die Werke in Deutschland eingescannt und dort auf den Server geladen; dann wäre dies eine in Deutschland relevante Vervielfältigungshandlung (Einscannen, Umwandlung von Bild in Text, Hochladen aus Server).

Möglich wäre allerdings ein Verstoß des Nutzers von „Google Book Search" gegen das Vervielfältigungsrecht nach § 16 UrhG, jedoch ist im Aufrufen des Werkstückes am Bildschirm keine Vervielfältigung zu sehen.[955]

Da das Laden in den Arbeitsspeicher durchaus eine Vervielfältigung sein kann (sozusagen vorgeschaltet der Bildschirmanzeige),[956] könnte der Nutzer dabei das Vervielfältigungsrecht des Urhebers verletzen. Da das gesamte Werk nicht in den Arbeitsspeicher geladen wird, scheidet eine Vervielfältigung des Gesamtwerkes aus. Auch wenn kleineren Werkteilen aus dem Gesamtwerk herausgelöst in besonderen Fällen ein eigenständiger Werkschutz zukommen kann, der unter das Vervielfältigungsrecht fallen könnte, kommt dies hier eher nicht in Betracht, da es sich bei den Snippets um sehr kurze Textauszüge handelt, denen im Normalfalle kein eigenständiger Werkschutz zukommen dürfte.

Denkbar ist weiterhin, dass der Nutzer den Textauszug kopiert und auf seiner Festplatte speichert. Dies stellt unproblematisch eine Vervielfältigungshandlung dar. Jedoch greift für den Nutzer die Schranke der sog. Privatkopie gem.

954 Vgl. amtl. Begr., BT-Drucks. 15/38, S. 17; Dreier/Schulze/*Dreier*, UrhG, § 19a UrhG Rn. 3.

955 Hoeren/Sieber/Holznagel/*Ernst*, Handbuch Multimedia-Recht, Teil 7.1 Rn. 52.

956 Hoeren/Sieber/Holznagel/*Ernst*, Handbuch Multimedia-Recht, Teil 7.1 Rn. 49.

§ 53 UrhG, wenn er die Kopie nur für private Zwecke anfertigt und diese nicht von einer offensichtlich rechtswidrig hergestellten oder öffentlich zugänglich gemachten Vorlage stammt.

Unsicherheit herrscht im Hinblick auf den Begriff der Offensichtlichkeit, der grundsätzlich nach objektiven Kriterien beurteilt werden soll und nicht nach persönlichem Bildungs- und Kenntnisstand des einzelnen Nutzers.[957]

Der durchschnittlich informierte Nutzer wird davon ausgehen, dass die von Google angezeigten Textauszüge von einer rechtmäßigen Quelle stammen (unabhängig davon, ob dies objektiv tatsächlich der Fall ist). Google dürfte für diesen Nutzer ein seriöses Unternehmen sein, von dem man erwarten kann, dass die Anzeige der Snippets rechtmäßig ist. Der Nutzer kann beim Abspeichern eines Snippets auf seinem Computer also davon ausgehen, dass er sich im Rahmen der Schranke des § 53 UrhG bewegt.

Dass der Nutzer durch unterschiedliche Suchanfragen das gesamte Werk bei sich am Computer zusammensetzen, abspeichern und damit im Gesamten vervielfältigen kann, ist laut Google grundsätzlich nicht möglich, da dem Nutzer nie der gesamte Text angezeigt wird. Dass ein Nutzer mittels diverser IP-Adressen versuchen könnte, sich durch gezielte Suchanfragen den gesamten Text zusammenzusetzen, dürfte aufgrund des damit verbundenen großen Arbeitsaufwandes unwahrscheinlich sein. Ebenso fraglich ist, ob der Nutzer, der den Text nicht kennt, überhaupt die richtigen Suchanfragen eingeben kann, um letztendlich den gesamten Text aufrufen zu können.

3. Rechtfertigungsmöglichkeiten nach deutschem Recht

a) § 44a UrhG – Vorübergehende Vervielfältigungshandlungen

§ 44a UrhG kann keine Rechtfertigung für Google Book Search sein, da es sich bei der Vorschrift um kurzfristige, technisch notwendige Vervielfältigungen handelt. Bei der Digitalisierung und anschließenden Bereitstellung durch Google handelt es sich nicht um derartige Vervielfältigungshandlungen.

b) § 51 UrhG – Zitate

Wie bereits dargelegt, werden Fälle, die unter das Zitatrecht fallen, meist gleichzeitig unter die „fair use"-Doktrin fallen.

957 *Czychowski*, NJW 2003, 2409 (2411); *Jani*, ZUM 2003, 842 (850 f.); *Lauber/Schwipps*, GRUR 2004, 293 (298); a.A. Dreier/Schulze/*Dreier*, UrhG, § 53 UrhG Rn. 12b; *Gutman*, MMR 2003, 706 (707 f.); Wandtke/Bullinger/*Lüft*, PK UrhR, § 53 UrhG Rn. 17.

Das Zitatrecht gestattet es nicht, Gesamtwerke zu zitieren ohne eigene Auseinandersetzung mit dem Werk. Google übernimmt die Werke im Gesamten, ohne sich mit dem Inhalt des Originalwerkes auch nur ansatzweise auseinander zu setzen. Selbst wenn man davon ausgeht, dass nach dem Zweiten Korb das Zitieren innerhalb eines selbstständigen Werkes nicht mehr erforderlich ist,[958] muss sich der Zitierende dennoch in irgendeiner Art und Weise mit dem Originalwerk(stück) auseinandersetzen. Mag auch der Nutzer sich mit dem Werk geistig auseinandersetzen, übernimmt Google lediglich die Funktion des Bereitstellers.[959] Ein solches Verhalten, das Kopieren im Gesamten und Bereitstellen von Snippets kann daher nicht durch das Zitatrecht gem. § 51 UrhG gerechtfertigt sein.

c) §§ 60a, 60c UrhG – Unterricht und Lehre & Wissenschaftliche Forschung

§§ 60a, 60c UrhG regeln die Möglichkeit, in Unterricht und wissenschaftlicher Forschung veröffentlichte Werke einem bestimmten Personenkreis zu vervielfältigen, zu verbreiten und öffentlich zugänglich zu machen.

Google Book Search stellt den Nutzern lediglich Snippets zur Verfügung, die sicherlich auch von Nutzern verwendet werden, die die Textstellen für die eigene Forschung, Wissenschaft oder den eigenen Unterricht benötigen. Google bietet die eingescannten Werke jedoch nicht ausdrücklich für Wissenschaft und Unterricht an. Zudem muss es sich bei der Privilegierung durch §§ 60a und 60c UrhG um einen klar abgegrenzten Personenkreis handeln und digitale Inhalte dürfen eben nicht frei für die Allgemeinheit zugänglich sein.

Das Bereitstellen durch Google erfolgt mit Gewinnerzielungsabsicht. Das Lesen ist zwar kostenfrei, Google generiert jedoch Einnahmen durch Werbung und Anzeigen digitaler Büchermärkte, bei denen das Buch online zu kaufen ist.

Demnach scheidet eine Rechtfertigung nach §§ 60a, 60c UrhG aus.

d) § 53 UrhG – Vervielfältigung zum privaten und sonstigen Gebrauch

§ 53 UrhG privilegiert die sog. Privatkopie. Die Vervielfältigung darf dabei auf einem beliebigen Träger – analog oder digital – erfolgen.[960] Die Kopie kann auch durch einen Dritten hergestellt werden (Abs. 2). Wird diese digital angefertigt,

958 Dreier/Schulze/*Dreier*, UrhG, § 51 UrhG Rn. 6; *Kleinemenke*, Fair Use im deutschen und europäischen Urheberrecht?, S. 169, 217 f.

959 *Kleinemenke*, Fair Use im deutschen und europäischen Urheberrecht?, S. 218.

960 Amtl. Begr., BT-Drucks. 15/38, S. 20; Dreier/Schulze/*Dreier*, UrhG, § 53 UrhG Rn. 3.

darf dies jedoch nur unentgeltlich durch einen Dritten erfolgen.[961] Google könnte also Dritter im Sinne dieser Vorschrift sein, der für den Nutzer die Kopien herstellt – dies geschieht auch unentgeltlich, da der Nutzer nichts zahlen muss. Es ist jedoch fraglich, ob Google lediglich als Hersteller angesehen werden kann, denn Google stellt ja nicht nur die Kopie für den Nutzer her. Vielmehr ist die Vervielfältigung für den Nutzer eher Nebenprodukt; ebenso entscheidet nicht der Nutzer, von welchen Werken Vervielfältigungen angefertigt werden sollen, sondern ebenfalls Google.[962] Google vervielfältigt die Werke somit bereits im Voraus, schon deshalb kann eine Rechtfertigung nach § 53 UrhG nicht in Betracht kommen.

Nach Abs. 4 bedarf es bei einer vollständigen oder im Wesentlichen vollständigen Vervielfältigung außerdem der Einwilligung des Berechtigten, die bei Google Book Search in den strittigen Fällen gerade nicht vorliegt.[963] Zwar ist in der Vorschrift ein Abschreiben ausgenommen, was nicht per Handschrift erfolgen muss, sondern auch als Abschrift mit dem Computer möglich ist, jedoch geht es bei Google Book Search nicht um ein Abschreiben, sondern Abfotokopieren mittels eines Scanners, was nicht mehr unter den Begriff des Abschreibens fällt.[964]

Möglich wäre weiter die Aufnahme in ein eigenes Archiv durch Google (§ 53 Abs. 2 S. 1 Nr. 2 UrhG), jedoch ist mit einem Archiv eine unter sachlichen Gesichtspunkten geordnete Sammlung vorhandener Werke zum eigenen Gebrauch gemeint.[965] Ebenso darf die Aufnahme in ein Archiv nicht gewerblichen Zwecken dienen.[966] Google aber scannt die Werke nicht zum eigenen Gebrauch und handelt in gewerblicher Absicht.

Somit ist das Einscannen der Werke durch Google auch nicht durch § 53 UrhG gerechtfertigt.

Bestenfalls der Nutzer, der sich der Suchmaschine zu eigenen wissenschaftlichen, nicht gewerblichen Zwecken bedient und beim Aufrufen des Suchergebnisses eine Vervielfältigung nach § 16 UrhG herstellt, ist durch die Schranke der

---

961 Dreier/Schulze/*Dreier*, UrhG, § 53 UrhG Rn. 3.

962 Siehe auch *Kleinemenke*, Fair Use im deutschen und europäischen Urheberrecht?, S. 222.

963 Behandelt werden in dieser Arbeit lediglich die problematischen Fälle, in denen der Berechtigte keine Einwilligung gegeben hat und Google das Buch ohne das Wissen und Wollen des Berechtigten eingescannt hat.

964 Wandtke/Bullinger/*Lüft*, PK UrhR, § 53 UrhG Rn. 35.

965 BGHZ 134, 250 (257) – CB-Infobank I.

966 Wandtke/Bullinger/*Lüft*, PK UrhR, § 53 UrhG Rn. 27 ff.

Privatkopie nach § 53 UrhG gerechtfertigt. Dies privilegiert jedoch nicht die vorangegangene Handlung durch Google.

e) § 60e UrhG – Bibliotheken, Vervielfältigung auf Bestellung

Nach § 60e UrhG sind durch öffentlich zugängliche Bibliotheken Vervielfältigungen von bis zu 10 Prozent eines erschienenen Werkes sowie einzelne Beiträge, die in Fachzeitschriften oder wissenschaftlichen Zeitschriften erschienen sind, auf Einzelbestellung eines Nutzers zulässig.

Im Ergebnis scheidet jedoch auch diese Rechtfertigung bei Googles Handlungen aus. Zunächst ist Googles Book Search wohl nicht als öffentliche Bibliothek zu qualifizieren. Die Bibliothek muss zwar nicht allgemein zugänglich sein oder sich in öffentlich-rechtlicher Trägerschaft befinden, es reicht vielmehr die beschränkte Zugänglichkeit für die Öffentlichkeit i.S.d. § 15 Abs. 3 UrhG.[967] Google Book Search ist jedoch insofern nicht öffentlich zugänglich, als der Nutzer keinen Zugriff auf den vollständigen Bestand hat, sondern nur auf Snippets, die zwar mit der Suchanfrage des Nutzers zusammenhängen, ansonsten für ihn aber wahllos zusammengestellt angezeigt werden. Google Book Search ist also keine Bibliothek im klassischen Sinne.[968]

Ebenso erfordert § 60e UrhG, dass die Bibliothek aufgrund einer Einzelbestellung handelt und die erstellte Kopie an den Nutzer übermittelt. Übermitteln meint dabei den Versand durch Post-, Fax- oder sonstigen elektronischen Versand. Diesen Dienst bietet Google nicht an und die Snippet-Darstellung kann nicht darunter fallen, da es sich nicht um erstellte Kopien auf Bestellung des Nutzers handelt, sondern Google die Kopien vom gesamten Werk bereits vorher herstellt und dann auf eventuelle Suchanfragen des Nutzers wartet.

f) (konkludente) Einwilligung des Rechteinhabers

In Betracht kommt als Rechtfertigung eine konkludente Einwilligung, die auch im Bereich der Thumbnail-Nutzung in Teilen einen dogmatisch tragfähigen Weg zur Rechtfertigung der Nutzung urheberrechtlich geschützter Werke darstellen kann. Bei der Bildersuche nimmt der BGH eine konkludente Einwilligung des Rechteinhabers zur Nutzung von Thumbnails an, da der Rechteinhaber seine Bilder freiwillig und frei verfügbar selbst ins Internet gestellt habe. Bei

---

967 Wandtke/Bullinger/*Jani*, PK UrhR, § 60e UrhG Rn. 8 m.w.N.

968 Vgl. auch *Kleinemenke*, Fair Use im deutschen und europäischen Urheberrecht?, S. 225.

Betrachtung des objektiven Empfängerhorizonts lasse sich dabei dem Rechteinhaber die Erklärung entnehmen, er sei auch mit der Nutzung durch Bildersuchmaschinen einverstanden.[969]

Dieser Erklärungsversuch für frei verfügbare Bilder, die freiwillig ins Internet gestellt wurden, wird dogmatisch unsauber begründet. Denn auf der einen Seite sollen die Schranken möglichst eng ausgelegt werden, u.a. damit Rechtssicherheit garantiert werden kann, auf der anderen Seite nimmt der BGH für die Bildervorschau eine „frei schwebende"[970] richterliche Güter- und Interessenabwägung mittels einer „Transaktionskosten-Kosten-Nutzen-Rechnung"[971] vor. Die Einwilligung wird hier dazu benutzt, „um eine allgemeine Interessenabwägung zu legitimieren"; für die Zukunft könnte die Einwilligung also immer dann herangezogen werden, wenn die bisherige Schrankenauslegung zu eng erscheint.[972]

Dieser Erklärungsversuch kann nicht als Rechtfertigung für Google gelten. Das Verhalten des Nutzers, das bei der Thumbnail-Nutzung auf eine Einwilligung schließen lassen kann, liegt in diesem Fall nicht vor.[973] Google nutzt Werke, die gerade nicht online veröffentlicht wurden, sondern in analoger, gedruckter Form vorliegen. Selbst wenn eine Einwilligung des Verlegers angenommen werden könnte, heißt das nicht, dass dieser auch berechtigt ist, eine solche zu erteilen. In manchen Fällen hat sich der Urheber die Rechte an der Online-Nutzung vielleicht selbst vorbehalten oder einem anderen Verleger eingeräumt. In diesem Fall kann der Verleger keine Einwilligung erteilen.[974]

Eine konkludent erteilte Einwilligung des Rechteinhabers ähnlich der bei der Thumbnail-Nutzung durch Bildersuchmaschinen kann bei Google Book Search nicht angenommen werden.

III. Copyright Law in den USA

Das US-amerikanische Copyright ist nicht gleichbedeutend dem deutschen Urheberrecht. Das Copyright wird primär als gewerbliches Schutzrecht

---

969 Siehe Ausführungen zur Thumbnail-Bildersuche S. 4 f.

970 *Schack*, FS Schricker, S. 511 (517).

971 *Kleinemenke*, ZGE/IPJ Volume 5, 2013, 103 (109).

972 *Klass*, ZUM 2013, 1 (5); *v. Ungern-Sternberg*, GRUR 2009, 369 (371).

973 Vgl. auch *Kleinemenke*, Fair Use im deutschen und europäischen Urheberrecht?, S. 226.

974 *Kleinemenke*, Fair Use im deutschen und europäischen Urheberrecht?, S. 227.

verstanden, während im deutschen Recht das Urheberpersönlichkeitsrecht im Vordergrund steht.

1. Entwicklung des Copyright Law

Während die deutsche Rechtsordnung tendenziell urheberfreundlich scheint, ist die US-amerikanische Rechtsordnung eher durch eine kommerzielle, verwerterfreundliche Ausrichtung geprägt.

Bereits aus der Verfassung der Vereinigten Staaten von Amerika, Art. 1, Sec. 8, ergibt sich, dass der Urheber eines Werkes in Bezug auf sein Werk geschützt werden soll, und nach 17 U.S.C. § 201 (a) geht das Copyright grundsätzlich auf den Urheber (author) über. Insofern unterscheidet sich das Copyright inhaltlich nicht vom deutschen Urheberrecht.

Diese Copyright Clause ist zurückzuführen auf die „British Statute of Anne" aus dem Jahr 1710 (S. 25), der Anfang des angloamerikanischen Copyright-Systems ist. Sie ist auch entscheidender Bestandteil der Urheberrechtsentwicklung in Europa und hat die Rechtsentwicklung der Theorie vom geistigen Eigentum in den USA entscheidend geprägt.[975]

Anders als das deutsche Urheberrecht, bei dem das Recht aus dem Urheber in Beziehung zu seinem Werk stammt, handelt es sich beim Copyright-Law nicht um ein natürliches Recht, sondern um ein Recht, das vom Gesetzgeber verliehen wird. Im Gegensatz zum anglo-amerikanischen Copyright sieht das deutsche Urheberrecht das Urheberrecht als ein originäres Recht des Schöpfers an (Droit d'Auteur System); im Copyright muss der Schöpfer des Werkes nicht zwangsläufig der Inhaber des Urheberrechts sein. Denn ein Recht, das vom Staat verliehen wird,[976] kann auch auf andere übertragen oder verkauft werden (unter Umständen erhält das Copyright auch gleich der Arbeitgeber des Urhebers); anders als ein originär entstandenes Recht, das bei demjenigen verbleibt, bei dem es entstanden ist und bei dem man lediglich die Verwertungsrechte übertragen kann.[977] Das ist insofern konsequent, als dass das US-amerikanische Copyright im Unterschied zum kontinental- europäischen Urheberrechtssystem nicht als Immaterialgüterrecht und Persönlichkeitsrecht des Werkschöpfers verstanden wird.[978] Im US-amerikanischen Urheberrechtsystem soll der Urheber

---

975 *Gieseke*, Vom Privileg zum Urheberrecht, S. 138 f.

976 *Introbooks*, US Copyright Law, Lesson I: History of the Copyright Law US.

977 *Lucke*, Die Google-Buchsuche nach deutschem Urheberrecht und US-amerikanischem copyright law, S. 210.

978 Assmann/Bungert/*Götting/Fikentscher*, Handbuch, S. 470 f.; *Lucke*, Die Google-Buchsuche nach deutschem Urheberrecht und US-amerikanischem copyright law, S. 210.

vom Staat für sein kreatives Schaffen belohnt werden,[979] auch als Anreiz dafür, weiter kreativ tätig zu sein. Das ist konsequent in der US-amerikanischen Auffassung: derjenige, der etwas schafft, soll belohnt werden, die Allgemeinheit soll stets von den kreativen Leistungen anderer profitieren können, so soll ein Anreiz für künstlerisches Schaffen gegeben werden.[980]

1790 werden die ersten urheberrechtlichen Regelungen in die Verfassung eingefügt: der Copyright Act. Dieser garantiert amerikanischen Autoren, Künstlern und Wissenschaftlern einen Werkschutz für 14 Jahre mit der Möglichkeit, diesen um weitere 14 Jahre zu verlängern (dieser Gedanke wurde von der Statute of Anne übernommen). Damit soll ein Anreiz geschaffen werden, etwa Land- und Seekarten anzufertigen und die Wissenschaft zu fördern. Bis heute hat der Copyright Act vier Revisionen erfahren: 1831, 1870, 1909, 1976. Bereits 1831 weitet man die Schutzdauer auf 28 Jahre aus, während die mögliche Verlängerung von 14 Jahren beibehalten wird; Hintergrund ist wohl das Bestreben, den Urhebern in Amerika einen weitergehenden Schutz zu gewähren als in Europa. Bis heute wird der Copyright Act von 1976 weiter modifiziert: beispielsweise durch Beitritt der USA zur RBÜ 1988 und den Digital Millennium Copyright Act (DMCA)[981] von 1998, der den Copyright Act in Teilen ergänzt oder ändert.

Das amerikanische Urheberrecht galt jedoch nicht für europäische Autoren, die – wenn sie in Amerika veröffentlichen wollten – dazu gezwungen waren, ihre Werke zu Niedrigpreisen zu verkaufen. Nach dem amerikanischen Bürgerkrieg wurde diese Art des Verkaufs „billiger“ europäischer Werke besonders von kleinen Verlegern vorangetrieben, was für größere Verleger und Herausgeber eine Bedrohung darstellte. Diverse Autoren, Verleger und Druckerverbände schlossen sich deshalb 1890 zusammen, um einen Gesetzesentwurf für ein internationales Urheberrecht durchzusetzen.

1909 wurde der Copyright Act ein weiteres Mal modifiziert, ab diesem Zeitpunkt wurden alle Arten von Urheberschaft erfasst, die Schutzdauer von 28 Jahren konnte statt um 14 nun um weitere 28 Jahre verlängert werden. Die

979 *Rehbinder/Peukert*, Urheberrecht, Rn. 75.

980 *Twentieth Century Music Corp. v. Aiken*, 422 U.S. 151 (156) (U.S.Pa 1975); *Fox Film Corp. v. Doyal*, 286 U.S. 123 (127 f.) (U.S. 1932); *Davies*, Copyright and the public interest, S. 58; *Leval*, Harv. L. Rev. 103 (1990), 1105 (1107).; 18 Am Jur 2d, Copyright and Literary property, § 2.

981 Für einen Überblick zum Digital Millennium Copyright Act vgl. *Freytag*, MMR 1999, 207 (207 ff.).

Änderungen wurden so ausgestaltet, dass eine Monopolbildung (Rechte werden nur dem Werkschöpfer gewährt) nicht möglich war.[982]

Der fortschreitenden technischen Entwicklung konnten die Regelungen nicht mehr ausreichend gerecht werden, der Copyright Act wurde 1976 erneut geändert. Darin enthalten war die Regelung, die Werke gegen neue Kopiermöglichkeiten abzusichern; der Beitritt der USA zur Berner Konvention sollte vorbereitet werden. Die Schutzdauer wurde nun auf 50 Jahre erweitert, für bestellte Arbeiten betrug sie sogar 75 Jahre, und auch unveröffentlichte Werke waren nun geschützt.

In § 108 wurde festgelegt, dass es zu Schul- oder Studienzwecken erlaubt war, Kopien in einer Bibliothek ohne besondere Erlaubnis anzufertigen.

1976 wurde vom Kongress die „National Commission on New Technological Uses of Copyrighted Works“ (CONTU) einberufen mit dem Ziel der Entwicklung von Grundsätzen, welchen Nutzen man aus Werken ziehen dürfe, ohne gegen Urheberrecht zu verstoßen.

1982 wurde der „Piracy and Counterfeiting Amendments Act" (18 U.S.C.A. § 2318) erlassen, um der umfangreichen Produktpiraterie entgegenwirken und höhere Strafen verhängen zu können. Dieser Act erlaubte eine Strafe bis zu 250.000 $ oder 5 Jahre Haft für beispielsweise Piraterie von 1.000 Audiodateien oder 65 Filmen innerhalb von 180 Tagen.

1988 traten die USA der Berner Konvention bei, 1995 trat das TRIPS in Kraft, was im urheberrechtlichen Bereich in Art. 4 TRIPS das Prinzip der Meistbegünstigung vorsieht, das einem Urheber einen Anspruch auf die gleichen Vorteile einräumt wie die am meisten begünstigten Mitglieder anderer Staaten sie erhalten. Datenbanken werden nach Art. 10 TRIPS literarischen Werken gleichgestellt, Art. 11 TRIPS sieht ein Vermiet- und Verleihrecht vor.[983]

1998 unterzeichnet Clinton als Präsident den „Digital Millennium Copyright Act“ (DMCA), mit dem die beiden Übereinkünfte der Genfer Konferenz der WIPO (1996) umgesetzt werden. Es sollen ein gerechter Interessenausgleich zwischen den Rechten des Urhebers und den Öffentlichkeitsinteressen gefunden und ein integrer Gebrauch digitaler Medien sichergestellt werden. Außerdem werden das Umgehen von Kopierschutz und der Verleih oder Verkauf von Programmen zum Zweck des Kopierens von Software unter Strafe gestellt.

1999 wird der „Uniform Computer Information Transaction Act“ (UCITA) als Mustergesetzvorlage von der „National Conference of Commissioners

982 H.R. Rep. No. 2222, 60th Cong., 2nd Sess., p. 7 [1909].

983 *Rehbinder/Peukert*, Urheberrecht, Rn. 1166.

on Uniform State Laws" (NCCUSL) verabschiedet und den Einzelstaaten zur Annahme vorgelegt. Das Modell bleibt sehr umstritten, es wird ihm u.a. eine Besserstellung von Herausgebern und Herstellern von Software gegenüber den Verbrauchern vorgeworfen. Nur zwei Staaten haben den UCITA rezipiert.

1999 wird der „Digital Theft Deterrence and Copyright Damages Improvement Act" erlassen, der die Geldstrafen bei Urheberrechtsverletzungen von 500 $ auf 750 $ erhöht und den Höchstwert von 20.000 $ auf 30.000 $ festsetzt. Auch die Höchstgeldstrafe für vorsätzliche Verletzungen wird um 50 % erhöht.

2002 wird der umstrittene und kaum angenommene UCITA mit 38 Verbesserungsvorschlägen versehen, die schließlich akzeptiert werden.

Ab 2002 setzt man sich besonders mit Digital Rights Management (DRM) auseinander und versucht damit, Technologieanbietern wie MP3, Gnutella oder Wrapstar Herr zu werden, die seinerzeit Raubkopien für jedermann quasi zum Kinderspiel machten.

2. Entstehung des Urheberrechtsschutzes in den USA

Bei der Entstehung des US-amerikanischen Urheberrechtsschutzes zeigt sich die eher kommerzielle Ausrichtung des Copyright. Das Copyright entsteht nicht durch die Schaffung des Werkes durch den Urheber, sondern wird vom Staat verliehen. Dazu bedarf es keiner Einhaltung von Formalien.[984] Wird beispielsweise ein Werk im Rahmen eines Arbeitsverhältnisses geschaffen, gilt der Arbeitgeber als Urheber 17 U.S.C. § 201 (b).

Damit ein Werk nach 17 U.S.C § 201 (a) schutzfähig i.S.d. Copyright ist, bedarf es grundsätzlich dreier Voraussetzungen:

a) Originality

„Originality" ist der Bestandteil eines geschaffenen Werkes, der es neu oder neuartig macht und damit von Reproduktion, Vervielfältigungen, Fälschungen oder Derivaten unterscheidet.

Ähnlich dem deutschen Recht kommt es im US-amerikanischen Recht nicht auf die Neuartigkeit oder Einzigartigkeit eines Werkes an.[985] Denn zwei Urheber können unabhängig voneinander das gleiche Werk erschaffen. Damit sind beide

984 *Liebscher*, Der Schutz der Melodie, S. 98.

985 *Lucke*, Die Google-Buchsuche nach deutschem Urheberrecht und US-amerikanischem copyright law, S. 209; *von Westerholt-Weissthanner*, Das neue amerikanische Urheberrecht, S. 13.

Werke nicht mehr neu(artig), aber dennoch jeweils ein „original" und können somit dem Copyright unterfallen.[986]

Der Urheber muss das Werk mit seinen eigenen Fähigkeiten und nach seinen eigenen Ansichten geschaffen haben; damit wird eine gewisse Kreativität gefordert.[987] Die Anforderungen an die Kreativität sind jedoch nicht besonders hoch, der Urheber muss etwas Eigenes (one man's alone-Regel des Supreme Court von 1903[988]) geschaffen haben, was sich von anderen Werken unterscheidet und das Maß bloßer Trivialität übersteigt.[989]

Ebenso wie im deutschen Recht darf es sich nicht lediglich um die Wiedergabe eines bereits vorhandenen Werkes handeln, denn dann wäre es kein „original" mehr.

Anders als in § 2 UrhG kommt es auf die Eigenständigkeit der Leistung an, nicht auf die individuelle Gestaltung des Werkes.

Während es im deutschen Recht für die Schutzfähigkeit eines Werkes maßgeblich auf die Gestaltungshöhe ankommt und Herstellungsaufwand, Umfang des Werkes und Gestaltungs- bzw. Gebrauchszweck nicht maßgeblich sind,[990] können im anglo-amerikanischen Recht der kommerzielle Wert und der Absatzerfolg eines Werkes für die Schutzfähigkeit dieses Werkes sprechen.[991]

Die Anforderungen an die vorliegende Originalität sind insgesamt eher gering.[992]

---

986 *Feist Publications, Inc. v. Rural Telephone Service Co., Inc.*, 499 U.S. 340 (345 f.) (U.S. Kan. 1991); *Sheldon v. Metro-Goldwyn Pictures Corporation*, 81 F.2d 49 (49) (2d Cir. 1936).

987 *Feist Publications, Inc. v. Rural Telephone Service Co., Inc.*, 499 U.S. 340 (345) (U.S. Kan. 1991).

988 *Bleistein v. Donaldson Lithographing Co.*, 188 U.S. 239 (250) (U.S. 1903).

989 *Alfred Bell & Co. v. Catalda Fine Arts*, 191 F.2d 99 (103) (C.A.2 1951); *Kamar Intern., Inc. v. Russ Berrie and Co.*, 657 F.2d 1059 (1061) (C.A.Cal. 1981); *Rieder*, Copyrightverletzungen in der Online-Kommunikation nach US-amerikanischem Recht, S. 43; 18 American Jurisprudence 2d, Copyright and literary Property, § 18.

990 Wandtke/Bullinger/*Bullinger*, PK UrhR, § 2 Rn. 23 ff.

991 *Bleistein v. Donaldson Lithographing Co.*, 188 U.S. 239 (252) (U.S. 1903).

992 *Häuptli*, Vorübergehende Vervielfältigungen im schweizerischen, europäischen und amerikanischen Urheberrecht, S. 155; *Lucke*, Die Google-Buchsuche nach deutschem Urheberrecht und US-amerikanischem copyright law, S. 210.

b) *Works of authorship*

17 U.S.C. § 102 regelt, welche Werke urheberrechtlich geschützt werden können. Der ursprüngliche Begriff aus dem Copyright Act von 1909 „all the writings of the author" wurde 1976 durch den Begriff „works of authorship" ersetzt.

Der Begriff „author" meint dabei „he to whom anything owes its orign; originator; maker; one who completes a work of science or literature"[993] Daraus lässt sich schlussfolgern, dass mit dem „author" der Schöpfer des Werkes gemeint ist.[994]

Ähnlich wie § 2 Abs. 1 UrhG enthält 17 U.S.C. § 102 keine abschließende Aufzählung einzelner Werkarten; das anglo-amerikanische Copyright und das deutsche Urheberrecht haben bewusst auf einen abschließenden Katalog verzichtet, damit sie flexibel auf technische Neuerungen reagieren können.

c) *Fixation*

Dritte Voraussetzung ist die „fixation", das Werk muss in irgendeiner Art und Weise verkörpert sein („fixed in a tangible medium"), um als solches Schutz zu genießen. Es muss für andere wahrnehmbar sein, also entweder als Kunst geschaffen bzw. hergestellt worden sein, auf Papier aufgeschrieben oder auf dem Computer getippt und abgespeichert. Unter „fixation" fällt nicht das gesprochene Wort, es sei denn, es wurde zuvor aufgeschrieben oder wird aufgezeichnet (dann ist diese Aufzeichnung die Verkörperung). Da auch eine Verkörperung auf einer Festplatte ausreichend ist, muss es einem Menschen nur auf irgendeine Art (beispielsweise mithilfe eines Computers) möglich sein, deren Inhalt einzusehen.

Werke, die nicht verkörpert sind, können nicht durch das Copyright geschützt werden, evtl. aber durch das Common Law.

17 U.S.C. § 302 stellt für den Beginn des Schutzes auf die „creation" ab, die in 17 U.S.C. § 101 definiert wird: „A work is created when it is fixed in a copy or phonorecord for the first time". Ein Werk ist damit geschaffen, wenn es erstmals in einem Werk oder einer Tonaufnahme verkörpert ist.[995] Erneut wird dies deutlich in 17 U.S.C. § 102 (a): „Copyright protection subsists, in accordance with this title, in original works of authorship fixed in any tangible medium of expression, now known or later developed […]."

---

993 *Burrow-Giles Lithographic Co. v. Sarony*, 111 U.S. 53 (57 f.) (U.S. 1884).

994 *Lucke*, Die Google-Buchsuche nach deutschem Urheberrecht und US-amerikanischem copyright law, S. 210.

995 *von Westerholt-Weissthanner*, Das neue amerikanische Urheberrecht, S. 6.

Das Werk muss beständig verkörpert sein, um Schutz zu genießen; eine kurzzeitige Verkörperung ist nicht ausreichend, da es sich dann um keine dauerhafte Verkörperung handelt. Im deutschen Recht ist eine körperliche Festlegung keine Schutzvoraussetzung.[996]

Erneut wird die hier primär ökonomische Ausrichtung des Copyright klar, denn nicht das (möglicherweise nicht verkörperte) Werk und die Beziehung des Schöpfers zu diesem Werk, sondern das Werkstück (copy) steht im Zentrum des Schutzes, das verwertet werden kann.[997] Ein nicht verkörpertes Werk kann kaum verwertet werden.

Bis 1989 gibt es in den USA die Voraussetzung eines Copyright-Vermerkes (©) am Werk. Dieser Vermerk kennzeichnet, wer Rechtsinhaber dieses Werkes ist (nicht zu verwechseln mit dem Urheberrechtsvermerk, der den Urheber angibt). Damit werden Werke versehen, deren ausschließliche Nutzungsrechte bereits erteilt sind. Das Fehlen eines solchen Vermerks bei Veröffentlichung wird mit dem Verlust des Schutzes sanktioniert.[998]

Ein Urheberrechtsvermerk hat heute keine Auswirkungen mehr auf die Schutzfähigkeit des Werkes, sondern ist nur noch im Schadensersatzprozess von Bedeutung (17 U.S.C. §§ 401 (d), 402 (d)); dieser kann mit dem Einwand des „innocent infringement" (unschuldige Verletzung) vom Gericht herabgesetzt werden, jedoch in der Regel nicht, wenn ein Copyrightvermerk tatsächlich verwendet wird.[999]

Die Regelung eines notwendigen Copyright-Vermerks wird mit dem Beitritt der USA zur RBÜ 1989 abgeschafft; nach Art. 5 Abs. 2 RBÜ dürfen der Genuss und die Ausübung der Rechte der Urheber nicht an Förmlichkeiten gebunden sein. Der Urheberrechtsschutz ist seit dem Beitritt der USA dort auch ohne vorherige Registrierung zu gewähren. Eine Registrierung bleibt dennoch beim US Copyright Office[1000] möglich, um den erforderlichen Beweis der Urheberschaft erbringen zu können, sollte dies notwendig sein. Erforderlich ist dies beispielsweise, wenn ein Copyright Holder aufgrund einer Copyrightverletzung gegen den Verletzer vorgehen möchte; dies ist nur möglich, wenn das Werk zuvor beim Copyright Office registriert wurde, 17 U.S.C.A. §§ 411, 412.

---

996 *Lucke*, Die Google-Buchsuche nach deutschem Urheberrecht und US-amerikanischem copyright law, S. 211.

997 *Schack*, Urheber- und Urhebervertragsrecht, Rn. 26.

998 *Föhr*, Der Copyright-Vermerk, S. 3.

999 *Baumgarten/Meyer*, GRUR Int 1989, 620 (623 f.).

1000 www.copyright.gov (zuletzt aufgerufen am 21.05.2020).

Faktisch besteht damit schon die Notwendigkeit der Registrierung des urheberrechtlich geschützten Werkes.

Im Internet ist der Copyright-Vermerk häufig anzutreffen, da dort die meisten Urheberrechtsverletzungen begangen werden. Weiterhin ist der Copyright-Vermerk international hinreichend bekannt.

Liegen die Voraussetzungen von 17 U.S.C. § 102 vor, stehen dem Copyright-Inhaber folgende exklusive Rechte zu (17 U.S.C. § 106 und § 1006A): das Recht zur Vervielfältigung (17 U.S.C. § 106 (1)); das Recht, das Werk zu bearbeiten (17 U.S.C. § 106 (2)); das Recht zur Verbreitung von Kopien (17 U.S.C. § 106 (3)); das Recht zur öffentlichen Wiedergabe (17 U.S.C. § 106 (5)).

Im US-amerikanischen Recht gilt das bindende sogenannte „case law". Dies gilt sowohl für das „common law" als auch für Entscheidungen bzgl. des „statutory law".[1001] Andere Gerichte sind damit grundsätzlich an vorangegangene Entscheidungen gebunden. Diese Vorgehensweise folgt dem lateinischen Grundsatz „stare decisis et non quieta movere"[1002] und wird meist mit dem Grundsatz der Gleichheit bzw. Gleichbehandlung begründet. Das Prinzip des „stare decisis" kann in zwei Bestandteile untergliedert werden. Zum einen sind Vorentscheidungen höherer Gerichte derselben Jurisdiktion[1003] oder desselben Gerichts in einer früheren Entscheidung unbedingt zu beachten und werden als „precedents" bezeichnet. Zum anderen sollte ein Gericht seinem eigenen „precedent" folgen, es sei denn, es gibt einen triftigen Grund dagegen und die Abweichung ist geführt und gestützt von Neben- und niederrangigen Gerichten. Entscheidungen des US Supreme Court binden damit die Bundesgerichte und Entscheidungen des US Court of Appeals die District Courts (Instanzgerichte). In den USA ist die Bindungswirkung der Gerichte an eigene vorangegangene Entscheidungen allerdings nicht so stark wie in England, so halten sich die obersten Gerichte in den USA nicht immer an ihre eigenen „precedents" („overrule").[1004] Die

1001 *Burnham*, Introduction to the Law and Legal System of the United States, S. 41 ff.; *Farnsworth*, An Introduction to the Legal System of the United States, S. 58, 83 ff.

1002 Damit gemeint ist, dass die Gerichte die bereits entschiedenen Verfahren nicht stören, sondern ruhen lassen sollen.

1003 In dieser Argumentation unerheblich, da es sich bei der „fair use"-Doktrin um „federal law" handelt und somit von den Bundesgerichten einheitlich behandelt wird.

1004 *Hay*, US-Amerikanisches Recht, Rn. 21; *Fikentscher*, Methoden des Rechts in vergleichender Darstellung – Band 2, S. 259 f. führt das Abrücken von einer allzu strengen stare decisis-Regel in den USA auf den methodischen Einfluss von Holmes, Pound, Brandels und Cardozo zurück; *Zweigert/Kötz*, Einführung in die Rechtsvergleichung auf dem Gebiete des Privatrechts, S. 255.

Bindungswirkung ist streng auf den Streitgegenstand beschränkt, führt jedoch nicht zu einer gesetzesgleichen Wirkung der Urteilsbegründung.[1005] Somit bestehen US-amerikanische Urteile oft zu einem Großteil daraus, die Sachfrage mittels bereits ergangener „precedents“ zu vergleichen und zu lösen und weniger auf rechtswissenschaftliche Meinungen zu bauen.[1006] Die Gerichte greifen jedoch auch manchmal auf Monografien zurück, wenn beispielsweise Rechtsbegriffe erklärt werden.

In der Praxis dürfte festzustellen sein, dass in den USA vorrangig die Prüfung der sog. „fair use“-Doktrin vorgenommen wird, wenn es um die Frage von Einschränkungen des Copyright Law geht.

Der Einwand des „fair use“ ist eine Verteidigung gegen den Vorwurf der ungerechtfertigten Copyrightverletzung. „Fair use“ meint die Gestattung der freien Nutzung fremden Materials, das dem Schutz des Copyright unterfällt, wenn diese Nutzung bestimmte Voraussetzungen erfüllt. Im Grunde handelt es sich dabei um eine Schrankengeneralklausel, die durch den Copyright Act 1976 erstmals gesetzlich kodifiziert und die in 17 U.S.C. § 107 gesetzlich festgelegt ist.

Die „fair use“-Doktrin wird im Folgenden ausführlich behandelt.

IV. Anwendung der US-amerikanischen Schranke („fair use“) auf Google Book Search

Zu klären ist, ob Google bestehendes Copyright Law verletzt bzw. eine Verletzung durch die Schranke der „fair use“-Doktrin gerechtfertigt sein kann.

Um eine Verletzung eines Copyrights vor einem amerikanischen Gericht erfolgreich geltend machen zu können, hat der Kläger zu beweisen, dass er Copyright-Inhaber an dem potentiell verletzten Werk ist[1007] und dass mindestens eins der exklusiv gewährten Rechte verletzt ist[1008] (17 U.S.C. § 501 (a)).

1005 *Förster*, Fair Use; *Ohly*, AcP 2001, 1 (25).

1006 Mit Bezug auf die US-amerikanischen Law Reviews *Zimmermann*, Amerikanische Rechtskultur und europäisches Privatrecht, S. 111 f.

1007 *S.O.S., Inc. v. Payday, Inc.*, 886 F.2d 1081 (1085) (C.A.9 (Cal.) 1989); *MAI Systems Corp. v. Peak Computer, Inc.*, 991 F.2d 511 (517) (C.A.9 (Cal.) 1993); *Baxter v. MCA, Inc.*, F.2d 421 (423) (C.A.9 (Cal.) 1987); *Sid & Marty Krofft Television Productions, Inc. v. McDonald's Corp.*, 562 F.2d 1157 (1162) (C.A.Cal. 1977); *Reyher v. Children's Television Workshop*, 533 F.2d 87 (90) (C.A.N.Y. 1976); *Universal Athletic Sales Co. v. Salkeld*, 511 F.2d 904 (907) (C.A.Pa. 1975); *Central Point Software, Inc. v. Nugent*, 903 F.Supp. 1057 (1059) (E.D.Tex. 1995).

1008 *Perfect 10, Inc. v. Amazon.com, Inc.*, 487 F.3d 701 (715) (C.A.9 (Cal.) 2007); *A&M Records, Inc. v. Napster, Inc.*, 239 F.3d 1004 (1013) (C.A.9 (Cal.) 2001).

Hier gilt die „strict liability rule". Danach hat derjenige, der für den Schaden verantwortlich ist, auch dafür zu haften, unabhängig davon, ob ihn ein grobes Verschulden trifft oder er lediglich fahrlässig gehandelt hat. Der Copyright-Inhaber muss ein Verschulden nur dann nachweisen, wenn der Kläger gesetzliche Schadensersatzansprüche in besonderer Höhe geltend macht (17 U.S.C. § 504 (c) (2)); ansonsten kommt dem Urheber ein erleichterter Haftungsmaßstab in Form der „doctrine of unintentional infringement" zugute, da ein Verschulden des Verletzers in der Regel nicht nachgewiesen werden muss.[1009]

1. Begriff des „fair use" (17 U.S.C. § 107)

Mit dem Einwand des „fair use" – falls er einschlägig ist – kann die Beklagte Google sich gegen den Vorwurf der ungerechtfertigten Copyrightverletzung verteidigen. „Fair use" meint die Gestattung der freien Nutzung Copyright geschützten Materials, wenn diese Nutzung bestimmte Voraussetzungen erfüllt. Diese Doktrin ermöglicht es „to fulfill copyright's very purpose, '[to] promote the Progress of Science and useful Arts.' U.S. Const., Art. I, § 8, cl. 8."[1010]

Bevor diese Ausnahmeregelung durch den Copyright Act 1976 erstmals gesetzlich kodifiziert wurde, war die „fair use"-Bestimmung richterrechtlich entwickelt[1011] worden. Mittlerweile ist sie in 17 U.S.C. § 107 gesetzlich festgelegt. Dabei orientiert sich der Gesetzgeber an den seit Jahrzehnten von Gerichten entwickelten Grundsätzen, die insgesamt auf der Grundlage des Urteils Folsom v. Marsh[1012] beruhen.

Diese Vorschrift bestimmt, dass ein Sachverhalt, der normalerweise nach 17 U.S.C. § 106 einen Verstoß gegen das Copyright begründen würde, ausnahmsweise gerechtfertigt sein kann, wenn bestimmte Voraussetzungen der Nutzung vorliegen, die zwar grundsätzlich gegen 17 U.S.C. § 106 verstößt, aber letztendlich kein „infringement of copyright" (Copyrightverstoß) darstellt, da es sich um „fair use" handelt.

1009 Assmann/Bungert/*Götting/Fikentscher*, Handbuch, S. 501; *Lucke*, Die Google-Buchsuche nach deutschem Urheberrecht und US-amerikanischem copyright law, S. 213.

1010 *Campbell v. Acuff-Rose Music, Inc.*, 510 U.S. 569 (575) (1994); *Cariou v. Prince*, 714 F.3d 694 (705) (C.A.2 (N.Y.)).

1011 Dazu ausführlich und mit weiteren Nachweisen *Förster*, Fair Use, S. 17 ff.; *Kleinemenke*, Fair Use im deutschen und europäischen Urheberrecht?, S. 99 ff.

1012 *Folsom v. Marsh*, 9 F.Cas. 342 (348) (C.C.D Mass. 1841); vgl. auch Patry, der argumentiert, Aspekte der entwickelten Grundsätze fänden sich in Ansätzen bereits im zwei Jahre zuvor ergangenen Urteil Gray v. Russel, *Patry*, The Fair Use Privilege in Copyright Law, S. 19; *Gray v. Russell*, 10 F. Cas. 1035 (C.C.D. Mass. 1839).

Der Begriff „fair use" sollte nicht mit dem Terminus „freie Benutzung" ins Deutsche übersetzt werden, da dies zu Missverständnissen führen kann. Der Begriff der „freien Benutzung" findet sich im deutschen Recht in § 24 UrhG, nach dem der Urheber es hinnehmen muss, dass sein Werk anderen Urhebern als Anregung dient, wenn der Abstand des in der Benutzung geschaffenen Werkes groß genug ist, sich also an das vorhandene Werk lediglich anlehnt.[1013] § 24 UrhG schafft damit Freiraum für eine (z.B. künstlerische) Auseinandersetzung mit vorhandenen Werken, die besonders für die Weiterentwicklung der Kunst von großer Bedeutung ist.[1014] Die gesetzgeberischen Schranken werden von §§ 44a ff. UrhG erfasst. Damit sind die Begriffe „fair use" und „freie Benutzung" terminologisch nicht gleichzusetzen.

Das britische „fair dealing" darf ebenfalls nicht mit „fair use" verwechselt werden, es ist in §§ 29, 30 des britischen Copyright, Design and Patents Act von 1988 (CDPA) geregelt. Nutzungshandlungen, die unter „fair dealing" fallen, kann der Urheber nicht untersagen. Trotz dieser Ähnlichkeit bestehen jedoch wichtige Unterschiede. Nur Handlungen, die in § 29 und § 30 privilegiert sind, können unter „fair dealing" fallen. Das sind beispielsweise „reporting current events" oder „research and private study". Erst nach dieser Feststellung kommen flexible Kriterien hinzu, beispielsweise Motiv und Umfang der Benutzung oder die Notwendigkeit einer Übernahme eines Werkes oder eines Werkteils.[1015] Demnach ist das „fair dealing" nur auf die ausdrücklich genannten Nutzungshandlungen anzuwenden[1016] und damit deutlich enger,[1017] während es sich bei „fair use" um eine offene Urheberrechtsschranke handelt.

2. Dogmatische Einordnung von „fair use"

Die dogmatische Einordnung des „fair use" in das US-amerikanische Urheberrecht wird vor Inkrafttreten des Copyright Act 1976 von den Gerichten nicht einheitlich vorgenommen. Eine mittlerweile als veraltet geltende Ansicht geht davon aus, die „fair use"-Doktrin ergebe sich aus einem „tacit consent"

1013 Wandtke/Bullinger/*Bullinger*, PK UrhR, § 24 UrhG Rn. 1.

1014 Wandtke/Bullinger/*Bullinger*, PK UrhR, § 24 UrhG Rn. 1.

1015 *Bainbridge*, Intellectual Property, S. 224; *Bently/Sherman*, Intellectual property law, S. 229 ff.; *Sirinelli*, Exceptions and Limits to Copyright and Neighboring Rights, S. 21.

1016 *Schack*, FS Schricker, S. 511 (512).

1017 *Bently/Sherman*, Intellectual property law, S. 229 f.; *Cohen, u. a.*, Copyright in a Global Information Economy, S. 645 f.; *Cornish/Llewelyn/Aplin*, Intellectual Property, Rn. 11–38; *Goldstein/Hugenholtz*, International Copyright, S. 380 ff.

(stillschweigender Zustimmung) des Copyrightholders.[1018] Allerdings kann der Rechteinhaber dann seine Zustimmung auch verweigern (es reicht bereits ein Hinweis auf dem Buchumschlag)[1019]. Des Weiteren stellt stillschweigende Einwilligung eine Fiktion dar (wohingegen „fair use" dem objektiven Recht angehört), die zu Recht in der Literatur abgelehnt wird.[1020]

In früheren Gerichtsentscheidungen stellen die Gerichte bei der Annahme von „fair use" auf die fehlende substantielle Ähnlichkeit zwischen Kopie und Original ab.[1021] Jedoch ist substantielle Ähnlichkeit bereits ein Prüfungspunkt der Infringement-Prüfung,[1022] somit liegt nach dieser Ansicht bereits keine Vervielfältigung und damit auch kein Eingriff in die Ausschließlichkeitsrechte des Copyrightholders vor.[1023] Es ist jedoch sehr wohl ein Eingriff in die geschützten Rechte des Copyrightholders anzunehmen.

Andere Gerichtsentscheidungen gehen von „fair use" aus, wenn lediglich Ideen und einzelne Themen des Ausgangswerkes übernommen werden.[1024] Allerdings werden solche Werkteile (also Ideen) nach der „idea/expression"-Dichotomie, die auch 1976 im Copyright Act gesetzlich festgehalten ist, schon

---

1018 Vgl. *Sampson & Murdock Co. v. Seaver-Radford Co.*, 140 F. 539 (541) (1st Cir. 1905); darauf Bezug nehmend *Towle v. Ross*, 32 F.Supp. 125 (127) (D. Or. 1940); *Henry Holt & Co. v. Liggett & Myers Tobacco Co.*, 23 F.Supp. 302 (304) (E.D. Pa. 1938).

1019 *Förster*, Fair Use, S. 21.

1020 *Nimmer/Nimmer*, On Copyright§ 13.05; *Oekonomidis*, Die Zitierfreiheit, S. 233 f.; *Schumann*, GRUR Int 1969, 125 (132).

1021 Vgl. *Nichols v. Universal Pictures Corporation*, 45 F.2d 119 (121) (2d Cir. 1930); *Mathews Conveyer Co. v. Palmer-Bee Co.*, 135 F.2d 73 (85) (6th Cir. 1943); *Twentieth Century-Fox Film Corp. v. Stonesifer*, 140 F.2d 579 (582) (9th Cir. 1944); *Fristot v. First American Natural Ferns Co.*, 251 F.Supp. 886 (888) (S.D.N.Y. 1966); Anwendung der Folsom v. Marsh-Kriterien *Carr v. National Capital Press, Inc.*, 71 F.2d 220 (220) (D.C. Cir. 1934); *Meredith Corporation v. Harper & Row, Publishers, Inc.*, 378 F.Supp. 686 (689) (S.D.N.Y. 1974); *Mills Music, lnc. v. State of Arizona*, 187 U.S.P.Q. 22 (D. Ariz. 1975); ebenfalls in diese Richtung gehend *Landes/Posner*, J. Legal Stud. 18 (1989), 325 (360).

1022 *Nimmer/Nimmer*, On Copyright, § 13.03; *Schlechter/Thomas*, Intellectual Property, S. 177 ff.

1023 *Förster*, Fair Use, S. 22.

1024 *Sheldon v. Metro-Goldwyn Pictures Corporation*, 81 F.2d 49 (54) (2d Cir. 1936); *Shipman v. RKO Radio Pictures*, 100 F.2d 533 (537) (2d Cir. 1938); *Holdredge v. Knight Publishing Corporation*, 214 F.Supp. 921 (924) (S.D. Cal. 1963).

nicht durch das Urheberrecht geschützt und können demnach nicht unter „fair use“ fallen.[1025]

Diese Ansichten sind jedoch eher Einzelansichten. Die meisten Gerichte gehen schon vor der Kodifizierung der „fair use“-Doktrin davon aus, dass es sich dabei um eine Urheberrechtsschranke handelt, nach der Eingriffe in das Ausschließlichkeitsrecht des Rechteinhabers gerechtfertigt werden können.[1026]

Dieser Ansicht schließt sich auch der Kongress bei der Kodifizierung des Copyright Act von 1976 an und formuliert die „fair use“-Doktrin in 17 U.S.C. § 107 bewusst als Urheberrechtsschranke,[1027] die einen Eingriff in die Ausschließlichkeitsrechte (17 U.S.C. § 106 und später § 106 A) voraussetzt.[1028] Damit muss eine Nutzungshandlung gegeben sein, bei der eine rechtsverletzende und damit unzulässige Handlung vorliegt, für die die „fair use“-Doktrin eine Ausnahme darstellt, dass diese Handlung unter bestimmten Voraussetzungen gerechtfertigt sein kann.[1029]

Im US-amerikanischen Urheberrecht gibt es also eine offene Schranke, ähnlich einer Generalklausel, unter die viele Sachverhalte fallen können. Im deutschen Recht gibt es eine solch offene Schranke nicht. Die Schranken im deutschen Urheberrecht sind deutlich klarer, einzelfallorientiert und strikter formuliert als die „fair use“-Schranke im US-amerikanischen Recht.[1030] Das ermöglicht dem

---

1025 Assmann/Bungert/*Götting/Fikentscher*, Handbuch, S. 472 f.; *Schlechter/Thomas*, Intellectual Property, S. 31 ff.

1026 *Mura v. Columbia Broadcasting System, Inc.*, 245 F.Supp. 587 (590) (S.D.N.Y. 1965); *Ball*, The Law of Copyright and Literary Property, S. 260; *Förster*, Fair Use, S. 23; *Schumann*, GRUR Int 1969, 125 (125).

1027 *Förster*, Fair Use, S. 23.

1028 *Nimmer/Nimmer*, On Copyright, § 13.05; vgl. den House Report on the Copyright Act of 1976, der die „fair use“-Doktrin als „limitation“ und „defense“ bezeichnet, abgedruckt in *Nimmer/Nimmer*, On Copyright, S. 65; Assmann/Bungert/*Götting/Fikentscher*, Handbuch, gehen in Abweichung von der hier vertretenen Auffassung davon aus, dass 17 U.S.C. § 107 die dogmatische Einordnung der Doktrin offenlässt, S. 491; zur Diskussion über die Charakterisierung der „fair use“-Doktrin während des Gesetzgebungsverfahrens *Latman*, Fair Use of Copyrighted Works (Study No. 14), S. 6 f.

1029 “2 Live Crew’s song would be an infringement of Acuff-Rose’s rights in „Oh, Pretty Woman,“ under the Copyright Act of 1976, 17 U. S. C. § 106 […], but for a finding of fair use through parody”, *Campbell v. Acuff-Rose Music, Inc.*, 510 U.S. 569 (574) (1994); *Förster*, Fair Use, S. 23.

1030 Diese offene, generalklauselartige Formulierung ist auch dem US-amerikanischen Recht ansonsten eher fremd, die Vorschriften sind in der Regel detailliert umschrieben.

US-amerikanischen Recht (bzw. den Richtern) eine deutlich größere Flexibilität, bedeutet aber gleichzeitig eine größere Rechtsunsicherheit. Weniger detaillierte Regelungen bedeuten oftmals größeren Spielraum zu Lasten von Rechtssicherheit.

17 U.S.C. § 107 nennt Beispiele, die in der Gesamtbewertung berücksichtigt werden sollen. Die Formulierung „shall include" legt nahe, dass es sich hierbei lediglich um eine beispielhafte Aufzählung handelt, die nicht abschließend ist;[1031] in der Rechtsprechung orientiert man sich allerdings meist streng an 17 U.S.C. § 107.[1032] „Fair use" soll vorliegen können bei Kritik, Kommentaren, Berichterstattung, im Unterricht, bei Stipendien oder in der Forschung. In diesen Bereichen wird von einem besonderen Interesse der Allgemeinheit ausgegangen, das gegenüber dem Schutz des Copyrights überwiegen kann.

In die Bewertung, ob „fair use" vorliegt, einbezogen werden sollen der Zweck der Nutzung, ob diese z. B. unentgeltlich, pädagogisch oder kommerziell ausgerichtet ist 17 U.S.C. § 107 (1), weiter die Natur des durch das Copyright geschützten Werkes 17 U.S.C. § 107 (2) und die Menge und Bedeutung des genutzten Werkteils in Bezug auf das geschützte Werk als Ganzes 17 U.S.C. § 107 (3). 17 U.S.C. § 107 (4) weist auf die Wirkung der Verwendung auf den potenziellen Markt oder den Wert des geschützten Werkes hin. Eine andere, allgemeingültige Definition der „fair use"-Doktrin findet sich im US-amerikanischen Recht nicht, da der Regelungsumfang wohl zu groß ist. Meist werden die genannten Faktoren mit 17 U.S.C. § 107 definiert, andere Definitionsversuche sind oftmals Umschreibungen und keine subsumtionsfähigen Definitionen.[1033] „The doctrine is […] so flexible as virtually to defy definition."[1034]

Eine festgestellte Copyrightverletzung kann durch die Schranke des „fair use" gerechtfertigt sein, auch ohne Zustimmung des Rechteinhabers; somit handelt

---

1031 *Harper & Row Publishers, Inc. v. Nation Enterprises*, 471 U.S. 539 (560) (U.S.N.Y. 1985); *Förster*, Fair Use, S. 26; *Nimmer/Nimmer*, On Copyright, § 13.05 [A]; *Patry*, The Fair Use Privilege in Copyright Law, S. 415.

1032 *Triangle Publications, Inc. v. Knight-Ridder Newspapers, Inc.*, 626 F.2d 1171 (1175) (C.A.Fla. 1980); *Förster*, Fair Use, S. 6; *Schlechter/Thomas*, Intellectual Property, S. 217.

1033 *Förster*, Fair Use, S. 24.

1034 *Time, Inc. v. Bernard Geis Associates*, 293 F.Supp. 130 (144) (D.C.N.Y. 1968); *Förster*, Fair Use, S. 25; vgl. auch die Aussage des Circuit Court of Appeals, „[…] the issue of fair use […] is the most troublesome in the whole law of copyright […]", *Dellar v. Samuel Goldwyn, Inc.*, 104 F.2d 661 (662) (C.A.2 1939).

es sich um eine Ausnahmevorschrift bei an sich rechtsverletzenden Handlungen.[1035] Die „fair use“-Doktrin ist nicht zwingend anzuwenden, sondern „kann“ angewendet werden.

In der Rechtsentwicklung des US-amerikanischen Rechts ist es zu keiner Fallgruppenbildung bei der Anwendung der „fair use“-Doktrin gekommen (auch wenn die zu entscheidenden Sachverhalte oftmals Ähnlichkeiten aufweisen), die Gerichte betonen vielmehr immer wieder, der Charakter dieser Doktrin sei einzelfallbezogen.[1036] Im deutschen Recht bzw. an deutschen Gerichten werden für Generalklauseln in der Regel Fallgruppen gebildet, unter die dann subsumiert wird;[1037] bei der Anwendung der „fair use“-Doktrin ist dies anders, dort wird statt Fallgruppenbildung eine Untersuchung „case by case“ durchgeführt,[1038] in der sich noch einmal der einzelfallbezogene Charakter zeigt.[1039] Also begründet ein typischerweise erlaubter Sachverhalt noch keine zuverlässige Prognose für eine zulässige Benutzung, es ist immer eine umfängliche Einzeluntersuchung unter Berücksichtigung der in 17 U.S.C. § 107 aufgeführten „fair use“-Faktoren durchzuführen.[1040]

Am Ende der Prüfung der „fair use“-Faktoren kommt das Gericht entweder zum Ergebnis, dass die Nutzungshandlung von der „fair use“-Doktrin gedeckt ist oder nicht; entweder ist die Nutzung also zulässig oder nicht. Vor allem enthält 17 U.S.C. § 107 keine „liability rule“, bei der die Nutzung zwar zustimmungsfrei ist, jedoch eine finanzielle Entschädigung gezahlt werden muss; dies ergibt sich aus dem Wortlaut der Vorschrift.[1041]

1035 *Förster*, Fair Use, S. 23; siehe auch *Campbell v. Acuff-Rose Music, Inc.*, 510 U.S. 569 (574) (1994).

1036 *Harper & Row Publishers, Inc. v. Nation Enterprises*, 471 U.S. 539 (549) (U.S.N.Y. 1985); *Campbell v. Acuff-Rose Music, Inc.*, 510 U.S. 569 (577) (1994); House Report on the Copyright Act of 1976, abgedruckt in *Nimmer/Nimmer*, On Copyright, S. 65 f.; *Förster*, Fair Use, S. 31.

1037 *Ohly*, AcP 2001, 1 (40); *Förster*, Fair Use, S. 33; Zum Wettbewerbsrecht *Ohly*, Richterrecht und Generalklausel im Recht des unlauteren Wettbewerbs, S. 284.

1038 *Harper & Row Publishers, Inc. v. Nation Enterprises*, 471 U.S. 539 (549) (U.S.N.Y. 1985); *Campbell v. Acuff-Rose Music, Inc.*, 510 U.S. 569 (577) (1994); House Report on the Copyright Act of 1976, abgedruckt in *Nimmer/Nimmer*, On Copyright, S. 65 f.; *Förster*, Fair Use, S. 31.

1039 *Förster*, Fair Use, S. 31.

1040 *Förster*, Fair Use, S. 32.

1041 *Förster*, Fair Use, S. 34; im US-amerikanischen Recht nicht unumstritten, vgl. *Timberg*, Nw. U. L. Rev. 75 (1980), 193 (235 ff.); *Gordon*, Colum. L. Rev. 82 (1982), 1600 (1622).

3. Die „fair use"-Faktoren

Prägend für die einzelnen Faktoren sind besonders drei Urteile,[1042] die vom höchsten US-amerikanischen Gericht, dem Supreme Court, entschieden sind.

Sony Corporation of America v. Universal City Studios, Inc.[1043]

In dieser Entscheidung geht es um die Möglichkeit der Aufzeichnung von urheberrechtlich geschützten Fernsehsendungen durch das Betamax-Heimvideosystem, insbesondere durch das sog. „time-shifting", das nach der Aufnahme eine einmalige zeitversetzte Wiedergabe ermöglicht. Der Supreme Court verneint in diesem Fall eine Urheberrechtsverletzung.

Harper & Row, Publishers, Inc. v. Nation Enterprises[1044]

In dieser Entscheidung geht es um die Memoiren des ehemaligen Präsidenten (1974–1977) der Vereinigten Staaten, Gerald R. Ford. Kurz vor der Veröffentlichung seiner Biografie durch Harper & Row, Publishers, veröffentlicht „The Nation" ohne Einwilligung in einem umfassenden Artikel große Teile dieser Biografie mit teilweise wortwörtlich übernommenen Auszügen. Der Supreme Court verneint in diesem Fall einen „fair use"-Einwand.

Acuff-Rose Music, Inc. v. Luther R. Campbell[1045]

In dieser Entscheidung geht es um eine parodistische Version des von Roy Orbinson und William Dees 1964 komponierten Musikklassikers „Oh, Pretty Woman". Die parodistische Version „Pretty Woman" wird 1989 auf einem Album der US-amerikanischen Rapgruppe „2 Live Crew" veröffentlicht, die sich zuvor um eine Genehmigung gegen Zahlung einer Lizenzgebühr bemüht hatte, die ihnen jedoch nicht gewährt wurde. Der Supreme Court sieht in der parodistischen Version einen „fair use"-Einwand.

a) Erster Faktor: „purpose and character of the use"

Hier spielen folgende Elemente eine Rolle: handelt es sich um einen „transformative use", erfolgt die Nutzung kommerziell, gibt es Besonderheiten bzgl. des Verhaltens des Nutzers, die evtl. ausschlaggebend für einen „fair use" sein könnten? Zur Frage der Transformativität betont der Supreme Court in der

1042 *Förster*, Fair Use, S. 37.
1043 *Sony Corp. of America v. Universal City Studios, Inc.*, 464 U.S. 417 (U.S.Cal. 1984).
1044 *Harper & Row, Publishers, Inc. v. Nation Enterprises*, 557 F.Supp. 1067 (S.D.N.Y. 1983).
1045 *Acuff-Rose Music, Inc. v. Campbell*, 754 F.Supp. 1150 (M.D.Tenn. 1991).

Entscheidung Campbell v. Acuff Rose, die transformative Werknutzung unterstütze das Ziel des Copyright, Wissenschaft und Kunst zu fördern; Transformativität allein begründe zwar noch keinen „fair use"-Einwand, je transformativer das neue Werk jedoch sei, desto geringer sei die Bedeutung anderer Faktoren wie z.B. der Kommerzialität, die ansonsten gegen „fair use" sprechen würden.[1046]

Die Gerichte sind sich in der Entscheidungspraxis bei der Anforderung an die Höhe der Transformativität uneinig.[1047]

In der Entscheidung Sony v. Universal[1048] unterstellt der Supreme Court, eine kommerzielle Nutzung sei in der Regel nicht durch „fair use" gerechtfertigt.[1049] Diese Entscheidung wird allerdings bis heute kritisiert, da die US-amerikanische Kultur- und Medienindustrie in der Regel eine Gewinnerzielungsabsicht verfolgt und damit fast immer ein „fair use" ausscheiden würde – gerade auch in Fällen, die typischerweise dem „fair use" unterfallen[1050].[1051] Auch gibt es in der US-amerikanischen Rechtsprechung keine Definition für Kommerzialität,[1052] was die Zuordnung erschwert, ob eine Handlung nun kommerziell erfolgt oder nicht. In der neueren Rechtsprechung spielt die Kommerzialität nur noch eine untergeordnete Rolle, sie ist kein zentraler Prüfungspunkt mehr.[1053]

In einigen Entscheidungen beziehen Gerichte die Gut- oder Bösgläubigkeit des Nutzers mit ein, je bösgläubiger ein Nutzer, desto weniger komme eine Anwendung der „fair use"-Doktrin in Betracht.[1054] Diese Art der Trennung wird

---

1046 *Campbell v. Acuff-Rose Music, Inc.*, 510 U.S. 569 (579) (1994).

1047 *Madison*, Wm. & Mary L. Rev. 45 (2004), 1525 (1670); *Nimmer/Nimmer*, On Copyright, § 13.05 [A][1][b]; *Förster*, Fair Use, S. 46; kritisch zur Konstruktion des transformative use *Goldstein*, On Copyright, 10:43; *Zimmermann*, J. Copyright Soc'y U.S.A. Vol. 46, No. 2 (1998), 251 (252).

1048 *Sony Corp. of America v. Universal City Studios, Inc.*, 464 U.S. 417 (U.S.Cal. 1984).

1049 Erneut in *Harper & Row Publishers, Inc. v. Nation Enterprises*, 471 U.S. 539 (562) (U.S.N.Y. 1985).

1050 Richter Brennans Kritik in seinem dissenting vote *Harper & Row Publishers, Inc. v. Nation Enterprises*, 471 U.S. 539 (592) (U.S.N.Y. 1985); *Salinger v. Random House, Inc.*, 650 F.Supp. 413 (425) (S.D.N.Y. 1986); *Sundeman v. Seajay Society, Inc.*, 142 F.3d 194 (202 f. und Fn. 14) (C.A.4 (S.C.) 1998); *Goldstein*, On Copyright, 10:32 ff.; *Nimmer/Nimmer*, On Copyright, § 13.05 [A][1][c].

1051 *Förster*, Fair Use, S. 49.

1052 *Förster*, Fair Use, S. 50.

1053 *Castle Rock Entertainment, Inc. v. Carol Pub. Group, Inc.*, 150 F.3d 132 (142) (C.A.2 (N.Y.) 1998); *Förster*, Fair Use, S. 51.

1054 *Roy Export Co. Establishment of Vaduz, Liechtenstein, Black Inc., A. G. v. Columbia Broadcasting System, Inc.*, 503 F.Supp. 1137 (1146) (D.C.N.Y 1980); *Nunez v. Carribean Intern. News Corp.*, 235 F.3d 18 (23) (C.A.1 (Puerto Rico) 2000); *Time, Inc.*

jedoch in der Rechtswissenschaft zum Teil arg kritisiert, die „fair use"-Doktrin sei eine gesetzliche Konstruktion, bei der es nicht auf moralisch korrektes Handeln ankomme,[1055] moralische Überlegungen seien bei der Entstehungsgeschichte der Doktrin kaum von Belang gewesen und könnten deshalb auch jetzt nicht in der Prüfung des „purpose and character of the use" berücksichtigt werden.[1056] Stattdessen solle man die Gut- oder Bösgläubigkeit bei der Bestimmung der Haftung berücksichtigen.[1057]

b) Zweiter Faktor: „nature of the copyrighted work"

Bei der Prüfung des zweiten „fair use"-Faktors wird berücksichtigt, ob das Originalwerk eine besondere Kreativität aufweist oder es sich um ein faktisches Werk (z. B. Biografie) handelt, ob das Originalwerk bereits veröffentlicht war oder noch unveröffentlicht und ob es sich um ein vergriffenes Werk handelt.[1058] Ähnlich wie im deutschen Recht ist nicht jeder schriftlich verfasste Text urheberrechtlich geschützt. 17 U.S.C. § 102 (b) bestimmt, dass sich der Urheberrechtsschutz u.a. nicht auf Ideen, Verfahren, Prinzipien oder Entdeckungen erstreckt, unerheblich, in welcher Form die genannten Formen dargestellt oder in ein Werk eingebettet sind. Aus diesem Grund wird bei der „fair use"-Prüfung zwischen faktischen („factual works") und kreativen („fictional works") Werken getrennt. Zumindest wird dies anhand der Entscheidungspraxis der Gerichte insofern deutlich, als eine Anwendung der „fair use"-Doktrin bei Werken, die

---

v. Bernard Geis Associates, 293 F.Supp. 130 (146) (D.C.N.Y. 1968); *Schulmann*, Iowa L. Rev. 53 (1968), 832.

1055 Vgl. Richter Jacobs concurring vote *NXIVM Corp. v. Ross Institute*, 364 F.3d 471 (483) (C.A.2 (N.Y.) 2004); *Leval*, Harv. L. Rev. 103 (1990), 1105 (1127); siehe in diesem Zusammenhang auch den Hinweis von *Patry*, The Fair Use Privilege in Copyright Law, S. 4 f., Fair Use sei als common law-Verteidigung gegenüber dem gesetzlichen Ausschließlichkeitsrecht des Urhebers einzuordnen und daher kein Produkt des „equity" [„incorrect to characterize fair use as a child of equity"]; *Förster*, Fair Use, S. 52.

1056 Ausführlich *Leval*, Harv. L. Rev. 103 (1990), 1105 (1126 ff.); Leval behandelt die Gut- oder Bösgläubigkeit nicht im Rahmen des ersten „Fair Use"-Faktors, sondern als eigenständigen zusätzlichen Faktor, siehe *Leval*, J. Copyright Soc'y U.S.A. 36 (1989), 167 (176).

1057 *Goldstein*, On Copyright, 10:47 f.

1058 *Förster*, Fair Use, S. 53.

schwerpunktmäßig deutlich mehr faktische Anteile enthalten, eher großzügig bejaht wird[1059] als bei Werken, die einen hohen kreativen Anteil aufweisen.[1060]

Nicht unproblematisch ist hier die Unterscheidung von „factual" und „fictional works", da Werke selten ausschließlich faktisch oder nur fiktional sind. Dann sind das Werk in seine Einzelteile zu zerlegen und faktische Teile anders als fiktionale zu behandeln. Anschließend ist festzulegen, welche Teile überwiegen, um zu entscheiden, ob der zweite Faktor nun für die Anwendung von „fair use" spricht oder nicht.

Nicht eindeutig zu beurteilen ist auch die Übernahme faktischer Werkteile, die zwar an sich als faktische Teile nicht urheberrechtsschutzfähig sind, aber in besonderer Form so dargestellt werden können, dass sie doch wieder dem Urheberrechtsschutz unterfallen können. Im US-amerikanischen Recht gilt die „idea/expression"-Dichotomie, die in 17 U.S.C. § 102 (b) gesetzlich festgelegt ist; Ideen als solche unterfallen nicht dem Urheberrechtsschutz, wohl aber die Äußerung, der Ausdruck dieser Idee, somit also keine Tatsachen an sich.

Der Inhalt eines Textes kann also zwar faktisch sein, die sprachliche Formulierung aber so außergewöhnlich, dass der Text nicht einfach als faktisch eingestuft werden kann. Dies soll berücksichtigt werden bei der Prüfung des zweiten Faktors. Denn selbst wenn der Inhalt auf Tatsachen beruht, kann dies nicht per se für die Anwendung der „fair use"-Doktrin sprechen.

Besteht ein Werk gleichermaßen aus faktischen und kreativen Teilen, heben sich beide Teile gegenseitig auf und dem zweiten Faktor kommt keine so hohe Bedeutung zu.[1061]

Auch hier zeigt sich, dass es sich bei der Unterscheidung um lediglich einen Aspekt in der Gesamtprüfung handelt.

Es wird nicht nur zwischen „factual" und „fictional works" unterschieden, sondern auch, ob es sich um ein bereits veröffentlichtes oder noch unveröffentlichtes

---

1059 *New York Times Co. v. Roxbury Data Interface, Inc.*, 434 F.Supp. 217 (221) (D.C.N.J 1977); *New Era Publications Intern., ApS v. Carol Pub. Group*, 9 152 (157) (C.A.2 (N.Y.)S. oBBS 1990); *Sony Corp. of America v. Universal City Studios, Inc.*, 464 U.S. 417 (455) (U.S.Cal. 1984); *Los Angeles Times v. Free Republic*, 2000 U.S. Dist. LEXIS 5669; *Goldstein*, On Copyright, 10:49 f.

1060 *Stewart v. Abend*, 495 U.S. 207 (237 f.) (U.S.Cal. 1990); *Campbell v. Acuff-Rose Music, Inc.*, 510 U.S. 569 (586) (1994); *Harper & Row Publishers, Inc. v. Nation Enterprises*, 471 U.S. 539 (563) (U.S.N.Y. 1985); *Feist Publications, Inc. v. Rural Telephone Service Co., Inc.*, 499 U.S. 340 (348 ff.) (U.S. Kan. 1991); *Nimmer/Nimmer*, On Copyright, § 13.05 [A][2][a]; *Schlechter/Thomas*, Intellectual Property, S. 224.

1061 *Marcus v. Rowley*, 695 F.2d 1171 (1176) (C.A.Cal. 1983).

Ursprungswerk handelt. In der Entscheidungspraxis der Gerichte wird die „fair use"-Doktrin deutlich seltener bei unveröffentlichten Werken angewendet. Dies rührt wohl daher, dass vor dem Copyright Act von 1976 die „fair use"-Doktrin nur auf veröffentlichte Werke und nicht auf unveröffentlichte angewendet werden konnte.[1062] Nach dem Copyright Act von 1976 soll die Anwendung der „fair use"-Doktrin auf unveröffentlichte Werke zwar zulässig, jedoch nur mit Einschränkungen möglich sein, da das Recht der Erstveröffentlichung immer dem „copyright owner" zustehen soll.[1063]

Auch im deutschen Urheberrecht steht das Erstveröffentlichungsrecht dem Urheber zu (§ 12 UrhG); dieses Recht leitet sich aus dem Urheberpersönlichkeitsrecht ab und zeigt die ideelle Beziehung des Urhebers zu seinem Werk[1064], während das Erstveröffentlichungsrecht im US-amerikanischen Recht (17 U.S.C. § 106 (3)) zum vermögensrechtlichen Bereich gehört und die materielle Verwertbarkeit in den Vordergrund stellt. Die Gerichte erkennen im Rahmen der „fair use"-Prüfung an, dass das Erstveröffentlichungsrecht für den ökonomischen Wert eines Werkes relevant ist.[1065] Damit bleibt dem Urheber die Wahl, wann und wie er sein Werk am profitabelsten veröffentlichen möchte; eine Anerkennung des persönlichkeitsrechtlichen Interesses für die Erstveröffentlichung findet damit nicht statt, hier geht es wieder um das im amerikanischen Copyright vorrangige materielle Interesse.[1066]

Vergriffene Werke werden bei der „fair use"-Doktrin nicht generell bevorzugt, da sie im Interesse der Allgemeinheit dieser frei zugänglich gemacht werden, weil sie nicht mehr anders beschafft werden können. Es finden sich sogar einige Entscheidungen, die den vierten Faktor bei vergriffenen Werken genau gegen „fair use" sprechen lassen; als Begründung dafür wird angeführt, Urheber vergriffener Werke könnten nicht mehr an der Vermarktung, am Verkauf des

---

1062 *Stanley v. Columbia Broadcasting System*, 35 Cal.2d 653 (661) (CAL. 1950); *Förster*, Fair Use, S. 56; *Miller*, J. Copyright Soc'y U.S.A. 40 (1993), 349 (352 ff.); *Oekonomidis*, Die Zitierfreiheit, S. 247 f.; *Patry*, The Fair Use Privilege in Copyright Law, S. 534 f.

1063 Senate Report on the Copyright Act of 1976, S. 64.

1064 Dreier/Schulze/*Schulze*, UrhG, Vor § 12 UrhG Rn. 2.

1065 *Harper & Row Publishers, Inc. v. Nation Enterprises*, 471 U.S. 539 (555) (U.S.N.Y. 1985); *LeFevre*, Law & Contemp. Probs. 55-2 (1992), 153 (168); *Leval*, J. Copyright Soc'y U.S.A. 36 (1989), 167 (177 f.); Vgl. *Schlechter/Thomas*, Intellectual Property, S. 225.

1066 *Förster*, Fair Use, S. 60 f.

Werkes teilhaben und seien wirtschaftlich darauf angewiesen, Lizenzgebühren zu erhalten.[1067]

c) Dritter Faktor: „amount and substantiality of the portion used“

Dem Wortlaut des dritten Faktors nach werden bei der „fair use“-Analyse die Quantität und Qualität der Werkelemente miteinbezogen.

Grundsätzlich gilt: je mehr vom Originalwerk übernommen wird, desto weniger kann die „fair use“-Doktrin angewendet werden,[1068] denn je größer die Übernahme, desto größer i. d. R. der wirtschaftliche Schaden.[1069] Dies ist jedoch nur ein Orientierungsgrundsatz, aus dem nicht geschlossen werden kann, dass selbst eine vollständige Übernahme eines Werkes per se unzulässig ist.[1070] Generell geht die Tendenz jedoch dazu, kein „fair use“ anzunehmen, wenn das Gesamtwerk übernommen wird.[1071]

Hier zeigt sich erneut, dass dem dritten Faktor allein keine entscheidende Bedeutung zukommt.[1072]

Neben der Quantität spielt auch die Qualität der übernommenen Werkteile eine Rolle. Denn auch ein kleiner Werkteil kann von besonders großer Qualität für das Werk insgesamt sein (z.B. die Quintessenz), sodass das Originalwerk dadurch so beeinträchtigt wird, dass auch der kleine Werkteil nicht mehr dem „fair use“ unterfallen kann. Der US Supreme Court hat sich damit in der Entscheidung Harper & Row Publishers, Inc. v. Nation Enterprises[1073] befasst und kommt zum Ergebnis, dass obwohl im Verhältnis zum Gesamtwerk nur wenig übernommen wird (zwischen 300 und 400 Wörtern), dies aber das Herzstück des Werkes („heart of the book“) darstellt und demnach der dritte Faktor gegen „fair use“ spricht.[1074]

1067 *Basic Books, Inc. v. Kinkos Graphics Corp.*, 758 F.Supp. 1522 (1534) (S.D.N.Y. 1991); *Förster*, Fair Use, S. 61.; dieser Punkt wird bei den Gerichten im vierten Faktor geprüft.

1068 *Association of American Medical Colleges v. Mikaelian*, 571 F.Supp. 144 (153) (D.C.Pa. 1983); *Goldstein*, On Copyright, 10:55; *Leval*, Harv. L. Rev. 103 (1990), 1105 (1122).

1069 *Schlechter/Thomas*, Intellectual Property, S. 226.

1070 Vgl. auch *Förster*, Fair Use, S. 62.

1071 *Patry*, The Fair Use Privilege in Copyright Law, S. 552 ff.

1072 So auch *Förster*, Fair Use, S. 62.

1073 *Harper & Row Publishers, Inc. v. Nation Enterprises*, 471 U.S. 539 (U.S.N.Y. 1985).

1074 *Harper & Row Publishers, Inc. v. Nation Enterprises*, 471 U.S. 539 (64 f.) (U.S.N.Y. 1985).

Bei der Prüfung der Quantität und Qualität ist letztere ausschlaggebend;[1075] dabei kann sich der Begriff des Herzstückes sowohl auf das Originalwerk als auch auf das Werk des Nutzers beziehen.[1076] Denn erheblich kann auch sein, in welcher Art und Weise der Nutzer den Werkteil nutzt, ob nur am Rande als kleiner Teil in einem großen Gesamtwerk oder als Hauptteil seines eigenen Werkes.

d) Vierter Faktor: „effect of the use upon the potential market"

Der vierte Faktor prüft den Effekt des genutzten Werk(teil)s auf den Markt und soll dem Urheber die wirtschaftliche Verwertbarkeit seines Werkes sichern.[1077] Auch hier schlägt der Gedanke durch, dass das US-amerikanische Copyright ein gewerbliches Schutzrecht ist. Je mehr der wirtschaftliche Wert des Originalwerkes beeinträchtigt wird, desto mehr sind andere Aspekte anzuführen, die für die Anwendung der „fair use"-Doktrin sprechen, um dies wieder auszugleichen.[1078] Der entsprechende Markt wird durch die urheberrechtlich geschützten Werk(teil)e bestimmt, der Urheber bestimmt ihn sozusagen mit seiner „expression".[1079]

Um zu überprüfen, ob der wirtschaftliche Wert des Werks beeinträchtigt ist, ist zunächst zu ermitteln, ob ein Marktschaden vorliegt. Dies trifft zu, wenn sich die unerlaubte Nutzungshandlung unmittelbar auf die Verwertbarkeit des Werkes auswirkt;[1080] z.B. wenn das ursprüngliche urheberrechtlich geschützte Werk in direkter Konkurrenz zum Zweitwerk steht und letzteres unmittelbar dieselbe Nachfrage wie das ursprüngliche Werk bedient.[1081] Was zunächst einfach zu

---

1075 *Förster*, Fair Use, S. 64; *Goldstein*, On Copyright, 10:55; weitere Beispiele, in denen die Qualität der verwendeten urheberrechtlich geschützten Werk(teil)e eine Rolle spielten, sind *Roy Export Co. Establishment of Vaduz, Liechtenstein, Black Inc., A. G. v. Columbia Broadcasting System, Inc.*, 503 F.Supp. 1137 (1145) (D.C.N.Y 1980); *Telerate Systems, Inc. v. Caro*, 689 F.Supp. 221 (229) (S.D.N.Y. 1988); *Iowa State University Research Foundation, Inc. v. American Broadcasting Companies, Inc.*, 621 F.2d 57 (61 f.) (C.A.N.Y. 1980).

1076 Vgl. auch *Salinger v. Random House, Inc.*, 650 F.Supp. 413 (423) (S.D.N.Y. 1986); *Förster*, Fair Use, S. 64 f.; als Begriff „reverse proportionality" vorschlagend für das Werk des Nutzers *Miller/Davis*, Intellectual Property, S. 363.

1077 *Förster*, Fair Use, S. 65.

1078 *MCA, Inc. v. Wilson*, 677 F.2d 180 (183) (C.A.N.Y. 1981); *Nimmer/Nimmer*, On Copyright, § 13.05 [A][4].

1079 Siehe „idea/expression"-Dichotomie S. 140 .

1080 *Förster*, Fair Use, S. 66.

1081 *Wainwright Securities, Inc. v. Wall St. Transcript Corp.*, 558 F.2d 91 (96 f.) (C.A.N.Y. 1977).

beziffern scheint, kann in der Praxis zu Schwierigkeiten führen, wenn einzelne Nutzungshandlungen einen kaum spürbaren Marktschaden verursachen, wiederholte einzelne Nutzungshandlungen zusammengenommen aber doch insgesamt einen Verwertbarkeitsschaden hervorrufen. In der Praxis handhaben die US-amerikanischen Gerichte es grundsätzlich so, dass die einzelnen Nutzungshandlungen und der daraus resultierende Schaden nicht isoliert betrachtet werden, sondern im Gesamtzusammenhang;[1082] es wird eine hypothetische Gesamtbetrachtung angestellt mit der Frage, welcher Schaden bei weiterer Nutzung in Zukunft erwartet werden kann.[1083] Dabei ist es dem Gesetzeswortlaut von 17 U.S.C. § 107 nach möglich, auch potenzielle Märkte miteinzubeziehen.[1084]

In ihrer Entscheidungspraxis sind die Gerichte sich jedoch nicht einig, was die Gewichtung des vierten Faktors angeht. Einige messen ihm einen enorm hohen Stellenwert zu, er sei das wichtigste Element der „fair use"-Prüfung[1085], einer Studie von David Nimmer zufolge zeigt sich dagegen, dass sich diese Ansicht in der Entscheidungspraxis der Gerichte anscheinend nicht in jedem Fall durchgesetzt hat und die „fair use"-Analyse insgesamt sogar negativ ausfallen kann, obwohl der vierte Faktor für „fair use" sprechen würde.[1086]

Insgesamt scheint es wohl auch bei der Prüfung des vierten Faktors so zu sein, dass es sich nur um einen Prüfungsaspekt von mehreren handelt und keinem von allen alleinige Bedeutung zugemessen werden darf.

Melville B. und David Nimmer haben zur Beurteilung des vierten Faktors einen eigenen Ansatz entwickelt, den „functional test".[1087]

1082 *Förster*, Fair Use, S. 66.

1083 *Sony Corp. of America v. Universal City Studios, Inc.*, 464 U.S. 417 (451) (U.S.Cal. 1984); *Campbell v. Acuff-Rose Music, Inc.*, 510 U.S. 569 (590 f.) (1994); *American Geophysical Union v. Texaco Inc.*, 60 F.3d 913 (927 Fn. 12) (C.A.2 (N.Y.) 1994); *Nimmer/Nimmer*, On Copyright, § 13.05 [A][4]; *Schlechter/Thomas*, Intellectual Property, S. 227.

1084 Siehe auch *Förster*, Fair Use, S. 68.

1085 „This last factor is undoubtedly the single most important element of fair use." *Harper & Row Publishers, Inc. v. Nation Enterprises*, 471 U.S. 539 (566) (U.S.N.Y. 1985); *Nimmer/Nimmer*, On Copyright, § 13.05 [A][4]; *Stewart v. Abend*, 495 U.S. 207 (238) (U.S.Cal. 1990); vierter Faktor als „primus inter pares": *Princeton University Press v. Michigan Document Services, Inc.*, 99 F.3d 1381 (1385) (C.A.6 (Mich.) 1996); *Schlechter/Thomas*, Intellectual Property, S. 227; kritisch *Patry*, The Fair Use Privilege in Copyright Law, S. 561 ff.

1086 *Nimmer*, Law & Contemp. Probs. 2003, 263 (280).

1087 *Nimmer/Nimmer*, On Copyright, § 13.05 [B].

Nach Nimmer/Nimmer soll die gesamte Beurteilung, ob „fair use" vorliegt, danach stattfinden, ob das Originalwerk und das danach hergestellte Werk unterschiedliche Funktionen erfüllen – das Medium, auf dem sich beide Werke dabei befinden (auch unterschiedliche seien möglich) sei irrelevant.[1088] Auch wenn sich das Original und das Zweitwerk stark ähneln, könnten beiden trotzdem unterschiedliche Funktionen zukommen. Als Beispiel wird ein verfilmter Roman genannt: die Verfilmung sei eine Verwertung des Buches, beschränke jedoch nicht den Markt des veröffentlichten Romans, sie erweitere ihn vielleicht sogar.[1089]

Letztendlich ähnelt dies aber der Prüfung der Transformativität; jemand, der das gesamte Buch lesen möchte, wird kaum statt des Erwerbs des Buches nur die von Google bereitgestellten Snippets lesen. Somit können Originalwerk und Zweitwerk unterschiedliche Funktionen erfüllen.

In der Rechtsprechung konnte sich der „Functional Test" von Nimmer/Nimmer bisher nicht durchsetzen.

e) Gewichtung / Rangfolge der „fair use"-Faktoren

Insgesamt lassen sich bei allen vier Faktoren wirtschaftliche Überlegungen finden, wie es auch insgesamt dem US-amerikanischen Copyright entspricht.[1090] Dieser allen Faktoren gemeinsame wirtschaftliche Faktor führt zu einer Überschneidung der einzelnen Faktoren. Ein Beispiel: wenn die Quantität des übernommenen Werk(teil)s beim dritten Faktor eine Rolle spielt, wirkt sich das konsequenterweise auf den vierten Faktor aus, und zwar in der Frage, wie sich dies auf den Markt auswirkt.[1091] Dies macht es schwierig, die Faktoren einzeln auszuwerten. Andererseits dürfte es aber auch kein Hindernis darstellen, wenn einzelne Faktoren sich überschneiden. Denn die „fair use"-Prüfung bleibt stets eine Einzelfallentscheidung, in der angemessene Gewichtungen der Faktoren vorzunehmen sind. In der Entscheidungspraxis bemühen die US-amerikanischen Gerichte sich, die einzelnen Faktoren in einer Gesamtbetrachtung zu beurteilen und ein ausgeglichenes Verhältnis untereinander herzustellen, damit nicht ein Faktor den anderen überwiegt.[1092]

1088 *Nimmer/Nimmer*, On Copyright, § 13.05 [B][1].

1089 *Nimmer/Nimmer*, On Copyright, § 13.05 [B][1].

1090 *Seltzer*, Exemptions and Fair Use in Copyright, S. 33; zur Begründung wirtschaftlicher Erwägungen *Loren*, J. Intell. Prop. L. 5 (1997), 1 (22 ff.).

1091 *Förster*, Fair Use, S. 73.

1092 *Förster*, Fair Use, S. 74.

4. Google Books Project

Google Book Search ist aus dem (wissenschaftlichen und privaten) Alltag kaum wegzudenken, als einfacher Weg, an viele Texte und Daten aus Büchern zu gelangen, indem man Buchtitel oder Suchphrasen in ein Suchfeld bei Google eingibt und in eingescannten Büchern suchen kann. Der Weg zur Bibliothek entfällt, ebenso das Warten auf dort nicht vorrätige Bücher.

Umfangreiche Texte nach bestimmten Worten oder Phrasen durchsuchen zu können, ist ein großer Vorteil gegenüber dem Buch aus Papier. Dort ist eine Volltextsuche nicht möglich.

2004 macht Google zwei digitale Bücherprogramme bekannt: „Google Print", das später in „Partner Program" umbenannt wird, und das „Library Project". Beide Projekte sind auf die digitale Durchsuchbarkeit von Büchern ausgerichtet.

a) Googles „Partner Program" (zuvor „Google Print")

Im „Partner Program", ursprünglich genannt „Google Print", bekommt Google nach eigenen Angaben von Veröffentlichern oder anderen Rechteinhabern Bücher in Papierform oder gleich in digitaler Form, scannt die Bücher in Papierform ein, bewahrt diese Daten auf („Datenhosting") und stellt sie zur Verfügung.

Verlage können auf diese Art für ihre Bücher werben, indem das gesamte Buch eingescannt und durch Google präsentiert wird auf einer Seite, die einen oder mehrere Links anzeigt mit der Option „Dieses Buch kaufen".

b) Googles „Library Project"

Mit dem „Library Project" versucht Google, Bücher von möglichst vielen Büchereien einzuscannen und digital verfügbar zu machen. Ursprünglich begann das Projekt mit den Büchern folgender wissenschaftlicher Bibliotheken, die nach und nach eingescannt wurden: Harvard, Michigan, Stanford, Oxford und New York Public Library. Nach und nach kamen immer mehr wissenschaftliche Bibliotheken hinzu, die ihre Bücher zur Digitalisierung zur Verfügung stellten.[1093]

1093 Mittlerweile arbeitet Google mit über 40 Bibliotheken zusammen. Einige ausgewählte sind auf den Internetseiten von Google zu finden: http://books.google.de/googlebooks/partners.html (zuletzt aufgerufen am 21.05.2020).

5. Mögliche Copyright-Verletzung durch Google Book Search nach US-amerikanischem Recht

Das Copyright Law gilt in allen US-Bundesstaaten und ist im 17. Titel des United States Code geregelt. In Betracht kommen hier die gleichen Verletzungshandlungen wie im deutschen Recht. Der Urheber hat im anglo-amerikanischen Recht die folgenden Rechte:

„Right to reproduce the work“ (17 U.S.C. § 106 (1))

Dieses Recht erlaubt es dem Copyright Holder, sein Werk in jeder erdenklichen verkörperten Form zu reproduzieren, zu kopieren, zu vervielfältigen und zu übertragen.

„Right to prepare derivative works“ (17 U.S.C. § 106 (2))

„Derivative work“ meint ein Werk, das auf einem bereits bestehenden Werk basiert. Der Copyright Holder hat das Recht, sein Werk so zu modifizieren, dass ein neues Werk entsteht. Eine Verletzungshandlung liegt also beispielsweise dann vor, wenn jemand aus einer Buchvorlage ohne Erlaubnis ein Drehbuch entwickelt und dieses verkauft oder in sonstiger Weise verwertet.

„Right to distribution“ (17 U.S.C. § 106 (3))

Der Copyright Holder hat das Recht, sein Werk zu verbreiten; möglich sind beispielsweise Verkauf, Vermietung, Leasing und Leihe. Dieses Verbreitungsrecht ist allerdings begrenzt durch die „first sale doctrine“: nach der ersten Verbreitung oder dem ersten Verkauf kann der Copyright Holder nicht mehr bestimmen, was mit dieser Werkkopie geschieht. Diese doctrine ist ähnlich dem deutschen Erschöpfungsgrundsatz.

„Public perfomance right“ (17 U.S.C. § 106 (4))

Das „public performance right“ ist das Recht, das Werk zu rezitieren, es aufzuführen, zu tanzen oder anders an einem öffentlichen Ort zu zeigen.

Greift ein anderer unberechtigt in eines oder mehrere dieser Rechte ein, liegt eine Copyrightverletzung (Copyright Infringement) vor. Ausnahmen davon sind „fair use“ (siehe S. 134 ff.) und „public domain“[1094] oder nicht gegebene Schutzfähigkeit des Werkes wie beispielsweise bei Ideen oder Fakten.

Bei Verletzung einer der letzten drei Rechte handelt es sich nur um eine Copyrightverletzung, wenn die Rechte öffentlich verletzt werden. Dies meint außerhalb des privaten Umfelds, also bei „substantial number of persons“ außerhalb von Familie und Freunden, siehe 17 U.S.C.A. § 101.

1094 Unter Public Domain fällt alles, was nicht (mehr) urheberrechtlich geschützt ist, weil beispielsweise das Urheberrecht abgelaufen ist.

„Public display right" (17 U.S.C. § 106 (5))

Dies meint das Recht, eine Kopie des Werkes direkt der Öffentlichkeit zu zeigen, sei es greifbar in einem Raum, dargestellt auf einer Internetseite, auf einem Film festgehalten oder auf anderem Weg.

Die genannten Rechte des Urhebers treten aber in dem Fall zurück, wenn hinreichend dargelegt werden kann, dass es sich bei dem Vorgehen von Google um „fair use" handelt (siehe S. 146 ff.).

6. US-amerikanisches (Gerichts-)Verfahren

Seit 2004 scannt Google Bücher ein und stellt diese in Online-Datenbanken digital zur Verfügung; bis heute mehr als 20 Millionen. Obwohl für viele Urheberrechtsschutz besteht, scannt Google sowohl gemeinfreie als auch urheberrechtlich geschützte Werke aus allen Bereichen der Literatur und Wissenschaft ohne vorliegende Einwilligung ein.

Während dies erhebliche Vorteile für den Nutzer bietet, fürchten Urheber und Verwerter Urheberrechtsverstöße durch Google und Umsatzeinbußen.

In Deutschland richtet sich der Heidelberger Appell „Für Publikationsfreiheit und die Wahrung der Urheberrechte"[1095] ausdrücklich gegen die massenweise Herstellung von unterstellten Raubkopien durch Google.

Um „fair use" in den USA zu veranschaulichen, wird das US-amerikanische Gerichtsverfahren gegen Google kurz dargelegt.

2005 erheben die Association of American Publishers (AAP)[1096] als auch die Authors Guild[1097] Klage beim zuständigen[1098] United States District Court

---

1095 Am 22.03.2009 vom Heidelberger Literaturwissenschaftler Roland Reuß initiiert, http://www.textkritik.de/urheberrecht/appell.pdf (zuletzt aufgerufen am 21.05.2020).

1096 Die AAP, Wirtschaftsverband für Verlage, Interessenvertretung und Branchen-Kommunikationseinheit, betreibt Lobbyismus in Politik, Legislative und regulatorischen Fragen regional, national und weltweit, mit Schutz Geistigen Eigentums und Durchsetzung des Urheberrechts (Copyrights) (https://publishers.org/who-we-are/ – zuletzt aufgerufen am 21.05.2020).

1097 Renommierte Fachgesellschaft veröffentlichender Autoren, vertritt mehr als 9.000 Autoren, Gründung 1912, Vorreiter für Autoreninteressen: wirksamer Copyright-Schutz (Urheberrechtsschutz), faire Verträge und freie Meinungsäußerung. Sie erreicht besseren Schutz der Autorenrechte unter dem First Amendment (Copyright-Schutz) und dem „redress of damaging tax inequities". (https://www.authorsguild.org/who-we-are – zuletzt aufgerufen am 21.05.2020).

1098 Die Zuständigkeit des Bundesbezirksgerichts ergibt sich aus 28 U.S.C § 1331 und 28 U.S.C § 1338 – über Bundesrecht entscheidet das Bundesbezirksgericht.

Southern District of New York (Bundesgericht erster Instanz[1099]) gegen Google wegen erheblicher Urheberrechtsverletzungen.[1100]

Beide Kläger gehen gegen das Einscannen von Büchern ohne Einwilligung der Urheber von Google rechtlich vor mit Unterlassungsansprüchen, dem Ziel einer Feststellung der zukünftigen Beeinträchtigung und Schadensersatzansprüchen.

Anwalt und ehemaliger Präsident der Authors Guild, Scott Turow, sieht den Schutz der Arbeit der Autoren in der Verfassung der Vereinigten Staaten von Amerika verankert, danach habe der Kongress (Congress: Legislative der Vereinigten Staaten, der Sitz ist das Kapitol in Washington, D.C.) den Fortschritt der Wissenschaft und der nützlichen Künste zu fördern, indem Autoren und Erfindern für eine begrenzte Zeit die ausschließlichen Rechte an ihren jeweiligen Schriften und Erfindungen zugesichert sein müssten.[1101] Dies sei essentielle Pflicht für die Sicherung der Demokratie und den Erhalt von Existenzgrundlage und damit Unabhängigkeit der literarischen Kultur. E-Books und ähnliche technische Neuerungen begreift Turow als Kulturrisiko und auch als finanzielles Problem für Autoren. Kostenersparnis bei der Produktion von E-Books komme nur den Verlegern zugute.[1102] Befürworter der Abschaffung des Copyright-Schutzes wollten lediglich eigene Karrieren auf Kosten anderer Autoren fördern.[1103]

Turows Grundthese: „The Slow Death of the American Author", wolle man missliebige Autoren sanktionieren, benötige es kein politisches Verbot ihrer Bücher mehr, es reiche aus, den Copyright-Schutz zu entwerten,[1104] wird zum Teil scharf kritisiert,[1105] seine Ansichten seien einseitig und polemisch.

1099 *Hay*, US-Amerikanisches Recht, Rn. 106.

1100 Am 20.09.2005 durch die Authors Guild, am 19.10.2005 durch den Verlegerverband AAP, später Sammelklage.

1101 „[…] to promote the progress of Science and the useful Arts by securing for limited Times to Authors and Inventors the exclusive Right to their respective Writings and Discoveries", Article I, Section 8, Clause 8, of the United States Constitution.

1102 *Turow*, The Slow Death of the American Author, The New York Times, 07.04.2013.

1103 *Turow*, The Slow Death of the American Author, The New York Times, 07.04.2013.

1104 *Turow*, The Slow Death of the American Author, The New York Times, 07.04.2013.

1105 http://www.techdirt.com/articles/20130408/01345422620/authors-guilds-scott-turow-supreme-court-google-ebooks-libraries-amazon-are-all-destroying-authors.shtml (zuletzt aufgerufen am 21.05.2020); https://petergalenmassey.com/2013/04/11/a-few-notes-on-the-slow-death-of-the-american-author-by-scott-turow (zuletzt aufgerufen am 21.05.2020).

a) „class action“

Es kommt eine Verletzung nach 17 U.S.C § 106 in Betracht. 17 U.S.C § 106 (1) (prohibiting unauthorized reproduction – Verbot der unerlaubten Vervielfältigung), 17 U.S.C § 106 (3) (prohibiting unauthorized distribution – Verbot der unerlaubten Verteilung/Benutzung) und 17 U.S.C § 106 (5) (prohibiting unauthorized display – Verbot der unerlaubten Wiedergabe). Dieser Anspruch beruht auf Bundesrecht und ist damit ein sogenannter „federal question case“.[1106] Klageziel sind Unterlassungsanordnung (injunctive relief), also eine Feststellung der andauernden und zukünftig zu erwartenden Verletzung des Copyright (declaratory relief) (17. U.S.C § 502), und Schadensersatz (damages) (17 U.S.C § 504) für bereits entstandene Schadensfälle,[1107] verfolgt mit der „class action“, einer Art Sammelklage.[1108]

Bei der „class action“[1109] handelt es sich um eine zivilrechtliche Klage, der sich Personen anschließen können, die in gleicher Weise betroffen sind, ohne selbst klagen zu müssen.[1110] Für die Zulässigkeit einer „class action“ wird die Existenz

1106 Auf federal question cases wird grundsätzlich materielles Bundesrecht angewendet, dazu *Hay*, US-Amerikanisches Recht, Rn. 111, 113.

1107 Klageschrift(Class Action Complaint) der Author's Guild vom 20.09.2005, S. 3.

1108 Bei der class action werden potentielle Streitgenossen, die gleichartige Rechte aus einem gleichartigen Sachverhalt geltend machen oder gegen die solche geltend gemacht werden, auf Kläger- oder Beklagtenseite von Repräsentanten vertreten, *Hay*, US-Amerikanisches Recht, Rn. 179 ff.; *Lucke*, Die Google-Buchsuche nach deutschem Urheberrecht und US-amerikanischem copyright law, S. 214; um das Ausufern dieser kostenintensiven Verfahrensart einzudämmen, wurde die Zulässigkeit zuvor bereits in einigen Verfahren derart eingeschränkt, dass die Gruppe hinreichend homogen sein muss und die gewünschte Feststellung nicht auch auf anderem Wege entschieden werden kann, *Matter of Rhone-Poulence Rorer, Inc.*, 51 F.3d 1293 (7th Cir. 1995); *Georgine v. Amchem Products, Inc.*, 83 F.3d 610 (612.) (3 d Cir. 1996).

1109 Diese Art der Klage ist in Amerika durchaus umstritten, da es sich oftmals um kostenintensive Großverhandlungen handelt, die unter Umständen dazu führen können, dass Klagen durchgeführt werden, die ansonsten aufgrund der geringen Schadenshöhe für den einzelnen nicht stattfinden würden; vgl. hierzu *Hay*, US-Amerikanisches Recht, Rn. 183; zum Streitstand insgesamt vgl. auch *Wright/Kane*, Law of Federal Courts, S. 509 ff.

1110 *Adolphsen/Mutz*, GRUR Int 2009, 789 (794); direkt verfahrensbeteiligt und in der Klage auch namentlich aufgeführt sind in einer „class action“ nur die „named plaintiffs“, die Repräsentanten, *Hay*, US-Amerikanisches Recht, Rn. 181.

einer definierbaren Gruppe vorausgesetzt, ohne dass einzelne Mitglieder oder auch nur deren Anzahl bekannt sein müssen.[1111]

Wird die „class action" für den Kläger erfolgreich entschieden, verschafft diese Entscheidung nicht nur dem Kläger, sondern allen Beteiligten Ansprüche, da damit Rechts- und Tatsachenfragen für die gesamten USA entschieden werden.[1112]

b) Settlement Agreement

Die Authors Guild und Google einigen sich nach 30 Monaten[1113] intensiver Verhandlungen 2008 auf einen prozessbeendenden Vergleich (initial settlement): danach darf Google weiterhin urheberrechtlich geschützte Werke digitalisieren (Art. III, 3.1 (a) Settlement Agreement), Copyright-Inhaber werden an der kommerziellen Verwertung durch Google beteiligt, zudem hat Google 125 Millionen Dollar zu zahlen.[1114]

Dieser Vergleich wird jedoch vom United States District Court Southern District of New York abgelehnt.

aa) Deutsche Urheber betroffen?

Auch deutsche Urheber und Verleger gehören zur „Settlement Class", zu der laut Settlement Agreement alle Personen gehören, die ein „Copyright Interest" an einem der digitalisierten Werke haben, Art. I 1.142 Settlement Agreement („Copyright Interest" meint dabei natürlich US-amerikanisches, Art. I 1.41 Settlement Agreement, also die Inhaberschaft oder eine Lizenz).[1115]

1111 *Adolphsen/Mutz*, GRUR Int 2009, 789 (794); *Beatge/Eichholtz*, Die Class Action in den USA, S. 303; *Greiner*, Die Class Action im amerikanischen Recht und deutscher Ordre Public, S. 32; *Hohl*, Die US-amerikanische Sammelklage im Wandel, S. 14.

1112 *Adolphsen/Mutz*, GRUR Int 2009, 789 (794); *Reuschle*, WM 2004, 966 (969).

1113 https://www.authorsguild.org/where-we-stand/authors-guild-v-google (zuletzt aufgerufen am 21.05.2020).

1114 $ 45 Mio. für die Rechteinhaber, $ 15,5 Mio. für die Gerichtskosten der Verleger, $ 30 Mio. für die Anwälte der Autoren und $ 34,5 Mio. für den Aufbau der Book Rights Registry, die von der Authors Guild und der AAP gegründet wird (eine Mischung aus Abrechnungsdatenbank und Verwertungsgesellschaft), vgl. *Lucke*, Die Google-Buchsuche nach deutschem Urheberrecht und US-amerikanischem copyright law, S. 216. https://www.authorsguild.org/where-we-stand/authors-guild-v-google (zuletzt aufgerufen am 21.05.2020).

1115 *Adolphsen/Mutz*, GRUR Int 2009, 789 (790); *Lucke*, Die Google-Buchsuche nach deutschem Urheberrecht und US-amerikanischem copyright law, S. 218.

Der deutsche Urheber ist aufgrund der RBÜ betroffen, denn selbst wenn sein Werk nicht in den USA veröffentlicht wird, steht ihm dennoch über den Inländergleichbehandlungsgrundsatz nach Art. 5 Abs. 1 RBÜ ein Copyright an seinem Werk zu, 17 U.S.C. § 201, § 102, und damit auch ein US-amerikanisches „Copyright Interest" i.S.d. Settlement Agreement.[1116]

Wird der Vergleich akzeptiert, können Urheber und Verleger in dieser Sache nicht mehr weiter gegen Google vorgehen, Artikel X 10.2 (a) Settlement Agreement. Die einzige Option, sich dem Settlement zu entziehen, ist die Möglichkeit des opt out, den Google auch vorschlägt.

bb) Opt out

Nach dem opt-out-Prinzip soll das Settlement für alle Urheber gelten, es sei denn, diese wollen den Vergleich nicht annehmen, in diesem Fall müssten sie aus dem Settlement ausdrücklich austreten (opt-out). Alternativ zum opt-in-Prinzip, bei dem jeder Copyright-Inhaber zunächst seine Zustimmung hätte erklären müssen, hat der Copyright-Inhaber die opt-out-Erklärung vor Ablauf der Frist zu erklären. Entsprechend hätte ein Copyright-Inhaber, der nicht Teil des Google Books Search Projektes werden wollte, nun innerhalb einer bestimmten Frist aktiv werden müssen, um seine Rechte wahrzunehmen. Ihm wird also eine aktive Handlung aufgezwungen,[1117] er wird mit dem Vergleich vor vollendete Tatsachen gestellt, dass Werke ausländischer Urheber über den Umweg der Digitalisierung in den USA nun Teil der Google Book Search werden.[1118]

Google favorisiert ein generelles „opt-out", Urheber-Interessenvertreter ein vernünftiges „opt-in"-Modell – dabei wird ein urheberrechtlicher Interessenausgleich gesucht.[1119]

cc) Amended Settlement Agreement

2009 wird das Settlement Agreement auf Bücher beschränkt, die 1. als US-amerikanische Werke im Sinne des Copyright Act von 1976 oder 2. als ausländische Werke beim Copyright Office der USA registriert sind oder 3. die in Großbritannien, Kanada oder Australien erschienen sind.[1120]

1116 *Lucke*, Die Google-Buchsuche nach deutschem Urheberrecht und US-amerikanischem copyright law, S. 219.

1117 *MacQueen*, IIC 2009, 247 (248).

1118 *Bohne/Elmers*, WRP 2009, 586 (588 f.).

1119 *Hüttner*, WRP 2009, 422 (431).

1120 Amended Settlement Agreement Authors Guild, Inc., AAP, Inc. V. Google Inc.; *Heckmann*, CR 2011, R50 (R50); gegen diesen modifizierten Vergleich sprechen sich

Laut zuständigem Richter Chin ist der Sachverhalt eher geeignet für den US-Kongress als für sein Gericht,[1121] unter Verweis auf das Urteil Sony,[1122] in dem der Supreme Court festgestellt hat, dass es Aufgabe des Kongresses sei, Copyright Normen in Bezug auf die sich schnell wandelnde Technik anzupassen.

Nach Chin ermöglicht die drohende Monopolstellung Googles über den Such-Markt es Google faktisch, andere Wettbewerber relativ schnell vom Markt zu verdrängen, dies sei ein „nicht fairer, nicht angemessener und nicht vernünftiger“ Wettbewerbsvorteil.[1123]

c) *Klageabweisung aufgrund von „fair use“*

Am 14.11.2013 weist ein New Yorker Richter die Klage der Authors Guild ab, da er keine Urheberrechtsverletzung darin sieht, über 20 Millionen Bücher einzuscannen und diese digitalisierten Bücher durchsuchbar zu machen, da das Digitalisieren und die Möglichkeit der online-Durchsuchung unter „fair use“ fielen (angemessene Verwendung).

---

mehrheitlich nicht-amerikanische Verleger und Urheber aus, so z.B. auch Deutschland, siehe *Memorandum of law in opposition to the amended Settlement Agreement on behalf of the Federal Republic of Germany*, 8, ECF No. 852, besonders weil viele nicht-US-amerikanische Bücher in den USA registriert sind, um dort auch Schutz zu genießen, hauptsächlich vor 1989, Germany Memorandum 2–3, ECF No. 852; Suppl. Decl. of French Republic 2, ECF No. 853; Objections of Carl Hanser Verlag et al. 1–2, ECF No. 868; Letter from Literar Mechana to Court 1 (Jan. 18, 2010), ECF No. 797; Brief der VG Wort an das Gericht (gerichtet an Richter Chin) vom 21.01.2010, ECF No. 857, S. 3; auch das amerikanische Justizministerium spricht sich gegen den Vergleich aus, woraufhin auch der zuständige Southern District Court in New York der Ratifizierung des Vergleiches nicht mehr zustimmt, *Heckmann*, CR 2011, R50 (R50).

1121 Opinion of Circuit Judge *Chin*, 05 Civ 8136 (DC), Discussion, B 3. a. (www.thepublicindex.org/filings/ag-v-google/opinion-rejecting-the-amended-settlement (zuletzt aufgerufen am 21.05.2020)).

1122 *Sony Corp. of America v. Universal City Studios, Inc.*, 464 U.S. 417 (430 f.) (U.S.Cal. 1984).

1123 Opinion of Circuit Judge *Chin*, 05 Civ 8136 (DC), Discussion, B 4. – Copyright Concerns (www.thepublicindex.org/filings/ag-v-google/opinion-rejecting-the-amended-settlement (zuletzt aufgerufen am 21.05.2020)), vgl. dazu auch Supplemental Memorandum of Amicus Curiae Open Book Alliance in Opposition to the proposed settlement between the Authors Guild, Inc., Association of American Publishers, Inc., et al and Google Inc., S. 14–19.

„Data mining“ und „text mining“ seien mit Google Book Search besonders gut möglich, gerade für Wissenschaftler.[1124] Auch für Menschen mit Behinderung ergebe sich leichter Zugang zu zahlreichen Büchern, die nun sogar maschinell vorgelesen werden können. Altes Gedankengut gehe zudem nicht verloren und könne so ewig gespeichert und abgerufen werden.[1125]

Letztendlich war es an Richter Chin zu prüfen, ob Googles Verhalten unter den Begriff des „fair use“ fällt oder nicht.

Während Google sich auf das „fair use“-Argument beruft, argumentiert die Authors Guild, griffe das „fair use“-Argument durch, würde diese Entscheidung einen Präzedenzfall schaffen, der es auch anderen Anbietern erlaube, digitalisierte Bücher online zu stellen. Dies könnte zu einer weitverbreiteten, freien und uneingeschränkten Verfügbarkeit eingescannter Bücher online führen. Google habe zumindest für die Nutzung urheberrechtlich geschützter Werke zu zahlen.

Nach Richter Chin handelt es sich bei „fair use“ (§ 107 Copyright Act) um eine Verteidigung bei einer Copyrightverletzung, die das eigentliche Ziel des Copyrights zu erfüllen hat, „[to] promote the Progress of Science and useful Arts“[1126].[1127] Es sei eine „case-by-case analysis“, die vier Faktoren des „fair use“ seien nicht ausschließlich und stellten nur eine allgemeine Leitlinie dar.[1128]

Erster Faktor

Besonders der erste Faktor ist für Richter Chin in den Blick zu nehmen, ob die Nutzung des urheberrechtlich geschützten Werkes „transformative“ (umgestaltend) ist, ob also ein neues Werk geschaffen wird, welches das Original „supersedes“ (ersetzt) oder „supplants“ (verdrängt).[1129] Dies sei

1124 Er führt ein Beispiel eines Aufsatzes an, dessen Autoren mithilfe von Google Book Search für eigene Forschungszwecke herausfinden konnten, wie und in welchem Zusammenhang bestimmte Worte oder Phrasen in Büchern genutzt werden, um daraus Schlüsse ziehen zu können in Bezug auf u. a. Lexikografie, die Entwicklung von Grammatik und der historischen Epidemiologie, *Michel, u. a.*, Science 331 no. 6014 (2011), 176 (176).

1125 *Authors Guild, Inc. et al. v. Google Inc.*, 770 F.Supp.2d 666 (670) (S.D.N.Y. 2011).

1126 *Campbell v. Acuff-Rose Music, Inc.*, 510 U.S. 569 (575) (1994).

1127 *The Authors Guild et al v. Google Inc.*, 1:2005cv08136 Document 1088 (16) (S.D.N.Y. 2013).

1128 *The Authors Guild et al v. Google Inc.*, 1:2005cv08136 Document 1088 (17 ff.) (S.D.N.Y. 2013).

1129 Vgl. *Campbell v. Acuff-Rose Music, Inc.*, 510 U.S. 569 (579) (1994).

jedoch in der Einzelfallanalyse nicht unbedingt notwendig, um „fair use“ zu begründen.[1130]

Im Ergebnis sei Googles Nutzung der Werke „highly transformative“: die Suche und nachgeschaltet die Anzeige (Snippets) seien besonders transformativ und ähnlich der Anzeige von thumbnails von Fotos bzw. Bildern.[1131] Auch die Umwandlung von Buchtext in durchsuchbare Datensätze sei transformativ, sodass Worte nun in einer ganz anderen Art genutzt werden könnten.[1132] Google verdränge oder ersetze gedruckte Bücher damit nicht, da es sich nicht um ein Tool handele, das man auch bei gedruckten Büchern anwenden könne.[1133]

Hier kann aber kritisch hinterfragt werden, ob dann nicht jede Digitalisierung ein transformatives Werk ist, welches das Original nicht ersetzt, da mit einer Digitalisierung immer andere, oft neue Dinge machbar sind als mit einem analogen Original.

Richter Chin ist der Ansicht, Google Book Search „adds value to the original“.[1134]

Zwar sei Google Books ein kommerzielles Projekt, jedoch gebe es vergleichbare Fälle, in denen „fair use“ angenommen wurde.[1135] Es sei außerdem nicht Googles primäres Ziel, die eingescannten Texte oder Snippets zu verkaufen, sondern „important educational purposes“.[1136]

Auch dies lässt durchaus Spielraum für kritische Anmerkungen.

1130 *The Authors Guild et al v. Google Inc.*, 1:2005cv08136 Document 1088 (19 ff.) (S.D.N.Y. 2013).

1131 *The Authors Guild et al v. Google Inc.*, 1:2005cv08136 Document 1088 (20) (S.D.N.Y. 2013).

1132 *The Authors Guild et al v. Google Inc.*, 1:2005cv08136 Document 1088 (20) (S.D.N.Y. 2013).

1133 *The Authors Guild et al v. Google Inc.*, 1:2005cv08136 Document 1088 (21) (S.D.N.Y. 2013).

1134 *The Authors Guild et al v. Google Inc.*, 1:2005cv08136 Document 1088 (21) (S.D.N.Y. 2013).

1135 Vgl. *Blanch v. Koons*, 467 F.3d 244 (253 f.) (2d Cir. 2006); *Bill Graham Archives v. Dorling Kindersley Limited, Dorling Kindersley Publishing, Inc. and Rr Donnelley & Sons Company*, 448 F.3d 605 (612) (2d Cir. 2006); *The Authors Guild et al v. Google Inc.*, 1:2005cv08136 Document 1088 (21) (S.D.N.Y. 2013).

1136 *The Authors Guild et al v. Google Inc.*, 1:2005cv08136 Document 1088 (22) (S.D.N.Y. 2013).

Zweiter Faktor

„Fiction" wird in der Regel mehr geschützt als „non-fiction",[1137] bei den von Google eingescannten Büchern handelt es sich jedoch in der Mehrzahl um „non-fiction", die bereits veröffentlicht und damit auch der Öffentlichkeit zugänglich gemacht sind. Nach Richter Chin spricht dies für die Annahme von „fair use".[1138]

Es bleibt die Frage, ob diese Ansicht der Komplexität der Realität gerecht wird. In der Regel werden Autoren ihre Werke veröffentlichen – auch um ihren Lebensunterhalt damit zu verdienen. Die Argumentation, die Werke waren bereits zuvor der Öffentlichkeit zugänglich und bleiben dies, nur eben im Internet, vermag nicht wirklich zu überzeugen.

Dritter Faktor

Hier wird geprüft, wie groß der Anteil des Originalwerkes ist, der für eine eigene Sache genutzt wird. Grundsätzlich gilt dabei, je mehr vom Originalwerk kopiert bzw. übernommen wird, desto weniger kommt „fair use" in Betracht. Richter Chin betont, dass Gerichte „fair use" bereits auch in solchen Fällen angenommen hätten, in denen das gesamte Originalwerk übernommen oder genutzt wurde.[1139] Um die Volltextsuche zu ermöglichen, müsse Google die gesamten Originalbücher einscannen, auch wenn im Suchergebnis nur Textausschnitte (Snippets) angezeigt würden.[1140]

Vor diesem Hintergrund wiegt der dritte Faktor nach Ansicht von Richter Chin leicht gegen die Anwendung von „fair use".

Vierter Faktor

Im Hinblick darauf, inwiefern die Copyrightverletzung den Wert des Werkes oder das Ausmaß der Nutzung auf dem entsprechenden Markt beeinflusst, argumentieren die Urhebervertreter, Googles Vorgehen habe einen negativen Einfluss auf den Markt, und die Scans von Google seien ein „market replacement

---

1137 *Stewart v. Abend*, 495 U.S. 207 (237) (U.S.Cal. 1990).

1138 *The Authors Guild et al v. Google Inc.*, 1:2005cv08136 Document 1088 (22 f.) (S.D.N.Y. 2013); vgl. dazu *Arica Institute, Inc. v. Helen Palmer and Harper & Row Publishers, Inc.*, 970 F.2d 1067 (1078) (2d Cir. 1992).

1139 *Sony Corp. of America v. Universal City Studios, Inc.*, 464 U.S. 417 (449 f.) (U.S.Cal. 1984); *Bill Graham Archives v. Dorling Kindersley Limited, Dorling Kindersley Publishing, Inc. and Rr Donnelley & Sons Company*, 448 F.3d 605 (613) (2d Cir. 2006); *The Authors Guild et al v. Google Inc.*, 1:2005cv08136 Document 1088 (23) (S.D.N.Y. 2013).

1140 *The Authors Guild et al v. Google Inc.*, 1:2005cv08136 Document 1088 (23) (S.D.N.Y. 2013).

for books", u.a. da der Nutzer durch variierende Suchanfragen insgesamt an das gesamte Buch kommen könne ohne dafür zahlen zu müssen.[1141]

Wenn Richter Chin dieses letzte Argument der Kläger ablehnt,[1142] ist ihm in diesem Punkt zuzustimmen. Es ist eher unwahrscheinlich, dass ein Nutzer sich die Mühe macht, sich durch verschiedene Suchanfragen und darauffolgende unterschiedliche Ergebnis-Snippets ein Buch in seiner Gänze zusammenzustellen.

Das Argument der Kläger, Google Books könne den Markt durch die eingescannten Bücher ersetzen, ist für Richter Chin nicht stichhaltig; Google verkaufe die Scans nicht und die Scans ersetzten die gedruckten Bücher auch nicht.[1143]

Nach Richter Chin fällt der vierte Faktor in der Überprüfung stark zugunsten von „fair use" aus.[1144]

Auch dieser Ansicht des Richters ist nicht zwingend zuzustimmen, zumal keine Studien dazu bekannt sind, mit welcher Motivation ein Nutzer Google Books Search verwenden möchte. Die Kritik an der Bewertung der Faktoren 1 bis 3 durch Richter Chin dürfte allerdings deutlicher ausfallen.

Gesamtbewertung

In seiner Gesamtbewertung wägt Richter Chin die Faktoren gegeneinander ab und berücksichtigt zusätzlich andere relevante Aspekte. Er betont erneut, Google biete signifikante gesellschaftliche Vorteile, fördere Kunst und Wissenschaft und beachte und respektiere dabei die Rechte der Autoren.[1145]

Allein diese Mutmaßung dürfte nicht nur Zustimmung erfahren, da schließlich feststeht, dass Google urheberrechtlich geschützte Werke ohne Einwilligung der Urheber eingescannt und zumindest in Teilen durch Snippets öffentlich zugänglich gemacht hat. „Fair use" bedeutet lediglich, dass eine festgestellte Urheberrechtsverletzung nur dann zu dulden sei, wenn höherrangige gesellschaftliche Interessen festzustellen seien. Zusätzlich von einer Respektierung der Autorenrechte durch Google zu sprechen, dürfte eher überraschen.

1141 *The Authors Guild et al v. Google Inc.*, 1:2005cv08136 Document 1088 (24) (S.D.N.Y. 2013).

1142 *The Authors Guild et al v. Google Inc.*, 1:2005cv08136 Document 1088 (24) (S.D.N.Y. 2013).

1143 *The Authors Guild et al v. Google Inc.*, 1:2005cv08136 Document 1088 (24 f.) (S.D.N.Y. 2013).

1144 *The Authors Guild et al v. Google Inc.*, 1:2005cv08136 Document 1088 (25) (S.D.N.Y. 2013).

1145 *The Authors Guild et al v. Google Inc.*, 1:2005cv08136 Document 1088 (26) (S.D.N.Y. 2013).

Weiter betont Richter Chin: „Indeed, all society benefits."[1146]

Richter Chin nimmt damit im Ergebnis „fair use" an.

Die eingehende Prüfung, ob Googles Geschäftsgebaren die Faktoren 1 bis 4 derart erfüllt, dass insgesamt „fair use" anzunehmen ist, könnte allerdings womöglich auch zu einem anderslautenden Gesamturteil führen, nämlich dass „fair use" hier nicht anzunehmen ist.

d) Appeal der Authors Guild

Am 11.04.2014 legt die Authors Guild Berufung gegen die Entscheidung beim United States Court of Appeals for the Second Circuit ein, da Rechteinhaber sehr wohl Schaden erlitten durch das massive und unbegrenzte Einscannen und Kopieren urheberrechtlich geschützter Werke.[1147] Es sei nicht ihr Anliegen, Googles Book Search zu unterbinden, auch sie sähen Vorteile für die Gesamtgesellschaft, doch müssten Autoren eine Kompensation dafür erhalten, dass ihre Werke in dieser Art und Weise der Öffentlichkeit zugänglich gemacht würden (ähnlich wie J-Stor, Westlaw und Lexis/Nexis);[1148] die Authors Guild kämpft insofern für einen „equitable relief" (frei: gerechter Ausgleich): die Autoren sollten vor dem Einscannen durch Google aufgesucht und gefragt werden (opt-in) und an Googles Profit durch dieses Einscannen und Onlinestellen teilhaben.[1149] Denn auf dem Schutz des Copyright basiere u. a. der kulturelle Erfolg der USA, auch weiteren Generationen von Autoren sollten Anreiz und Möglichkeit gegeben werden, von ihrer Arbeit leben zu können und gleichzeitig einen kulturellen Beitrag zu leisten.[1150]

Der Court of Appeal for the Second Circuit führt zur Anwendbarkeit von „fair use" aus, dass sich in der Historie der Gerichtsentscheidungen seit der Geburt des Copyright in England in 1710 (Statute of Anne) herauskristallisiert habe, dass den Autoren absolute Kontrolle über „all copying from their works" nicht zu einer Expansion des gemeinschaftlichen Wissens führte. Richter Leval betont, die Voraussetzungen der

---

1146 *The Authors Guild et al v. Google Inc.*, 1:2005cv08136 Document 1088 (26) (S.D.N.Y. 2013).

1147 https://www.authorsguild.org/where-we-stand/authors-guild-v-google (zuletzt aufgerufen am 21.05.2020).

1148 Hauptsächlich englischsprachige Suchmaschinen, in denen Nutzer gegen Bezahlung auf Inhalte zugreifen können.

1149 https://www.authorsguild.org/where-we-stand/authors-guild-v-google (zuletzt aufgerufen am 21.05.2020).

1150 https://www.authorsguild.org/where-we-stand/authors-guild-v-google (zuletzt aufgerufen am 21.05.2020).

Anwendung von „fair use" (17 U.S.C. § 107) seien vom Kongress absichtlich nicht normativ festgelegt, sondern sollten sich mit der Rechtsprechung entwickeln und den Gegebenheiten anpassen. Der Supreme Court habe bereits entschieden, dass einige der vier Faktoren für „fair use" entscheidender sein könnten als andere.[1151] Googles kommerzielle Motivation beim Einscannen schließe „fair use" jedoch nicht aus.

Insgesamt kommt das Gericht zu dem Schluss, in Abwägung aller vier „fair use"-Faktoren seien Einscannen und Anzeigen der Snippets durch Google „fair use" und verletzten damit nicht das Copyright der Kläger an ihren Büchern.

Viele Argumente der Kläger[1152] werden zurückgewiesen. Das Vorgehen von Google sei höchst transformativ, der angezeigte Text sei begrenzt und Google Books kein erheblicher Ersatzmarkt für die gedruckten Bücher. Die Weitergabe der Daten an die teilnehmenden Bibliotheken stelle ebenfalls keine Copyrightverletzung dar.

Am 16.10.2015 weist der Second Circuit die Verletzungsklage der Authors Guild und anderer individueller Autoren zurück und befindet, das Projekt stelle einen „public service" bereit ohne das Intellectual Property Law zu verletzen.[1153]

e) Antrag auf Supreme Court Review

Am 31.12.2015 stellt die Authors Guild einen Antrag an den Supreme Court mit dem Ersuchen, die Entscheidung des Second Circuit zu überprüfen. Beigefügt ist ein Schriftsatz einiger prominenter Autoren, die das Anliegen der Authors Guild unterstützen.[1154] Anzumerken ist dazu, dass der Supreme Court seinerzeit seit 1994 keine „fair use"-Entscheidung vorliegen hatte und sich das „fair use"-Recht in den folgenden 20 Jahren sehr verändert hat.

Der Supreme Court lehnt eine Überprüfung am 18.04.2016 ab,[1155] somit bleibt die Entscheidung des Berufungsgerichts (Second Circuit) bestehen, das Verhalten Googles falle unter „fair use". Wie es dort Usus ist, geben die Richter des Supreme Courts keine Gründe für die Ablehnung an.

1151 *Patry*, Patry on Fair Use, § 4.1; *Harper & Row Publishers, Inc. v. Nation Enterprises*, 471 U.S. 539 (563, 566) (U.S.N.Y. 1985).

1152 Gestützt auf *Infinity Broadcast Corp. v. Wayne Kirkwood, Doing Business As Media Dial-up*, 150 F.3d 104 (2d Cir. 1998); *United States of America v. American Society of Composers, Authors and Publishers, et al.*, 599 F.Supp.2d 415 (S.D.N.Y. 2009).

1153 *Authors Guild v. Google, Inc.*, No. 13–4829 (2d Cir. 2015).

1154 Dieser beigefügte Schriftsatz befand die Anwendung und Feststellung von „fair use" als nicht einfach, jedoch könne Googles Projekt ein unbekanntes Ausmaß annehmen, das es rechtfertige, die Anwendung von „fair use" in diesem Fall noch einmal zu überdenken. Beispielsweise unterschrieben Tony Kusher, Taylor Brand, Margaret Atwood, J. M. Coetzee, Peter Carey und Ursula K. Le Guin.

1155 *Authors Guild v. Google, Inc.*, No. 15–849.

V. Vergleich deutsche Schrankenregelung und „fair use"

Sieht man die deutschen Urheberrechtsschranken als nicht besonders eng und abschließend (sog. erweiternde Auslegung), kommen bei der Interpretation, ob bestimmte Nutzungshandlungen trotz bestehenden Urheberrechts vorgenommen werden dürfen, ähnliche Argumente zum Tragen wie bei der Prüfung von „fair use".[1156] Beiden ist ebenso die Abwägung der Auswirkung der Benutzung auf das kreative Schaffen und die geistige Auseinandersetzung mit dem Werk gemeinsam.[1157]

Hier enden die Gemeinsamkeiten jedoch schon. Auch wenn die Enge der Schranken in Deutschland durch die Gerichte etwas aufgeweicht wurde, wird grundsätzlich immer noch daran festgehalten, dass die Schranken eng auszulegen und nicht analogiefähig sind. Damit gilt das deutsche Urheberrecht mit seinen festen Schranken als eher statisch und wenig anpassungsfähig. Zumindest ist Flexibilität, auf neue Sachverhalte und neue Technik angemessen zu reagieren, nur eingeschränkt gegeben. Somit scheint es, als hinke das Urheberrecht ständig neuen Gegebenheiten und Entwicklungen hinterher.

Das US-amerikanische Recht kann deutlich flexibler auf neue und ggfs. sogar erwünschte Nutzungshandlungen reagieren. Selbst wenn in Deutschland eine neue Nutzungsart politisch und gesellschaftlich durchaus erwünscht ist, lassen die relativ starren Schranken eine solche Nutzung nur erschwert zu. Dies kann Vorteile (Rechtssicherheit, Vorhersehbarkeit) und Nachteile (geringe Flexibilität) haben.

Das US-amerikanische Recht kann mit der „fair use"-Doktrin schnell und flexibel auch auf neue Nutzungshandlungen reagieren, ohne dass dafür langwierige Gesetzesänderungen notwendig sind.

Auch in der praktischen Anwendung zeigen sich Unterschiede, die sich darauf zurückführen lassen, dass aus unterschiedlichen Gründen das Urheberrecht gewährt wird. Die Auslegung der „fair use"-Doktrin bzw. der einzelnen Faktoren im US-amerikanischen Recht wird maßgeblich von ökonomischen Erwägungen beeinflusst, während solche im deutschen Recht bei der Auslegung der Schranken lediglich Randüberlegungen darstellen und nur evtl. ein Korrektiv sein können.[1158]

Die in den USA vorherrschende „incentive theory"[1159] sieht in den urheberrechtlichen Ausschließlichkeitsrechten in erster Linie eine staatliche Einmischung, um ein Marktversagen („market failure", siehe S. 34) auf dem freien Markt zu

---

1156 *Förster*, Fair Use, S. 111.

1157 *Förster*, Fair Use, S. 111.

1158 *Förster*, Fair Use, S. 138.

1159 Die „incentive theory" besagt, dass die Gesellschaft dem Werkerschaffer (also Urheber) bestimmte Ausschließlichkeitsrechte in Bezug auf ihr Geistiges Eigentum gewährt, um die Kreativität und damit insgesamt Kunst und Wissenschaft zu fördern.

verhindern. Das Urheberrecht greift also in den Markt ein, jedoch kann es auch hier Fälle geben, in denen das Urheberrecht das Marktversagen nicht verhindern kann (wenn beispielsweise das Urheberrecht kreatives Schaffen gerade behindert und nicht fördert). Hier kann die „fair use“-Doktrin in den durch das Urheberrecht geregelten Markt eingreifen und für ganz bestimmte Nutzungshandlungen den in diesem Fall günstigen Fall der „Gemeinfreiheit“ herstellen.[1160] Die „fair use“-Doktrin ist damit – ganz im Sinne des US-amerikanischen Verständnisses des Urheberrechtsschutzes als grundsätzlich gewerbliches Schutzrecht – eine ökonomische Korrektur[1161] des Urheberrechtssystems. Diese Einschätzung wird jedoch auch kritisiert. In einem früheren Fall waren die Transaktionskosten für die Erlangung einer Lizenz für Fernsehaufzeichnungen derart hoch, dass die Nutzung faktisch nicht stattgefunden hätte, während die Beeinträchtigung für den Urheber nur als gering einzustufen war.[1162] Hier griff die „fair use“-Doktrin ein. Kritiker sehen in neuerer Zeit das Phänomen, dass die Transaktionskosten sich beispielsweise durch Verwertungsgesellschaften deutlich verringern ließen, dass das Argument nicht mehr in allen Fällen gelten könne.[1163] Das bedeutet jedoch nicht, dass die „fair use“-Doktrin hier grundsätzlich keine Anwendung mehr finden soll.

1160 „Fair use should be awarded to the defendant in a copyright infringement action when (1) market failure is present; (2) transfer of the use to defendant is socially desirable; and (3) an award of fair use would not cause substantial injury to the incentives of the plaintiff copyright owner“, *Gordon*, Colum. L. Rev. 82 (1982), 1600 (1614 ff.); siehe auch *Förster*, Fair Use, S. 139.

1161 *Förster*, Fair Use, S. 141.

1162 *Sony Corp. of America v. Universal City Studios, Inc.*, 464 U.S. 417 (U.S.Cal. 1984).

1163 Zur Senkung der Transaktionskosten durch DRM-Systeme siehe *Bechtold*, Vom Urheber- zum Informationsrecht, S. 312 ff.; *Bell*, N.C. L. Rev. 76 (1998), 557 (581 ff.); Dreier/Schulze/*Dreier*, UrhG, Vor §§ 44a UrhG Rn. 4; *Goldstein*, J. Copyright Soc'y U.S.A. 50 (2003), 133 (136 f.); *Hardy*, U. Chi. Legal F. (1996), 217 (236 ff.); *Hilty/Peukert*, Interessenausgleich im Urheberrecht, S. 88 f. (Heide); *Kitch*, Neb. L. Rev. 78 (1999), 880 (886 ff.); *Ku*, Berkeley Tech. L.J. 18 (2003), 539 (560 f.); *Landes/Posner*, J. Legal Stud. 18 (1989), 325 (358); *Merges*, Berkeley Tech. L.J. 12 (1997), 115 (116, 130 ff.); *Posner*, Economic Analysis of Law, § 11.5; *Senftleben*, Copyright, Limitations and the Three-Step Test, S. 31 f.; *Sirinelli*, Exceptions and Limits to Copyright and Neighboring Rights, S. 24; *Towse*, Creativity, Incentive and Reward, S. 15 f.

5. Teil: Anwendbarkeit der „fair use"-Doktrin in Deutschland?

I. Vereinbarkeit mit europarechtlichen Regelungen, insb. der Info-Richtlinie

Nach Art. 5 der Info-Richtlinie 2001/29/EG ist die Anwendbarkeit der „fair use"-Doktrin in Deutschland grundsätzlich ausgeschlossen aufgrund der vom Europäischen Gesetzgeber vorgegebenen eng ausgestalteten Schrankenvorgaben.

Diese Richtlinie könnte allerdings bei entsprechendem politischem Willen beispielsweise dahingehend modifiziert werden, dass sich die strengen Vorgaben nur auf analoge Werke und nicht auf digitale beziehen,[1164] oder der Schrankenkatalog so weit wie möglich ausgelegt wird.

Selbst in diesem Falle ist eine Schrankengeneralklausel entsprechend der „fair use"-Doktrin nicht möglich, was im Folgenden ausgeführt wird.

Art. 5 der Info-Richtlinie enthält den Dreistufentest mit allen drei Stufen, stellt jedoch keine Ermächtigungsgrundlage dar, um das Vervielfältigungsrecht einzuschränken, und gibt in der EU die Umsetzung vor.

Danach muss die „fair use"-Doktrin auch mit der Info-Richtlinie vereinbar sein, um in der EU umgesetzt werden zu können. Die Frage ist also, ob die Mitgliedstaaten eine neue Schrankengeneralklausel nach dem Vorbild der „fair use"-Doktrin einführen könnten, die dem abschließenden, recht eng bemessenen vorgegebenen Schrankenkatalog aus Art. 5 Abs. 1–4 der Info-Richtlinie entspricht und damit dann europarechtskonform ist. Diese Schrankengeneralklausel, die andere Schranken ersetzt, müsste im Grunde genommen alle Anforderungen der Info-Richtlinie enthalten.

Eine „Richtlinie ist für jeden Mitgliedstaat, an den sie gerichtet wird, hinsichtlich des zu erreichenden Ziels verbindlich, überlässt jedoch den innerstaatlichen Stellen die Wahl der Form und der Mittel." (Art. 288 Abs. 3 AEUV)

Die Richtlinie ist damit ein indirektes Rechtssetzungsinstrument des Unionsrechtes,[1165] das den Mitgliedstaaten eine souveränitätsschonende Handlungsform bietet, die den nationalen Besonderheiten der mitgliedstaatlichen Rechtssysteme

---

1164 *Dreier*, GRUR Int 2015, 648 (653).

1165 EuGH, C-298/89, Slg. 1993, I-3605 (Tz. 16) – Gibraltar/Rat; EuGH, C-10/95 P, Slg. 1995, I-4149 (Tz. 29) – Asocarne/Rat.

Rechnung trägt.[1166] Dieser Besonderheit ist es jedoch auch geschuldet, dass Richtlinien von den Mitgliedstaaten häufig zu spät oder fehlerhaft umgesetzt werden, was wiederum ein einheitliches Unionsrecht erschwert.

Bisher hat noch kein Mitgliedstaat versucht, die Vorgaben der Info-Richtlinie als Generalklausel umzusetzen. Grundsätzlich betont der EuGH immer wieder die Wichtigkeit der Rechtssicherheit, die mit Generalklauseln eher nicht zu erreichen sei. Unbestimmte Rechtsbegriffe hält der EuGH wiederum für zulässig,[1167] wenn der Nutzer im Großen und Ganzen zu erkennen vermag, welche Handlungen zulässig sind und welche nicht.[1168]

Bei Einführung einer hypothetischen Schrankengeneralklausel stünde diese nicht im leeren Raum, es gäbe vielmehr wie bereits ausgeführt durchaus Kriterien, nach denen die neue Schrankengeneralklausel behandelt werden und die dem Nutzer auch Rechtssicherheit bieten könnte.

Problematisch ist jedoch bei einer Schrankengeneralklausel in Form einer „fair use"-Doktrin, dass Art. 5 Info-Richtlinie sehr spezifisch ausgestaltet ist und so vermieden werden soll, dass sich die Urheberrechtsschranken der einzelnen Mitgliedstaaten zu sehr voneinander unterscheiden[1169] – schließlich wird grundsätzlich ein einheitliches Urheberrecht in Europa angestrebt.

Die spezifische Ausgestaltung rührt unter anderem daher, dass es sich in Europa zu einer Rechtstradition entwickelt hat, enumerative Einzeltatbestände aufzuführen.[1170] Dieser Tradition folgt auch die Info-Richtlinie, die die Mitgliedstaaten mit Art. 5 in ihrer Ausgestaltung der Schranken deutlich einschränkt.[1171]

Führte man nun eine Schrankengeneralklausel ein, entspräche dies nicht dem Leitbild des europäischen Urheberrechts. Bei einer solchen Schrankengeneralklausel bliebe unklar, welche Schranken der nationale Gesetzgeber einführen will bzw. auf welche konkreten Schranken man sich bezöge. Da das europarechtliche Ziel immer noch ein Harmonisierungsbestreben der Mitgliedstaaten ist, würde

---

1166 *Schroeder*, Grundkurs Europarecht, § 6 Rn. 40.

1167 EuGH, C-116/86, Slg. 1988, 1323 (Tz. 9 ff.) – Kommission/Italien.

1168 EuGH, C-116/86, Slg. 1988, 1323 (Tz. 21) – Kommission/Italien; EuGH, C-360/87, Slg. 1991, I-791 (Tz. 12) – Kommission/Italien; EuGH, C-220/94, Slg. 1995, I-1589 (Tz. 10) – Kommission/Luxemburg; EuGH, C-162/99, Slg. 2001, I-541 (Tz. 22) – Kommission/Italien; EuGH, C-144/99, Slg. 2001, I-3541 (Tz. 17) – Kommission/Niederlande.

1169 *Poeppel*, Neuordnung der urheberrechtlichen Schranken, S. 505; *Reinbothe*, ZUM 2002, 43 (48).

1170 *Förster*, Fair Use, S. 209; *Schack*, FS Schricker, S. 511 (512).

1171 *Förster*, Fair Use, S. 209.

es wenig nutzen, wenn beispielsweise Deutschland eine Schrankengeneralklausel einführen würde – auch wenn diese mit dem Dreistufentest vereinbar wäre.

Zwar überlässt Art. 288 AEUV den Mitgliedstaaten Wahl und Mittel der Umsetzung, jedoch sind die Mitgliedstaaten verpflichtet, solche zu wählen, „die sich zur Gewährleistung der praktischen Wirksamkeit (effet utile) der Richtlinien unter Berücksichtigung des mit ihnen verfolgten Zwecks am besten eignen."[1172] Dabei ist das Ziel der Richtlinie vollständig zu erreichen, eine formelle wörtliche Übernahme genügt nicht.[1173] Damit wird der Handlungsspielraum des deutschen Gesetzgebers durch den Grundsatz effizienter Umsetzung deutlich eingeengt.[1174]

Da der europäische Gesetzgeber mit Art. 5 Info-Richtlinie enge Vorgaben an die Schrankenausgestaltung in den Mitgliedstaaten stellt, entspräche es nicht dem Richtlinienziel, eine Schrankengeneralklausel einzuführen – dies wäre von der Wahl der Mittel nicht mehr umfasst, sondern zu weit führend. Denn die Mitgliedstaaten können den ihnen eingeräumten Spielraum nur innerhalb der von der Info-Richtlinie gezogenen Grenzen wahrnehmen und die zu ergreifenden Mittel müssen der Richtlinienbestimmung entsprechen.[1175]

Die Einführung einer solchen Schrankengeneralklausel in einem einzelnen Staat dürfte damit insgesamt europarechtswidrig sein.[1176]

Sollten sich die bisherigen rechtlichen Vorgaben in Europa entscheidend ändern, könnten sich alle Mitgliedstaaten auf die Einführung einer solchen Schrankengeneralklausel einigen – angesichts der bisher stockenden und schwerfälligen Harmonisierungsbestrebungen im Urheberrecht wohl eher eine utopische Vorstellung.

II. Verfassungsmäßige Grenzen in Deutschland

Namentliche Erwähnung findet das Urheberrecht im Grundgesetz lediglich in Art. 73 Abs. 1 Nr. 9 GG, der dem Bund die ausschließliche

---

1172 Grundlegend EuGH, C-48/75, Slg. 1976, 497 (Rn. 69, 73 a.E.) – Royer; Calliess/Ruffert/*Ruffert*, EUV/AEUV, Art. 288 AEUV Rn. 26; Grabitz/Hilf/Nettesheim/*Nettesheim*, EUV/AEUV, Art. 288 AEUV Rn. 132.

1173 EuGH, C-62/00, Slg. I 2002, 6325 (Rn. 26 ff.) – Marks & Spencer; Calliess/Ruffert/*Ruffert*, EUV/AEUV, Art. 288 AEUV Rn. 27.

1174 Calliess/Ruffert/*Ruffert*, EUV/AEUV, Art. 288 AEUV Rn. 29; kritisch dazu Grabitz/Hilf/Nettesheim/*Nettesheim*, EUV/AEUV, Art. 288 AEUV Rn. 132.

1175 Grabitz/Hilf/Nettesheim/*Nettesheim*, EUV/AEUV, Art. 288 AEUV Rn. 112.

1176 *Förster*, Fair Use, S. 209; *Jehoram*, GRUR Int 2001, 807 (810).

Gesetzgebungskompetenz für den gewerblichen Rechtsschutz, das Urheberrecht und das Verlagsrecht zuweist.

Das vom Urheber geschaffene Werk wird im deutschen Recht sowohl durch das Persönlichkeitsrecht als auch durch das Eigentumsrecht geschützt, Art. 1 und Art. 14 GG – damit werden sowohl die persönlichkeitsrechtliche als auch die vermögenswerte Komponente geschützt. Art. 14 GG ist ein sog. normgeprägtes Grundrecht, der Gesetzgeber hat dieses Grundrecht innerhalb der Institutsgarantie[1177] auszugestalten. Das Bundesverfassungsgericht konkretisiert: „Artikel 14 GG gebietet die grundsätzliche Zuordnung der schöpferischen Leistungen an den Urheber im Wege privatrechtlicher Normierung und sichert seine Befugnis, darüber in eigener Verantwortung verfügen zu können. Aber nicht jede nur denkbare Verwertungsmöglichkeit ist abgesichert. Vielmehr hat der Gesetzgeber gemäß Art. 14 Abs. 1 S. 2 GG eine der Natur und der sozialen Bedeutung des Urheberrechts entsprechende Nutzung und angemessene Verwertung sicherzustellen; jede inhaltsbestimmende gesetzliche Regelung muss den Interessen aller Beteiligten Rechnung tragen [...]".[1178]

Durch die Kombination von Schutzansprüchen mit Schrankenregelungen gleicht das Urheberrecht Eigentumsinteressen und Gemeinwohlinteressen aus. Das Bundesverfassungsgericht hat ein schutzwürdiges Interesse der Allgemeinheit an einer möglichst ungehinderten Werknutzung festgestellt, wenn ein besonderes, gesteigertes öffentliches Interesse vorliegt.[1179]

Im Grundsatz ähnelt diese Denkweise der „fair use"-Doktrin. Im deutschen Recht wird jedoch betont, dass der Urheber eine Vergütung erhalten müsse.[1180] Dies wird damit begründet, dass dem Urheber sein Verbotsrecht genommen wird und er zumindest eine Vergütung als finanzielle Kompensation erhalten soll. Auch im deutschen Recht ist es möglich, eine Vergütung entfallen zu lassen (beispielsweise beim Zitatrecht), dies muss aber durch ein besonders starkes Gemeinwohlinteresse begründet sein.[1181]

Die Schranken sind dabei ein Versuch des Interessenausgleichs zwischen Urhebern, Verwertern und Nutzern und sind vom Gesetzgeber auszugestalten,

---

1177 Die Verfassung garantiert die Existenz frei verfügbarer Vermögensrechte. Der unveränderliche Wert des Grundrechts muss erhalten bleiben, vgl. Maunz/Dürig/*Papier/Shirvani*, GG-Kommentar, Art. 14 GG Rn. 2 ff.

1178 BVerfGE 31, 275 (287).

1179 BVerfGE 31, 229 (Leitsatz) – Kirchen- und Schulgebrauch.

1180 BVerfGE 31, 229 (Leitsatz) – Kirchen- und Schulgebrauch.

1181 BVerfGE 79, 29 (35) – Vollzugsanstalten.

da sie vom Grundgesetz nicht vorgegeben werden, sie richten sich dabei nach Intensität des Eingriffs und Verhältnismäßigkeit.

Das Urheberrecht betreffend wird neben dem Vermögensrecht (Art. 14 GG) auch das Persönlichkeitsrecht (Art. 2 Abs. 1 i.V.m. Art. 1 Abs. 1 GG) durch die Verfassung geschützt, ebenso die Kunst- und Wissenschaftsfreiheit (Art. 5 Abs. 3 S. 1 GG). Dabei ist der sachliche Schutzbereich der Kunstfreiheit eröffnet, wenn sich im konkreten Fall der urheberrechtliche Werkbegriff und der verfassungsrechtliche Kunstbegriff decken.[1182] Der sachliche Schutzbereich der Wissenschaftsfreiheit ist eröffnet, wenn es sich um ein Werk handelt, das durch die eigenverantwortliche Tätigkeit des Wissenschaftlers der Auffindung, Deutung und Weitergabe seiner wissenschaftlichen Erkenntnisse dient.[1183]

Die klassischen Werkarten wie Bücher, Kunst oder Musikkompositionen, ebenso wissenschaftliche Abhandlungen dürften in den meisten Fällen unproblematisch entweder unter die Kunstfreiheit oder die Wissenschaftsfreiheit fallen. Jedoch gibt es mittlerweile einige Werkarten wie beispielsweise Computerprogramme (geschützt nach § 2 Abs. 1 Nr. 1 UrhG), bei denen dies in der Regel nicht der Fall ist.[1184]

III. Möglichkeit der Einführung einer neuen Schranke bzw. Schrankengeneralklausel

Die Urheberrechtsschranken betreffen in der Regel nur die verfassungsmäßig gewährte Eigentumsgarantie nach Art. 14 GG und selten den persönlichkeitsrechtlichen Kern, selbst wenn der Schutzbereich im Regelfall eröffnet sein dürfte.[1185] In den meisten Fällen geht es bei den Urheberrechtschranken um Grundrechtseingriffe, die die verwertungsrechtliche Seite des Urheberrechts betreffen und daher im Licht des Art. 14 GG zu beurteilen sind.[1186]

In Bezug auf Eingriffe in die Kunst- und Wissenschaftsfreiheit geht das Bundesverfassungsgericht von einem Vorrang der Eigentumsgarantie aus, wenn die

---

1182 *Förster*, Fair Use, S. 161.

1183 BVerfGE 35, 79 (112) – Hochschul-Urteil; Dreier/*Britz*, GG-Kommentar Bd. 1, Art. 5 Abs. 3 GG Rn. 18; *Poeppel*, Neuordnung der urheberrechtlichen Schranken, S. 144.

1184 *Fechner*, Geistiges Eigentum und Verfassung, S. 290; *Poeppel*, Neuordnung der urheberrechtlichen Schranken, S. 144; *von Becker*, ZUM 2000, 864 (864, Fn. 3).

1185 Die Ausweitung auf den persönlichkeitsrechtlichen Kern dürfte auch nur sehr selten zu abweichenden Ergebnissen führen, Dreier/*Dreier*, GG-Kommentar Bd. 1, Vorb. Rn. 155.

1186 Siehe auch *Förster*, Fair Use, S. 163.

verwertungsrechtliche Seite im Vordergrund steht.[1187] Dies hat unter anderem den Grund, dass bei Einführung einer Schranke die Kunst- oder Wissenschaftsfreiheit in der Regel gar nicht beeinträchtigt ist. Denn das künstlerische oder wissenschaftliche Schaffen als solches wird nicht beeinträchtigt, sondern meist lediglich die Verwertungsrechte, die dann wiederum eher der Eigentumsgarantie unterfallen.

Bei den Grundrechten handelt es sich grundsätzlich um Abwehrrechte des Bürgers gegen den Staat, also um eine vertikale Ebene. Die im Urheberrecht problematischen Fälle befinden sich jedoch auf horizontaler Ebene, also zwischen Urheber und Nutzer. Dennoch ist die Einführung einer neuen Urheberrechtsschranke zunächst immer eine Inhalts- und Schrankenbestimmung[1188] im Sinne von Art. 14 Abs. 1 S. 2 GG, sodass es sich um einen Eingriff des Staates in die Rechte des Urhebers handelt – und damit um die vertikale Ebene – gegen die der Bürger sich mithilfe der Grundrechte als Abwehrrechte wehren kann. Eine unmittelbare Beeinträchtigung des Nutzers bzgl. der Einführung von Urheberrechtsschranken ist unwahrscheinlich; es dürfte sich sogar umgekehrt um eine Begünstigung von Nutzerinteressen handeln.[1189]

1. Mittelbare Drittwirkung der Grundrechte

Grundrechte sind jedoch nicht nur Abwehrrechte des Bürgers gegen den Staat, sie können auch Drittwirkung haben, ihre Schutzwirkung also auch im Verhältnis zwischen den Bürgern entfalten. In Betracht kommt hier eine mittelbare Drittwirkung, wenn sich die Schutzwirkung eines Grundrechts mittelbar[1190] über eine Generalklausel entfaltet. Die mittelbare Drittwirkung tritt ein, da bei Auslegung der Generalklausel eine etablierte objektive Werteordnung zu berücksichtigen ist, die als verfassungsrechtliche Grundentscheidung für alle Bereiche des Rechts gilt.[1191] Diese Schutzpflichten (ebenso wie die Abwehrrechte) verpflichten den Staat, einen Grundrechtsträger vor Beeinträchtigungen durch

1187 BVerfGE 31, 229 (238 ff.) – Kirchen- und Schulgebrauch; BVerfGE 49, 382 (392) – Kirchenmusik.

1188 Generell zu Inhalts- und Schrankenbestimmungen siehe Dreier/*Wieland*, GG-Kommentar Bd. 1, Art. 14 GG Rn. 103 ff.

1189 *Förster*, Fair Use, S. 167.

1190 Unmittelbar wäre die Drittwirkung, wenn sie in einem Grundrecht selbst bestimmt ist.

1191 BVerfGE 7, 198 – Lüth; *Canaris*, AcP 1984, 201 (228); *Canaris*, Grundrechte und Privatrecht, S. 37 ff.

Dritte zu schützen.[1192] Die Dritten sind hier im Urheberrecht die Urheber, die ihre Ausschließlichkeitsrechte ausüben und damit andere von der Nutzung ausschließen. Es ist nun die Pflicht des Gesetzgebers, Urheberrechtsschranken als Schutznormen zu schaffen und damit die Nutzerinteressen zu berücksichtigen und zu würdigen. Der Gesetzgeber hat dabei eine Einschätzungsprärogative[1193] und darf nur das Untermaßverbot[1194] nicht unterschreiten.

Damit hat der Gesetzgeber die Interessen der Urheber und die der Nutzer zu beachten und mittels einer praktischen Konkordanz in Einklang zu bringen.

2. Institutsgarantie

Die Institutsgarantie in Art. 14 GG verbietet dem Gesetzgeber, Sachbereiche der Privatrechtsordnung zu entziehen, die zum elementaren Bestand (Kernbestand) grundrechtlich geschützter Betätigung im vermögensrechtlichen Bereich gehören.[1195] Dazu zählen auch die Ausschließlichkeitsrechte des Urhebers.[1196]

Die Institutsgarantie schützt jedoch nur den absoluten Kernbereich der Rechte des Urhebers, also den Bestand der Ausschließlichkeitsrechte als solchen, und ist ansonsten recht vage.

Die Institutsgarantie steht der Einführung einer neuen Schranke damit nicht entgegen.

3. Verhältnismäßigkeit

Die Einführung einer neuen Urheberrechtsschranke ist eine staatliche Maßnahme und bedarf daher der Verhältnismäßigkeitsprüfung. Dazu hat die Maßnahme einem legitimen Zweck zu dienen, das gewählte Mittel muss zur Zielerreichung geeignet sein und es darf kein anderes, weniger einschneidendes Mittel geben, das gleichwirksam ist. In einer Angemessenheit- oder

---

1192 *Förster*, Fair Use, S. 167.

1193 BVerfGE 97, 169 (176 f.).

1194 Das Untermaßverbot ist zu unterscheiden vom Übermaßverbot. Letztes verfolgt das Ziel, die Freiheit der Bürger zu erhalten durch Schutz vor staatlichem Zugriff. Das Untermaßverbot legitimiert und verpflichtet den Staat sogar zu staatlichen Zugriffen, siehe Maunz/Dürig/*Grzeszick*, GG-Kommentar, Art. 20 GG Rn. 127 f.; *Canaris*, JuS 1989, 161 (163).

1195 BVerfGE 24, 367 (389); BVerfGE 58, 300 (339) – Naßauskiesung.

1196 *Badura*, FuR (ZUM) 1984, 552 (556 f.); *Maunz*, GRUR 1973, 107 (109).

Verhältnismäßigkeitsprüfung im engeren Sinne[1197] wird eine adäquate Zweck-Mittel-Abwägung vorgenommen, die einen Ausgleich zwischen den widerstreitenden Interessen herstellen soll. Das bedeutet, die staatliche Maßnahme darf nicht außer Verhältnis zum erreichten Zweck stehen,[1198] sie muss also angemessen,[1199] für den Betroffenen demnach zumutbar[1200] sein.

Für das Urheberrecht bedeutet dies, dass die Interessen der Urheber und die der Nutzer in Einklang gebracht werden müssen. Es ergeben sich eine Obergrenze für Urheberrechtsschranken (wenn eine Schranke in verfassungswidriger Weise in die Ausschließlichkeitsrechte des Urhebers eingreift) und eine Untergrenze[1201] (von Nutzungsprivilegien, deren Unterschreitung wiederum ebenso verfassungswidrig wäre).[1202]

a) Vergütung

Die Allgemeinheit hat in der Regel ein Interesse an einem freien Zugang zu allen Werken, auch urheberrechtlich geschützten, während der Urheber möglichst lang und allein über sein Werk verfügen und/oder eine Vergütung erhalten möchte.

Dem Interesse der Allgemeinheit an kostenloser Nutzung ist damit Genüge getan, dass durch die Schrankenregelungen die Werknutzung größtenteils zustimmungsfrei möglich ist.[1203] Fraglich ist, ob auch in Deutschland ein Werk vergütungsfrei genutzt werden kann. Eine Nutzung, für die keine Vergütung gezahlt wird, ist nach dem Bundesverfassungsgericht nur unter sehr erschwerten

---

1197 Dreier/*Schulze-Fielitz*, GG-Kommentar Bd. 1, Art. 20 GG Rn. 184; Maunz/Dürig/*Grzeszick*, GG-Kommentar, Art. 20 GG Rn. 117; Sachs/*Sachs*, GG-Kommentar, Art. 20 GG Rn. 154.

1198 BVerfGE 50, 217 (227); BVerfGE 80, 103 (107); BVerfGE 99, 202 (212 ff.).

1199 BVerfGE 13, 230 (236); BVerfGE 93, 213 (237 f.); BVerfGE 100, 313 (375 f.).

1200 BVerfGE 13, 97 (113); BVerfGE 30, 292 (316 f.); BVerfGE 67, 157 (178); BVerfGE 68, 193 (219); BVerfGE 77, 84 (111 f.); BVerfGE 78, 77 (85 ff.); BVerfGE 77, 84 (111 ff.); BVerfGE 81, 70 (92 f.); BVerfGE 83, 1 (19); BVerfGE 92, 262 (274 f.); BVerfGE 101, 331 (350); BVerfGE 102, 1 (19 f.).

1201 Ein Beispiel einer Untergrenze ist § 53 UrhG, der die sog. Privatkopie erlaubt. Wäre dies dem Nutzer nicht erlaubt und dem Urheber würde das ausschließliche Recht der Vervielfältigung zustehen, wären viele Bürger von dieser kulturellen Kommunikation ausgeschlossen, vgl. auch *Förster*, Fair Use, S. 172 f.

1202 *Förster*, Fair Use, S. 172 f.

1203 Dreier/Schulze/*Schulze*, UrhG, § 24 UrhG Rn. 1.

Voraussetzungen möglich: dafür muss ein „gesteigertes öffentliches Interesse“[1204] vorliegen, das sich gerade auf die vergütungsfreie Nutzung bezieht.[1205] Der Ausschluss der Verbotsrechte des Urhebers nach § 15 UrhG soll zwar der Allgemeinheit den Zugang zur Werknutzung ermöglichen und verhindern, dass der Rechteinhaber überhöhte Vergütungen fordert, dem Urheber darf jedoch eine angemessene Vergütung nicht verweigert werden.[1206] Somit darf nicht einfach eine neue Urheberrechtsschranke eingeführt werden, die wie „fair use“ die Vergütung des Urhebers ausschließt.

b) § 52a UrhG a.F.[1207], jetzt §§ 60a, 60c UrhG

Selbst in § 60a und § 60c UrhG, die die öffentliche Zugänglichmachung für Unterricht und Forschung regeln und eine gesetzliche Lizenz darstellen, ist keine Vergütungsbefreiung festgelegt, eine solche ist auch nicht in nächster Zeit absehbar.

Der erste Entwurf zu § 52a UrhG a.F. sah zunächst keine Vergütungspflicht vor. In der Begründung des Regierungsentwurfs[1208] wurde damit argumentiert, die Geräte und Medien, mit denen die geschützten Werke wiedergegeben würden, unterlägen bereits einer urheberrechtlichen Vergütung (§§ 54, 54a UrhG a.F.); außerdem gehe es nur um einen klar begrenzten Kreis von Unterrichtsteilnehmern. Im parlamentarischen Verfahren stieß die Formulierung des § 52a UrhG a.F. jedoch auf starken Widerstand. Der schließlich in das Gesetz eingefügte § 52a UrhG a.F. war insgesamt ein Kompromiss.[1209]

Am 01.02.2017 präsentierte das Bundesjustizministerium den Referentenentwurf für ein Urheberrechts-Wissenschafts-Gesetz.[1210] Mit dieser Reform wurde § 52a UrhG a.F. durch einen neuen § 60a UrhG ersetzt, der nicht nur die öffentliche Zugänglichmachung betrifft, sondern auch die Vervielfältigung (Papierkopie

1204 BVerfGE 31, 229 (243) – Kirchen- und Schulgebrauch; BVerfGE 49, 382 (400) – Kirchenmusik.

1205 BVerfGE 49, 382 (400) – Kirchenmusik; BVerfGE 79, 29 – Vollzugsanstalten; *Förster*, Fair Use, S. 174.

1206 BGHZ 141, 13 (37) – Kopienversanddienst; *Beurskens*, Bonner Rechtsjournal (Onlineausgabe) 2017, Alles illegal? Fremde Materialien im Studium, S. 12.

1207 Bis 01.03.2018.

1208 BT-Drucks. 15/38, S. 20.

1209 *Beurskens*, Bonner Rechtsjournal (Onlineausgabe) 2017, Alles illegal? Fremde Materialien im Studium, S. 12.

1210 BR-Drucks. 535/17, Gesetz zur Angleichung des Urheberrechts an die aktuellen Erfordernisse der Wissensgesellschaft.

oder E-Mailversand), die öffentliche Wiedergabe (z.B. PowerPoint-Präsentation) und die Verbreitung. Begünstigt werden alle Lehrenden, Prüfer und Teilnehmer einer konkreten Veranstaltung und in Ausnahmefällen auch Dritte, wenn Ergebnisse nach außen hin präsentiert werden sollen. Statt den im Grunde vom BGH festgelegten 12%[1211] können bis zu 25% eines Werkes genutzt werden. Die Neuregelung versucht auf unbestimmte Rechtsbegriffe zu verzichten,[1212] besonders die Beschränkung durch die „Gebotenheit“ ist nicht enthalten.[1213] Vergriffene Werke, Abbildungen und Beiträge aus Zeitschriften/Zeitungen (bisher auch schon) und Werke geringen Umfangs können in ganzem Umfang genutzt werden. Schulbücher dürfen im Schulunterricht grundsätzlich nur im Original genutzt werden, für universitäre Lehrbücher gibt es keine Beschränkung mehr, wenn diese Werke geringen Umfangs sind. Vorrangige Lizenzangebote sind jetzt grundsätzlich irrelevant, da vertraglich vereinbarte Beschränkungen unwirksam sein sollen (siehe § 60g UrhG). Anders als bisher wenig erfolgreiche Einzelfallberechnungen zur Vergütung sieht § 60h Abs. 3 UrhG eine pauschale Vergütung oder repräsentative Nutzungsstichprobe vor, die der geforderten nutzungsabhängigen Berechnung der Vergütung genügen soll.

Als wahrscheinlich wurde eine Umsetzung zunächst nicht angesehen, da diesbezüglich erhebliche Lobbykonflikte erwartet wurden.[1214] Die Regelung trat aber nun doch zum 01.03.2018 in Kraft (siehe S. 182 ff.).

c) *Richtlinie über das Urheberrecht und die verwandten Schutzrechte im digitalen Binnenmarkt*

In Europa gibt es in der Richtlinie (EU) 2019/790 in Art. 4 die Regelung zur „Nutzung von Werken und sonstigen Schutzgegenständen für digitale und grenzübergreifende Lehrtätigkeiten“.[1215]

Art. 4 Abs. 1 RL (EU) 2019/790 regelt, dass es erlaubt sein muss, geschützte Inhalte mittels digitaler Nutzung zum Zweck der Veranschaulichung in der Lehre nutzen zu können, wenn die Nutzung entweder in den Räumlichkeiten der Bildungseinrichtung erfolgt oder die Materialien nur für die Schüler, Studierenden

1211 BGH GRUR 2014, 549 – Meilensteine der Psychologie.

1212 Auf Empfehlung von *Schack*, ZUM 2016, 266 (273).

1213 *Beurskens*, Bonner Rechtsjournal (Onlineausgabe) 2017, Alles illegal? Fremde Materialien im Studium, S. 24.

1214 Siehe auch *Beurskens*, Bonner Rechtsjournal (Onlineausgabe) 2017, Alles illegal? Fremde Materialien im Studium, S. 24.

1215 Art. 4 des Richtlinienentwurfs vom 14.09.2016, COM (2016) 593 final.

und das Personal der Bildungseinrichtung über ein gesichertes Netz abrufbar sind und eine Quellenangabe erfolgt. Die Mitgliedstaaten sollen diese Schranke durch einen Vorrang von individuellen, angemessenen Lizenzangeboten begrenzen dürfen (Art. 4 Abs. 2 RL (EU) 2019/790). Eine Vergütung darf, muss aber nicht vorgesehen werden (Art. 4 Abs. 4 RL (EU) 2019/790). Art. 4 Abs. 3 RL (EU) 2019/790 regelt, dass das Recht des Staates maßgeblich sein soll, in dem die Bildungseinrichtung ihren Sitz hat, auch wenn die Studierenden aus einem anderen Mitgliedstaat auf die digitalen Inhalte zugreifen. Für Fernhochschulen könnte dies ein erheblicher Anreiz für eine Standortwahl sein und ein „Race to the bottom"[1216] drohen.[1217]

Eine Konfliktlösung zwischen Verlagen und Hochschulen ist trotz aller Bemühungen bislang nicht ersichtlich, es sind weder auf nationaler noch europäischer Ebene konkrete Reformen geplant.[1218]

Verlage und Hochschulen streiten sich seit langem um eine Einzel- oder Pauschalvergütung, jedoch ist das eigentliche Problem das Erfordernis der Gebotenheit bzw. der Angemessenheit der vertraglichen Lizenzangebote, die der BGH als vorrangig erachtet. Denn fraglich ist, welche Lizenzangebote als angemessen zu betrachten und welche Vergleichswerte zur Beurteilung heranzuziehen sind; ein Lehrender wird selbst kaum entscheiden können, ob die angebotene Lizenz zu teuer ist und er daher die Schranke anwenden darf.[1219]

Auf eine Vergütung grundsätzlich zu verzichten ist nicht verhältnismäßig und damit verfassungswidrig.[1220] Das „gesteigerte öffentliche Interesse", das das Bundesverfassungsgericht für eine vergütungsfreie Nutzung fordert,[1221] liegt hier nicht pauschal vor, denn ansonsten müsste beinahe jedes Interesse der Allgemeinheit ausreichen, um eine vergütungsfreie Nutzung zu begründen. Gegenüber dem Urheberrechtsinhaber liegt zwar keine entschädigungspflichtige Enteignung (Art. 14 Abs. 3 S. 2 GG) vor,[1222] da ihm seine Verfügungsbefugnis

1216 Ursprünglich aus dem Gesellschaftsrecht, wohl als eine der ersten beschrieben *Berle/Means*, Geistiges Eigentum und Verfassung.

1217 *Beurskens*, Bonner Rechtsjournal (Onlineausgabe) 2017, Alles illegal? Fremde Materialien im Studium, S. 25.

1218 *Beurskens*, Bonner Rechtsjournal (Onlineausgabe) 2017, Alles illegal? Fremde Materialien im Studium, S. 25.

1219 *Beurskens*, Bonner Rechtsjournal (Onlineausgabe) 2017, Alles illegal? Fremde Materialien im Studium, S. 26.

1220 So auch *Förster*, Fair Use, S. 175.

1221 BVerfGE 31, 229 (243) – Kirchen- und Schulgebrauch; BVerfGE 49, 382 (400) – Kirchenmusik.

1222 BVerfGE 52, 1 (27) – Kleingarten; BVerfGE 58, 300 (330 f.) – Naßauskiesung.

nicht entzogen wird, dennoch handelt es sich bei dem Eingriff um einen derart gravierenden, dass eine Verhältnismäßigkeit der Schranke nur gewahrt sein kann, wenn der Urheber eine Entschädigung erlangt.

4. Bestimmtheitsgebot

Um eine Schrankengeneralklausel einführen zu können, hat diese mit dem Bestimmtheitsgebot vereinbar zu sein.

Das Bestimmtheitsgebot ist unter anderem in Art. 80 Abs. 1 S. 2 GG verankert. Danach muss der Gesetzgeber Inhalt, Zweck und Ausmaß der delegierten Gesetzgebungsbefugnis bestimmen. Es sichert das Demokratie- und das Gewaltenteilungsprinzip.[1223]

Das Bundesverfassungsgericht hat weit gefasste Vorschriften in der Vergangenheit bereits gebilligt, wenn die „Vielgestaltigkeit des Lebens“ flexible Vorschriften erfordert[1224] und der normative Gehalt der Generalklausel durch eine langjährige Rechtsprechung bereits hinreichend konkretisiert wurde.[1225]

In der rechtswissenschaftlichen Literatur bezweifelt beispielsweise Poeppel, dass eine derartige Schrankengeneralklausel dem Bestimmtheitsgebot genügt, da der Nutzer dann nicht mehr wisse, welche Nutzungshandlungen zulässig seien und welche nicht; ebenso könne dasselbe Ergebnis der Flexibilität auch auf andere Art und Weise erreicht werden.[1226] Dieses Argument kann jedoch nicht vollends überzeugen, da die geforderte Rechtssicherheit nicht allein durch den Normtext hergestellt werden muss, sondern auch durch bereits ergangene Rechtsprechung erreicht werden kann. Zu einer neu eingeführten Schranke kann es natürlich kaum Rechtsprechung geben, daher wäre mit diesem formalen Argument niemals eine Einführung einer offeneren Schranke möglich. Praktisch wäre es jedoch so, dass eine neue Schrankengeneralklausel andere Schranken ersetzen und Probleme aufgreifen würde, zu der sich die Rechtsprechung bereits geäußert hat.[1227] Es ist wahrscheinlich, dass die Rechtsprechung an bereits

---

1223 Sachs/*Mann*, GG-Kommentar, Art. 80 GG Rn. 25.

1224 BVerfGE 4, 352 (358) – Strafrechtlicher Ehrenschutz; BVerfGE 9, 137 (151) – Einfuhrgenehmigung; BVerfGE 71, 108 (114 f.) – Anti-Atomkraftplakette; BVerfGE 92, 1 (12) – Sitzblockaden II; BVerfGE 102, 347 (161) – Schockwerbung I.

1225 Zur wettbewerbsrechtlichen Generalklausel BVerfGE 32, 311 (317) – Grabsteinwerbung; BVerfGE 54, 143 (144 f.) – Taubenfütterungsverbot; BVerwGE 116, 347 (350) – „Kampfhunde“-Verordnung.

1226 Poeppel hält eine Generalklausel allenfalls als Auffangtatbestand für möglich *Poeppel*, Neuordnung der urheberrechtlichen Schranken, S. 499 ff.

1227 *Förster*, Fair Use, S. 178.

entwickelten Grundsätzen festhalten würde und damit wieder Rechtssicherheit gegeben wäre.

Anders als in den USA sind deutsche Gerichte nicht an vorangegangene höhere Gerichtsentscheidungen gebunden, haben aber bei einer abweichenden Meinung höherer Entscheidungen die Argumentationslast zu tragen.[1228] Für den Nutzer bietet dies genügend Rechtssicherheit.

Der Einführung einer neuen Schrankengeneralklausel steht das Bestimmtheitsgebot also nicht entgegen.

Der US-amerikanische Kongress mit seiner sog. Zweckmäßigkeitsprüfung (ohne Rechtfertigungszwang) ist wesentlich flexibler als der deutsche Gesetzgeber, dessen Handlungsspielraum deutlich begrenzter ist. Der Kongress ist nicht wie der deutsche Gesetzgeber verpflichtet, einen Kernbestand von Urheberrechtsvorschriften einzuführen.[1229]

Der deutsche Gesetzgeber ist jedoch nicht gezwungen, den bestehenden Schrankenkatalog beizubehalten oder diesen möglichst konkret auszugestalten. Es ist ihm durchaus möglich, die Schranken flexibler zu gestalten, solange sie nicht gegen das Bestimmtheitsgebot und Art. 5 Info-Richtlinie verstoßen.

Im deutschen Recht bleibt die Vergütungspflicht problematisch, da eine vergütungsfreie Nutzung nur gestattet ist, wenn ein gesteigertes öffentliches Interesse besteht. Dieses „gesteigerte Interesse“ wird jedoch nicht wie im US-amerikanischen Recht ausgelegt, sondern liegt im deutschen Recht nur in ganz seltenen Ausnahmefällen vor. Deutlich üblicher ist die gesetzliche Lizenz und nicht die ersatzlose Aufhebung des Urheberrechts.

Eine sog. „Entrechtung“ des Urhebers wie im US-amerikanischen Recht mit der „fair use“-Doktrin dürfte im deutschen Recht unverhältnismäßig sein und damit verfassungswidrig.

Unabhängig davon bleibt es dem deutschen Gesetzgeber jedoch trotzdem möglich, eine Schrankengeneralklausel in einer Form einzuführen, der nicht das „Alles oder Nichts“-Prinzip zugrunde liegt.[1230]

Hier wird noch einmal der Unterschied zwischen dem deutschen und dem US-amerikanischen Urheberrecht deutlich. Das deutsche Urheberrecht ist weniger flexibel, stellt die Verbindung des Urhebers mit seinem Werk in den

1228 *Ohly*, Richterrecht und Generalklausel im Recht des unlauteren Wettbewerbs, S. 261 ff.; *Ohly*, AcP 2001, 1 (19 ff.); *Picker*, JZ 1984, 153 (158).

1229 Vgl. *Förster*, Fair Use, S. 180.

1230 So auch *Förster*, Fair Use, S. 181.

Vordergrund vor den Interessen der Allgemeinheit[1231] (in Form von Schranken), während das US-amerikanische Urheberrecht den Regelfall in der Gemeinfreiheit von Werken sieht und die Ausnahme in der Gewährung der urheberrechtlichen Ausschließlichkeitsrechte.[1232]

Nur wenn sich der Nutzer auch auf eine grundrechtlich geschützte Position berufen kann (beispielsweise Art. 5 GG), kommt eine weite Auslegung bereits bestehender Urheberrechtsschranken in Betracht.[1233]

IV. Möglichkeit der Einführung einer ökonomisch motivierten Schranke

Da sich – wie bereits untersucht – das Urheberrecht immer mehr in Richtung eines Investitionsschutzrechtes entwickelt, können auch mehr Erwägungen in diese Richtung bei der Auslegung von Urheberrechtsschranken einfließen.[1234]

Der Schutz der Verwertungsinteressen des Urhebers wird durch die ihm gewährten ausschließlichen Verwertungsrechte sichergestellt. Diese können durch die Schrankenregelungen beschränkt werden, bei denen auch ökonomische Motive eine Rolle spielen.

Eine ökonomisch motivierte Schranke liegt dann vor, wenn das Urheberpersönlichkeitsrecht nicht mehr im Vordergrund steht und die Urheberrechtsschranke auf einem ökonomischen Effizienzprogramm beruht. Ob dies der Fall ist, muss für jede Schranke einzeln geprüft und festgestellt werden. Bei den bestehenden deutschen Urheberrechtsschranken spielen ökonomische Gesichtspunkte nicht die Hauptrolle, lassen sich aber durchaus finden.

Ein Beispiel dafür ist § 69e UrhG, der in einem begrenzten, festgelegten Umfang die Dekompilierung[1235] von Computerprogrammen erlaubt, um Substitutions- und Ergänzungsprodukte zu bereits bekannten Programmen und die Standardisierung zu ermöglichen. So soll der Wettbewerb zwischen

---

1231 Erst im Rahmen der Sozialpflichtigkeit des Eigentums und damit einschränkend, also negativ; Schricker/Loewenheim/*Loewenheim*, UrhR, Einl. Rn. 12 ff.

1232 *Förster*, Fair Use, S. 181 f.

1233 *Förster*, Fair Use, S. 184.

1234 So auch *Förster*, Fair Use, S. 186.

1235 Dekompilieren des Objektcodes meint Zugriff auf den Quellcode eines fremden urheberrechtlich geschützten Programms nehmen zu dürfen, um Informationen über die Schnittstellen zu erhalten, die man zur Herstellung eigener Programme oder Geräte benötigt, damit diese mit dem ursprünglichen Programm interoperabel sind, siehe Dreier/Schulze/*Dreier*§ 04 F.2d069e UrhG Rn. 1.

Computerprogrammherstellern erhöht werden.[1236] Die Bedeutung von § 69e UrhG ist in der Praxis jedoch gering geblieben, da die meisten Hersteller ihre Schnittstelleninformationen bereits selbst freigeben und ein Rückgriff auf § 69e UrhG nicht mehr notwendig ist.[1237]

Auch bei § 53 UrhG – Vervielfältigung zum privaten und sonstigen Gebrauch – lassen sich ökonomische Motive finden, wenn auch nicht so im Vordergrund wie bei § 69e UrhG. Der Nutzer müsste sonst für jede Vervielfältigung eine Einwilligung einholen,[1238] insbesondere Wissenschaftler und wissenschaftliche Institute wären ansonsten in ihrer Tätigkeit sehr eingeschränkt.[1239]

Je mehr sich das deutsche (und auch das europäische) Urheberrecht in Richtung eines Investitionsschutzes entwickelt – und diese Entwicklung ist erkennbar –, desto mehr kann auch eine ökonomisch motivierte Schranke eingeführt werden.

Dem grundsätzlich persönlichkeitsrechtlichen Charakter des deutschen Urheberrechts steht dies insofern nicht entgegen, als die Urheberrechtsschranken in der Regel in erster Linie die Verwertungsrechte betreffen und nicht das Urheberpersönlichkeitsrecht.[1240]

Sollte jedoch darüber nachgedacht werden, die Schranken abzuändern oder eine Schrankengeneralklausel einzuführen (siehe S. 178 ff.) und damit mehr ökonomische Motive einzubeziehen, sollte der urheberpersönlichkeitsrechtliche Charakter des deutschen Urheberrechts nicht verloren gehen – auch wenn es sich um die Beschränkung der Verwertungsrechte handelt, die bereits vom Begriff her mehr ökonomischer Natur sind als das Urheberpersönlichkeitsrecht selbst.

1236 BT-Drucks. 12/4022; Dreier/Schulze/*Dreier*, UrhG, § 69e UrhG Rn. 1 f.; Dreier/Schulze/*Dreier*, UrhG, Vor §§ 44a ff. UrhG Rn. 4; Schricker/Loewenheim/*Loewenheim/Spindler*, UrhR, § 69e UrhG Rn. 1.

1237 Ein Grund dafür ist das Kartellrecht, siehe das Microsoft-Verfahren, Spindler/Schuster/*Wiebe*, Recht der elektronischen Medien, § 69e UrhG Rn. 1.

1238 *Förster*, Fair Use, S. 185.

1239 BT-Drucks. IV/270, S. 27 ff.; BT-Drucks. IV/270 – Dokumentation der deutschen Urheberrechtsreform, UFITA 1965.

1240 So auch *Förster*, Fair Use, S. 186.

V. Kann der Dreistufentest einer Schrankengeneralklausel wie „fair use" standhalten?

Auch wenn die „fair use"-Doktrin, wie sie im US-amerikanischen Recht verankert ist, den europäischen Vorgaben widerspricht und in Deutschland in dieser Form verfassungswidrig sein dürfte, darf darüber spekuliert werden, ob der deutsche Gesetzgeber nach einer möglichen Abänderung von Art. 5 Info-Richtlinie irgendwann in der Zukunft dennoch eine ökonomisch motivierte Generalschrankenbestimmung einführen könnte.

Diese müsste dann auch den urheberrechtlichen Dreistufentest bestehen. Denn der europäische Gesetzgeber hat den Dreistufentest ausdrücklich im europäischen Recht in Art. 5 Abs. 5 Info-Richtlinie 2001/29/EG verankert.

Fraglich ist dabei, ob es sinnvoll ist, den Dreistufentest und die Einführung einer Schrankengeneralklausel, angelehnt an die „fair use"-Doktrin, parallel stehen zu lassen und anzuwenden. Dies könnte problematisch werden. Die Schrankengeneralklausel könnte mit dem Dreistufentest verschmelzen,[1241] sodass der Dreistufentest um sinnvolle Prüfungskriterien ergänzt und zu einem Generalklauselauffangtatbestand aufgerüstet würde.[1242]

Für die Schranken des Urheberrechts[1243] gelten die Zusatzanforderungen des Dreistufentests, der mit der Stockholmer Revision der Berner Übereinkunft (1967) entwickelt wurde (Art. 9 Abs. 2 RBÜ).[1244] Dabei handelt es sich um eine sog. Schranken-Schranke, die mittlerweile auch im TRIPS-Abkommen (Art. 13 TRIPS) und im WIPO-Urheberrechtsvertrag (Art. 10 WCT) geregelt ist und die einen gemeinsamen Nenner der mitgliedstaatlichen Rechtsordnungen darstellt. Die Formulierung des Dreistufentests ist absichtlich abstrakt gewählt, damit die einzelnen Mitgliedstaaten genügend Spielraum haben für eigene, nationale Besonderheiten, aber dennoch verhindert wird, dass das Vervielfältigungsrecht des Urhebers ausgehöhlt wird.[1245]

Nach dem Dreistufentest dürfen 1.: Schranken des Urheberrechts nur in bestimmten Sonderfällen angewendet werden, 2.: in denen die normale

---

1241 *Gervais*, Marq. Intell. Prop. L. Rev. 9 (2005), 1 (28 ff.); *Griffiths*, JIPITEC 2010, 87 (93); *Senftleben*, AMI 2009, 1 (7); *Senftleben*, J. Copyright Soc'y U.S.A. 57 (2010), 521 (541 ff.).

1242 *Kleinemenke*, ZGE/IPJ Volume 5, 2013, 103 (121 f.).

1243 Im Völker- und EU-Recht „Beschränkungen und Ausnahmen".

1244 In Art. 9 Abs. 2 RBÜ aufgenommen.

1245 Siehe dazu *Senftleben*, Copyright, Limitations and the Three-Step Test; *Förster*, Fair Use, S. 190.

Auswertung des Werkes nicht beeinträchtigt wird und 3.: die berechtigten Interessen des Urhebers nicht ungebührlich verletzt werden.[1246] Damit soll gewährleistet werden, dass der Kern des Urheberrechts bestehen bleibt und das exklusive Verwertungsrecht des Urhebers nicht ausgehöhlt wird.[1247] Der Dreistufentest gilt jedoch nicht für das Urheberpersönlichkeitsrecht, den Werkbegriff oder die Ausschließlichkeitsrechte.

Vor dem EuGH spielt der Dreistufentest eine eher untergeordnete Rolle, da die Gerichte davon ausgehen, dass die in den Richtlinien festgelegten Schranken den Voraussetzungen des Dreistufentests genügen.[1248] Die deutsche Rechtsprechung stützt sich auch nicht viel häufiger auf den Dreistufentest, um unbestimmte Rechtsbegriffe auszulegen oder an neue technische Gegebenheiten anzupassen,[1249] beispielsweise die Gebotenheit der öffentlichen Zugänglichmachung für Unterricht und Forschung nach § 52a Abs. 1 UrhG a.F. (jetzt §§ 60a 60c UrhG). Die urheberrechtlichen Verwertungsrechte dürfen demnach nur in besonderen Konstellationen beschränkt werden und die in Rede stehenden Nutzungshandlungen nicht in unmittelbaren Wettbewerb zur herkömmlichen Nutzung im Primärmarkt treten.[1250] Auf der dritten Stufe wird geprüft, ob das in Rede stehende Interesse an der Nutzung die Beeinträchtigung des Rechteinhabers überwiegt, wobei insbesondere berücksichtigt wird, ob in der Schranke ein gesetzlicher Vergütungsanspruch als Schadensausgleich für den Urheber vorgesehen ist.[1251]

An dieser absichtlich abstrakt gewählten Schranken-Schranke hat sich jede nationale Schranke des Vervielfältigungsrechts messen zu lassen.

Die Auslegung des Dreistufentests richtet sich formal nach dem Völkergewohnheitsrecht, das grundsätzlich inhaltlich im Wiener Übereinkommen über

---

1246 Vgl. Art. 9 Abs. 2 RBÜ; Art. 13 TRIPS; Art. 10 WCT; Art. 6 Abs. 3 Software-Richtlinie 2009/24/EG; Art. 6 Abs. 3 Datenbank-Richtlinie 96/9/EG; Art. 5 Abs. 5 Info-Richtlinie 2001/29/EG.

1247 *Rehbinder/Peukert*, Urheberrecht, Rn. 482.

1248 Vgl. EuGH ZUM 2012, 398 (Tz. 56) – Infopaq II.

1249 Vgl. BGHZ 141, 13 (34) – Kopienversanddienst; OLG Stuttgart, ZUM 2012, 495 (Rn. 117 ff.); OLG München, ZUM-RD 2011, 603 (Rn. 190 ff.) – Gesamtvertrag für Hochschulen; auch auf den Schutzzweck der gesetzlichen Regelung schauend OLG Dresden, ZUM 2007, 203 (Rn. 16 ff.).

1250 Aus diesem Grund dürfen Schulbücher auch von der Schranke zur Nutzung im Unterricht ausgenommen sein; der Primärmarkt befindet sich fast ausschließlich im Bereich der Schule, somit würde eine Schrankenregelung hier in direkten Wettbewerb zur herkömmlichen Nutzung treten.

1251 BGH GRUR 2014, 549 (Rn. 46 ff.) – Meilensteine der Psychologie.

das Recht der Verträge (1969)[1252] widergespiegelt wird, das einen völkerrechtlichen Vertrag darstellt. Die USA haben das Wiener Übereinkommen zwar paraphiert, jedoch nicht ratifiziert. Das Wiener Übereinkommen findet aufgrund der inhaltlichen Widerspiegelung des Völkergewohnheitsrechts jedoch auch dann Anwendung, wenn ein internationales Vertragswerk formal nicht unter das Wiener Übereinkommen fällt.[1253]

1. Erste Stufe

Zunächst ist der Begriff des Sonderfalls genauer auszulegen. Im Verfahren WTO/DS/160 scheint es, als wolle das WTO-Panel den Begriff des Sonderfalls nach quantitativen Gesichtspunkten bestimmen. Demnach wird geprüft, ob lediglich eine geringe Zahl von Nutzungshandlungen von der in Rede stehenden Urheberrechtsschranke erfasst wird.[1254] Öfter dagegen findet sich in Literatur und Rechtsprechung eine qualitative Begriffsbestimmung, sodass es sich um einen Sonderfall handeln soll, wenn die Urheberrechtsschranke einem wichtigen Interesse folgt.[1255] Dieses wichtige Interesse kann ein wichtiger Allgemeinbelang sein oder eine grundrechtlich geschützte Position Dritter.

1252 BGBl. 1985 II, S. 927.

1253 Vgl. *Buck*, Geistiges Eigentum und Völkerrecht, S. 127; *Ricketson*, WIPO Study, S. 5; davon, dass die Wiener Übereinkunft die Regeln des Völkergewohnheitsrechts widerspiegelt, geht man offenbar auch in den Vereinigten Staaten aus, vgl. The American Law Institute, Restatement of the Law Third, The Foreign Relations Law of the United States, Vol. 1 Pt. I § 102 Reporters' Note 5 (S. 33) und Pt. III Introductory Note (S. 144 f.); *Förster*, Fair Use, S. 192; *Netanel*, Va. J. Int'l L. 37 (1997), 441 (449, Fn. 29).

1254 Panel Report WTO/DS/160/R vom 15.06.2000, §§ 6.105, 6.111 f.; EuGH GRUR 2014, 654 (Rn. 55); siehe auch *Senftleben*, Copyright, Limitations and the Three-Step Test, S. 140 f.; *Senftleben*, GRUR Int 2004, 200 (207 (Fn. 62)); *Senftleben*, IIC 2006, 407 (415); *Poeppel*, Neuordnung der urheberrechtlichen Schranken, S. 114.

1255 BGH GRUR 2014, 549 (Rn. 48.) – Meilensteine der Psychologie; EuGH GRUR 2017, 610 (Rn. 66 ff.) – Streaming; Baulch/Green/Wyburn/*Ricketson*, The Boundaries of Copyright, S. 10; *Ficsor*, The Law of Copyright and the Internet, 5.55; *Hilty/Peukert*, Interessenausgleich im Urheberrecht, S. 178 f. (Senftleben); *Reinbothe*, FS Dittrich, S. 251 (257); *Reinbothe/von Lewinski*, The WIPO Treaties on Copyright, Art. 10 WCT Rn. 15; *Ricketson*, The Berne Convention for the Protection of Literary and Artistic Works, S. 482; *Senftleben*, Copyright, Limitations and the Three-Step Test, S. 138 ff.; *Senftleben*, GRUR Int 2004, 200 (207 f.); gegen die Berücksichtigung qualitativer Elemente *Ginsburg*, RIDA 187, 2001, 3 (39); und ihr nun folgend *Ricketson*, WIPO Study, S. 22; kritisch auch *Poeppel*, Neuordnung der urheberrechtlichen Schranken, S. 115.

Im Hinblick auf die Auslegung völkerrechtlicher Bestimmungen sollte der Begriff des Sonderfalls nicht isoliert betrachtet werden, sondern im Kontext mit den anderen beiden Stufen. Denn Art. 31 des Wiener Übereinkommens[1256] bestimmt, völkerrechtliche Verträge bzw. Bestimmungen seien „mit der gewöhnlichen, seinen Bestimmungen in ihrem Zusammenhang zukommenden Bedeutung und im Lichte seines Zieles und Zweckes auszulegen". Somit scheint die Ansicht der qualitativen Bewertung vorzugswürdiger, da bei einer quantitativen Bewertung der zweiten Stufe keine eigenständige Bedeutung mehr zukäme. Denn wenn nur quantitativ geringe Nutzungshandlungen erfasst wären, könnten diese keine „normale" Nutzungshandlungen mehr darstellen und alle Schranken, die die erste Stufe überwunden hätten, könnten somit nicht mehr an der zweiten scheitern. Dazu kommt, dass die Größe des betroffenen Nutzerkreises oder die getätigten Nutzungshandlungen kaum zuverlässig bestimmbar sind.[1257] Auch im Hinblick auf die dritte Stufe, nach der die ungebührliche Verletzung von Urheberinteressen zu unterbleiben hat, ist eine qualitative Bewertung sinnvoll, da auf der ersten Stufe geklärt werden kann, um welche (Allgemein-)Belange es geht (beispielsweise die Verbreitung und öffentliche Zugänglichmachung wissenschaftlicher Erkenntnisse),[1258] bevor diese in der dritten Stufe gegen die Interessen des Urhebers abgewogen werden.

Die US-amerikanische „fair use"-Doktrin ist insgesamt recht weit gefasst, sodass schwierig zu beantworten ist, ob ein Sonderfall vorliegt. Allerdings dient die „fair use"-Doktrin, die schon sehr lange in der US-amerikanischen Begründung und Herleitung des Urheberrechtsschutzes verankert ist, der Förderung von Wissenschaft und Kunst und stellt wohl einen qualitativen Belang im Sinne des Sonderfalls dar. Ein Beispiel dafür ist der „transformative use"[1259] innerhalb der Prüfung der „fair use"-Doktrin; hier wird anhand urheberrechtlich geschützten Materials etwas Neues erschaffen, das aus Sicht der Allgemeinheit wünschenswert ist. Auch in der Präambel des WIPO Copyright Treaty finden sich bestimmte Anwendungsfälle, die denen der „fair use"-Doktrin sehr ähnlich

1256 Wiener Übereinkommen über das Recht der Verträge.

1257 Auch gegen die quantitative Bestimmung *Senftleben*, GRUR Int 2004, 200 (207); *Hilty/Peukert*, Interessenausgleich im Urheberrecht, S. 177 f. (Senftleben); *Poeppel*, Neuordnung der urheberrechtlichen Schranken, S. 114; *Förster*, Fair Use, S. 194.

1258 Zu weiteren qualitativen Kriterien siehe *Senftleben*, Copyright, Limitations and the Three-Step Test, S. 144 ff.

1259 Siehe zu „transformative use" innerhalb des Ersten Faktors S. 139 f.

sind und die in der Regel Nutzungshandlungen betreffen, die der Allgemeinheit dienen und die die qualitativen Voraussetzungen der Sonderfälle erfüllen.[1260]

a) Bestimmtheitsgebot

Die „fair use“-Doktrin umfasst zwar Sonderfälle, diese müssen nach dem Dreistufentest jedoch auch bestimmt sein. Interpretiert man den Begriff rein formal, könnte keine Schrankengeneralklausel den Anforderungen des Dreistufentests genügen. Anhand einer formalen Interpretation würde eine Schranke nur dann dem Dreistufentest gerecht, wenn sie dem „kontinentaleuropäischen Muster enumerativer Schranken“[1261] entspräche. Nicht nur hier stellt sich jedoch die Frage, ob eine derart enge Auslegung sinnvoll und nicht vielmehr hinderlich als hilfreich ist.

Im Ergebnis bedeutet dies, dass das europäische System des „Droit d'Auteur“ und das US-amerikanische Copyright Law derart entfernt voneinander sind, dass auch nur ein ansatzweises Zusammenbringen beider Systeme nur schwerlich realisierbar scheint.

Senftleben zufolge sollte das europäische System mit seinem recht starren System die Möglichkeiten haben, flexibler auf Neuheiten zu reagieren, und der Dreistufentest erlaube durchaus auch Generalklauseln.[1262] Förster fügt dem noch hinzu, dass eine Urheberrechtsgeneralklausel durchaus inhaltlich bestimmt werden könne, beispielsweise mittels sog. Präzedenzfälle; somit könne auch die Rechtsprechung dazu beitragen, nationale Urheberrechtsschranken auszulegen und Anhaltspunkte für die Auslegung zu schaffen.[1263]

Wichtig ist auf jeden Fall, dass die Schrankenregelung derart hinreichend bestimmt ist, dass sie ein gewisses Maß an Rechtssicherheit bietet und den Nutzer nicht gänzlich im Unklaren darüber lässt, welche Handlungen unter diese Schranke fallen und welche nicht.

Dass die Rechtsprechung eine Schrankengeneralklausel mit auslegen muss, ist insofern wichtig, als die „fair use“-Doktrin nicht unter den Begriff „gewisse“, „bestimmte“ Sonderfälle fallen dürfte, da sie ja eben nicht derart bestimmt

---

1260 *Goldstein/Hugenholtz*, International Copyright, S. 295; *Newby*, Stan. L. Rev. 51 (1999), 1633 (1652); Vgl. *Senftleben*, Copyright, Limitations and the Three-Step Test, S. 166.

1261 *Förster*, Fair Use, S. 196.

1262 *Senftleben*, Copyright, Limitations and the Three-Step Test, S. 135 f.; *Senftleben*, GRUR Int 2004, 200 (206 f.); für einen flexiblen Dreistufentest, angewandt durch die Gerichte siehe *Geiger*, IIC 2006, 683 (694 ff.).

1263 *Förster*, Fair Use, S. 196 f.

ausgelegt ist, sondern eine „case by case"-Analyse darstellt. In Deutschland sollen Gesetzgebung und Rechtsprechung im Zusammenspiel miteinander für den Nutzer zumindest ungefähr vorhersehbare zulässige Nutzungshandlungen beschreiben und nicht in jedem Einzelfall neu entscheiden müssen. Auch wenn die „fair use"-Doktrin von Leitbildern geprägt ist, bietet sie für den Nutzer nicht annähernd so viel Rechtssicherheit wie das Schrankensystem in Deutschland.[1264]

Dies schließt jedoch nicht aus, dass eine anders formulierte Schrankengeneralklausel die Hürde der ersten Stufe meistern kann.[1265]

Förster zeigt an dieser Stelle, an der die erste Stufe im Grunde genommen bereits gescheitert ist, eine Lösung auf, indem er auf den Beitritt der USA zur Berner Union und auf den Abschluss des TRIPS-Abkommens verweist:[1266] wären die Vertragsstaaten bei Vertragsschluss davon ausgegangen, dass die „fair use"-Doktrin nicht dem Dreistufentest gerecht wird, wäre diese Doktrin konventionsrechtlich als unzulässig zu sehen und ein „offensichtlich sinnwidriges Ergebnis" im Sinne des Art. 32 des Wiener Übereinkommens.[1267] Diese „Problematik" wurde jedoch in diesem Zusammenhang nicht diskutiert. Förster geht nun davon aus, dass dies insgesamt ein sinnwidriges Ergebnis sei und man die Umstände des Vertragsschlusses mit einbeziehen müsse. Da die „fair use"-Doktrin zum Beitrittszeitpunkt der USA zur Berner Übereinkunft nicht als unzulässig eingestuft wurde, müsse die durch diese Doktrin vermittelte Rechtssicherheit ausreichen, um einen bestimmten Sonderfall anzunehmen und letztendlich die Hürde der ersten Stufe zu nehmen.[1268]

Wäre die „fair use"-Doktrin grundsätzlich nicht mit der ersten Stufe des Dreistufentests vereinbar, hätten die USA der Berner Übereinkunft nicht rechtswirksam beitreten können.

Es kann auch dahingehend argumentiert werden, dass der ersten Stufe im europäischen Recht insgesamt keine besondere Bedeutung mehr zukommt und somit auch nicht überbewertet werden darf, dass die „fair use"-Doktrin unter Umständen nicht bestimmt genug ist, um der ersten Stufe zu genügen.[1269]

Art. 5 Abs. 5 der Info-Richtlinie 2001/29/EG gibt den Dreistufentest wieder und fußt auf Abs. 1–4, die spezielle Ausnahmen enthalten. Eine neu eingeführte

1264 *Förster*, Fair Use, S. 199; *Jehoram*, GRUR Int 2001, 807 (808).

1265 Siehe dazu S. 185.

1266 *Förster*, Fair Use, S. 200.

1267 Wiener Übereinkommen über das Recht der Verträge vom 23.05.1969.

1268 *Förster*, Fair Use, S. 201.

1269 *Förster*, Fair Use, S. 204; *Kleinemenke*, Fair Use im deutschen und europäischen Urheberrecht?, S. 444 ff. m.w.N.

Schranke muss damit den Abs. 1–5 entsprechen (Dreistufentest).[1270] Auch Art. 6 Abs. 3 der Computerprogramm-Richtlinie 91/250/EWG und Art. 6 Abs. 3 der Datenbank-Richtlinie 96/9/EG enthalten den Dreistufentest – jedoch nur die zweite und die dritte Stufe.

Bei der Stockholmer Revisionskonferenz spielt die erste Stufe keine große Rolle, sie wurde nur am Rande besprochen, man solle die Schranken auf Sonderfälle beschränken; eine ausführliche Auseinandersetzung mit der ersten Stufe findet hier nicht statt.[1271]

Dies lässt zwar nicht die Schlussfolgerung zu, dass sich der Dreistufentest auf die letzten beiden Stufen reduziert hat,[1272] jedoch schon, dass die erste Stufe im europäischen Recht bereits insgesamt an Bedeutung verloren hat.

b) Zwischenergebnis

Wie bereits deutlich geworden, ist der Dreistufentest keine allzu starre Regelung, sondern auslegungsbedürftig. Bereits an der ersten Stufe kann die Anwendung der „fair use"-Doktrin oder einer anderen Schrankengeneralklausel scheitern, wenn man die erste Stufe besonders eng auslegt und die Schranke derart genau bestimmt ist, dass kaum noch Auslegungsspielraum besteht.

Nach hier vertretener Ansicht sollte die erste Stufe jedoch nicht derart eng ausgelegt werden, da sonst Probleme mit jeglichen Neuerungen technischer oder kultureller Art vorprogrammiert sind[1273] – abgesehen von denjenigen, die bereits aufgetreten sind. Werden die Schranken zu eng gefasst, verbaut sich der deutsche Gesetzgeber jegliche schnelle Handlungsmöglichkeit, um auf neue (unvorhergesehene) Verwertungsmöglichkeiten reagieren zu können.

Denn auch wenn das Bestimmtheitsgebot nicht ganz so eng gesehen wird, steht eine Schranke wohl nicht isoliert da, es kann vielmehr stets die bisher ergangene Rechtsprechung zur Auslegung hinzugezogen werden, ähnlich dem Case Law bei der Anwendung der „fair use"-Doktrin – jedoch nicht wie das

---

1270 *Schack*, Urheber- und Urhebervertragsrecht, Rn. 535; *Senftleben*, Copyright, Limitations and the Three-Step Test, S. 255 f.

1271 *WIPO*, Records of the Intellectual Property Conference of Stockholm 1967, Report on the Work of Main Committee I, S. 1144 f.; auch hier werden nur die letzten beiden Stufen betrachtet, vgl. *Reimer/Ulmer*, GRUR Int 1967, 431 (444).

1272 Zur Reduzierung des Dreistufentests auf einen Zweistufentest siehe *Dreier*, ZUM 2002, 28 (35); dagegen *Senftleben*, CR 2003, 914 (915); *Senftleben*, GRUR Int 2004, 200 (206); siehe auch *Westkamp*, J. Copyright Soc'y U.S.A. 56 (2008), 1 (25 ff.).

1273 Ebenso *Kleinemenke*, Fair Use im deutschen und europäischen Urheberrecht?, S. 486 f.

klassische US-amerikanische Case Law, bei dem ganze Fälle anhand bereits ergangener Urteile gelöst und entschieden werden.

2. Zweite Stufe

In der zweiten Stufe darf die normale Auswertung des Werkes nicht beeinträchtigt werden. Auswertung meint dabei, mithilfe von Ausschließlichkeitsrechten einen wirtschaftlichen Nutzen zu erzielen.[1274] Der Begriff „normal“ verdeutlicht, dass nicht jede Form der Auswertung unzulässig ist, sondern hier eine gewisse Einschränkung erfolgen muss.[1275]

Dies ist insofern problematisch, als früher zur Festlegung des Dreistufentests die Grenzen zwischen normaler und „nicht normaler“ Auswertung deutlich einfacher zu ziehen waren als heute zu Zeiten wechselnder und schlecht abgrenzbarer, teilweise virtueller Märkte.

Als digitale Märkte noch nicht vorhanden oder erst in den Anfängen ihrer Entwicklung waren, gab es für die meisten Werke einen klar definierbaren und abgrenzbaren Markt, für den die normale Verwertungsform meist recht gut festgestellt werden konnte.[1276] Im digitalen Zeitalter erwachsen stetig neue Verwertungsformen, vielfältige Märkte verschmelzen teils miteinander, somit ist eine Feststellung einer normalen Auswertungsform nur erschwert möglich.

Sowohl eine zu enge als auch eine zu weite Auslegung des Begriffs der „normalen Auswertung“ führt zu Problemen. Wird der Begriff zu eng ausgelegt, kann nicht auf wechselnde, ineinander verschwimmende Märkte reagiert werden; wird er zu weit ausgelegt, wird zu viel von der Prüfung der dritten Stufe vorweggenommen.[1277]

a) Historische Auslegung

Als Grundlage für eine historische Auslegung dient die Stockholmer Revisionskonferenz zur Berner Übereinkunft, die sich mit einem Beispiel der Vervielfältigung verschiedener Werke mittels Fotokopien beschäftigt.[1278]

1274 WTO-Panel Report, WT/DS160/R, § 6.165; *Gervais*, Marq. Intell. Prop. L. Rev. 9 (2005), 1 (16).

1275 WTO-Panel Report, WT/DS160/R, § 6.167.

1276 *Kleinemenke*, Fair Use im deutschen und europäischen Urheberrecht?, S. 461.

1277 Ausführlich dazu siehe *Kleinemenke*, Fair Use im deutschen und europäischen Urheberrecht?, S. 460 ff.

1278 *WIPO*, Records of the Intellectual Property Conference of Stockholm 1967, Report on the Work of Main Committee I, S. 1145.

Hier wird die Anzahl der angefertigten Vervielfältigungsstücke geprüft und damit die Intensität, mit der in die urheberrechtlichen Ausschließlichkeitsrechte des Rechteinhabers eingegriffen wird.

Bezugnehmend auf den Konferenzbericht von Ulmer[1279] vertritt Bornkamm die Auffassung, die zweite und dritte Stufe seien strikt voneinander zu trennen. Eine Beeinträchtigung der normalen Auswertung sei dann anzunehmen, wenn die Nutzungsart in direkten Wettbewerb zur herkömmlichen Nutzung des Werkes tritt,[1280] während mittelbare Beeinträchtigungen im Rahmen der dritten Stufe zu berücksichtigen seien.[1281]

Diese Betrachtung mag zur analogen Zeit, in der die Fotokopie eine der größten Gefahren für den Rechteinhaber darstellt, vertretbar gewesen sein, sie vermag jedoch heute unter den neuen Gegebenheiten nicht mehr zu überzeugen. Aufgrund des schnellen Auftauchens neuer Nutzungsarten und Märkte wird diese Ansicht den heutigen Anforderungen nicht mehr gerecht. Ebenso kann heutzutage manches Mal kaum eine herkömmliche Nutzungsart festgestellt werden.[1282]

Wird diese historische Auslegungsweise zugrunde gelegt, ist die zweite Stufe aufgrund ihrer statischen Struktur für die heutige Zeit bereits nicht mehr anwendbar, da sie inhaltsleer geworden ist und ihre Bedeutung insofern bereits verloren hat. Ein Wegfall der zweiten Stufe kann jedoch nicht im Sinne der Auslegung sein, somit ist die historische Auslegungsweise in der heutigen Zeit nicht zu präferieren.

b) „Normale“ Auslegung

Einen anderen Ansatz verfolgt das WTO-Panel im Streitbeilegungsverfahren „United States – Section 110(5) of the US Copyright Act“.[1283]

„The main thrust of the US argumentation is that, for judging „normal exploitation“, Article 13's second condition implies an economic analysis of the degree of „market displacement“ in terms of foregone collection of remuneration by right owners caused by the free use of works due to the exemption at issue.“

1279 *Reimer/Ulmer*, GRUR Int 1967, 431.

1280 *Bornkamm*, FS Erdmann, S. 29 (34, 47).

1281 *Bornkamm*, FS Erdmann, S. 29 (34).

1282 So auch *Kleinemenke*, Fair Use im deutschen und europäischen Urheberrecht?, S. 463.

1283 WTO-Panel Report, WT/DS160/R.

Bei der Übertragung auf den Dreistufentest ist allerdings zu erwähnen, dass sich die Auslegung des WTO-Panels auf Art. 13 TRIPS bezieht. Das TRIPS verfolgt ökonomische Ziele – anders als beispielsweise die Info-Richtlinie 2001/29/EG. Das Ergebnis des WTO-Panels ist also nicht einfach eins zu eins auf jede Erscheinungsform des Dreistufentests übertragbar.

„That leaves us with the question of how to determine whether a particular use constitutes a normal exploitation of the exclusive rights provided under Articles 11bis(1)(iii) and 11(1)(ii) of the Berne Convention (1971). In academic literature, one approach that has been suggested would be to rely on the ways in which an author might reasonably be expected to exploit his work in the normal course of events."

Das WTO-Panel versucht so nah wie möglich am englischen Wort „normal" zu bleiben. Die „normale Auswertung" sei dann betroffen, wenn es sich um eine Auswertung des Werkes handele, die unter normalen Umständen auch vom Urheber selbst hätte vorgenommen werden können.[1284] Ebenso erfasst sollen aber auch solche Nutzungsformen sein, die mit einer gewissen Wahrscheinlichkeit in Zukunft beachtsame ökonomische oder praktische Bedeutung erlangen könnten.[1285] Das WTO-Panel stellt somit im Ergebnis auf eine ökonomische Betrachtung ab. Lässt man für eine „normale Auswertung" jedoch Verwertungsformen ausreichen, die irgendwann einmal ökonomische oder praktische Bedeutung erlangen, gerät die zweite Stufe bei sich immer schneller änderndem Marktumfeld und neuen technologischen Entwicklungen zu einem kaum überwindbaren Hindernis.[1286]

Ein Problem stellt sich auch bei Verwertungsmöglichkeiten mittels Digital Rights Management (DRM), sollten sich hier neue Möglichkeiten entwickeln – was zu erwarten ist. Denn alles, was dem Urheber einen potenziellen Gewinn entzieht, steht bei normativer Auslegung damit der zweiten Stufe entgegen.

Nach herrschender Meinung ist auch eine „Heilung" des Verstoßes gegen die zweite Stufe durch Zahlung einer angemessenen Vergütung (beispielsweise einer Lizenzgebühr) nicht möglich.[1287]

1284 WTO-Panel Report, WT/DS160-R. § 6.176.

1285 WTO-Panel Report, WT/DS160-R. § 6.180.

1286 So auch *Kleinemenke*, Fair Use im deutschen und europäischen Urheberrecht?, S. 467.

1287 *Reimer/Ulmer*, GRUR Int 1967, 431 (444).

Die Sichtweise des WTO-Panels bedarf somit einer Korrektur, um anwendbar zu sein.[1288] Statt einer rein ökonomischen Betrachtung sollten auch nicht ökonomische Aspekte auf der zweiten Stufe Berücksichtigung finden wie beispielsweise übergeordnete Allgemeininteressen.[1289] Auch aus teleologischen Überlegungen sollte eine Einzelfallbetrachtung vorgenommen werden, in der die widerstreitenden Interessen – insbesondere Grundrechte Dritter – berücksichtigt werden.[1290] Somit sollte im Ergebnis die Prüfung der zweiten Stufe weder zu eng noch zu weit ausfallen.

Insgesamt ist die zweite Stufe der Prüfung der „fair use"-Doktrin ähnlich. Die „fair use"-Doktrin sieht in ihrem vierten Faktor (siehe S. 142 ff.) das vor, was der Dreistufentest ebenfalls fordert.[1291] Der wirtschaftliche Wert des Originalwerkes darf nicht ungebührlich verletzt werden, der Primärmarkt des Originalwerkes soll also möglichst erhalten bleiben. Im Fall der E-Books dürfen eingescannte Werke also nicht den Markt für gedruckte Bücher ersetzen, ebenso dürfen E-Books, die bereits in elektronischer Form veröffentlicht sind, nicht einfach an anderer Stelle online zugänglich gemacht werden, sodass ungebührlich in den Primärmarkt des Vertriebs von E-Books eingegriffen wird.

3. Dritte Stufe

Auf der dritten Stufe wird geprüft, ob berechtigte Interessen des Urhebers ungebührlich verletzt werden. Das bedeutet aber auch, dass nicht jede Beeinträchtigung von Urheber- bzw. Rechteinhaberinteressen einen Verstoß gegen die dritte Stufe darstellt. Ähnlich sieht dies die „fair use"-Doktrin vor, wobei es scheint, als hätte die US-amerikanische Rechtsprechung ein etwas anderes Verständnis davon, was eine zumutbare Beeinträchtigung des Urhebers ist als die deutsche Rechtsprechung.

An dieser Stelle wird noch einmal der grundsätzliche Unterschied deutlich, inwieweit man den Urheber als Person in den Vordergrund stellt: im europäischen Recht steht der Urheber im Mittelpunkt, im US-amerikanischen Recht die Allgemeinheit.

1288 *Kleinemenke*, Fair Use im deutschen und europäischen Urheberrecht?, S. 468.

1289 *He*, IIC 2009, 274 (285).

1290 Siehe auch *Kleinemenke*, Fair Use im deutschen und europäischen Urheberrecht?, S. 471 f.

1291 *Burk/Cohen*, Harv. J.L. & Tech. 15 (2001), 42 (75); *Ullrich*, GRUR Int 2009, 283 (289).

Beide Urheberrechtssysteme haben also zwei unterschiedliche Ansätze, was dem Urheber zugemutet werden kann und inwieweit die Interessen der Allgemeinheit Vorrang haben.

Dennoch bedeutet dies nicht, dass die „fair use"-Doktrin der dritten Stufe nicht standhalten könnte.

Zumindest im United Kingdom finden aufgrund der Umsetzung der Europäischen Vorgaben[1292] „fair use" und Dreistufentest inhaltlich weitgehend Entsprechung.[1293]

Im Vordergrund der Prüfung stehen die Begriffe „berechtigtes Interesse" und „ungebührliche Verletzung", die beide bewusst wertungsoffen gehalten sind und mittels Auslegung zu einem gerechten Ausgleich zwischen den widerstreitenden Interessen führen können.[1294]

Dazu ist zunächst zu klären, was unter dem Begriff „berechtigtes Interesse" zu verstehen ist. Auch hier kann auf die Überlegungen des WTO-Panels im Streitbeilegungsverfahren „United States – Section 110(5) of the US Copyright Act"[1295] zurückgegriffen werden. Auch bei der dritten Stufe bringt das Panel insbesondere ökonomische Gesichtspunkte ein und stellt eine Möglichkeit dar, das „berechtigte Interesse" als den ökonomischen Wert der urheberrechtlichen Ausschließlichkeitsrechte zu definieren.[1296] Somit sei der Begriff der „berechtigten Interessen" mit den rechtlichen Interessen gleichzusetzen.[1297]

Der Begriff kann nach Ansicht des WTO-Panels auch anders verstanden werden, indem das Panel auf eine Entscheidung eines früheren WTO-Panels zurückgreift, das sich mit Art. 30 TRIPS beschäftigt.[1298] Übertragen auf das Urheberrecht könne der Begriff des „berechtigten Interesses" auch derart ausgelegt werden, dass untersucht wird, welche kulturellen, ökonomischen oder sozialen Überzeugungen die Einräumung von Urheberrechten rechtfertigen und somit ein „berechtigtes Interesse" begründen können.[1299]

1292 Dieses gilt zumindest für die Dauer des Verbleibs von Großbritannien in der EU.

1293 Vgl. *Ullrich*, GRUR Int 2009, 283 (289).

1294 *Kleinemenke*, Fair Use im deutschen und europäischen Urheberrecht?, S. 473 f.

1295 WTO-Panel Report, WT/DS160/R.

1296 WTO-Panel Report, WT/DS160/R § 6.227.

1297 *Kleinemenke*, Fair Use im deutschen und europäischen Urheberrecht?, S. 477; vgl. *Senftleben*, Copyright, Limitations and the Three-Step Test, S. 228, 230.

1298 WTO-Panel Report „Canada – Patent Protection of Pharmaceutical Products", WT/DS114/R.

1299 WTO-Panel Report WT/DS160/R, § 6.224; ebenso *Kleinemenke*, Fair Use im deutschen und europäischen Urheberrecht?, S. 477; so *Senftleben*, Copyright, Limitations and the Three-Step Test, S. 230 f.; *Senftleben*, GRUR Int 2004, 200 (210).

Auch wenn die Wertungsmaßstäbe teilweise unterschiedlich beurteilt werden, sind ökonomische Interessen des Urhebers jedenfalls als „berechtigtes Interesse“ anzusehen;[1300] ebenso können urheberpersönlichkeitsrechtliche Interessen des Urhebers in Betracht kommen.[1301]

Der Begriff der „ungebührlichen Verletzung“ erfordert eine Abwägung zwischen den Interessen der Urheber bzw. Rechteinhaber und denen bestimmter Nutzergruppen oder denen der Allgemeinheit.[1302] Danach ist ein Eingriff in die Ausschließlichkeitsrechte als grundsätzlich ungebührlich anzusehen, wenn die Interessen des Urhebers bzw. Rechteinhabers schwerer wiegen als die Interessen der Allgemeinheit.[1303] Verknüpft man diesen Ansatz mit dem allgemein geltenden Grundsatz der Verhältnismäßigkeit, darf eine Verletzung der Interessen des Urhebers bzw. Rechteinhabers nicht unverhältnismäßig sein.[1304]

Damit kann beispielsweise die Zahlung einer adäquaten Vergütung eine angemessene Wiederherstellung zwischen den widerstreitenden Interessen sein, da so der Eingriff für den Urheber bzw. Rechteinhaber auf ein „gebührliches“ Maß reduziert werden kann.[1305]

Betrachtet man die Entwicklung des urheberrechtlichen Dreistufentests historisch, fällt auf, dass die Vertragsparteien von RBÜ, TRIPS und WCT Schrankengeneralklauseln – insbesondere die „fair use“-Doktrin – als mit dem Dreistufentest vereinbar ansehen. Denn als Mitglieder dieser Abkommen müssen sie ihre Regelungen mit dem Dreistufentest für vereinbar halten, der mittlerweile fester Bestandteil der geschlossenen Verträge ist.

Gerade dies lässt erkennen, dass der Dreistufentest als flexibel genug erachtet wird, auf verschiedene Schrankenregelungen Anwendung zu finden, und dass er sogar einer Schrankengeneralklausel wie der „fair use“-Doktrin standhalten kann.

Im Folgeschluss kann er damit auch mit einer neu eingeführten Schrankengeneralklausel vereinbar sein.

1300 *Senftleben*, GRUR Int 2004, 200 (210).

1301 *Kleinemenke*, Fair Use im deutschen und europäischen Urheberrecht?, S. 478.

1302 Vgl. *Ginsburg*, RIDA 187, 2001, 3 (57).

1303 *Kleinemenke*, Fair Use im deutschen und europäischen Urheberrecht?, S. 479.

1304 *Kleinemenke*, Fair Use im deutschen und europäischen Urheberrecht?, S. 479; *Senftleben*, GRUR Int 2004, 200 (211).

1305 *Kleinemenke*, Fair Use im deutschen und europäischen Urheberrecht?, S. 480 f.; *Senftleben*, Copyright, Limitations and the Three-Step Test, S. 239.

4. Rechtliche Problematik einer Einführung einer Schrankengeneralklausel

a) *Stand der Harmonisierung des Urheberrechts in der EU*

Es ist wichtig zu wissen, dass Urheberrecht nicht gleich Copyright ist und der gesamte Schutz des Urheberrechts in vielen Staaten anders hergeleitet und angewendet wird als in Deutschland. E-Books werden also durchaus unterschiedlich behandelt.

Nicht nur deshalb werden immer wieder Stimmen laut, das Urheberrecht im Ganzen zu harmonisieren. Es wäre angenehmer für den Urheber, der gleich überall denselben Schutz genießen würde, hätte er weltweit dieselben Schranken; ebenso wäre es für den Nutzer deutlich einfacher zu wissen, was mit (erworbenen) Werken getan werden kann ohne gegen geltendes Recht zu verstoßen.

Patentrecht und Markenrecht sind in Bezug auf die Harmonisierung bereits deutlich weiter vorangeschritten, jedoch gibt es dieses Bestreben hier auch schon deutlich länger.

Im Weißbuch der Kommission zur Vollendung des EG-Binnenmarktes bis 1992[1306] beschäftigt man sich lediglich mit einer Harmonisierung des Softwareschutzes, da (wirtschaftliche) Interessen des Urheberrechts wohl nicht im Fokus der damaligen EG-Politik standen.[1307] Mit wachsender Verbreitung und Anwendung des Internets werden zunehmend Verstöße gegen das Urheberrecht registriert, was auch hier den Wunsch nach einer Harmonisierung steigert.

Im Urheberrecht zeigt sich mittlerweile auch, dass eine Teilharmonisierung stattgefunden hat, aber nicht einmal in Europa konnte sich bisher eine generelle Harmonisierung durchsetzen. Dennoch versucht man auch in der Weiterentwicklung des Urheberrechts aufzuholen und damit schnell voranzuschreiten.[1308] In Teilen findet bereits der Versuch einer Rechtsangleichung statt, jedoch fehlt bisher ein Ansatz einer generellen Angleichung im Urheberrecht.

Dazu gibt es grundlegende konzeptionelle Unterschiede (beispielsweise Urheberrecht und Copyright und die unterschiedlichen Interessen von künstlerisch tätigen Urhebern und der Industrie)[1309] und unterschiedliche soziale Belange,

---

1306 KOM (85) 310 endg.

1307 Dauses/*Obergfell/Hauck*, Handbuch EU-WirtschaftsR, C. III. Gewerblicher Rechtsschutz Rn. 89 ff.; *Dietz*, GRUR Int 1978, 101 (105); *Funke*, EWS 1991, 161 (164).

1308 Dauses/*Obergfell/Hauck*, Handbuch EU-WirtschaftsR, C. III. Gewerblicher Rechtsschutz Rn. 89 ff.

1309 *Dietz*, FuR (ZUM) 1984, 343 (343 ff.); *Quack/Vieregge*, GRUR 1989, 183; *Rumphorst*, FuR (ZUM) 1984, 361 (361 ff.).

die aus der besonderen Verwurzelung des Urheberrechts in der jeweils nationalen Wirtschafts- und Rechtsordnung resultieren.[1310]

Es ist deutlich einfacher, eine Marke zu definieren und abzugrenzen sowie daraus rechtliche Konsequenzen abzuleiten, als die individuelle Leistung schöpferischer Menschen zu bewerten und einen Ausgleich zwischen den Rechten einzelner und denen der Allgemeinheit anzustreben.

Eine faire Lösung für alle Beteiligten zu finden ist schwierig vor dem Hintergrund, dass jeder versucht seine Partikularinteressen zu betonen.

Mittlerweile rücken wieder die Urheber in den Vordergrund, während die ersten Harmonisierungsbemühungen die vermeintlich stärkere Industrie im Blick hatten. Doch ohne den kreativen Urheber und seinen Schutz kann es keine Industrie geben, die ihrerseits vor finanziellen Einbußen geschützt werden muss, dies geriet zunehmend in den Fokus europäischer Bemühungen. Somit gewinnen das Urheberpersönlichkeitsrecht und die Vergütung des Urhebers wieder mehr an Bedeutung.

Ende der 80er-Jahre hat man unter anderem mit dem Grünbuch versucht, die traditionelle Werkverwertung gegenüber technischen Neuerungen abzuschirmen[1311] – dass dieser Versuch bei den bis heute auf den Markt gekommenen technischen Neuerungen weitgehend fehlgeschlagen ist, liegt auf der Hand.

Die Durchsetzung des Urheberrechts ist zusätzlich erschwert, da das Urheberrecht nicht nur einen Schutzgegenstand erfasst und dadurch sehr viel heterogener ist als beispielsweise das Patentrecht oder das Markenrecht.[1312] Die Schutzgegenstände im Urheberrecht variieren sehr stark – anders als im Markenrecht oder Patentrecht, wo es hauptsächlich um Marke oder Patent geht – ebenso ist die Struktur der betroffenen Märkte oftmals sehr unterschiedlich.[1313]

Das Urheberrecht umfasst sehr vielfältige Werkkategorien, die auf unterschiedliche Weise gegen unberechtigte Nutzung geschützt werden sollen – damit ist eine Rechtsangleichung für alle denkbaren Werkarten und Nutzungswege

---

1310 Zum Scheitern der Harmonisierung des Urhebervertragsrechts siehe *Dietz*, Das primäre Urhebervertragsrecht, S. 174 ff.

1311 Grünbuch, KOM (88) 172 endg., 3.10.2.

1312 Auch hier gibt es zwar noch den Schutz der geschäftlichen Bezeichnung und geografische Herkunftsangaben, jedoch handelt es sich immer um Worte oder Bilder (auch dreidimensional) und im Patentrecht um Erfindungen; Dauses/*Obergfell/Hauck*, Handbuch EU-WirtschaftsR, C. III. Gewerblicher Rechtsschutz Rn. 89 ff.

1313 *Hummel*, Die volkswirtschaftliche Bedeutung des Urheberrechts, S. 72 ff.; Wandtke/*Wandtke*, Urheberrecht, S. 1 ff.

besonders schwierig.[1314] Ein erster Schritt – wenn auch bei Computersoftware – ist die Richtlinie über den Rechtsschutz von Computerprogrammen,[1315] die auf der urheberrechtlichen Seite die Software als Werk der Literatur schützt, Standards für die Urheberrechtsfähigkeit schafft[1316] und die Rechte der abhängig beschäftigten Urheber regelt.[1317]

Mit dem deutlich hervorgehobenen Schutz von Computerprogrammen rückt der Urheberrechtsschutz vom Individualitätsschutz jedoch ein gutes Stück zum Investitionsschutz;[1318] denn die zur Entwicklung von Computerprogrammen notwendigen finanziellen Investitionen rentieren sich in der Regel nur, wenn diese Computerprogramme auf dem Markt nicht kopiert und weitergegeben, sondern erworben werden. Der Gedanke des Investitionsschutzes tritt noch weiter in den Vordergrund bei der Richtlinie über den Rechtsschutz von Datenbanken, deren Art. 7 eine in qualitativer und quantitativer Hinsicht wesentliche Investition erfordert.[1319] Damit wird der Schutzbereich des Urheberrechts durch eine niedrigere Einstiegsschwelle erweitert[1320] und es werden sogar Datenbanken geschützt, die an sich nicht urheberrechtsfähig wären, aber mit erheblichem Aufwand erstellt wurden und somit nun ebenfalls Schutz gegen unbefugte Entnahmen bieten.

1314 Dauses/*Obergfell/Hauck*, Handbuch EU-WirtschaftsR, C. III. Gewerblicher Rechtsschutz Rn. 89 ff.

1315 Richtlinie 1991/250/EG.

1316 Vor Umsetzung der Richtlinie war die Rechtsprechung äußerst restriktiv und stellte hohe Anforderungen an die Urheberrechtsfähigkeit, vgl. dazu BGHZ 94, 276 – Inkasso-Programm.; BGHZ 112, 264 – Betriebssystem.; *Dreier*, GRUR Int 1988, 476; *Erdmann/Bornkamm*, GRUR 1991, 877; *Hoeren*, CR 1991, 463.

1317 Vgl. dazu *Busche*, MittdtPatA 2000, 164 (165 ff.); Dauses/*Obergfell/Hauck*, Handbuch EU-WirtschaftsR, C. III. Gewerblicher Rechtsschutz Rn. 90.

1318 M.w.N. auch Dauses/*Obergfell/Hauck*, Handbuch EU-WirtschaftsR, C. III. Gewerblicher Rechtsschutz Rn. 90.

1319 Richtlinie 1996/9/EG, Artikel 7; siehe auch die Begründung zum ursprünglichen Entwurf, ABl. EG 1992, C 156/4, in: KOM (92) 24 endg. – SYN 393; *Dreier*, GRUR Int 1992, 739; *Gaster*, CR 1997, 669; *Gaster*, CR 1997, 717; vgl. im Ganzen dazu *Hoebbel*, in: Lehmann (Hrsg.), Rechtsschutz und Verwertung von Computerprogrammen, S. 1015 ff.; *Leupold*, CR 1998, 234 (235 ff.); *Reichman/Samuelson*, Vand. L. Rev. 50 (1997), 51 (84 ff.); *Röttinger*, ZUM 1992, 594; *Wiebe*, CR 1996, 198; Zur informationspolitischen Dimension vgl. *Heinz*, GRUR 1996, 455.

1320 Dauses/*Obergfell/Hauck*, Handbuch EU-WirtschaftsR, C. III. Gewerblicher Rechtsschutz Rn. 90.

Wenn sich jedoch der Urheberrechtsschutz immer weiter zum Investitionsschutz entwickelt, kann das zwar vielleicht für eine Harmonisierung günstig sein, da die USA den Individualitätsschutz generell hintenanstellen, damit jedoch entfernen wir uns in Europa und gerade in Deutschland von unserem historisch entwickelten Urheberrechtsschutz, der besonders geprägt ist vom Urheberpersönlichkeitsrecht und vom Schutz des Individuellen und des Individuums selbst. Es scheint schwierig, gleichzeitig an der historisch, dogmatischen Einordnung des europäischen Urheberrechts (Droit d'Auteur) festzuhalten und auf der anderen Seite den Investitionsschutz in den Vordergrund zu stellen, da dies der Wirtschaft nutzen dürfte und die USA es ebenfalls so handhaben.

b) Harmonierungsprojekte

Die Angleichung des Urheberrechts bei audiovisuellen Medien ist bisher nur in einzelnen Punkten erfolgt, wenngleich man sich mit dem Grünbuch Fernsehen ohne Grenzen[1321] mehr erhofft hatte.[1322]

Statt einer schwer zu bewerkstelligenden einheitlichen Harmonisierung hat die Kommission einzelne Harmonisierungsprojekte ins Leben gerufen, die im Arbeitsprogramm der Kommission für das Gebiet des Urheberrechts und verwandter Schutzrechte[1323] aufgelistet sind; darunter die Notwendigkeit eines globalen Ansatzes, die Bekämpfung der Piraterie, Ton- und audiovisuelle Vervielfältigung für private Zwecke, das Verbreitungsrecht, die Erschöpfung und das Vermietrecht, der Rechtsschutz von Computerprogrammen, der Schutz von Datenbanken, die Rolle der Gemeinschaft in den bilateralen und multilateralen Außenbeziehungen, sonstige Gemeinschaftsinitiativen und Rundfunkübertragungen – Vorschläge hingen als Beilage an. Grundlage dafür ist das Grünbuch über Urheberrecht und die Herausforderungen der Technik – Urheberrechtsfragen, die unverzügliches Handeln erfordern.[1324]

Die resultierende Unübersichtlichkeit ist Nachteil all dieser einzelnen Harmonisierungsansätze, was es selbst Juristen erschwert, den Überblick nicht zu verlieren und jeweils auf dem neuesten Stand zu bleiben. Vom Durchschnittsnutzer

1321 KOM (84) 300 endg.

1322 Satellitensendungen sind beispielsweise ausschließlich dem Recht des Staates unterworfen, in dem der Sendende seinen Sitz hat, vgl. Richtlinie 93/83/EWG.

1323 KOM (90) 584 endg.

1324 KOM (88) 172 endg.; vgl. dazu die Stellungnahme der Deutschen Vereinigung für Gewerblichen Rechtsschutz und Urheberrecht *Quack/Vieregge*, GRUR 1989, 183.

kann kaum erwartet werden, bei den zahlreichen Harmonisierungsprojekten auch nur ansatzweise die Orientierung zu wahren.

Dazu kommt die Problematik, dass sich einige Harmonisierungsbestrebungen inhaltlich überschneiden und fraglich ist, welches Vorrang genießt.

Eine Rechtsangleichung, die zum Erstaunen vieler besonders breit in den Mitgliedstaaten geglückt ist, ist die Richtlinie zur Angleichung der Schutzfristen.[1325] Das Bestreben ist dabei unter anderem eine gänzliche Harmonisierung von Schutzdauer und Schutzbeginn für alle in Frage kommenden Werke und verwandten Schutzrechte;[1326] in den meisten Fällen kommt es dabei zu einer Anhebung der Schutzfristen. Dieser urheberrechtliche Aspekt löst allerdings nicht die zentralen Fragen der Urheberrechtsharmonisierung.

Bereits Anfang der 90er-Jahre wird in dieser Richtlinie schon über das ursprüngliche Ziel der Harmonisierung der Schutzdauer hinaus über Rechtfertigungsgründe für den Urheberrechtsschutz überhaupt diskutiert. Denn nur, wenn diese eine grundsätzlich gemeinsame Grundlage bilden können, kann eine einheitliche, gänzliche Harmonisierung stattfinden. In den Erwägungsgründen 10 und 11 der Richtlinie wird festgestellt, dass das Urheberrecht und die verwandten Schutzrechte die Grundlage für das geistige Schaffen bilden und nur durch den Schutz dieser Rechte die Entwicklung der Kreativität im Interesse aller Beteiligten – der Gesellschaft – von Urheber über Industrie bis Verbraucher aufrechterhalten werden kann.[1327]

Ebenso erfolgreich soll den Herausforderungen durch Digitalisierung und Vernetzung begegnet werden, um auch hier eine möglichst breite Harmonisierung in der EU zu erreichen. Dazu hat die Kommission nach dem Grünbuch zum Urheberrecht und verwandten Schutzrechten in der Informationsgesellschaft[1328] einen Vorschlag für eine Richtlinie zur Harmonisierung bestimmter Aspekte des Urheberrechts und der verwandten Schutzrechte in der Informationsgesellschaft[1329] veröffentlicht, mit der die Schutzbefugnisse gestärkt und

---

1325 Richtlinie 2006/116/EG (früher Richtlinie 1993/98/EWG); vgl. dazu *Dietz*, GRUR Int 1995, 670 (671 ff.); *Françon*, GRUR Int 1978, 109; *von Lewinski*, GRUR Int 1992, 724 (725 ff.); wenn auch kritisierend *Parrinder*, EIPR 11 (1993), 391 (391); *Ubertazzi*, GRUR Int 1999, 407 (408 ff.); siehe auch EuGH GRUR Int 1999, 868 – Butterfly.

1326 *Dietz*, GRUR Int 1995, 670 (670).

1327 Vgl. auch zum Arbeitsprogramm KOM (90) 584 endg. *Dietz*, GRUR Int 1995, 670 (671).

1328 KOM (95) 382 endg.

1329 KOM (97) 628 endg.

technische Schutzmittel entsprechend internationaler konventionsrechtlicher Vorgaben gewährleistet werden sollen. Dies scheint auch teilweise gelungen.

Die Richtlinie über bestimmte zulässige Formen der Nutzung verwaister Werke[1330] betrifft einzelne Formen der Nutzung verwaister Werke durch öffentlich zugängliche Bibliotheken, Bildungseinrichtungen und Museen, Archive, Film- und Toneinrichtungen, öffentlich-rechtliche Rundfunkanstalten mit Sitz in den Mitgliedstaaten.

Die Richtlinie 2014/26/EU über die kollektive Wahrnehmung von Urheber- und verwandten Schutzrechten und die Vergabe von Mehrgebietslizenzen für Rechte an Musikwerken für die Online-Nutzung im Binnenmarkt (Richtlinie über Verwertungsgesellschaften) betrifft die Tätigkeiten von Verwertungsgesellschaften, um sie im Binnenmarkt auf eine einheitliche Grundlage zu stellen. Allerdings geht es nicht um eine umfassende Regulierung, die Richtlinie soll vielmehr die Rechte der Mitglieder von Verwertungsgesellschaften stärken, da der Markt für eine EU-weite Musiklizenzierung für Online-Dienste immer weiter gewachsen ist. Die Richtlinie verpflichtet alle Mitgliedstaaten zu verbindlichen Standards, von denen viele in Deutschland schon seit langem gelten. Mit dem Verwertungsgesellschaftengesetz wird die Richtlinie 2014/26/EU im Jahr 2016 in Deutschland umgesetzt.

Ende 2015 legt die Europäische Kommission einen Vorschlag für eine Richtlinie über bestimmte vertragsrechtliche Aspekte der Bereitstellung digitaler Inhalte (COM(2015) 634 final) vor, um die Harmonisierung gerade im digitalen Bereich des Kaufrechts zumindest zunächst in Europa voranzutreiben. Die Vorschriften des Urheberrechts sollen jedoch unberührt bleiben. Der Vorschlag wird jedoch vom EU-Datenschutzbeauftragten kritisiert, der Nutzer könne Gefahr laufen, seine persönlichen Daten als Zahlungsmittel für Inhalte zu sehen. Am 20.05.2019 wird die Richtlinie (EU) 2019/770 über bestimmte vertragsrechtliche Aspekte der Bereitstellung digitaler Inhalte und digitaler Dienstleistungen verabschiedet.

c) Ergebnis

Eine vollständige Harmonisierung ist bislang nicht einmal annähernd erreicht, da die einzelnen Staaten historisch bedingt viele Sonderregelungen haben, die sie verständlicherweise zumeist auch beibehalten wollen. Eine vollständige Harmonisierung ist nur möglich, wenn die einzelnen Staaten einen Teil ihrer speziellen Regelungen aufgeben für ein angepasstes gemeinsames System.

1330 Richtlinie 2012/28/EU.

Was für die Rechtsanwendung erhebliche Vorteile mit sich brächte, birgt jedoch auch den Nachteil eines kulturellen Verlustes. Die Verschiedenartigkeit der einzelnen Staaten, die historisch und kulturell bedingt ist, müsste zu großen Teilen einer Vereinheitlichung weichen. Denn Rechtsnormen spiegeln zum Großteil den kulturellen und politischen Hintergrund eines Staates wieder.

Möchte man diese Vielfalt erhalten, bleibt nur die Möglichkeit, mittels Richtlinien die Staaten zur Umsetzung von Mindeststandards zu bewegen mit der Konsequenz, dass auch dem Durchschnittsnutzer die teilweise unterschiedliche Handhabung der Staaten im Urheberrecht (ebenso in anderen Rechtsgebieten) bewusst sein muss.

VI. Anwendungsmöglichkeiten der „fair use“-Doktrin – denkbare Optionen

Nachdem die Unzulänglichkeiten der bisherigen Schrankenregelung des Urheberrechts dargelegt und die Probleme aufgeführt sind, zu denen das geltende System führt, ist die Frage, wie man dieser Entwicklung der schnell voranschreitenden Technik und der zumeist deutlich zu langsam reagierenden Gesetzgebung wirksam entgegenwirken kann.

1. Abschaffung der bestehenden Schranken

Einführung einer einzigen Schrankengeneralklausel

Zunächst ist denkbar, die bestehenden (teilweise veralteten) Urheberrechtsschranken im deutschen Recht abzuschaffen und eine einzige Schrankengeneralklausel nach dem Beispiel der „fair use“-Doktrin einzuführen. Diese wäre als eine Generalklausel derart auszugestalten, dass sie für alle Fälle gelten könnte – dies dann allerdings auch müsste.

Das Problem einer Schranke nach dem Vorbild von „fair use“ ist ihre Unbestimmtheit, die das Problem vom Gesetz auf die Rechtsprechung überträgt;[1331] schließlich sind die unbestimmten Rechtsbegriffe irgendwann von der Rechtsprechung zu konkretisieren, und zwar derart, dass ihre Anwendung im Grunde immer gleichbleibt. Aufgrund der hohen Flexibilität der Schrankengeneralklausel würde das Risiko für Nutzer und Rechteinhaber für teure Prozesse steigen, wobei manche meinen, den Ausgang des Verfahrens könne man nicht einmal ansatzweise erahnen.[1332] Eine solch alleinige Schrankengeneralklausel anstelle

1331 *Schack*, ZUM 2016, 266 (270 f.).
1332 *Schack*, ZUM 2016, 266 (270).

bestehender Schrankenregelungen stellt außerdem einen Verstoß gegen das Erfordernis konkret ausgestalteter Schranken des europäischen Urheberrechts in Art. 5 Info-Richtlinie (2001/29/EG) dar[1333].[1334]

Möglich wäre es, früher anzusetzen und auf Richtlinienebene bereits die Veränderungen zu schaffen, die für eine Einführung einer Schrankengeneralklausel notwendig wären.

In Anlehnung an die „fair use"-Doktrin formuliert Kleinemenke anhand von Poeppels Vorschlag[1335] einen Entwurf für eine Neugestaltung von Art. 5 Info-Richtlinie.[1336]

Art. 5 könnte derart formuliert werden, dass Abs. 1 einen offenen Tatbestand darstellt, der von einer „redlichen Nutzung"[1337] oder rechtschaffenden bzw. fairen Nutzung spricht, aufgrund derer die urheberrechtlichen Ausschließlichkeitsrechte eingeschränkt werden können. Abs. 2 könnte dann Regelbeispiele enthalten, wann eine redliche Nutzung insbesondere gegeben ist. Diese Regeltatbestände würden das umfassen, was Art. 5 auch jetzt regelt, somit wäre die Regelung nur um einen Generalklausel-Teil ergänzt. In Abs. 3 würde die Vergütungspflicht in angemessener Weise verankert werden.

Dies ähnelt der „fair use"-Doktrin, jedoch ist die Formulierung sinnvollerweise der europäischen Tradition von Formulierungen der Schranken angepasst. Besonders die Urheberpersönlichkeitsinteressen sind hier deutlicher berücksichtigt als im US-amerikanischen Recht. Kleinemenke möchte den Begriff der Verwertung vermeiden und präferiert stattdessen den Begriff der „redlichen Nutzung", um eine Einengung auf eine wirtschaftliche Verwertung zu verhindern.[1338]

Poeppel wählt in seinem Vorschlag absichtlich nicht den Begriff der „fairen" Verwendung, um zwar eine Vergleichbarkeit mit der „fair use"-Doktrin herzustellen, jedoch Raum genug für eine eigene EU-konforme Auslegung und Interpretation zu lassen. Grundsätzlich ist an dem Begriff „fair" nichts auszusetzen, er ist der deutschen Rechtssprache jedoch eher fremd und könnte damit zu Auslegungsschwierigkeiten führen. „Fair" könnte eher als „anständig" übersetzt werden, „den Regeln des Zusammenlebens entsprechend".[1339] Um den Irrtum

---

1333 siehe S. 155 f.

1334 *Förster*, Fair Use, S. 187–210; *Schack*, ZUM 2016, 266 (270).

1335 Vgl. Poeppel, der die Formulierung am Ende jedoch wieder verwirft, *Poeppel*, Neuordnung der urheberrechtlichen Schranken, S. 491 f.

1336 *Kleinemenke*, Fair Use im deutschen und europäischen Urheberrecht?, S. 524.

1337 So *Kleinemenke*, Fair Use im deutschen und europäischen Urheberrecht?, S. 523.

1338 *Kleinemenke*, Fair Use im deutschen und europäischen Urheberrecht?, S. 525.

1339 Vgl. Duden 2017.

zu vermeiden, es handele sich um eine der „fair use"-Doktrin gleichenden Schranke, wäre es jedoch sinnvoll, auf den Begriff „fair" zu verzichten. Anhand der Regelbeispiele und der bisherigen Rechtsprechung dürfte der Begriff „redlich" oder „anständig" hinreichend klar sein.

Würde Art. 5 Info-Richtlinie (RL 2001/29/EG) in dieser oder ähnlicher Art und Weise angepasst, wäre die Formulierung ausreichend offen formuliert, um sowohl persönlichkeitsrechtliche, als auch ökonomische wie zukünftig erst auftretende Faktoren berücksichtigen zu können.

Auch wäre die Formulierung so gewählt, dass der Urheber diesen Eingriff nur hinnehmen müsste, wenn er ausreichend finanziell entschädigt würde; einen „gerechten Ausgleich" sieht auch das europäische urheberrechtliche Regelungssystem vor.[1340] Dies ist anders als im System der „fair use"-Doktrin, weshalb der Unterschied in der Formulierung der Generalklausel auch wichtig wäre, um gerade diesen Unterschied auch in der Wortwahl deutlich zu machen. Die Ergänzung der Vergütungspflicht entspricht dem europäischen System des Urheberrechts, nicht jedoch dem US-amerikanischen.

Problematisch an diesem Vorschlag ist allerdings bereits die Umsetzung der Richtlinie in nationales Recht. Keinem in der EU wäre damit geholfen, wenn jeder Mitgliedstaat seine Schranken derart anders ausgestalten würde, wie es dieser Schrankengeneralklausel-Vorschlag erlaubt. Damit wäre zwar das Problem umgangen, dass eine nationale Schrankengeneralklausel nicht mit Art. 5 Info-Richtlinie vereinbar wäre, jedoch könnte jeder Mitgliedstaat überlegen, ob er eine Generalklausel wählt oder nicht. Dies wäre für das Ziel der Harmonisierung kontraproduktiv.

Möglich bliebe allenfalls der Zwang zur gezielten Umsetzung durch klare Erwägungsgründe.[1341] Die Verbindlichkeit solcher Erwägungsgründe ist dabei zu klären, abhängig davon, ob letztlich eine Mindest- oder eine Vollharmonisierung der Schrankenregelungen in der Europäischen Union beabsichtigt wird.

Bei der Auslegung von Richtlinien hat sich der Gesetzgeber am Wortlaut und am Zweck der jeweiligen Regelung zu orientieren und dabei auch den systematischen Zusammenhang zu beachten.[1342] Zu dieser Auslegung sind auch die Erwägungsgründe heranzuziehen, die den Inhalt des Gemeinschaftsaktes

1340 Vgl. EuGH, C-467/08, Slg. 2010, I-10055 (LS) – Padawan; EuGH, C-271/10, Slg. 2011, I-05815 – VEWA; EuGH GRUR 2012, 489 – Luksan.

1341 Ähnlich der UGP-Richtlinie (2005/29/EG), die durch die Erwägungsgründe (insb. Erwägungsgrund 13) bindend formuliert ist.

1342 EuGH, C-549/07, Slg. I 2008, 11061 (Rn. 17).

präzisieren können,[1343] wobei dabei bereits die Auslegungsschwierigkeit besteht, dass alle Sprachfassungen (über 20) gleichrangig zu berücksichtigen sind.[1344] Die Erwägungsgründe sind insofern nicht zwingend bindend, jedoch erlauben sie es nicht, von den Regelungen des Rechtsakts abzuweichen.[1345]

Der Vorschlag von Poeppel bezieht sich jedoch grundsätzlich auf die Schranke für Unterricht und Forschung.

Problematisch an einer allgemeinen Schrankengeneralklausel ist, dass diese Schrankengeneralklausel letztendlich für alle Fälle gelten müsste – sowohl für Vervielfältigungshandlungen (§ 44a und § 53 UrhG), Zitate (§ 51 UrhG) als auch für die öffentliche Zugänglichmachung, Vervielfältigung und Verbreitung für Unterricht und wissenschaftliche Forschung (§§ 60a, 60c UrhG) etc.

Natürlich sind sich alle Schranken insoweit ähnlich, als sie die urheberrechtlichen Verwertungsrechte betreffen, jedoch müsste diese Schranke noch offener gestaltet werden als im oben genannten Vorschlag, damit alle bisherigen Schranken darunter fallen könnten plus eventuell weitere neue Tatbestände.

Damit müsste die Schranke so offen gestaltet sein, dass schlussendlich doch die Rechtssicherheit für den Rechtsanwender nicht mehr gegeben sein dürfte. Hier allein auf die bereits ergangene Rechtsprechung zu verweisen, dürfte zu kurz greifen, besonders da der Nutzer die einzelnen Schrankenbestimmungen in einer großen Generalklausel zunächst wohl nicht mehr wiederfinden wird.

Bei einer alleinigen Schrankengeneralklausel wäre die Rechtsunsicherheit zu groß, da die Formulierung (bewusst) weit gewählt ist und die Rechtsbegriffe in großen Teilen unbestimmt sind; ebenso wäre die Umsetzung in der EU wohl nicht praktisch durchsetzbar. Ebenfalls darf nicht unberücksichtigt bleiben, dass die europäische Rechtsprechung – vornehmlich der EuGH – nicht wie US-amerikanische Gerichte daran gewöhnt ist, Grundsatzentscheidungen derart auszugestalten, dass dadurch Rechtssicherheit entsteht. Allein durch das Verfahren der Vorabentscheidungen auf europäischer Ebene kommt es durch Art. 267 AEUV nur in relativ wenigen Fällen zu einer höchstrichterlichen Entscheidung.[1346] Somit haben es eher die nationalen Gerichte mit ihren Vorlagefragen

1343 EuGH, C-344/04, Slg. I 2006, 443 (Rn. 76); EuGH, C-549/07, Slg. I 2008, 11061 (Rn. 17).

1344 *Köhler*, BGB Allgemeiner Teil, § 3 Rn. 40.

1345 EuGH, C-162/97, Slg. I 1998, 7477 (Rn. 54); EuGH, C-344/04, Slg. I 2006, 443 (Rn. 76).

1346 *Kleinemenke*, Fair Use im deutschen und europäischen Urheberrecht?, S. 537; *Leistner*, IIC 2011, 417 (437).

in der Hand, zu welchen Fragestellungen der EuGH Stellung nimmt.[1347] Dies ist jedoch nicht Kernelement der Auslegung einer Schrankengeneralklausel. Insofern ergibt sich bei der Rechtsprechung an dieser Stelle ein Unterschied zur Entscheidungspraxis des US-amerikanischen Rechts. Bis die Schrankengeneralklausel EU-weit genug mit Fallrecht gefüllt wäre, würde es sicher einige Zeit dauern, in der Nutzer und Rechtsanwender nicht die Rechtssicherheit hätten, die gewünscht und die auch erforderlich ist.

Die Einführung einer zusätzlichen Schrankengeneralklausel als Auffangtatbestand böte jedoch die Möglichkeit, flexibel auf neue Nutzungshandlungen zu reagieren, und böte Zeit, die auf EU-Ebene notwendig ist, unbestimmte Rechtsbegriffe mit Leben zu füllen und speziell zu diesem Auffangtatbestand ein solides Fallrecht zu entwickeln.

Damit wäre der Vorschlag, die bestehenden festen Schranken des deutschen Urheberrechts abzuschaffen und durch eine flexible, allgemeine Schrankengeneralklausel zu ersetzen,[1348] nach geltendem europäischen Recht schwer vorstellbar. Besonders eine Fassung, die für alle Mitgliedstaaten verbindlich sein müsste und die in Einklang mit dem deutschen Verfassungsrecht steht, ist in absehbarer Zeit in Deutschland bzw. Europa wohl kaum zu erreichen.

2. Einführung einer Generalklausel nur für Bildung, Wissenschaft und Kultur

Weiter gibt es die Möglichkeit, eine Generalklausel ähnlich wie §§ 60a, 60c UrhG auszugestalten und es allein öffentlichen Einrichtungen, denen Aufgaben in Bildung, Wissenschaft und Kultur übertragen sind, zu ermöglichen, urheberrechtlich geschützte Werke frei zu nutzen. Allerdings wäre dann die öffentliche Hand derart privilegiert, dass eine solch einseitige Generalklausel wohl nicht verfassungsgemäß sein dürfte.

3. Verabschiedung des Urheberrechts-Wissensgesellschafts-Gesetz (UrhWissG)

Dass die bestehenden Schranken – gerade für Wissenschaft und Forschung – zu komplex, im Gesetz zu verstreut sind und nicht mehr den heutigen Anforderungen an die Wissenschaft im digitalen Zeitalter entsprechen, hat auch der

1347 *Metzger*, GRUR 2012, 118 (119).
1348 *Kleinemenke*, ZGE/IPJ Volume 5, 2013, 103 (112).

Gesetzgeber erkannt und am 30.06.2017 das UrhWissG verabschiedet, das am 01.03.2018 in Kraft trat.

Als grundlegende Änderungen fielen §§ 52a,[1349] 52b[1350] UrhG weg, dafür wurden §§ 60a-h UrhG eingefügt, die sich mit gesetzlich erlaubten Nutzungen für Unterricht, Wissenschaft und Institutionen beschäftigen.

Leider wird als Begründung angeführt, die Rechtsbegriffe seien in den bisherigen Regelungen zu unbestimmt und müssten deutlich klarer formuliert sein. Dem ist zwar grundsätzlich zuzustimmen, doch birgt eine sehr enge Formulierung gerade wieder die Problematik, dass das Gesetz zwar momentan gut Anwendung findet und für viele Fälle aktuell gut eingreifen kann, auf neue Nutzungshandlungen aber auch wieder nur – wenn überhaupt – schwerfällig reagieren kann.

Dennoch ist eine Neuregelung der Wissenschaftsschranke notwendig, gerade was die Unsicherheit der Menge bzw. Anzahl und auch die Art und Weise der Ausgestaltung der Zugriffsmöglichkeit der Materialen betrifft, die Schülern oder Studierenden online zur Verfügung gestellt werden dürfen. Soll eine ausreichende Bildung, Wissenschaft und Forschung gewährleistet sein, muss zumindest der gebildete Mensch erkennen können, welche Materialen er wie den Schülern/Studierenden/etc. zur Verfügung stellen darf, ohne sich der Gefahr auszusetzen, fahrlässig eine Urheberrechtsverletzung zu begehen.

Begrüßenswert ist die Regelung der angemessenen Vergütung der Urheber, die Ausgestaltung kann jedoch als verbesserungswürdig kritisiert werden.

In den Fokus des UrhWissG – und damit in §§ 60a, 60c UrhG – sind Universitäten und Bibliotheken gerückt, um das wissenschaftliche Arbeiten zu erleichtern. Lehrpersonal an Universitäten darf nun bis zu 15% eines Werkes für Zwecke von Forschung und Lehre nutzen (und für den Kreis der Studierenden online stellen), ohne eine Erlaubnis des Urhebers einholen oder vertragliche Lizenzgebühren zahlen zu müssen.[1351]

1349 Öffentliche Zugänglichmachung für Unterricht und Forschung.

1350 Wiedergabe von Werken an elektronischen Leseplätzen in öffentlichen Bibliotheken, Museen und Archiven.

1351 Dies ist grundsätzlich jedoch keine Neuheit, der BGH hatte im Urteil „Meilensteine der Psychologie" bereits entschieden, dass von einem Sprachwerk höchstens 12% des gesamten Werkes und nicht mehr als 100 Seiten zur Veranschaulichung an einer Hochschule öffentlich zugänglich gemacht werden dürfen; neu ist jedoch die Lizenzfreiheit: bisher musste die Universität auf eine vorhandene Lizenz von den Verlagen zurückgreifen und durfte Teile des Werkes ansonsten nur online stellen, wenn es ein solches Lizenzangebot nicht gab; siehe insgesamt BGH GRUR 2014, 549 – Meilensteine der Psychologie.

Problematisch erscheint jedoch bereits der Begründungsansatz. Dem europäischen Grundsatz nach muss der Urheber einen gerechten Ausgleich erhalten. Im UrhWissG ist jedoch eine Pauschalzahlung der Universitäten und Bibliotheken an den Urheber bzw. die Verwertungsgesellschaft VG-Wort verankert. Auch wenn dies für Universitäten und Bibliotheken eine praktikable Lösung verspricht, werden nun so alle urheberrechtlich geschützten Werke gleichbehandelt, was im Gegensatz zum eigentlich persönlichkeitsrechtlichen Kern des Urheberrechts in Deutschland steht, der die Individualität des Urhebers grundsätzlich in den Vordergrund stellt.

Die Pauschale dürfte dem Wert des genutzten Werkes nicht entsprechen, da diese von Universitäten und Verwertungsgesellschaften ausgehandelt werden kann.

Trotz der Kritik muss berücksichtigt werden, dass Schüler und Studierende insgesamt nur einen kleinen Teil aller Nutzer ausmachen. Handelt es sich jedoch um ein urheberrechtlich geschütztes Lehrbuch, dessen Leserkreis fast ausschließlich aus Studierenden besteht, werden für den Urheber sicherlich Einbußen entstehen.

Dennoch besteht an Bildung, Wissenschaft und Forschung ein derart wichtiges Allgemeininteresse, dass es vertretbar scheint, die Rechte des Urhebers hier einzuschränken. Ob diese Einschränkung 15% des gesamten Werkumfangs umfassen muss, ist allerdings fraglich.

Gerade aufgrund dieser Bedenken ist das Gesetz gem. § 142 UrhG zunächst bis Ende Februar 2023 befristet, es soll nach vier Jahren durch die Bundesregierung evaluiert werden. Somit ist zumindest gewährleistet, dass das Gesetz nicht einfach eingeführt wird und ohne Nachprüfung die nächsten Jahrzehnte bestehen bleibt, auch wenn es eventuell an den Bedürfnissen vorbeigeht, es besteht vielmehr die Möglichkeit, auftretende Probleme aufzuspüren und auch anzugehen.

Der Ansatz, unbestimmte Rechtsbegriffe abzuschaffen und die Schranke für Bildung, Wissenschaft und Forschung insgesamt rechtssicherer zu gestalten, scheint sinnvoll. Mit Prozentangaben versucht der Gesetzgeber, auch in Zukunft aktuell und flexibel zu bleiben. Denn Seitenangaben, wie vom BGH seinerzeit vorgeschlagen,[1352] sind im digitalen Zeitalter der Internetveröffentlichung veraltet und nicht mehr praktikabel.

Dennoch wird auch diese neu eingeführte Schranke aufgrund ihrer detaillierten Formulierung Probleme bereiten. Jetzt mag der Wortlaut klar sein und

1352 BGH GRUR 2014, 549 – Meilensteine der Psychologie.

auf die jetzige Situation angepasst, jedoch droht auch hier bei neuen Nutzungs- oder Werkarten das Problem der engen Formulierung, die bei der Auslegung im Ergebnis zu wenig Flexibilität zulässt.

Einer komplexer werdenden Realität kann man nicht dadurch ausreichend Rechnung tragen, dass künftige Vorschriften immer zahlreicher und komplizierter werden – wie es manchmal im deutschen Urheberrecht vorzukommen scheint.

Enge Formulierungen versprechen auf der einen Seite Rechtssicherheit, auf der anderen Seite laufen zu eng formulierte Vorschriften Gefahr, relativ schnell nicht mehr aktuell zu sein. Eine durch die Rechtsprechung „gebogene" Auslegung ist dann letztendlich auch nicht rechtssicherer als eine offenere Formulierung, die von vornherein durch Gesetzesmaterialien und die Rechtsprechung konkretisiert wird.

4. Flexiblere Ausgestaltung bestehender Schranken

Eine weitere Möglichkeit ist es, bestehende Schranken flexibler auszugestalten (sog. „kleine Lösung"[1353]) und einzelne Schrankentatbestände zunächst vorsichtig und auch nur teilweise zu öffnen und unbestimmte Rechtsbegriffe, weit gefasste Formulierungen oder Regelbeispiele einzuführen.

Ein Beispiel, wie dies gelingen kann, ist § 51 UrhG a.F. (bis 2007). Die Vorschrift der Zitatschranke war derart eng gefasst, dass außerhalb der drei Zitatkategorien Großzitat, Kleinzitat und Musikzitat nur sehr wenig Interpretationsraum bestand und die Schranke damit wenig flexibel und sehr eng ausgelegt war. Auch die Rechtsprechung sah das Problem der neuen technologischen Entwicklungen und hat mit den Urteilen „Filmzitat"[1354] und „Germania 3"[1355] des Bundesverfassungsgerichts die Schranke der Zitierfreiheit im Rahmen der gesetzlichen Möglichkeiten leicht geöffnet.[1356]

Somit sah sich § 51 UrhG a.F. insgesamt berechtigter Kritik ausgesetzt.[1357]

Dieser Kritik hat sich der Gesetzgeber angenommen und § 51 UrhG im Zuge des „zweiten Korbes" der Urheberrechtsreform geändert. Die Vorschrift enthält

1353 *Förster*, Fair Use, S. 216 f.

1354 BGHZ 99, 162 – Filmzitat.

1355 BVerfG GRUR 2001, 149 – Germania 3.

1356 § 51 Nr. 2 UrhG a.F. wurde auf Filmwerke entsprechend angewendet, BGHZ 99, 162 – Filmzitat; BVerfG GRUR 2001, 149 – Germania 3.

1357 *Löffler*, NJW 1980, 201 (202 f.); *Ulmer*, Urheber- und Verlagsrecht, S. 314.

nun flexiblere Elemente, um auch auf technische Neuerungen reagieren zu können.

Der deutsche Gesetzgeber hat hier im Grunde mit § 51 S. 1 UrhG eine kleine Generalklausel[1358] eingeführt. Satz 2 enthält dann ergänzende Regelbeispiele, die im Wesentlichen die Zitatkategorien widerspiegeln, die die Rechtsprechung zuvor entwickelt hatte.

Diese Vorgehensweise ist übertragbar auf die anderen Urheberrechtsschranken und könnte dazu genutzt werden, die Schrankenregelungen nach und nach zu überarbeiten und zumindest ein kleines Stück offener zu gestalten.

Als Anhaltspunkt kann und sollte auch hier die bereits ergangene Rechtsprechung berücksichtigt werden, somit wird dem Nutzer auch bei (kleinen) Generalklauseln genügend Rechtssicherheit geboten, sodass er sich im Vorfeld ein Bild davon machen kann, welche Nutzungshandlungen erlaubt sind und welche nicht.

Möglich ist es ebenfalls, den bestehenden Schrankenkatalog durch einen neuen zu ersetzen.[1359] Gelingt es nicht, die bestehenden Schranken flexibler zu gestalten und schrittweise zu öffnen, um besonders neue Nutzungsformen mit zu erfassen, ist es denkbar, die alten Schranken abzuschaffen. Dies muss keine gesamte Abschaffung der alten Schranken bedeuten, aber zumindest eine klar durchdachte Neuformulierung beinhalten.

Dieses Vorhaben ist jedoch eines, das mit Sicherheit sehr lange Vorlaufzeit benötigen würde. Eine komplette Neuregelung der Schranken ist ein Deutschland wohl kaum zu erwarten, da der Gesetzgeber traditionell an grundsätzlich sehr durchdachten Regelungen festhält und sich gern auf gut Bewährtes verlässt.

Ebenso hätten auch die Neuregelungen das Problem, entweder so eng formuliert zu sein, dass die Problematik des Reagierens auf technische Neuerungen erneut vorprogrammiert ist; oder die Schranken werden weiter formuliert, sodass sie auf Veränderungen reagieren können – dann jedoch scheint die Möglichkeit, die bestehenden Schranken zu öffnen, ebenso effizient zu sein.

5. Einführung einer Schrankengeneralklausel als Auffangtatbestand

Eine Schrankengeneralklausel als Auffangtatbestand, der für neuartige Nutzungshandlungen gilt, könnte eine denkbare Lösung sein.

1358 *Förster*, Fair Use, S. 218.

1359 *Bauer*, in: Große Ruse-Khan/Klass/v. Lewinski (Hrsg.), Nutzergenerierte Inhalte als Gegenstand des Privatrechts, S. 1 (38); *Kleinemenke*, Fair Use im deutschen und europäischen Urheberrecht?, S. 523.

Die vergleichbare US-Praxis der „fair use“-Doktrin mit weniger vorhersehbaren Gerichtsentscheidungen als in Deutschland mit dessen engen Schrankenkatalog lässt sich allerdings auf das dogmatisch anders ausgerichtete europäische Urheberrecht kaum übertragen und ist aufgrund der engen Vorgaben der Info-Richtlinie aktuell damit inkompatibel. Die Ausgestaltung des US-amerikanischen Copyright betont ökonomische Gesichtspunkte und sieht das Urheberrecht primär auf wirtschaftliche Verwertung ausgerichtet, Deutschland folgt dem Droit d'Auteur-Prinzip mit Hervorhebung des Schutzes des Urhebers mit seinem Werk.[1360]

Unter der Fragestellung, inwieweit eine Harmonisierung der Anwendung von Urheberrechtsschranken in der westlichen Welt anzustreben ist oder erreichbar sein kann, sollen dennoch Probleme einer solchen Schrankengeneralklausel diskutiert werden.

a) *Problem der Rechtssicherheit*

Das Argument mangelnder Rechtssicherheit lässt sich mit dem Hinweis entkräften, dass eine Schrankengeneralklausel als Auffangtatbestand einer Tradition von Gerichtsentscheidungen folgen würde.

In den USA werden nur selten völlig überraschende Urteile unter Anwendung von „fair use“ gefällt,[1361] da sich bereits über einen langen Anwendungszeitraum ein Grundkonsens über Bedeutung und Reichweite entwickelt hat.

Dadurch sind bereits genügend Kriterien, Regeln und Prinzipien zur angemessenen Auslegung der „fair use“-Doktrin entwickelt worden.[1362]

Somit mag die „fair use“-Schranke zwar sehr weit gefasst und in ihrem Wortlaut nicht genau bestimmte Einzelfälle erfassen, dem Nutzer und Rechtsanwender bietet sie dennoch genügend Rechtssicherheit anhand der bisherigen Rechtsprechung.[1363]

1360 *Peukert*, GRUR Int 2002, 1012 (1012 f.).

1361 *Beebe*, U. Pa. L. Rev. 156 (2008), 549 (621 f.); *Griffiths*, JIPITEC 2010, 87 (92); *Leistner*, IIC 2011, 417 (436); *Netanel*, Lewis & Clark L. Rev. 15 (2010), 715 (768 ff.); *Sag*, Ohio St. L.J. 73 (2012), 47 (72 ff.); *Samuelson*, Fordham L. Rev. 77 (2009), 2537 (2540 f., 2621); *Senftleben*, AMI 2009, 1 (2).

1362 *Kleinemenke*, ZGE/IPJ Volume 5, 2013, 103 (114).

1363 Im US-amerikanischen Recht ist häufig eine Art Zusammen- und Gegenspiel verschiedener Bezirksgerichte zu erkennen (sog. „signaling system“ bzw. „circuit splits“), dazu *Kelly v. Arriba Soft Corp.*, 336 F.3d 811 (9th Cir. 2003); *Video Pipeline, Inc. v. Buena Vista Home Entertainment, Inc.*, 342 F.3d 191 (3d Cir. 2003); *Pasquale*, Vand. L. Rev. 60 (2007), 135 (182 ff.). Diese sind oft gegenläufiger Ansicht und deren Gegenansichten sollen letztendlich durch den Supreme Court (Oberster Gerichtshof

Beim deutschen Schrankenkatalog stößt Rechtssicherheit dort an ihre Grenzen, wo der technische Fortschritt schneller ist als der Gesetzgeber[1364] – und das dürfte bei vielen technischen Neuerungen der Fall sein. Spätestens wenn eine neue Nutzungsart auftritt und der Gesetzgeber diese noch nicht berücksichtigt oder in den Gesetzestext aufgenommen hat, besteht für den Nutzer ohnehin keine Rechtssicherheit, unabhängig davon, wie eng die bisherigen Schranken ausgestaltet sind. Für die Judikative wäre es zumeist von Vorteil und für den Nutzer vorhersehbarer, könnte die Gerichtsbarkeit flexibel auf solche neuen Nutzungshandlungen reagieren.

Bei einer Schrankengeneralklausel als Auffangtatbestand dürften sich in Deutschland – ähnlich wie in den USA – in Rechtsprechung und Literatur Regelmäßigkeiten zur Auslegung der Schranken erkennen lassen und sich damit wieder mehr Rechtssicherheit etablieren.

Was ursprünglich Zweck des engen deutschen Schrankenkatalogs war, dass Rechteinhaber und Nutzer aus dem Urheberrechtsgesetz ihre Rechte und Pflichten herauslesen können, erfüllen das europäische und das deutsche Recht mit komplizierten, eigentlich unzulässigen Analogien, im Ausnahmefall doch weiten Auslegungen der Schrankenregelung und anderen eher fragwürdigen Auslegungsmethoden nach Einschätzung vieler bereits jetzt nicht mehr.[1365]

Wenn die bestehenden Schrankenregelungen mit der (technischen) Realität nicht mehr mithalten können und insgesamt mit der Zeit am problematischen Nutzungsverhalten vorbeigehen, verlagert sich die Entscheidungskompetenz – wie beispielsweise mit neuen Nutzungshandlungen umgegangen werden soll – letztendlich auf die Rechtsprechung, die die engen Schranken derart auszulegen hat, dass die Anwendung auf die jeweiligen neuen Nutzungshandlungen passt. Neue Nutzungshandlungen wird man nicht generell verbieten können.

Ein Ausweg aus diesem Dilemma könnte die verstärkte Nutzung des Dreistufentests durch den jeweiligen Richter sein.

---

der USA) überprüft werden. *Kleinemenke*, ZGE/IPJ Volume 5, 2013, 103 (114). Dies ist in den USA ein bewährtes System, um verschiedene Auslegungsmöglichkeiten auszuloten und letztendlich die „beste" vom Supreme Court auswählen zu lassen, damit sich anschließend die Gerichte daran orientieren können. Auch hieran zeigt sich die gewisse Vorhersehbarkeit der „fair use"-Doktrin.

1364 So auch *Kleinemenke*, ZGE/IPJ Volume 5, 2013, 103 (114).

1365 *Kleinemenke*, ZGE/IPJ Volume 5, 2013, 103 (115); *Schack*, ZGE/IPJ 2009, 275 (280).

Ansonsten geschieht gerade das, was in Deutschland nicht erwünscht ist: bei neuen Nutzungsformen hat das deutsche Urheberrecht sich dem eigentlich US-amerikanisch geprägten „Case Law"[1366] angenähert.[1367]

Enge Schranken, die eigentlich Rechtssicherheit versprechen sollen, kehren sich um in quasi unberechenbare Schranken, wenn es um neue Nutzungshandlungen geht. Dass diese nicht vorhersehbar sind, sieht man beispielsweise daran, dass man früher nicht glaubte, dass sich der Computer durchsetzen (heute sogar im Privaten schon beinahe wieder verdrängt durch Laptops und Tablets) und fast in jedem deutschen Haushalt stehen würde.[1368] Ebenso haben es Spezialisten nicht für möglich gehalten, dass sich das Internet derart durchsetzen würde, dass ein Großteil der Bürger heutzutage mindestens einmal am Tag mit dem Internet verbunden ist und/oder damit arbeitet.

Wie man auch daran erkennen kann, lassen sich neue Nutzungshandlungen nicht (zuverlässig) prognostizieren, sodass eng formulierte Schrankenregelungen kaum rechtssicher darauf anwendbar sein können.

Entweder also hält man an den alten engen Schranken fest und stellt die Richter vor Auslegungsprobleme ohne Analogiefähigkeit und den Nutzer vor Rechtsunsicherheit, während der Gesetzgeber erst später versucht, die Schranke den neuen Gegebenheiten entsprechend umzuändern – und damit im Zweifel noch komplizierter und undurchsichtiger zu gestalten, was im Ergebnis einen Gesetzeswortlaut mit Schrankenbestimmungen bedeutet, der letztendlich immer veraltet sein muss, oder man versucht sich an einer grundsätzlichen Umgestaltung, was die Struktur der urheberrechtlichen Schrankenregelungen betrifft.

Als Alternative könnte sich die Rechtsprechung vermehrt auf den im europäischen Recht bereits fest verankerten Dreistufentest stützten, ohne dabei Analogien nutzen zu müssen, und so besser auf technische Neuerungen reagieren.

Eine durchdachte – zusätzlich zu den bestehenden – neu eingeführte Schrankengeneralklausel könnte nach entsprechender Änderung der Info-Richtlinie ebenfalls Rechtssicherheit versprechen.

Gerade bei der Anwendung einer Schrankengeneralklausel auf neue Sachverhalte bzw. neue Nutzungshandlungen wird immer ein gewisses Maß an Rechtsunsicherheit bleiben. Dies liegt in der Natur der Sache der Generalklausel.

1366 Primäre Rechtsquelle sind im „Case Law" nicht eng auszulegende Gesetze, sondern vielmehr richterliche Entscheidungen.

1367 *Kleinemenke*, ZGE/IPJ Volume 5, 2013, 103 (116).

1368 Beispielsweise dachte so Ken Olsen im Jahr 1977, Gründer des Computerbauers Digital Equipment Corporation (DEC): „There is no reason for any individual to have a computer in his home." *Schein, u. a.*, DEC Is Dead, Long Live DEC, S. 30.

Schaut man sich im Vergleich die „fair use“-Schranke an, werden von dieser (fast) alle Nutzungsarten umfasst, die dann einen solchen Nutzen für die Allgemeinheit haben können, dass sie als „fair use“ eingestuft werden. Der Ausgang eines möglichen Verfahrens ist daher nicht ausreichend sicher im Vorfeld zu ermitteln.[1369] Allerdings ist auch im deutschen Urheberrecht der Ausgang eines Verfahrens nicht sicher vorher zu bestimmen. Es bräuchte bei einer solchen Klarheit eigentlich kaum mehr ein Verfahren – dennoch kann der BGH trotz enger Schranken noch überraschen, siehe die Entscheidung zu „Thumbnails“.[1370]

Patry[1371] und Posner[1372] argumentieren, die Flexibilität der Gerichte bei der Anwendung der „fair use“-Doktrin sei ein entscheidender Vorteil, da die Auslegung der Generalklausel den Gerichten überlassen sei und nicht dem Gesetzgeber (was engere Schranken bedeuten würde). Gerichte seien nicht im gleichen Maße der Lobbyierung bestimmter Interessengruppen ausgesetzt und könnten damit freier und objektiver entscheiden; bei der Gesetzgebung könnten Unternehmen wie beispielsweise Google mit der Buchsuche große kommerzielle Interessen verfolgen und auf entsprechende Gesetzgebungsverfahren Einfluss nehmen, was wiederum zu wenig sachgerechten Ergebnissen führen würde.[1373]

Der Einfluss der Lobbyisten in den USA dürfte wohl größer sein als der in Deutschland, hier dürfte dieses Problem in diesem Maße wohl nicht bestehen. Andererseits sind auch in Deutschland Ansätze lobbyistischer Einflussnahmen erkennbar, beispielsweise die Diskussion über das Leistungsschutzrecht für Verleger.[1374] Wirklich vergleichbar mit einer Einflussnahme im US-amerikanischen Gesetzgebungsverfahren ist dies jedoch nicht.[1375]

Kleinemenke sieht die grundlegende Ablehnung von Generalklauseln – gerade im Urheberrecht – als europäisches Problem.[1376] Umso erstaunlicher ist es, dass

---

1369 *Kleinemenke*, ZGE/IPJ Volume 5, 2013, 103 (117).

1370 BGHZ 185, 291 – Vorschaubilder I; BGH GRUR 2012, 602 – Vorschaubilder II.

1371 William F. Patry, US-amerikanischer Anwalt, spezialisiert auf „Copyright Law“.

1372 Richard Allen Posner, Richter am US-Bundesberufungsgericht.

1373 *Brannon*, J. Intell. Prop. L. 14 (2006), 145 (170); *Posner/Patry*, Cal. L. Rev. 92 (2004), 1639 (1645).

1374 Detailliert dazu *Frey*, MMR 2010, 291 ff.; *Nolte*, ZGE/IPJ 2010, 165 ff.; *Ohly*, WRP 2012, 41 ff., siehe auch http://leistungsschutzrecht.info (zuletzt aufgerufen am 21.05.2020).

1375 So auch *Kleinemenke*, ZGE/IPJ Volume 5, 2013, 103 (119).

1376 Schrankengeneralklauseln ähnlich der „fair use“-Doktrin wurden beispielsweise eingeführt in Israel, *Afori*, EIPR 2008, 85 (85 ff.); und Singapur *NG-Loy*, IPQ 2009, 162 (173 ff.); in Japan wurde länger über eine Einführung einer „fair use“-Schranke diskutiert, diese konnte sich jedoch nicht in der US-amerikanischen Form

es in anderen deutschen Rechtsgebieten durchaus vorkommt, Generalklauseln einzuführen, ohne einen jahrelangen Meinungsstreit aufzuwerfen – siehe beispielsweise im Lauterkeitsrecht § 3 Abs. 1 UWG, der eine weite Generalklausel darstellt.[1377] Die frühere Generalklausel des § 1 UWG a.F. wurde im Zuge der Umsetzung der UGP-Richtlinie 2005/29/EG in § 3 Abs. 1 UWG überführt und ist Ausdruck der Richtlinie. Somit handelt es sich hier zwar um eine Generalklausel, diese ist jedoch nach europäischen Vorgaben vorgesehen. Die Vorgaben in der Info-Richtlinie sind anders, da diese eine Schrankengeneralklausel gerade nicht zulassen.

Generell ist das deutsche Recht mit Generalklauseln zurückhaltend, dies entspricht der Tradition, die Gesetze möglichst derart klar auszugestalten, dass zu viele Ungenauigkeiten vermieden werden sollen. Jedoch sind dem deutschen Recht Generalklauseln insgesamt keineswegs fremd, siehe § 242 BGB (Treu und Glauben), § 157 BGB, § 826 BGB (Sittenwidrigkeit), ebenso die polizei- und ordnungsrechtlichen Generalklauseln § 8 PolG NRW und § 14 OBG NRW[1378]. Auch diese Generalklauseln stehen nicht im „rechtsunsicheren“ Raum, sondern sind durch jahrelange Rechtsprechung gefestigt und somit für Nutzer und Rechtsanwender durchaus vorhersehbar, obwohl es sich um Generalklauseln handelt.

Im Urheberrecht geht es mit den Schrankenregelungen darum, die Ausschließlichkeitsrechte des Urhebers in den Fällen ausnahmsweise einzuschränken, in denen der Gesetzgeber einen triftigen Grund dafür sieht. Zum einen, um auch die Nutzerinteressen zu würdigen, zum anderen um Interessen der Allgemeinheit zu wahren, beispielsweise die Ausnahmen für Schule und Wissenschaft. Dies folgt unter anderem daraus, dass der Urheber seine Ausschließlichkeitsrechte nur dann sinnvoll einsetzen kann, wenn es überhaupt ein Publikum für sein Werk gibt. Insofern sind die Schranken „integraler Bestandteil“ des urheberrechtlichen Ausschließlichkeitsrechts.[1379]

---

durchsetzen – jedoch gibt es Nutzungshandlungen, die man in Japan als „fair“ betiteln kann und die ähnlich behandelt werden wie Nutzungshandlungen, die im US-amerikanischen Copyright Law unter „fair use“ fallen – eine ähnliche Diskussion gibt es in Korea, siehe *Chang*, Do Japan and Korea need Fair use?, S. 6 ff.

1377 Auch § 1 a.F. UWG enthielt eine sehr weite Formulierung, zu der sich im Laufe der Zeit Fallgruppen entwickelt haben; der Gesetzgeber hat § 3 UWG etwas weniger weit als § 1 a.F. UGW gefasst und mit §§ 4 – 6 UWG Regeltatbestände eingeführt; *Kleinemenke*, ZGE/IPJ Volume 5, 2013, 103 (119).

1378 Diese waren bereits im Preußischen Allgemeinen Landrecht (ARL) in § 10 II 17 ARL ebenso weit angelegt.

1379 *Dreier*, GRUR Int 2015, 648 (650 f.); *Schack*, ZUM 2016, 266 (268).

Dieser Ansatz gilt jedoch nicht nur für das Urheberrecht, sondern für alle Rechte, die aufgrund widerstreitender Interessen eingegrenzt werden. Somit sind die urheberrechtlichen Schrankenregelungen keine derartige Ausnahme, die die Einführung einer Schrankengeneralklausel von vornherein verhindern würde.

Insgesamt kann festgehalten werden, dass sowohl der enge Schrankenkatalog (der nicht für neue Sachverhalte und neue Nutzungsformen ausgelegt ist) als auch die Schrankengeneralklausel (die zwar gerade für solche Umstände konzipiert ist, allerdings nicht immer mit vorangegangenen Beispielfällen dienen kann) unter gewissen Umständen wenig Rechtssicherheit bieten, auf der anderen Seite unter anderen Umständen doch gerade Rechtssicherheit bieten können.

Vor allem bei Betrachtung der rasant voranschreitenden Technik scheint es hier erwägenswert, nicht an engen, alten Schranken festzuhalten, sondern eine Änderung der europäischen Info-Richtlinie anzustreben, um eine zusätzlich eingeführte Schrankengeneralklausel mit dem Vorbild der „fair use"-Doktrin als Alternative ernsthaft in Erwägung ziehen zu können.

Denn die zeitlebens überarbeiteten Schranken sind durchaus kompliziert für Nutzer und Rechtsanwender, recht unübersichtlich trotz eigentlich überschaubarer Paragraphenmenge, eher unverständlich für Nutzer und zu unflexibel für Juristen, um überhaupt noch auf Neuerungen reagieren zu können.[1380]

Da die Einführung einer alleinigen Schrankengeneralklausel nicht realistisch und letztendlich auch nicht sinnvoll erscheint, könnte als Alternative eine offene Schrankengeneralklausel als Auffangtatbestand dem bestehenden Schrankenkatalog hinzugefügt werden, was aber solange unmöglich bleibt, wie Art. 5 Info-Richtlinie Bestand hat.[1381]

b) *Änderung bzw. Einführung einer Richtlinie*

Will man die europäische Harmonisierung im Urheberrecht vorantreiben, könnte ein solcher Auffangtatbestand durch Richtlinien ermöglicht werden,[1382]

1380 *Kuhlen*, ZGE/IPJ 2015, 77 (99); *Schack*, ZUM 2016, 266 (268).

1381 *Förster*, Fair Use, S. 218 ff.; *Hansen*, Warum Urheberrecht?, S. 404 ff.; Hilty, zusammengefasst von *Geiger, u. a.*, GRUR Int 2006, 475 (493); *Hilty*, JIPITEC 2010, 83 (84); *Kleinemenke*, ZGE/IPJ Volume 5, 2013, 103 (119); *Leistner*, Konsolidierung und Entwicklungsperspektive des europäischen Urheberrechts, S. 28 ff.; *Leistner*, IIC 2011, 417 (441 f.); *Poeppel*, Neuordnung der urheberrechtlichen Schranken, S. 503; *Senftleben*, JIPITEC 2010, 67 (76 ff.); Vorschlag der Wittem Group zu einer Auffanggeneralklausel im European Copyright Code, The Wittem Group, JIPITEC 2010, 123.

1382 Siehe bereits S. 179 ff.

sodass die Mitgliedstaaten zwar eine Vorgabe hätten, aber noch gewissen Umsetzungsspielraum, um die Schranke speziellen nationalen Gegebenheiten anpassen zu können und damit eventuell langjährige Traditionen nicht vollkommen aufgeben zu müssen.[1383]

Den Mitgliedstaaten offen zu lassen, ob sie einen solchen Auffangtatbestand einführen wollen, kann ebenfalls eine Option sein, hat allerdings wiederum den Nachteil, dass unterschiedliche Gesetzgeber zu unterschiedlichen Ansichten kommen dürften und erneut keine Einheitlichkeit erreicht würde; damit würde das wünschenswerte Ziel der größeren Flexibilität,[1384] aber dennoch Einheitlichkeit in Europa insgesamt nicht erreicht werden können. Mit einer Richtlinie wäre die Einführung also praktisch nur möglich, wenn eine Umsetzung zwingend vorgeschrieben wird. Dogmatisch sehr bedenklich ist die zwingende Umsetzung einer Richtlinie in einer ganz bestimmten Art und Weise, da den Mitgliedstaaten bei der Umsetzung die Wahl der Mittel (im Rahmen des Richtlinienziels) überlassen wird (Art. 288 AEUV). Es bliebe hier nur die zwingende Umsetzung über Erwägungsgründe,[1385] die die Mitgliedstaaten bei der Umsetzung nicht ignorieren dürften. Die explizite Ausgestaltung bliebe dann dennoch letztendlich dem jeweiligen Mitgliedstaat überlassen.

Insgesamt würde so eine erhebliche Disharmonisierung drohen, konträr zu dem eigentlichen Ziel einer Harmonisierung der unterschiedlichen Rechtssysteme in Europa.

c) Urheberrechtsverordnung

Es bleibt noch die Möglichkeit einer europäischen Urheberrechtsverordnung,[1386] die gemäß Art. 288 Abs. 2 AEUV in den Mitgliedstaaten unmittelbar Geltung erlangen und somit unterschiedlichen Umsetzungsvarianten der Mitgliedstaaten entgegenwirken würde. So wären eine Harmonisierung und eine einheitliche Flexibilisierung in Europa eher zu erreichen und einer Disharmonisierung könnte entgegengewirkt werden. Auslegungsunterschiede könnten sich allerdings in der Rechtsprechung ergeben – diese bliebe jedoch flexibel und könnte Unstimmigkeiten zu nationalen Traditionen ausgleichen.

1383 Siehe *Hansen*, Warum Urheberrecht?, S. 406 f.

1384 *Kleinemenke*, Fair Use im deutschen und europäischen Urheberrecht?, S. 533; *Kleinemenke*, ZGE/IPJ Volume 5, 2013, 103 (120).

1385 Siehe Fn. 1341.

1386 So auch *Kleinemenke*, ZGE/IPJ Volume 5, 2013, 103 (120).

Die Schrankengeneralklausel könnte ähnlich formuliert sein wie der Vorschlag von Poeppel zur Neugestaltung von Art. 5 Info-Richtlinie (2001/29/EG), dessen Kernelement die „redliche Verwendung"[1387] bzw. besser „redliche Nutzung"[1388] ist.

Kleinemenke schlägt zur „Einführung einer *alleinigen* Schrankengeneralklausel als Teil einer europäischen Urheberrechtsverordnung, mit der unmittelbar ein einheitliches europäisches Urheberrecht begründet würde"[1389], folgende Formulierung vor:

„Die redliche Nutzung eines veröffentlichten urheberrechtlich geschützten Werkes ist ohne Zustimmung des Rechteinhabers zulässig. Bei der Entscheidung, ob eine Nutzung redlich ist, sind insbesondere folgende Kriterien zu berücksichtigen: [...]"[1390]

Die Nummern 1 bis 4 des Absatzes 1 sollen ähnlich wie Regelbeispiele aufzählen, welche Nutzungshandlungen als redlich zu bewerten sind. Ähnlich einer Mischung aus „fair use"-Gedanken und den bisherigen deutschen Urheberrechtsschranken sind diese 4 Nummern (wie beim Vorschlag für eine Neufassung des Art. 5 Info-Richtlinie) formuliert und wollen Redlichkeit danach beurteilen, für welchen Zweck die Nutzung stattfindet, um welche Art des Werkes es sich handelt, in welchem Umfang genutzt wird, welche Bedeutung dieser Umfang für das Gesamtwerk hat und wie die Auswirkungen auf einen potentiellen Verwertungsmarkt des Originalwerkes sind.

Absatz 2 regelt die Vergütungspflicht des Urhebers als gerechten Ausgleich für den Eingriff der „redlichen Nutzung", der dem europäischen Gedanken des Urheberrechts entspricht.

Noch schwieriger als sich auf eine Richtlinie zu verständigen dürfte es werden, sich auf eine Verordnung zu einigen, der alle Mitgliedstaaten zustimmen und in der sich ihre Traditionen wiederfinden. Solange die Grundsätze zur Schrankengeneralklausel als Auffangtatbestand in den Mitgliedstaaten übereinstimmen, kann die explizite Formulierung in den nationalen Gesetzen durchaus verschieden ausgestaltet sein.

1387 *Poeppel*, Neuordnung der urheberrechtlichen Schranken, S. 491 f.

1388 *Kleinemenke*, Fair Use im deutschen und europäischen Urheberrecht?, S. 525.

1389 *Kleinemenke*, Fair Use im deutschen und europäischen Urheberrecht?, S. 533.

1390 *Kleinemenke*, Fair Use im deutschen und europäischen Urheberrecht?, S. 534.

d) European Copyright Code

Ein erster Vorschlag einer Schrankengeneralklausel als Auffangtatbestand wird 2010 mit dem „European Copyright Code" unterbreitet.[1391] Der fünfte Abschnitt des European Copyright Code widmet sich den urheberrechtlichen Schranken. Grundsätzlich orientiert man sich dort an bestehenden Schranken, öffnet nur die Formulierung etwas, um größere Flexibilität zu erreichen.[1392]

Neu ist die Formulierung des Art. 5.4 Abs. 2, der die genehmigungsfreie (nicht kostenlose) Nutzung bestimmter Werkarten für die Förderung des Wettbewerbs vorsieht. Im Grunde handelt es sich dabei um eine Zwangslizenz im Urheberrecht, für die kartellrechtliche Kriterien hinzugezogen werden.[1393] Die zu zahlende Vergütung soll Verhandlungssache sein.

Dies erweist sich jedoch als Zirkelschluss. Können sich die Parteien im Vorfeld nicht einigen und kommt es aufgrund dessen zur Anwendung der vorgeschlagenen Vorschrift, dürfte nicht davon auszugehen sein, dass die Parteien sich über die Lizenzhöhe einigen. Ist es schon vorher zu keiner Einigung gekommen, dürfte es nun nicht anders sein.

Neu ist auch die generalklauselartige Schrankenöffnung in Art. 5.5, die einer formulierten Analogie gleicht.[1394] Fälle der Nutzung, die mit den formulierten Fällen vergleichbar sind, sollen unter diesen Auffangtatbestand subsumiert werden, wenn die Voraussetzungen der entsprechend vergleichbaren Schrankenregelung erfüllt sind.

Problematisch darf jedoch gesehen werden, dass der Vorschlag selbst keine Stellung zur Vergleichbarkeit der Nutzungshandlungen nimmt. Damit ist das Grundproblem der engen Formulierung auf die Anwendung der Analogie verschoben. Auch hier wäre die Rechtsprechung gezwungen, Vergleichbarkeiten notfalls „zwangsweise" herzustellen und eventuell dogmatisch zweifelhafte Analogien zu ziehen, nur um eine neue Nutzungsform unter den Auffangtatbestand zu fassen.[1395]

Ebenfalls wird die Problematik der Auslegung der einzelnen Stufen des Dreistufentests nicht gelöst, da der Wortlaut aus der Info-Richtlinie (2001/29/EG) beinahe wörtlich übernommen wird. Dies könnte zu noch mehr Rechtsunsicherheit führen – zumindest aber wird dadurch keine Rechtssicherheit gewonnen.

1391 The Wittem Group, JIPITEC 2010, 123 ff.

1392 *Dreier*, JIPITEC 2010, 50 (53).

1393 *Kleinemenke*, Fair Use im deutschen und europäischen Urheberrecht?, S. 542 f.

1394 *Kleinemenke*, Fair Use im deutschen und europäischen Urheberrecht?, S. 543.

1395 *Kleinemenke*, Fair Use im deutschen und europäischen Urheberrecht?, S. 545.

e) Auffangtatbestand in Anlehnung an die „fair use"-Doktrin

Momentan steht der Einführung eines Auffangtatbestands in die Schrankensystematik Art. 5 Info-Richtlinie 2001/29/EG entgegen.

Sollten sich die europäischen Vorgaben etwa im Rahmen einer Harmonisierung urheberrechtlicher Schranken in der westlichen Welt jedoch ändern, könnte ein solcher Auffangtatbestand von nachvollziehbaren Leitlinien geprägt sein und es dem Nutzer bzw. Rechtsanwender ermöglichen, Anwendungsfälle vorherzusehen.[1396]

Die „fair use"-Doktrin könnte dabei als Anknüpfungspunkt dienen, da sie flexibel ist, aber dennoch durch feste Kriterien beschrieben wird und durch bereits ergangene Rechtsprechung vorhersehbar und dadurch rechtssicherer ist als eine ganz neue Schrankengeneralklausel.[1397]

Unbestimmte Rechtsbegriffe sind durch die Rechtsprechung – mithilfe der rechtswissenschaftlichen Literatur – auszulegen; dies spricht jedoch nicht gegen eine solche Schrankengeneralklausel als Auffangtatbestand. Eine offen formulierte Generalklausel bietet zusätzliche Möglichkeiten der Flexibilität und Anpassungsfähigkeit.

Auch wenn in der Anfangszeit einer solchen Regelung Rechtsunsicherheit herrschen würde, würde sich in absehbarer Zeit in der europäischen bzw. deutschen Rechtsprechung eine Art Kriterienkatalog wie zur „fair use"-Doktrin entwickeln, der bekannt ist. Somit dürfte ein wichtiges gegen den Auffangtatbestand ins Feld geführtes Argument, das der mangelnden Rechtssicherheit, entkräftet sein.[1398]

1396 Ebenso *Kleinemenke*, Fair Use im deutschen und europäischen Urheberrecht?, S. 547.

1397 Eine gänzliche Rechtssicherheit kann diese Schranke – wie bereits behandelt – aus der Natur der Sache heraus nicht bieten, sie ist aber die bessere Alternative als Schranken, die schon vom Wortlaut her nicht passen.

1398 So auch *Kleinemenke*, Fair Use im deutschen und europäischen Urheberrecht?, S. 548. Letztlich muss sich der Gesetzgeber entscheiden, ob er eng formulierte Regelungen wählt, die für den Moment viel Rechtssicherheit versprechen, jedoch schnell veraltet sind, durch die detaillierte Formulierung unflexibel und damit letzten Endes unpassend. Oder er nimmt – besonders anfangs – eine gewisse Rechtsunsicherheit in Kauf, die aber durch die Praxis relativ schnell vermindert würde, und letztlich deutlich länger durch ihre Anpassungsfähigkeit Bestand haben kann und sowohl Gesetzgeber, Nutzer als auch Rechtsanwender nicht immer zu neu eingeführten Regelungen zwingt, die alsbald wieder veraltet sind, da man bei Einführung noch nicht an neue Nutzungshandlungen denken kann.

Kleinemenke folgert, dass sein Vorschlag einer alleinigen Schrankengeneralklausel angesichts des geltenden europäischen Rechts aktuell lediglich erstrebenswert ist.[1399] Daher schlägt er als Formulierungsvorschlag eine den „Katalog urheberrechtlicher Schrankenregelungen *ergänzende* Auffanggeneralklausel in Anlehnung an den Dreistufentest und die Fair Use-Doktrin" vor.[1400] In Abs. 1 wird klargestellt, dass unter diesen Tatbestand nur diejenigen Sachverhalte bzw. Nutzungen fallen können, die nicht dem Anwendungsbereich der „speziellen Schrankenbestimmungen" unterfallen. Weiter wird an dieser Stelle der Dreistufentest eingegliedert, indem eine zustimmungsfreie Nutzung nur dann gestattet sein soll, wenn die Werkverwertung nicht ungebührlich beeinträchtigt und die berechtigten Interessen des Rechtsinhabers nicht ungebührlich verletzt werden.

Abs. 2 erläutert, wann eine solche unangemessene Verletzung vorliegt: insbesondere (die Formulierung ist bewusst offen gewählt, da es sich um eine Schrankengeneralklausel handelt) sind dabei die Nutzungsauswirkungen auf den aktuellen und potentiellen Verwertungsmarkt sowie die berechtigten Interessen Dritter zu berücksichtigen.

Abs. 3 erläutert die Interessensabwägung; dabei ist die Art der Nutzung (beispielsweise kommerziell oder nicht, für Unterricht/Lehre) zu berücksichtigen, ebenso wie die Art des Werkes selbst, der Umfang der Nutzung und die Kompensationsmöglichkeit des Urhebers.

Abs. 4 regelt die Vergütungspflicht, die den Begriff des „gerechten Ausgleichs"[1401] enthält. Die Vergütung könne jedoch entfallen, wenn ein gesteigertes öffentliches Interesse sowohl an der Nutzung als auch an der Unentgeltlichkeit bestehe.

Letztendlich stellt der Formulierungsvorschlag von Kleinemenke die Eingliederung des Dreistufentests in eine Schrankengeneralklausel dar, die als Auffangtatbestand eingeführt werden könnte. Dabei hat Kleinemenke sich auch an der Formulierung der „fair use"-Doktrin orientiert, sodass die Gedanken dieser offenen Schranke bei der Anwendung des Dreistufentests Anwendung finden und somit auch dem europäischen Modell entsprechen könnten.

In diesem Fall scheint es folgerichtig, den Dreistufentest in die Schrankengeneralklausel einzugliedern und nicht eine gänzlich neue Regelung zu schaffen, die neben dem Dreistufentest eingeführt wird, da der europäische Gesetzgeber mit dem Dreistufentest eine funktionierende, mittlerweile etablierte Regelung

---

1399 *Kleinemenke*, Fair Use im deutschen und europäischen Urheberrecht?, S. 547.

1400 *Kleinemenke*, Fair Use im deutschen und europäischen Urheberrecht?, S. 549 f.

1401 Siehe auch Erwägungsgrund 35 der Info-Richtlinie (2001/29/EG).

geschaffen hat, die an dieser Stelle nicht im Gesamten in Frage gestellt werden muss.

Bewusst wird hier nur die zweite und dritte Stufe übernommen, da die erste Stufe erstens bereits an Bedeutung verloren hat und zweitens bei der Einführung einer solchen Schrankengeneralklausel auch die Funktion als Richtwert für die nationalen Gesetzgeber entfiele, da diese Generalklausel bestenfalls als Urheberrechtsverordnung eingeführt würde und dann der Umsetzungshinweis in der Richtlinie dem Sinn nach ebenfalls entfiele.

Die Umsetzung als Urheberrechtsverordnung nach Art. 288 Abs. 2 AEUV erschiene insofern sinnvoller – wenn auch wenig realistisch – als im Zuge einer Richtlinie, da nur so gewährleistet werden kann, dass auch in allen Mitgliedstaaten unmittelbar derselbe „Schranken-Standard“[1402] gilt. Da bei Richtlinienvorgaben die Umsetzung im Einzelnen den Mitgliedstaaten überlassen bleibt, könnte hier eine sehr unterschiedliche Umsetzung stattfinden, eine Disharmonisierung droht, was gerade vermieden werden soll.

In Kleinemenkes Vorschlag werden auch ökonomische Auswirkungen berücksichtigt, die eine freie Werknutzung für den Urheber bzw. Rechteinhaber haben kann.

Auch wenn in Deutschland das Urheberpersönlichkeitsrecht im Vordergrund steht, ist zu beobachten, dass sich das Urheberrecht in Richtung eines Investitionsschutzes entwickelt hat.[1403]

Ein zu starres Festhalten an Traditionen könnte den Urheber letztlich zum Leidtragenden machen und eine Eingliederung eines Auffangtatbestands könnte hier eine innovative Überlegung sein.

Der Anwendungsbereich der Schrankengeneralklausel wird auf Fälle der Nutzung begrenzt, die nicht unter die festen Schrankenregelungen fallen, an denen aber ein besonderes Interesse besteht. Somit kann klargestellt werden, dass es sich bei dieser Regelung tatsächlich nur um einen Auffangtatbestand für solche Nutzungshandlungen handelt, die man zu Einführungszeiten der anderen Schranken noch nicht vorhersehen konnte, die aber ebenso freistellungswürdig erscheinen.

Durch die Formulierung als Generalklausel wäre außerdem klargestellt, dass es sich hierbei um eine Schranke „lex generalis“ handelt und die anderen Schranken als „lex speciales“ vorgingen.

1402 *Kleinemenke*, Fair Use im deutschen und europäischen Urheberrecht?, S. 558.

1403 Siehe dazu S. 7, 176.

Kleinemenkes Vorschlag versucht Tradition und Veränderung gerecht zu werden. Es soll am bewährten Dreistufentest und der grundsätzlichen Beibehaltung der Schranken festgehalten werden. Auf der anderen Seite soll auf neue Nutzungshandlungen schnell und flexibel reagiert werden können, jedoch ohne von alten Bewertungsmaßstäben allzu sehr abrücken zu müssen.

Die Rechtsprechung müsste – mit Unterstützung der rechtswissenschaftlichen Literatur – zu neuen Nutzungshandlungen Stellung nehmen. Mit der Schrankengeneralklausel als Auffangtatbestand hätte sie damit ein Instrument an der Hand, das ein (analoges) „Verbiegen" bisheriger Schrankenregelungen überflüssig werden ließe.

Auch für den Nutzer und Rechtsanwender wäre klar, dass sich die Nutzungshandlungen an den Schrankenregelungen messen lassen müssen, deren Kriterien sich aus dem Gesetz ergeben.[1404]

Die Einführung einer solchen Schrankengeneralklausel ist momentan unrealistisch, denn die europäische Tradition der Schrankensystematik und Art. 5 Info-Richtlinie müssten dafür entscheidend geändert werden. Der europäische Gesetzgeber scheut die Offenheit einer solchen Generalklausel – vielleicht aus Sorge vor einer extensiven Öffnung der Schranken und der möglichen Folge, die Interessenskonflikte von Urhebern und Nutzern nicht mehr gerecht lösen zu können.

Auch beim deutschen Gesetzgeber zeigt sich mit Einführung des UrhWissG und vermeintlich klärender Schranken, dass man eher gewillt scheint, mehrere neue enge Schranken einzuführen, die zur jetzigen Zeit die Nutzungshandlungen abdecken, bald jedoch schon veraltet sein könnten, als auch nur einen offenen Auffangtatbestand einzuführen, diesen mit festen Kriterien rechtssicher zu gestalten und damit im Ergebnis auch für die Zukunft deutlich flexibler zu bleiben.

Würde man die engen Vorgaben der Info-Richtlinie entsprechend abändern wollen, wäre ein derartiger Auffangtatbestand im deutschen UrhG vorstellbar mit einer Formulierung, die wie auf europäischer Ebene den Dreistufentest und die „fair use"-Doktrin verschmelzen lassen und in den zusätzlich noch das Urheberpersönlichkeitsrecht nach deutscher bzw. eigentlich französischer Tradition (Droit d'Auteur) integriert werden könnte.[1405]

1404 *Kleinemenke*, Fair Use im deutschen und europäischen Urheberrecht?, S. 556.

1405 Siehe auch *Kleinemenke*, Fair Use im deutschen und europäischen Urheberrecht?, S. 568 ff.

Wie auch im europäischen Recht hätte die offene Schrankengeneralklausel nur einen begrenzten Anwendungsbereich und liefe nicht Gefahr, ausufernde Nutzungshandlungen zu erlauben.

Der Dreistufentest ist als solcher lange anerkannt und die Ergänzung durch den Gedanken der „fair use“-Doktrin insofern unproblematisch als diese keine unmittelbare Auswirkung auf den Dreistufentest hat. Auch gibt es keine Probleme mit dem Bestimmtheitsgebot, da es sich lediglich um einen Auffangtatbestand handeln würde.[1406]

Im Ergebnis ist die Einführung einer solchen Schrankengeneralklausel als Auffangtatbestand auch im deutschen Recht verfassungsgemäß möglich,[1407] jedoch würde dies eine Änderung des europäischen Rechts voraussetzen,[1408] insbesondere die Änderung der Info-Richtlinie. Einer solchen Umsetzung steht Erwägungsgrund 32 zur Info-Richtlinie (2001/29/EG) entgegen. Danach sind die Schrankenbestimmungen zumindest in Bezug auf das Vervielfältigungsrecht und das Recht der öffentlichen Wiedergabe in der Info-Richtlinie erschöpfend aufgeführt. Diese Formulierung lässt keinen Raum für die Einführung einer nationalen Schrankengeneralklausel. Wollte man dies ändern, müsste erst Art. 5 Info-Richtlinie geändert werden.

Das Effektivitätsgebot (effet utile) besagt, dass eine Richtlinie derart umzusetzen ist, dass das Richtlinienziel am besten und wirksamsten erreicht werden kann.[1409] Insofern geht das europäische Recht dem nationalen vor.

6. Vergleichbare Anwendung von „fair use“ durch Nutzung des Dreistufentests

Solange sich die europäischen Vorgaben (insbesondere Art. 5 Info-Richtlinie) nicht ändern, könnte eine mögliche (Übergangs-)Lösung sein, den Dreistufentest deutlich mehr für die Beurteilung neuer Nutzungsmöglichkeiten heranzuziehen und sich hier der „fair use“-Doktrin anzunähern. Gerade hier könnte der Dreistufentest eine Art Stellschraube darstellen, welche Nutzungsarten gesellschaftlich als sinnvoll erachtet werden und erlaubt sein sollen, ohne eine

---

1406 Im Ergebnis auch *Hansen*, Warum Urheberrecht?, S. 407 f.; *Kleinemenke*, Fair Use im deutschen und europäischen Urheberrecht?, S. 576; *Poeppel*, Neuordnung der urheberrechtlichen Schranken, S. 503.

1407 Grundsätzlich ist damit die Einführung einer Generalklausel nur für Deutschland nicht unzulässig, vgl. EuGH, C-163/82, Slg. 1983, 3273 (Tz. 9) – Kommission/Italien.

1408 *Kleinemenke*, Fair Use im deutschen und europäischen Urheberrecht?, S. 576.

1409 EuGH, C-48/75, Slg. 1976, 497 (Tz. 69/73) – Royer.

wirtschaftliche Verwertung zu verhindern oder den Urheber ungebührlich zu verletzen (ähnlich den Argumenten des Richters Chin in Verfahren Google Book Search). Der Dreistufentest ist dem deutschen Recht hinreichend bekannt und etabliert, eine erweiternde Auslegung durch den europäischen Gesetzgeber wird auch nicht grundsätzlich verhindert. Bewusst sind die Prüfungspunkte des „berechtigten Interesses“ und der „ungebührlichen Verletzung“ weit gewählt und mittels Auslegung zu einem Interessensausgleich zu bringen.[1410] Hier könnte die deutsche Rechtsprechung ansetzen und Gedanken in Anlehnung an die „fair use“-Doktrin einfließen lassen, um flexibler auf durch Digitalisierung mögliche neue Nutzungsarten reagieren zu können, ohne bestehende Schrankenregelungen „verbiegen“ zu müssen und dennoch allen Beteiligten genügend Rechtssicherheit zu bieten.[1411]

VII. Schlussthesen

Geltendes Urheberrecht hat mit der rasant fortschreitenden technischen Entwicklung (Internet, E-Books, Google Book Search) Schritt zu halten und einen fairen Interessenausgleich zwischen Urheber bzw. Rechteinhaber und Nutzer zu gewährleisten.

Die Krise des deutschen Urheberrechts wird deutlich beispielsweise durch die BGH-Entscheidungen „Vorschaubilder I“[1412] und „Vorschaubilder II“[1413], Eingriffe in die urheberrechtlichen Ausschließlichkeitsrechte durch neue Nutzungsarten zum Wohl der Allgemeinheit werden im Einzelfall gerechtfertigt, zuvor galt der Schrankenkatalog als abschließend.

Es ist eine Tendenz zur Wandlung zum Investitionsschutz festzustellen.

Die historische Entwicklung des Urheberrechts beginnt mit der in der Antike dominierenden Vorstellung, schöpferische Leistungen sollten der Allgemeinheit zugänglich sein, Ruhm und Ansehen gelten als ausreichender Lohn. Im christlich geprägten Mittelalter wird nicht die kreative Leistung eines Individuums gewürdigt, der Autor ist nur Sprachrohr Gottes. Die Erfindung des Buchdrucks um 1440 läutet das Privilegienzeitalter ein, Verleger und Drucker erfahren einen gewissen Schutz. Erst Ende des 19. Jahrhunderts wird in Deutschland

---

1410 *Kleinemenke*, Fair Use im deutschen und europäischen Urheberrecht?, S. 473 f.

1411 In Ansätzen – wenn auch bisher sehr zurückhaltend – wird dieser Ansatz bereits von der deutschen Rechtsprechung genutzt, vgl. LG München, MMR 2015, 660 (667) – Zulässigkeit von Werbeblockern; OLG Dresden, ZUM 2010, 362 (364 f.)

1412 BGHZ 185, 291 – Vorschaubilder I.

1413 BGH GRUR 2012, 602 – Vorschaubilder II.

unterschieden zwischen dem geschützten Werk und dem Persönlichkeitsrecht des Urhebers, letzteres verliert im Nationalsozialismus zunächst an Bedeutung. Der BGH stellt 1955 klar, die Herrschaft des Urhebers über sein Werk sei die natürliche Folge seines geistigen Eigentums, Urheberrecht werde nicht gewährt, es entstehe von selbst.[1414]

Im Laufe der Zeit wird Urheberrecht somit unterschiedlich bewertet und begründet, was zu unterschiedlichen Rechtsdogmatiken führt, die wiederum schwerlich zu harmonisieren sind.

Zum Urheberrecht finden sich verschiedene Rechtfertigungsbemühungen, individualistische, kollektivistische und universalistisch-transzendentale, woraus sich unterschiedliche Dogmatiken entwickeln, etwa die US-amerikanische mit Betonung ökonomischer Aspekte und die deutsche, die das Urheberpersönlichkeitsrecht in den Vordergrund stellt. Schon hier wird deutlich, welche Schwierigkeiten Harmonisierungsbestrebungen vorfinden.

Spezifische Anwendungsfälle im Gefolge innovativer Techniken im Internetzeitalter wie E-Books und Google Book Search verschärfen die Krise im Urheberrecht erheblich, zumal die Frage der Erschöpfungswirkung bei digitalen Gütern im Vergleich zu analogen nur unzureichend geklärt ist.

Die Möglichkeiten der Rechtsdurchsetzung mittels Abmahnung, Endbenutzer-Lizenzvertrag und Digital Rights Management (DRM) büßen an Schlagkraft ein.

Probleme des Datenschutzes auf Seiten des Nutzers sollten zudem nicht außer Acht gelassen werden.

Die detaillierte und recht enge Schrankenregelung in Deutschland unterscheidet sich erheblich von der Schrankengeneralklausel in den USA im Sinne von „fair use".

Die US-amerikanische Entscheidungspraxis erweist sich als flexibler und mehr am Allgemeinwohl interessiert. Auf das in Deutschland bedeutsame Urheberpersönlichkeitsrecht wird in den USA kaum Bezug genommen. Das vom Gesetzgeber verliehene und nicht natürlich gegebene Copyright Law ist mehr kommerziell, verwerterfreundlich ausgerichtet.

Der weltweit beachtete Prozess um behauptete Urheberrechtsverletzungen durch Google Book Search in den USA (Digitalisierung urheberrechtlich geschützter Werke ohne Einwilligung der Urheber, von der auch deutsche Rechteinhaber unmittelbar betroffen sind) gibt detaillierten Einblick in die

1414 BGHZ 17, 266 – Tonbandurteil.

US-amerikanische Praxis der Rechtfertigung erheblicher Urheberrechtseingriffe („fair use“) und damit der Anwendung einer Schrankengeneralklausel.

Es ist das Problem zu lösen, wie konkret Schrankenregelungen zu fassen sind, um einerseits noch auslegungsfähig zu bleiben und andererseits für ausreichende Rechtssicherheit zu sorgen.

Urheberrechtsschranken haben sich parallel zum Digitalisierungsprozess weiterzuentwickeln. Dabei stellt sich die Grundsatzfrage, ob gleichzeitig eine Vollharmonisierung der Urheberrechtsschranken angestrebt werden sollte.

Der „größte Wurf“ hätte zum Ziel, eine Synthese der bislang erheblich divergierenden Schrankenregelungen in Deutschland, Europa und den USA anzustreben. Dies scheitert momentan grundsätzlich daran, dass eine Schrankengeneralklausel etwa nach dem „fair use“-Prinzip mit geltendem europäischen Recht[1415] nicht vereinbar ist. Unabdingbare Voraussetzung für diesen Wurf wäre eine Änderung der Info-Richtlinie. Dennoch bliebe es bei erheblichen Differenzen der geschichtlich gewachsenen dogmatischen Herleitung des Urheberrechts.

Wollte man im Rahmen eines „kleineren Wurfs“ eine weitergehende und praktikable Harmonisierung zunächst auf europäischer Ebene anstreben, die mit dem Digitalisierungsfortschritt Schritt halten kann, dann empfiehlt sich die Einführung einer Schrankengeneralklausel als Auffangtatbestand, mangelnde Rechtssicherheit ließe sich durch eine Tradition von Gerichtsentscheidungen abmildern. Aber auch dies würde eine Abänderung von Art. 5 Info-Richtlinie voraussetzen.

Sollte die Info-Richtlinie zukünftig aber entsprechend geändert werden, wäre eine Kompromisslösung mit Elementen aus dem europäischen und US-amerikanischen Recht denkbar: zusätzlich zum bestehenden europäischen Schrankenkatalog könnte eine Schrankengeneralklausel angelehnt an die „fair use“-Doktrin als Auffangtatbestand eingeführt werden, die auch den Dreistufentest enthält und gleichzeitig einen definierten Katalog an Auslegungskriterien zur Wahrung der Rechtssicherheit.

Insofern wäre eine entsprechende Abänderung der strengen Vorgaben von Art. 5 Info-Richtlinie förderlich für Harmonisierungsbestrebungen, denn die erhoffte Harmonisierung der Urheberrechtsschranken hat der europäische Gesetzgeber durch die Einengung des Gestaltungsspielraums der nationalen Gesetzgeber durch seine Info-Richtlinie bislang nicht erreicht.[1416]

1415 Insbesondere Art. 5 Info-Richtlinie 2001/29/EG, der spezifisch enumerative Einzeltatbestände aufführt.

1416 *Kleinemenke*, ZGE/IPJ Volume 5, 2013, 103 (136).

Bleibt die Vorgabe der Info-Richtlinie dagegen bestehen, kann den praktischen Problemen der zunehmenden Digitalisierung und neuen Nutzungsmöglichkeiten im Rahmen des „kleinsten Wurfs“ am besten dadurch begegnet werden, dass der Dreistufentest mehr Beachtung in der Rechtsprechung findet. Der Dreistufentest, der für die Einführung urheberrechtlicher Schranken entscheidende Grundlage ist, wird grundsätzlich mit der „fair use“-Doktrin in Einklang zu bringen sein.

Alternativ ist an eine flexiblere Ausgestaltung bestehender Schranken zu denken, analog zur Modifikation des § 51 UrhG, oder an eine Neufassung des Schrankenkatalogs, was aber seinerseits Probleme mit der langen Tradition enger Schranken in Deutschland bereiten dürfte.

Der Dreistufentest aber kann auf neue digitale Nutzungsarten in ausreichendem Maße reagieren, durch zielgerichtete Auslegung den „fair use“-Gedanken aufgreifen und zu vergleichbaren Ergebnissen kommen. Bislang hat die Rechtsprechung den Dreistufentest weitgehend ausgeblendet und vernachlässigt, das könnte sich ändern.

Hier könnten Überlegungen des Richters Chin aus dem Copyright-Verfahren gegen Google aufgegriffen werden, dass neue Nutzungsmöglichkeiten durch den Digitalisierungsfortschritt innovativ und für die Allgemeinheit wünschenswert sein können und die wirtschaftliche Verwertung nicht zwingend behindern müssen.

Zugespitzt formuliert könnte der Dreistufentest eine Stellschraube darstellen, inwieweit der „fair use“-Gedanke in die deutsche Rechtsprechung einfließen könnte und in welchen Grenzen. Der Dreistufentest stellt eine Schranken-Schranke dar, er beschränkt die Ausgestaltung und Auslegung des gegebenen Schrankenkatalogs. Er ist bereits vom europäischen Gesetzgeber im europäischen Recht in Art. 5 Abs. 5 Info-Richtlinie 2001/29/EG verankert und mittlerweile auch im TRIPS-Abkommen (Art. 13 TRIPS) und im WIPO-Urheberrechtsvertrag (Art. 10 WCT) geregelt.

Im Ergebnis könnte eine verstärkte Anwendung des Dreistufentests durch die deutsche Rechtsprechung eine Brücke zu US-amerikanischem Recht und der dortigen „fair use“-Doktrin schlagen, mit dem Dreistufentest könnte man sich dem „fair use“-Gedanken und damit einer Schrankengeneralklausel annähern, was durchaus einen Beitrag zur Vollharmonisierung der Urheberrechtsschranken leisten könnte.

Rechtsprechungsverzeichnis

I. Europäische Rechtsprechung

RGSt 38, 6
RGSt, Urt. v. 21.03.1905

RGZ 128, 102 – Schlager-Liederbücher
26.03.1930

BGHZ 5, 116
BGH, Urt. v. 12.02.1952, I ZR 115/51
NJW 1952, 662

BGHZ 9, 262 – Lied der Wildbahn
BGH, Urt. v. 21.04.1953, I ZR 110/52
NJW 1953, 1258

OLG Stuttgart, GRUR 1954, 131
OLG Stuttgart, Urt. v. 08.12.1953, 6 U 171/53
NJW 1954, 515

BGHZ 17, 266 – Tonbandurteil
BGH, Urt. v. 18.05.1955, I ZR 8/54
GRUR 1955, 492 = NJW 1955, 1276

BGHZ 17, 266 – Grundig-Reporter
BGH, Urt. v. 18.05.1955, I ZR 8/54
GRUR 1955, 492 = NJW 1955, 1276

BGHZ 18, 44 – Fotokopie
BGH, Urt. v. 24.06.1955, I ZR 88/54
JZ 55, 743 = NJW 1955, 1433

BVerfGE 4, 352 – Strafrechtlicher Ehrenschutz
BVerfG, Beschl. v. 30.11.1955, 1 BvL 120/53
NJW 1956, 99

BGH GRUR 1957, 614 – Ferien vom Ich
BGH, Urt. v. 18.06.1957, I ZR 39/56

BGH GRUR 1959, 200 – Der Heiligenhof
BGH, Urt. v. 21.11.1958, I ZR 98/57
MDR 59, 185

BVerfGE 7, 198 – Lüth
BVerfG, Urt. v. 15.01.1958, 1 BvR 400/51
JZ 1958, 119

BGH GRUR 1960, 251 – Mecki-Igel II
BGH, Urt. v. 08.12.1959, I ZR 131/58
MDR 60, 281 = NJW 1960, 573

BVerfGE 9, 137 – Einfuhrgenehmigung
BVerfG, Beschl. v. 03.02.1959, 2 BvL 10/56
NJW 1959, 931

LG Berlin, GRUR 1962, 207 – Maifeiern
LG Berlin, Urt. v. 12.12.1960, 17 O 100/59

BVerfGE 13, 97
BVerfG, Beschl. v. 17.07.1961, 1 BvL 44/55
JZ 1961, 791 = MDR 1962, 103 = NJW 1961, 2011

BVerfGE 13, 230
BVerfG, Urt. v. 29.11.1961, 1 BvR 758/57
MDR 1962, 192

BGH GRUR 1963, 441 – „Mit dir allein"
BGH, Urt. v. 02.11.1962, I ZR 48/61

BVerfGE 24, 367
BVerfG, Urt. v. 18.12.1968, 1 BvR 638, 673/64 und 200, 238, 249/65
JZ 1969, 228 = MDR 1969, 283 = NJW 1969, 309

BGHZ 50, 147 – Kandinsky I
BGH, Urt. v. 03.04.1968, I ZR 83/66
GRUR 1968, 607 = JZ 1969, 189 = MDR 68/740 = NJW 1968, 1875

BGH GRUR 1972, 141 – Konzertveranstalter
BGH, Urt. v. 16.06.1971, I ZR 120/69
MDR 71, 991 = NJW 1971, 2173

EuGH GRUR Int 1971, 450 – Polydor
EuGH, Urt. v. 08.06.1971, C-78/70
NJW 1971, 1533 = WRP 1971, 391

BVerfGE 31, 275
BVerfG, Beschl. v. 08.07.1971, 1 BvR 766/66
GRUR 1972, 491 = NJW 1972, 145

BVerfGE 31, 229 – Kirchen- und Schulgebrauch
BVerfG, Beschl. v. 07.07.1971, 1 BvR 765/66
GRUR 1972, 481 = MDR 1972, 23 = NJW 1971, 2163

BVerfGE 30, 292
BVerfG, Beschl. v. 16.03.1971, 1 BvR 52, 665, 667, 754/66
DB 1971, 1316 = MDR 1971, 904 = NJW 1971, 1255

BVerfGE 32, 311 – Grabsteinwerbung
BVerfG, Beschl. v. 08.02.1972, 1 BvR 170/71
GRUR 1972, 358 = MDR 1972, 395 = NJW 1972, 573

BGHZ 58, 262 – Landesversicherungsanstalt
BGH, Urt. v. 10.03.1972, I ZR 30/70
GRUR 1972, 614 = NJW 1972, 1273

BVerfGE 35, 79 – Hochschul-Urteil
BVerfG, Urt. v. 29.05.1973, 1 BvR 424/71 und 325/72
NJW 1973, 1176

EuGH, C-48/75, Slg. 1976, 497 – Royer
EuGH, Urt. v. 08.04.1976, C-48/75

BGHZ 70, 268 – Buster-Keaton-Filme
BGH, Urt. v. 27.01.1978, I ZR 97/76
GRUR 1978, 300 = GRUR Int 1979, 50 = NJW 1978, 1110

BVerfGE 49, 382 – Kirchenmusik
BVerfG, Beschl. v. 25.10.1978, 1 BvR 352/71
GRUR 1980, 44 = JZ 1979, 226 = MDR 1979, 553 = NJW 1979, 2029

BVerfGE 52, 1 – Kleingarten
BVerfG, Beschl. v. 12.06.1979, 1 BvL 19/76
DB 1980, 90 = MDR 1980, 197 = NJW 1980, 985

BVerfGE 50, 217
BVerfG, Beschl. v. 06.02.1979, 1 BvL 5/76
NJW 1979, 1345

BVerfGE 54, 143 – Taubenfütterungsverbot
BVerfG, Beschl. v. 23.05.1980, 2 BvR 854/79
NJW 1980, 2572

LG Frankfurt, UFITA 1982, 331 – Lachende Sonne
LG Frankfurt, Urt. v. 23.07.1981, 2/6 O 263/81

BGH GRUR 1982, 102 – Masterbänder
BGH, Urt. v. 03.07.1981, I ZR 106/79
MDR 82, 381

EuGH GRUR Int 1981, 229 – Gebührendifferenz II
EuGH, Urt. v. 20.01.1981, C-55/80 und C-57/80

BGHZ 80, 101 – Schallplattenimport I
BGH, Urt. v. 27.02.1981, I ZR 186/78
GRUR Int 1981, 562 = MDR 81, 643 = NJW 1981, 1906

BGH GRUR 1981, 652 – Stühle und Tische
BGH, Urt. v. 13.02.1981, I ZR 43/79
MDR 81, 994

BVerfGE 58, 300 – Naßauskiesung
BVerfG, Beschl. v. 15.07.1981, 1 BvL 77/78
DB 1982, 595 = MDR 1982, 547 = NJW 1982, 745

BGHZ 87, 126 – Zoll- und Finanzschulen
BGH, Urt. v. 17.03.1983, I ZR 186, 80
GRUR 1983, 562 = MDR 1983, 730 = NJW 1984, 1108

EuGH, C-163/82, Slg. 1983, 3273 – Kommission/Italien
EuGH, Urt. v. 26.10.1983, C-163/82

BGH GRUR 1985, 129 – Elektrodenfabrik
BGH, Urt. v. 10.05.1984, I ZR 85/82
MDR 1985, 120 = NJW 1986, 1045 = WPM 1984, 1579

BVerfGE 67, 157
BVerfG, Beschl. v. 20.06.1984, 1 BvR 52, 1494/78
NJW 1985, 121

BVerfGE 68, 193
BVerfG, Beschl. v. 31.10.1984, 1 BvR 35, 356, 794/82
NJW 1985, 1385

OLG München, GRUR 1984, 524 – Nachtblende
OLG München, Urt. v. 05.04.1984, 6 U 1679/83

BVerfGE 71, 108 – Anti-Atomkraftplakette
BVerfG, Beschl. v. 23.10.1985, 1 BvR 1053/82
NJW 1986, 1671

BGH GRUR 1985, 874 – Schulfunksendung
BGH, Urt. v. 18.04.1985, I ZR 24/83
MDR 1985, 909 = NJW 1986, 1254

BGH GRUR 1985, 924 – Schallplattenimport II
BGH, Urt. v. 21.03.1985, I ZR 166/82
GRUR Int. 1985, 760 = MDR 1985, 822

BGHZ 94, 276 – Inkasso-Programm
BGH, Urt. v. 09.05.1985, I ZR 52/83
GRUR 1985, 1041 = MDR 1986, 121 = NJW 1986, 192

BGH GRUR 1986, 742 – Videofilmvorführung
BGH, Urt. v. 15.05.1986, I ZR 22/84
MDR 86, 1000 = NJW-RR 1986, 1251

BGH GRUR 1986, 736 – Schallplattenvermietung
BGH, Urt. v. 06.03.1986, I ZR 208/83
MDR 1986, 999 = NJW-RR 1986, 1183

BGHZ 99, 162 – Filmzitat
BGH, Urt. v. 04.12.1986, I ZR 189/84
GRUR 1987, 362 = JZ 1987, 476 = MDR 1987, 381 = NJW 1987, 1408

BGH GRUR 1988, 533 – Vorentwurf II
BGH, Urt. v. 10.12.1987, I ZR 198/85
NJW-RR 1988, 1204

BVerfGE 77, 84
BVerfG, Beschl. v. 06.10.1987, 1 BvR 1086/82, 1468, 1623/82
DB 1988, 605 = MDR 1988, 464 = NJW 1988, 1195

OLG München, ZUM 1989, 89 – Reihen- und Doppelhäuser
OLG München, Urt. v. 17.12.1987, 29 U 5865/86

BVerfGE 78, 77
BVerfG, Beschl. v. 09.03.1988, 1 BvL 49/86
CR 1989, 51 = JZ 1988, 555 = MDR 1988, 749 = NJW 1988, 2031

EuGH, C-116/86, Slg. 1988, 1323 – Kommission/Italien
EuGH, Urt. v. 03.03.1988, C-116/86

BVerfGE 79, 29 – Vollzugsanstalten
BVerfG, Beschl. v. 11.10.1988, 1 BvR 743/86 und 1 BvL 80/86
GRUR 1989, 193 = NJW 1992, 1307

BVerfGE 81, 70
BVerfG, Beschl. v. 14.11.1989, 1 BvR 1276/84

BVerfGE 80, 103
BVerfG, Beschl. v. 09.05.1989, 1 BvL 35/86
JZ 1989, 740 = NJW 1989, 1985

OLG Hamburg, GRUR 1990, 36 – Foto-Entnahme
OLG Hamburg, Urt. v. 27.07.1989, 3 U 29/89
ZUM 1990, 246

BGHZ 113, 159 – Einzelangebot
BGH, Urt. v. 13.12.1990, I ZR 21/89
CR 1991, 404 = GRUR 1991, 316 = MDR 1991, 234 = NJW 1991, 1234

BGHZ 112, 264 – Betriebssystem
BGH, Urt. v. 04.10.1990, I ZR 139/89
GRUR 1991, 449 = NJW 1991, 1231

BVerfGE 83, 1
BVerfG, Beschl. v. 17.10.1990, 1 BvR 283/85
NJW 1991, 555

BGHZ 116, 136 – Leitsätze
BGH, Urt. v. 21.11.1991, I ZR 190/90
GRUR 1992, 382 = NJW 1992, 1316

BGHZ 116, 305 – Altenwohnanstalt II
BGH, Urt. v. 12.12.1991, I ZR 210/89
GRUR 1992, 386 = MDR 1992, 359 = NJW 1992, 1171

BGH GRUR 1991, 529 – Explosionszeichnungen
BGH, Urt. v. 28.02.1991, I ZR 88/89
NJW-RR 1991, 1189

EuGH, C-360/87, Slg. 1991, I-791 – Kommission/Italien
EuGH, Urt. v. 28.02.1991, C-360/87

BGHZ 114, 368 – Liedersammlung
BGH, Urt. v. 06.06.1991, I ZR 26/90
GRUR 1991, 903 = MDR 1992, 39 = NJW 1992, 1686

OLG Düsseldorf, GRUR 1993, 903 – Bauhaus-Leuchte
OLG Düsseldorf, Urt. v. 04.09.1992, 20 U 144/91

BGHZ 118, 394 – ALF
BGH, Urt. v.17.06.1992, I ZR 182/90
GRUR 1992, 697 = NJW 1992, 2824

BGHZ 123, 149 – Verteileranlagen
BGH, Urt. v. 08.07.1993, I ZR 124/91
GRUR 1994, 45 = NJW 1993, 2871

KG Berlin, GRUR 1996, 968 – Möbel-Nachbildungen
KG, Urt. v. 30.04.1993, 5 U 2548/91
ZUM-RD 1997, 127

BGH GRUR 1994, 191 – Asterix-Persiflagen
BGH, Urt. v. 11.03.1993, I ZR 264/91
MDR 1993, 747 = NJW-RR 1993, 1002

EuGH, C-298/89, Slg. 1993, I-3605 – Gibraltar/Rat
EuGH, Urt. v. 29.06.1993, C-298/89

BGH GRUR 1994, 363 – Holzhandelsprogramm
BGH, Urt. v. 20.01.1994, I ZR 267/91
MDR 1994, 462 = NJW 1994, 1216 = WRP 1994, 299

BGHZ 126, 252 – Folgerechtsanspruch des Künstlers
BGH, Urt. v. 16.06.1994, I ZR 24/92
GRUR 1994, 798 = MDR 1995, 493 = NJW 1994, 2888

BGHZ 129, 66 – Mauer-Bilder
BGH, Urt. v. 23.02.1995, I ZR 68/93
GRUR 1995, 673 = JZ 1995, 835 = MDR 1995, 707 = NJW 1995, 1556 = WRP 1995, 609

BVerfGE 92, 262
BVerfG, Beschl. v. 26.04.1995, 1 BvL 19/94 und 1 BvR 1454/94
MDR 1995, 1020

EuGH, C-10/95 P, Slg. 1995, I-4149 – Asocarne/Rat
EuGH, Urt. v. 23.11.1995, C-10/95 P
EuZW 1996, 218

EuGH, C-220/94, Slg. 1995, I-1589 – Kommission/Luxemburg
EuGH, Urt. v. 15.06.1995, C-220/94

BVerfGE 92, 1 – Sitzblockaden II
BVerfG, Beschl. v. 10.01.1995, 1 BvR 718, 719, 723/89
DB 1995, 1330 = MDR 1995, 833 = NJW 1995, 1141

BVerfGE 93, 213
BVerfG, Beschl. v. 09.08.1995, 1 BvR 2263/94 u. 229, 534/95
JZ 1996, 674 = MDR 1996, 201 = NJW 1996, 709

BGHZ 131, 8 – Pauschale Rechtseinräumung
BGH, Urt. v. 27.09.1995, I ZR 215/93
GRUR 1996, 121 = JZ 1996, 520 = NJW 1995, 3252

KG, NJW 1995, 3392
KG, Urt. v. 21.04.1995, 5 U 1007/95

HZ 134, 250 – CB-Infobank I
BGH, Urt. v. 16.01.1997, I ZR 9/95
CR 1997, 403 = GRUR 1997, 459 = NJW 1997, 1363 = ZIP 1997, 749

EuGH GRUR Int 1998, 140 – Dior/Evora
EuGH, Urt. v. 04.11.1997, C-337/95
DB 1998, 192

BGHZ 136, 380 – Spielbankaffaire
BGH, Urt. v. 02.10.1997, I ZR 88/95
GRUR 1999, 152 = GRUR Int 1998, 427 = MMR 1998, 35 = NJW 1998, 1395

BGH GRUR 1999, 49 – Bruce Springsteen and his Band
BGH, Urt. v. 23.04.1998, I ZR 205/95
K&R 1998, 492 = NJW 1999, 139 = ZUM 1998, 934

BGHZ 137, 387 – Comic-Übersetzungen I
BGH, Urt. v. 22.01.1998, I ZR 189/95
GRUR 1998, 680 = NJW 1998, 3716 = ZUM 1998, 497

BVerfGE 99, 202
BVerfG, Beschl. v. 10.11.1998, 1 BvR 2296–96 u. 1 BvR 1081–97
DB 1999, 335 = NJW 1999, 935

BVerfGE 97, 169
BVerfG, Beschl. v. 27.01.1998, 1 BvL 15/87
DB 1998, 826 = JZ 1998, 848 = MDR 1998, 658 = NJW 1998, 1475

EuGH, C-162/97, Slg. I 1998, 7477 EuGH, Urt. v. 19.11.1998, C-162/97

BGHZ 140, 183 – Elektronische Pressearchive
BGH, Urt. v. 10.12.1998, I ZR 100/96
CR 1999, 213 = GRUR 1999, 325 = K&R 1999, 225 = MMR 1999, 409 = NJW 1999, 1864 = WRP 1999, 417

BVerfGE 100, 313
BVerfG, Urt. v. 14.07.1999, 1 BvR 2226/94, 2420/95 u. 2437/95
CR 2001, 29 = JuS 2000, 597 = K&R 1999, 413 = NJW 2000, 55

OLG Hamburg, NJW 1999, 3343 – veröffentlichte Berufungsschrift
OLG Hamburg, Urt. v. 29.07.1999, 3 U 34–99
ZUM-RD 1999, 533

EuGH GRUR Int 1999, 868 – Butterfly
EuGH, Urt. v. 29.06.1999, C-60/98
ZUM 1999, 839

BGHZ 141, 13 – Kopienversanddienst
BGH, Urt. v. 25.02.1999, I ZR 118/96
CR 1999, 614 = GRUR 1999, 707 = K&R 1999, 413 = MDR 2000, 45 = NJW 1999, 1953

BVerfGE 101, 331
BVerfG, Beschl. v. 15.12.1999, 1 BvR 1904/95, 602, 1032/96, 1395, 2284/97, 1126, 1158/94, 1661, 2180/95, 283, 224/97, 35/98

BGHZ 141, 267 – Laras Tochter
BGH, Urt. v.29.04.1999, I ZR 65/96
GRUR 1999, 984 = K&R 2000, 355 = NJW 2000, 2202 = ZUM 1999, 644

BVerfG GRUR 2001, 149 – Germania 3
BVerfG, Beschl. v. 29.06.2000, 1 BvR 825/98
MMR 2000, 686 = NJW 2001, 598

BVerfGE 102, 347 – Schockwerbung I
BVerfG, Urt. v. 12.12.2000, 1 BvR 1787/95

BVerfGE 102, 1
BVerfG, Beschl. v. 16.02.2000, 1 BvR 242/91, 315/99
DB 2000, 1460 = JuS 2000, 1219 = JZ 2001, 37 = NJW 2000, 2573

BGHZ 144, 232 – Parfumflakon
BGH, Urt. v. 04.05.2000, I ZR 256/97
GRUR 2001, 51 = NJW 2000, 3783 = WRP 2000, 1407

KG Berlin, ZUM 2002, 828
KG Berlin, Urt. v. 23.11.2001, 5 U 188/01

EuGH, C-162/99, Slg. 2001, I-541 – Kommission/Italien
EuGH, Urt. v. 18.01.2001, C-162/99
EuZW 2001, 187

EuGH, C-144/99, Slg. 2001, I-3541 – Kommission/Niederlande
EuGH, Urt. v. 10.05.2001, C-144/99
NJW 2001, 2244

OLG Hamburg, GRUR 2001, 831 – Roche Lexikon Medizin
OLG Hamburg, Urt. v. 22.02.2001, 3 U 247/00
CR 2001, 704 = MMR 2001, 533 = NJW-RR 2001, 1198

LG München, ZUM 2001, 1008 – Newsclub
LG München, Urt. v. 18.09.2001, 7 O 6910/01

KG Berlin, GRUR 2002, 252 – Mantellieferung
KG Berlin, Urt. v. 24.07.2001, 5 U 9427/99
ZUM-RD 2001, 485

KG, ZUM 2003, 395 – Hase und Wolf
KG, Urt. v. 27.08.2002, 5 U 337/01

BGH GRUR 2003, 699 – Eterna
BGH, Urt. v. 19.12.2002, I ZR 297/99 (KG)
WRP 2003, 994

BGHZ 150, 6 – Verhüllter Reichstag
BGH, Urt. v. 24.01.2002, I ZR 102/99
GRUR 2002, 605 = K&R 2002, 657 = NJW 2002, 2394 = WRP 2002, 712

BGHZ 151, 300 – Elektronischer Pressespiegel
BGH, Urt. v. 11.07.2002, I ZR 255/00
CR 2002, 827 = GRUR 2002, 963 = JZ 2003, 473 = MDR 2002, 284 = NJW 2002, 3393 = WRP 2002, 1296

BGHZ 152, 322 – Sender Felsberg
BGH, Urt. v. 07.11.2002, I ZR 175/00
GRUR 2003, 328 = GRUR Int. 2003, 470 = K&R 2003, 192 = NJW-RR 2003, 549

BVerwGE 116, 347 – „Kampfhunde"-Verordnung
BVerwG, Urt. v. 03.07.2002, 6 CN 8/01
NVwZ 2003, 95

EuGH, C-62/00, Slg. I 2002, 6325 – Marks & Spencer
EuGH, Urt. v. 11.07.2002, C-62/00
IStR 2002, 565

BGHZ 155, 257 – Sendeformat
BGH, Urt. v. 26.06.2003, I ZR 176/01
GRUR 2003, 876 = K&R 2003, 517 = NJW 2003, 2828 = WRP 2003, 1135

OLG Stuttgart, ZUM-RD 2003, 586
OLG Stuttgart, Beschl. v. 22.07.2003, 4 W 32/03
AfP 2003, 365 = NJW-RR 2004, 619

BGHZ 154, 260 – Gies-Adler
BGH, Urt. v. 20.03.2003, I ZR 117/00
GRUR 2003, 956 = MDR 2003, 1305 = NJW 2003, 3633 = WRP 2003, 1235

EuGH, C-222/02, Slg. 2004, I-9425 – Paul/Deutschland
EuGH, Urt. v. 25.11.2003, C-222/02

LG München, ZUM-RD 2003, 607
LG München, Urt. v. 16.07.2003, 21 O 8790/03

BGHZ 156, 1 – Paperboy
BGH, Urt. v. 17.07.2003, I ZR 259/00
GRUR 2003, 958 = WRP 2003, 1341

BGH GRUR 2005, 62 – CITROËN
BGH, Urt. v. 13.07.2004, KZR 10/03
GRUR Int 2005, 152 = WRP 2004, 1378

LG München, GRUR-RR 2004, 350 – GPL-Verstoß
LG München, Urt. v. 19.05.2004, 21 O 6123/04
CR 2004, 774 = K&R 2004, 451

LG München, GRUR 2005, 574 – O Fortuna
LG München, Urt. v. 05.08.2004, 7 O 15374/02
ZUM 2005, 849

BGHSt 49, 93 – Tonträgerpiraterie durch CD-Export
BGH, Urt. v. 03.03.2004, 2 StR 109/03
GRUR 2004, 421 = NJW 2004, 1674 = ZUM 2004, 371

OLG München, ZUM 2005, 755
OLG München, Urt. v. 16.06.2005, 6 U 5629/99

BGH GRUR 2005, 940 – Marktstudien
BGH, Urt. v. 21.04.2005, I ZR 1/02
CR 2006, 51 – NJW-RR 2005, 1707 = WRP 2005, 1538

EuGH, C-479/04, Slg. I 2006, 8113 – Laserdisken
EuGH, Urt. v. 12.09.2006, C-479/04
EuZW 2006, 662 = ZUM-RD 2006, 495

OLG Dresden, ZUM 2007, 203
OLG Dresden, Urt. v. 28.11.2006, 14 U 1071/06
CR 2007, 662 = K&R 2007, 278

LG Frankfurt, ZUM 2006, 881 – Musik-Flatrate
LG Frankfurt, Urt. v. 31.05.2006, 2-06 O 288/06

OLG Köln, GRUR-RR 2007, 1 – Nachbildungen von Le-Corbusier-Möbeln
OLG Köln, Urt. v. 07.07.2006, 6 U 227/05

EuGH, C-344/04, Slg. I 2006, 443 EuGH, Urt. v. 10.01.2006, C-344/04
EuZW 2006, 112 = NJW 2006, 351

BVerfGE 118, 79 – Umweltrecht – Immissionsschutzrecht
BVerfG, Beschl. v. 13.03.2007, 1 BvF 1/05
JuS 2007, 1052 = NVwZ 2007, 937

BVerfG GRUR 2007, 1064 – Kopierschutzumgehung
BVerfG, Beschl. v. 03.01.2007, 1 BvR 1936/05
CR 2007, 381 = MMR 2007,576 = NJW-RR 2007, 1684 = ZUM 2007, 378

BGH GRUR 2007, 691, 691 – Staatsgeschenk
BGH, Urt. v. 24.05.2007, I ZR 42/04
MittdtPatA 2007, 433 L = WRP 2007, 996 = ZUM 2007, 644

OLG Frankfurt a.M., ZUM-RD 2008, 173
OLG Frankfurt a.M., Urt. v. 17.04.2007, 11 U 5/06 (Kart)

LG Berlin, ZUM-RD 2008, 18
LG Berlin, Urt. v. 05.06.2007, 16 O 106/07
K&R 2007, 588

LG Köln, ZUM 2008, 707
LG Köln, Urt. v. 14.05.2008, 28 O 582/07

EuGH, C-456/06, Slg. I 2008, 2750 – Le-Corbusier-Möbel
EuGH, Urt. v. 17.04.2008, C-456/06
EuZW 2008, 346 = GRUR 2008, 604 = NJW 2008, 508 = ZUM 2008, 508

EuGH, C-549/07, Slg. I 2008, 11061 EuGH, Urt. v. 22.12.2008, C-549/07
EuZW 2009, 111 = NJW 2009, 347

BGH GRUR 2009, 840 – Le-Corbusier-Möbel II
BGH, Urt. v. 22.01.2009, I ZR 247/03
GRUR Int 2009, 942 = MDR 2009, 1179 = NJW 2009, 2960 = WRP 2009, 1127 = ZUM-RD 2009, 529

OLG Hamburg, ZUM 2010, 63
OLG Hamburg, Urt. v. 24.06.2009, 5 U 165/08
CR 2010, 45 = MMR 2009, 851

LG München, ZUM-RD 2010, 159
LG München, Urt. v. 14.10.2009, 21 O 22196/08
CR 2010, 76 = K&R 2010, 66 = MMR 2010, 341

OLG Dresden, ZUM 2010, 362
OLG Dresden, Urt. v. 15.12.2009, 14 U 818/09
MMR 2010, 625 = K&R 2010, 420

EuGH, C-467/08, Slg. 2010, I-10055 – Padawan
EuGH, Urt. v. 21.10.2010, C-467/08
CR 2011, 6 = GRUR 2011, 50

BGHZ 185, 291 – Vorschaubilder I
BGH, Urt. v. 29.04.2010, I ZR 69/08
CR 2010, 463 = GRUR 2010, 628 = K&R 2010, 501 = NJW 2010, 2731 = WRP 2010, 916 = ZUM 2010, 580

LG Berlin, MMR 2011, 763
LG Berlin, Urt. v. 08.10.2010, 16 O 458/10
CR 2012, 134

BGH GRUR 2011, 714 – Der Frosch mit der Maske
BGH, Urt. v. 28.10.2010, I ZR 18/09
K&R 2011, 485 = WRP 2011, 913 = ZUM 2011, 560

OLG München, ZUM-RD 2011, 603 – Gesamtvertrag für Hochschulen
OLG München, Urt. v. 24.03.2011, 6 WG 12/09

OLG Stuttgart, GRUR-RR 2012, 243 – Onlinevertrieb bei Hörbüchern
OLG Stuttgart, Urt. v. 03.11.2011, 2 U 49/11
AfP 2012, 469 = CR 2012, 299 = K&R 2012, 294 = MittdtPatA 2012, 189 = MMR 2012, 834 = ZUM 2012, 811

BGH GRUR Int 2011, 955 – Drucker und Plotter II
BGH, Beschl. v. 21.07.2011, I ZR 28/11
GRUR Int. 2011, 1007 = NJW 2011, 2992 = WRP 2011, 1478

BGH GRUR 2011, 418 – UsedSoft
BGH, Urt. v. 03.02.2011, I ZR 129/08
GRUR Int. 2011, 439 = MMR 2011, 305 = WRP 2011, 480 = ZUM 2011, 397

BGH GRUR 2012, 602 – Vorschaubilder II
BGH, Urt. v. 19.10.2011, I ZR 140/10
CR 2012, 333 = K&R 2012, 416 = NJW 2012, 1886 = WRP 2012, 721 = ZUM 2012, 477

BGH GRUR 2002, 246 – Scanner
BGH, Urt. v. 05.07.2011, I ZR 335/98
NJW 2002, 964 = WRP 2002, 219 = ZUM 2002, 218

EuGH ZUM 2011, 803 – Football Association Premier League
EuGH, Urt. v. 04.10.2011, C-403/08 und C-429/08

EuGH, C-271/10, Slg. 2011, I-05815 – VEWA
EuGH, Urt. v. 30.06.2011, C-271/10
GRUR 2011, 913 = MMR 2011, 606

BGHSt 58, 15 – Italienische Bauhausmöbel
BGH, Urt. v. 11.10.2012, 1 StR 213/10
GRUR 2013, 62 = MMR 2013, 179 = NJW 2013, 93 = ZUM 2013, 124

EuGH GRUR 2012, 593 – SCF
EuGH, Urt. v. 15.03.2012, C-135/10
GRUR Int 2012, 440 = K&R 2012, 340 = WRP 2012, 689

EuGH GRUR 2012, 489 – Luksan
EuGH, Urt. v. 09.02.2012, C-277/10
GRUR Int 2012, 341 = MMR 2012, 320 = WRP 2012, 806 = ZUM 2012, 313

EuGH GRUR Int 2012, 759 – UsedSoft
EuGH, Urt. v. 03.07.2012, C-128/11
CR 2012, 498 = K&R 2012, 1074 = MMR 2012, 586 = NJW 2012, 2565 = WRP 2012, 1074 = ZUM 2012, 661

EuGH ZUM 2012, 398 – Infopaq II
EuGH, Beschl. v. 17.01.2012, C-302/10
GRUR Int 2012, 336 = MMR 20123, 45

EuGH GRUR 2012, 817 – Donner
EuGH, Urt. v. 21.06.2012, C-5/11
EuZW 2012, 663 = GRUR Int 2012, 766 = K&R 2012, 582 = WRP 2012, 927 = ZUM-RD 2012, 437

BGHZ 192, 290 – Delcantos Hits
BGH, Urt. v.02.02.2012, I ZR 162/09
GRUR 2012, 910 = K&R 2012, 748 = NJW 2012, 3512 = WRP 2012, 1405

OLG Stuttgart, ZUM 2012, 495
OLG Stuttgart, Urt. v. 04.04.2012, 4 U 171/11
CR 2012, 387 = K&R 2012, 440 = MMR 2012, 477

BGHZ 195, 257 – Alles kann besser werden
BGH, Beschl. v. 19.04.2012, I ZB 80/11
CR 2012, 600 = GRUR 2012, 1026 = K&R 2012, 664 = MMR 2012, 689 = NJW 2012, 2958 = WRP 2012, 1250

LG Bielefeld, CR 2013, 812
LG Bielefeld, Urt. v. 05.03.2013, 4 O 191/11

BGH GRUR 2013, 1035 – Videospiel-Konsolen
BGH, Urt. v. 06.02.2013, I ZR 124/11
CR 2013, 695 = GRUR Int 2013, 1064 = WRP 2013, 1355 = ZUM 2013, 804

BGH GRUR 2014, 549 – Meilensteine der Psychologie
BGH, Urt. v. 28.11.2013, I ZR 76/12
K&R 2014, 423 = MMR 2014, 616 = NJW 2014, 2117 = ZUM 2014, 524

BGH GRUR 2014, 264 – UsedSoft II
BGH, Urt. v. 17.07.2013, I ZR 129/08
CR 2014, 168 = K&R 2014, 189 = NJW-RR 2014, 360 = WRP 2014, 308 = ZUM 2014, 527

EuGH GRUR 2014, 654
EuGH, Urt. v. 05.06.2014, C-360/13
CR 2014, 594 = WRP 2014, 825 = ZUM 2014, 681

BGH GRUR 2014, 984 – PC III
BGH, Urt. v. 03.07.2014, I ZR 30/11
CR 2014, 634 = MDR 2014, 1221 = MMR 2014, 763 = NJW-RR 2015, 171 = WRP 2014, 1203 = ZUM 2014, 893

OLG Hamm, CR 2014, 498 – Hörbuch-AGB
OLG Hamm, Urt. v. 15.05.2014, 22 U 60/13
K&R 2014, 534 = NJW 2014, 3659

EuGH GRUR 2014, 972 – Deckmyn/Vandersteen
EuGH, Urt. v. 03.09.2014, C-201/13
GRUR Int 2014, 969 = K&R 2014, 650 = WRP 2014, 1181 = ZUM-RD 2014, 613

EuGH GRUR 2014, 255 – Nintendo Unternehmen/PC Box u.a.
EuGH, Urt. v. 23.01.2014, C-355/12
CR 2014, 224 = GRUR Int 2014, 285 = MMR 2014, 401 = NJW 2014, 761 = WRP 2014, 301 = ZUM 2014, 219

OLG Hamburg, GRUR-RR 2015, 361 – eBook-AGB
OLG Hamburg, Hinweisbeschl. v. 04.12.2014, 10 U 5/11
CR 2015, 534

EuGH GRUR 2014, 1078 – Elektronische Leseplätze
EuGH, Urt. v. 11.09.2014, C-117/13
GRUR Int 2014, 1070 = K&R 2014, 723 = MMR 2014, 822 = NJW 2015, 766 = WRP 2014, 1178 = ZUM 2014, 883

EuGH GRUR 2014, 546
EuGH, Urt. v. 10.04.2014, C-435/12
CR 2014, 360 = EuZW 2014, 501 = GRUR Int. 2014, 605 = MMR 2014, 679 = WRP 2014, 682 = ZUM 2014, 573

BGH GRUR 2015, 258 – CT-Paradies
BGH, Urt. v. 18.09.2014, I ZR 76/13
WRP 2015, 356 = ZUM 2015, 391

LG München, MMR 2015, 660 – Zulässigkeit von Werbeblockern
LG München, Urt. v. 27.05.2015, 37 O 11673/14
CR 2015, 738 = K&R 2015, 521 = WRP 2015, 927

EuGH MMR 2015, 310 – Ermäßigter Steuersatz auf E-Books
EuGH, Urt. v. 05.03.2015, C-502/13

EuGH MMR 2015, 308 – Ermäßigter Steuersatz auf E-Books
EuGH, Urt. v. 05.03.2015, C-479/13
CR 2015, 452 = K&R 2015, 324 = WRP 2015, 926

EuGH GRUR 2016, 1266 – Verleihen von E-Books
EuGH, Urt. v. 10.11.2016, C-174/15
CR 2017, 14 = NJW 2017, 461 = ZUM 2017, 152

OLG Köln, MMR 2016, 387
OLG Köln, Urt. v. 26.02.2016, 6 U 90/15
CR 2016, 458 = K&R 2016, 273 = WRP 2016, 640

EuGH GRUR 2017, 610 – Streaming
EuGH, Urt. v. 26.04.2017, C-527/15
CR 2017, 546 = NJW 2017, 1933 = ZUM 2017, 587

EuGH GRUR 2019, 929 – Metall auf Metall
EuGH, Urt. v. 29.7.2019, C-476/17
CR 2019, 595 = WRP 2019, 1156 = ZUM 2019, 738

II. US-amerikanische Rechtsprechung

Gray v. Russell, 10 F. Cas. 1035 (C.C.D. Mass. 1839)

Folsom v. Marsh, 9 F.Cas. 342 (C.C.D Mass. 1841)

Burrow-Giles Lithographic Co. v. Sarony, 111 U.S. 53 (U.S. 1884)

Bleistein v. Donaldson Lithographing Co., 188 U.S. 239 (U.S. 1903)

Sampson & Murdock Co. v. Seaver-Radford Co., 140 F. 539 (1st Cir. 1905)

Nichols v. Universal Pictures Corporation, 45 F.2d 119 (2d Cir. 1930)

Fox Film Corp. v. Doyal, 286 U.S. 123 (U.S. 1932)

Carr v. National Capital Press, Inc., 71 F.2d 220 (D.C. Cir. 1934)

Sheldon v. Metro-Goldwyn Pictures Corporation, 81 F.2d 49 (2d Cir. 1936)

Shipman v. RKO Radio Pictures, 100 F.2d 533 (2d Cir. 1938)

Henry Holt & Co. v. Liggett & Myers Tobacco Co., 23 F.Supp. 302 (E.D. Pa. 1938)

Dellar v. Samuel Goldwyn, Inc., 104 F.2d 661 (C.A.2 1939)

Towle v. Ross, 32 F.Supp. 125 (D. Or. 1940)

Mathews Conveyer Co. v. Palmer-Bee Co., 135 F.2d 73 (6th Cir. 1943)

Twentieth Century-Fox Film Corp. v. Stonesifer, 140 F.2d 579 (9th Cir. 1944)

Stanley v. Columbia Broadcasting System, 35 Cal.2d 653 (CAL. 1950)

Alfred Bell & Co. v. Catalda Fine Arts, 191 F.2d 99 (C.A.2 1951)

Holdredge v. Knight Publishing Corporation, 214 F.Supp. 921 (S.D. Cal. 1963)

Mura v. Columbia Broadcasting System, Inc., 245 F.Supp. 587 (S.D.N.Y. 1965)

Fristot v. First American Natural Ferns Co., 251 F.Supp. 886 (S.D.N.Y. 1966)

Time, Inc. v. Bernard Geis Associates, 293 F.Supp. 130 (D.C.N.Y. 1968)

Meredith Corporation v. Harper & Row, Publishers, Inc., 378 F.Supp. 686 (S.D.N.Y. 1974)

Universal Athletic Sales Co. v. Salkeld, 511 F.2d 904 (C.A.Pa. 1975)

Twentieth Century Music Corp. v. Aiken, 422 U.S. 151 (U.S.Pa 1975)

Mills Music, lnc. v. State of Arizona, 187 U.S.P.Q. 22 (D. Ariz. 1975)

Reyher v. Children's Television Workshop, 533 F.2d 87 (C.A.N.Y. 1976)

Wainwright Securities, Inc. v. Wall St. Transcript Corp., 558 F.2d 91 (C.A.N.Y. 1977)

New York Times Co. v. Roxbury Data Interface, Inc., 434 F.Supp. 217 (D.C.N.J 1977)

Sid & Marty Krofft Television Productions, Inc. v. McDonald's Corp., 562 F.2d 1157 (C.A.Cal. 1977)

Triangle Publications, Inc. v. Knight-Ridder Newspapers, Inc., 626 F.2d 1171 (C.A.Fla. 1980)

Roy Export Co. Establishment of Vaduz, Liechtenstein, Black Inc., A. G. v. Columbia Broadcasting System, Inc., 503 F.Supp. 1137 (D.C.N.Y 1980)

Iowa State University Research Foundation, Inc. v. American Broadcasting Companies, Inc., 621 F.2d 57 (C.A.N.Y. 1980)

MCA, Inc. v. Wilson, 677 F.2d 180 (C.A.N.Y. 1981)

Kamar Intern., Inc. v. Russ Berrie and Co., 657 F.2d 1059 (C.A.Cal. 1981)

Harper & Row, Publishers, Inc. v. Nation Enterprises, 557 F.Supp. 1067 (S.D.N.Y. 1983)

Association of American Medical Colleges v. Mikaelian, 571 F.Supp. 144 (D.C.Pa. 1983)

Marcus v. Rowley, 695 F.2d 1171 (C.A.Cal. 1983)

Sony Corp. of America v. Universal City Studios, Inc., 464 U.S. 417 (U.S.Cal. 1984)

Harper & Row Publishers, Inc. v. Nation Enterprises, 471 U.S. 539 (U.S.N.Y. 1985)

Salinger v. Random House, Inc., 650 F.Supp. 413 (S.D.N.Y. 1986)

Baxter v. MCA, Inc., F.2d 421 (C.A.9 (Cal.) 1987)

Telerate Systems, Inc. v. Caro, 689 F.Supp. 221 (S.D.N.Y. 1988)

S.O.S., Inc. v. Payday, Inc., 886 F.2d 1081 (C.A.9 (Cal.) 1989)

Stewart v. Abend, 495 U.S. 207 (U.S.Cal. 1990)

New Era Publications Intern., ApS v. Carol Pub. Grup, 904 F.2d 152 (C.A.2 (N.Y.)

1990

Feist Publications, Inc. v. Rural Telephone Service Co., Inc., 499 U.S. 340 (U.S. Kan. 1991)

Acuff-Rose Music, Inc. v. Campbell, 754 F.Supp. 1150 (M.D.Tenn. 1991)

Basic Books, Inc. v. Kinko's Graphics Corp., 758 F.Supp. 1522 (S.D.N.Y. 1991)

Arica Institute, Inc. v. Helen Palmer and Harper & Row Publishers, Inc., 970 F.2d 1067 (2d Cir. 1992)

MAI Systems Corp. v. Peak Computer, Inc., 991 F.2d 511 (C.A.9 (Cal.) 1993)

American Geophysical Union v. Texaco Inc., 60 F.3d 913 (C.A.2 (N.Y.) 1994)

Campbell v. Acuff-Rose Music, Inc., 510 U.S. 569 (1994)

Matter of Rhone-Poulence Rorer, Inc., 51 F.3d 1293 (7th Cir. 1995)

Central Point Software, Inc. v. Nugent, 903 F.Supp. 1057 (E.D.Tex. 1995)

Princeton University Press v. Michigan Document Services, Inc., 99 F.3d 1381 (C.A.6 (Mich.) 1996)

Georgine v. Amchem Products, Inc., 83 F.3d 610 (3 d Cir. 1996)

Infinity Broadcast Corp. v. Wayne Kirkwood, Doing Business As Media Dial-up, 150 F.3d 104 (2d Cir. 1998)

Castle Rock Entertainment, Inc. v. Carol Pub. Group, Inc., 150 F.3d 132 (C.A.2 (N.Y.) 1998)

Sundeman v. Seajay Society, Inc., 142 F.3d 194 (C.A.4 (S.C.) 1998)

Nunez v. Carribean Intern. News Corp., 235 F.3d 18 (C.A.1 (Puerto Rico) 2000)

Los Angeles Times v. Free Republic, 2000 U.S. Dist. LEXIS 5669

A&M Records, Inc. v. Napster, Inc., 114 F.Supp.2d 896 (N.D.Cal. 2000)

A&M Records, Inc. v. Napster, Inc., WL 227083 (N.D.Cal. 2001)

A&M Records, Inc. v. Napster, Inc., 239 F.3d 1004 (C.A.9 (Cal.) 2001)

Kelly v. Arriba Soft Corp., 336 F.3d 811 (9th Cir. 2003)

Video Pipeline, Inc. v. Buena Vista Home Entertainment, Inc., 342 F.3d 191 (3d Cir. 2003)

NXIVM Corp. v. Ross Institute, 364 F.3d 471 (C.A.2 (N.Y.) 2004)

Blanch v. Koons, 467 F.3d 244 (2d Cir. 2006)

Bill Graham Archives v. Dorling Kindersley Limited, Dorling Kindersley Publishing, Inc. and Rr Donnelley & Sons Company, 448 F.3d 605 (2d Cir. 2006)

Perfect 10, Inc. v. Amazon.com Inc., 508 F.3d 1146 (9th Cir. 2007)

Perfect 10, Inc. v. Amazon.com, Inc., 487 F.3d 701 (C.A.9 (Cal.) 2007)

United States of America v. American Society of Composers, Authors and Publishers, et al., 599 F.Supp.2d 415 (S.D.N.Y. 2009)

Memorandum of law in opposition to the amended Settlement Agreement on behalf of the Federal Republic of Germany, 8, ECF No. 852

Authors Guild, Inc. et al. v. Google Inc., 770 F.Supp.2d 666 (S.D.N.Y. 2011)

Capitol Records, LLC v. ReGIGI Inc., 934 F.Supp.2d 640 (12 Civ. 95 (RJS))

Cariou v. Prince, 714 F.3d 694 (C.A.2 (N.Y.))

The Authors Guild et al v. Google Inc., 1:2005cv08136 Document 1088 (S.D.N.Y. 2013)

Authors Guild v. Google, Inc., No. 13-4829 (2d Cir. 2015)

Authors Guild v. Google, Inc., No. 15-849

Literaturverzeichnis

Abdallah, Tarek / Gercke, Björn / Reiert, Peter, Die Reform des Urheberrechts – hat der Gesetzgeber das Strafrecht übersehen? – Zu den strafrechtlichen Implikationen von Privatkopie und wirksamen technischen Schutzmaßnahmen unter besonderer Berücksichtigung privatkopierter Audio-CDs, in: ZUM 2004, S. 31 ff.

Adolphsen, Jens / Mutz, Martina, Das Google Book Settlement, in: GRUR Int 2009, S. 789 ff.

Afori, Orit Fischman, An Open Standard „Fair Use" Doctrine: A Welcome Israeli Initiative, in: EIPR 2008, S. 85 ff.

Ahlberg, Hartwig / Götting, Horst-Peter (Hrsg.), Beck'scher Online-Kommentar: Urheberrecht, 26. Edition, München 2019

(zit.: BeckOK UrhG/*Bearbeiter*)

Ahrens, Claus, Gewerblicher Rechtsschutz, Tübingen 2008

Allfeld, Philipp, Das Urheberrecht an Werken der Literatur und der Tonkunst, 2. Auflage, München 1928

Ammann, Thorsten, Der Handel mit Second-Hand-Software aus rechtlicher Sicht: eine Betrachtung auf Grundlage des deutschen Rechts, zugleich Diss. iur., Oldenburg 2011

Ann, Christopher, Die idealistische Wurzel des Schutzes geistiger Leistungen, in: GRUR Int 2004, S. 597 ff.

Anschütz, Gerhard, Die Verfassung des Deutschen Reichs, 14. Auflage, Berlin 1933

Apel, Simon, Das Reichsgericht, das Urheberrecht und das Parteiprogramm der NSDAP, in: ZJS 2010, S. 141 ff.

Arlt, Christian, Marktabschottend wirkender Einsatz von DRM-Technik – Eine Untersuchung aus wettbewerbsrechtlichem Blickwinkel, in: GRUR 2005, S. 1003 ff.

Arlt, Christian, Digital-Rights-Management-Systeme: der Einsatz technischer Maßnahmen zum Schutz digitaler Inhalte, München 2006

Assmann, Hein-Dieter / Bungert, Hartwin, Handbuch des US-amerikanischen Handels-, Gesellschafts- und Wirtschaftsrechts – Band 1, Wien 2001

(zit.: Assmann/Bungert/*Bearbeiter*)

Badura, Peter, Zur Lehre von der verfassungsrechtlichen Institutsgarantie des Eigentums, betrachtet am Beispiel des „geistigen Eigentums", in: FuR (ZUM) 1984, S. 552 ff.

Baetzgen, Oliver, Internationales Wettbewerbs- und Immaterialgüterrecht im EG-Binnenmarkt: Kollisionsrecht zwischen Marktspaltung („ROM II") und Marktintegration (Herkunftslandprinzip), zugleich Diss. iur., Köln u.a. 2007

Bainbridge, David I., Intellectual Property, 9th edition, Harlow u.a. 2012

Ball, Horace G., The Law of Copyright and Literary Property, Albany, N.Y. 1944

Bamberger, Heinz Georg / Roth, Herbert, Kommentar zum Bürgerlichen Gesetzbuch, 4. Auflage, München 2019

(zit.: Bamberger/Roth/*Bearbeiter*)

Bamberger, Heinz Georg / Roth, Herbert / Hau, Wolfgang / Poseck, Roman, Beck'scher Online-Kommentar: BGB, 53. Edition, München 2020

(zit.: BeckOK BGB/*Bearbeiter*)

Bangemann-Report, Europe and the global information society – Recommendations to the European Council, Brüssel 1994

Bappert, Walter, Wege zum Urheberrecht: die geschichtliche Entwicklung des Urheberrechtsgedankens, Frankfurt am Main 1962

Bauer, Christian Alexander, User Generated Content – Urheberrechtliche Zulässigkeit nutzergenerierter Medieninhalte, in: Große Ruse-Khan/Klass/v. Lewinski Nutzergenerierte Inhalte als Gegenstand des Privatrechts – Aktuelle Probleme des Web 2.0, München 2010, S. 1 ff.

Baulch, Libby / Green, Michael / Wyburn, Mary, The Boundaries of Copyright – Its proper Limitations and Exceptions, Sydney 1998

(zit.: Baulch/Green/Wyburn/*Bearbeiter*)

Baumgarten, Jon A. / Meyer, Christopher A., Die Bedeutung des Beitritts der USA zur Berner Übereinkunft, in: GRUR Int 1989, S. 620 ff.

Beatge, Dietmar / Eichholtz, Stephanie, Die Class Action in den USA, in: Basedow/Hopt/Kötz/Beatge (Hrsg.), Die Bündelung gleichgerichtlicher Interessen im Prozess, Tübingen 1999

Becher, Johannes, Ökonomische Legitimation des Erschöpfungsprinzips bei Software, Wiesbaden 2015

Bechtold, Stefan, Vom Urheber- zum Informationsrecht: Implikationen des Digital-Rights-Management, München 2002

Bechtold, Stefan, Das Urheberrecht und die Informationsgesellschaft, in: Reto Hilty / Alexander Peukert (Hrsg.), Interessenausgleich im Urheberrecht, Baden-Baden 2004, S. 67 ff.

Becker, Stefanie, Anwendung des ermäßigten Steuersatzes auf E-Books, in: DStR 2014, S. 462 ff.

Beebe, Barton, An Empirical Study of U.S. Copyright Fair Use Opinions, 1978–2005, in: U. Pa. L. Rev. 156 (2008), S. 549 ff.

Bell, Tom W., Fair Use vs. Fared Use: The Impact of Automated Rights Management on Copyright's Fair Use Doctrine, in: N.C. L. Rev. 76 (1998), S. 557 ff.

Bently, Lionel / Sherman, Brad, Intellectual property law, 5th edition, Oxford 2018

Berger, Christian, Elektronische Pressespiegel und Informationsrichtlinie, in: CR 2004, S. 360 ff.

Berger, Christian, Die Wiedergabe eines Werks auf einem elektronischen Bildschirm ist Vervielfältigung, in: Manfred Rehbinder / Haimo Schack / Thomas Hoeren / et al. (Hrsg.), Recht und Geld – Festschrift für Gerhard Pfennig zum 65. Geburtstag Kunst, München 2012, S. 3 ff.

Berking, Christina, Die Unterscheidung von Inhalt und Form im Urheberrecht, zugleich Diss. iur., Baden-Baden 2002

Berle, Adolf A. / Means, Gardiner C., The Mordern Corporation and Private Property, zugleich Habil. iur., tenth printing 2009, USA/UK 1932

Beurskens, Michael, Alles illegal? Fremde Materialien im Studium, in: Bonner Rechtsjournal (Onlineausgabe) 2017, https://www.jura.uni-bonn.de/fileadmin/Fachbereich_Rechtswissenschaft/Einrichtungen/Lehrstuehle/Beurskens/Dokumente/Alles_illegal_Onlinefassung.pdf (zuletzt aufgerufen am 21.05.2020)

Birkmann, Andrea, Die Anknüpfung der originären Inhaberschaft am Urheberrecht, zugleich Diss. iur., Baden-Baden 2009

Bluntschli, Johann Caspar, Deutsches Privatrecht, 3. Auflage, München 1864

Bohne, Michael / Elmers, Christine, Die Digitalisierung von Wissen in der Informationsgesellschaft und ihre rechtliche Regulierung, in: WRP 2009, S. 586 ff.

Bornkamm, Joachim, Ungeschriebene Schranken des Urheberrechts? Anmerkungen zum Rechtsstreit Botho/Theater Heute, in: Willy Erdmann, Festschrift für Henning Piper zum 65. Geburtstag, München 1996, S. 641 ff.

Bornkamm, Joachim, Der Dreistufentest als urheberrechtliche Schrankenbestimmung – Karriere eines Begriffs, in: Ahrens/Bornkamm/Gloy (Hrsg.), Festschrift für Willy Erdmann, Köln 2002, S. 29 ff.

Brannon, Pamela, Reforming Copyright to Foster Innovation: Providing Access to Orphaned Works, in: J. Intell. Prop. L. 14 (2006), S. 145 ff.

Bremer, Oliver / Buhse, Willms, Standardization in DRM – Trends and Recommendations, in: LNCS 2770, 2003, Becker/Buhse/Günnewig/Rump (Hrsg.), Digital Rights Management, S. 334 ff.

Breyer, Stephen, The Uneasy Case for Copyright: A Study of Copyright in Books, Photocopies, ans Computer Programs, in: Harv. L. Rev. 84 (1970), S. 281 ff.

Briem, Stephan, Internationales und Europäisches Wettbewerbsrecht und Kennzeichenrecht, Wien 1995

BSA, The Software Alliance, The Compliance Gap – BSA Global Software Survey, http://globalstudy.bsa.org/2013/downloads/studies/2013GlobalSurvey_Study_en.pdf (zuletzt aufgerufen am 21.05.2020)

BT-Drucks., IV/270 (S. 27–116) – Dokumentation der deutschen Urheberrechtsreform, in: UFITA 1965, 260 ff.

Buck, Petry, Geistiges Eigentum und Völkerrecht – Beiträge des Völkerrechts zur Fortentwicklung des Schutzes von geistigem Eigentum, zugleich Diss. iur., Tübingen 1992

Bull, Der Gemeinnutz im Urheberrecht, in: UFITA 7 (1934), S. 378 ff.

Bundesversammlung, Protokolle der Deutschen Bundesversammlung vom Jahre 1835, Band 20, Frankfurt am Main 1835

Bundesversammlung, Protokolle der Deutschen Bundesversammlung vom Jahre 1836, Band 21, Frankfurt am Main 1836

Bundesversammlung, Protokolle der Deutschen Bundesversammlung vom Jahre 1837, Band 22, Frankfurt am Main 1837

Burk, Dan L. / Cohen, Julie E., Fair Use Infrastructure for Rights Management Systems, in: Harv. J.L. & Tech. 15 (2001), S. 42 ff.

Burnham, William, Introduction to the Law and Legal System of the United States, 6th edition, St. Paul 2016

Busche, Jan, Der Schutz von Computerprogrammen – Eine Ordnungsaufgabe für Urheberrecht und Patentrecht?, in: MittdtPatA 2000, S. 164 ff.

Busche, Jan, Verwertung und Nutzung urheberrechtlich geschützter Werke im digitalen Zeitalter, in: Limperg/Bormann/Filges/Graf-Schlicker/Prütting (Hrsg.), Recht im Wandel europäischer und deutscher Rechtspolitik – Festschrift 200 Jahre Carl Heymanns Verlag, Köln 2015, S. 345 ff.

Busche, Jan / Stoll, Peter-Tobias / Wiebe, Andreas, TRIPs – Internationales und europäisches Recht des geistigen Eigentums, 2. Auflage, Köln 2013

(zit.: Busche/Stoll/Wiebe/*Bearbeiter*)

Busse, Rudolf / Starck, Joachim, Warenzeichengesetz, 6. Auflage, Berlin 1990

Bydlinski, Franz, Juristische Methodenlehre und Rechtsbegriff, 2. Auflage (Nachdruck von 1991), Wien 2011

Calabresi, Guido / Melamed, A. Douglas, Property Rules, Liability Rules, and Inalienability: One View of the Cathedral, in: Harv. L. Rev. 85 (1972), S. 1089 ff.

Calandrillo, Steve P., An Economic Analysis of Property Right in Information: Justifications and Problems of Exclusive Rights, Incentives to Generate Information, and the Alternative of a Government-Run Reward System, in: Fordham Intellectual Property, Media & Entertainment Law Journal 9 (1998), S. 301 ff.

Calliess, Christian / Ruffert, Martin, EUV/AEUV – Das Verfassungsrecht der Europäischen Union mit Europäischer Grundrechtecharta, 5. Auflage, München 2016

(zit.: Calliess/Ruffert/*Bearbeiter*)

Canaris, Claus-Wilhelm, Grundrechte und Privatrecht, in: AcP 1984, S. 201 ff.

Canaris, Claus-Wilhelm, Grundrechtswirkungen und Verhältnismäßigkeitsprinzip in der richterlichen Anwendung und Fortbildung des Privatrechts, in: JuS 1989, S. 161 ff.

Canaris, Claus-Wilhelm, Grundrechte und Privatrecht – Eine Zwischenbilanz. Stark erweiterte Fassung des Vortrags gehalten vor der Juristischen Gesellschaft zu Berlin am 10. Juni 199, Berlin u.a. 1999

Canaris, Claus-Wilhelm, Die AGB-rechtliche Leitbildfunktion des neuen Leistungsstörungsrechts, in: von Habersack, Mathias / Hommelhoff, Peter / Hüffer, Uwe / Schmidt, Karsten (Hrsg.), Festschrift für Peter Ulmer zum 70. Geburtstag, Berlin 2003, S. 1073 ff.

Chang, Yeyoung, Debates on Introduction of „Fair use" to the Copyright Act of Japan and Korea – Do Japan and Korea need Fair use?, Comperative IP Academic Workshop Working Paper No. 2, 2009

Child, James W., The Moral Foundations of Intangible Property, in: The Monist 73 (1990), S. 578 ff.

Cichon, Caroline, Weitergabe digital vertriebener Werkexemplare wie E-Books im Spannungsfeld zwischen Urheber- und Vertragsrecht, in: GRUR-Prax 2010, S. 381 ff.

Clark, Charles, The Publisher in the Electronic World – Report from the International Publishers Copyright Council for the Third IPA International Copyright Symposium, Turin 1994

Cleveland, Sarah H. / Stephan, Paul B., The American Law Institute, Restatement of the Law Third, The Foreign Relations Law of the United States, Vol. 1, St. Paul, Minn. 1986

Cohen, Julie E. / Loren, Lydia Pallas / Okediji, Ruth Gana / O'Rourke, Maureen A., Copyright in a Global Information Economy, 4th edition, New York 2015

Coker, George / Guttman, Joshua / Loscocco, Peter / Herzog, Amy / Millen, Jonathan / O'Hanlon, Brian / Ramsdell, John / Segall, Ariel / Sheehy, Justin / Sniffen, Brian, Principles of remote attestation, in: Int. J. Inf. Secur. 2011, S. 63 ff.

Cooter, Robert / Ulen, Thomas, Law and Economics, 6th edition, Boston u.a. 2016

Cornish, William / Llewelyn, David / Aplin, Tanya, Intellectual Property: Patents, Copyrights, Trademarks & Allied Rights, 8th edition, London 2013

Croskery, Patrick, Institutional Utilitarism and Intellectual Property, in: Chi.-Kent. L. Rev. 68 (1993), S. 631 ff.

Czychowski, Christian, Das Gesetz zur Regelung des Urheberrechts in der Informationsgesellschaft – Ein Über- und ein Ausblick, in: NJW 2003, S. 2409 ff.

Dauses, Manfred A., Handbuch des EU-Wirtschaftsrechts, Band 1, 48. EGL, München 2019

(zit.: Dauses/*Bearbeiter*)

Davies, Gillian, Copyright and the public interest, Weinheim 1994

Davies, Gillian, Urheberrecht in der Informationsgesellschaft: Technische Mechanismen zur Kontrolle privater Vervielfältigung, in: GRUR Int 2001, S. 915 ff.

Depenheuer, Otto / Peifer, Karl-Nikolaus, Geistiges Eigentum – Schutzrecht oder Ausbeutungstitel? – Zustand und Entwicklungen im Zeitalter von Digitalisierung und Globalisierung, Berlin, Heidelberg 2008

(zit.: Depenheuer/Peifer/*Bearbeiter*)

Diefenbach, Donald L., The Constitutional and Moral Justifications for Copyright, in: Public Affairs Quarterly 8 (1994), S. 225 ff.

Dietz, Adolf, Möglichkeiten der Harmonisierung des Urheberrechts in Europa, in: GRUR Int 1978, S. 101 ff.

Dietz, Adolf, Harmonisierung des Urheberrechts in der Europäischen Gemeinschaft, in: FuR (ZUM) 1984, S. 343 ff.

Dietz, Adolf, Das primäre Urhebervertragsrecht in der Bundesrepublik Deutschland und in den anderen Mitgliedstaaten der Europäischen Gemeinschaft, München 1984

Dietz, Adolf, Die Schutzdauer-Richtlinie der EU, in: GRUR Int 1995, S. 670 ff.

Dittmann, Jana, Digitale Wasserzeichen: Grundlagen, Verfahren, Anwendungsgebiete; mit 38 Abbildungen, 38 Tabellen und CD-ROM, Berlin u.a. 2000

Dittrich, Robert, Woher kommt das Urheberrecht und wohin geht es?: Wurzeln, geschichtlicher Ursprung, geistesgeschichtlicher Hintergrund und Zukunft des Urheberrechts, Wien 1988

(zit.: Dittrich-I/*Bearbeiter*)

Dittrich, Robert, Die Notwendigkeit des Urheberrechtsschutzes im Lichte seiner Geschichte, Wien 1991

(zit.: Dittrich-II/*Bearbeiter*)

Doctorow, Cory, Microsoft Research DRM talk, http://craphound.com/msftdrm.txt (zuletzt aufgerufen am 21.05.2020)

Dölemeyer, Barbara / Klippel, Diethelm, Der Beitrag der deutschen Rechtswissenschaft zur Theorie des Gewerblichen Rechtsschutzes und Urheberrechts, in: Friedrich-Karl Beier u.a. (Hrsg.), Gewerblicher Rechtsschutz und Urheberrecht – Festschrift 100 Jahre GRUR Band 1, Weinheim 1991, S. 185 ff.

Dreier, Horst, Grundgesetz-Kommentar, Band 1: Präambel, Artikel 1–19, 3. Auflage, Tübingen 2013

(zit.: Dreier/*Bearbeiter*)

Dreier, Thomas, Der Urheberrechtsschutz für Computerprogramme im Ausland – Rechtsfragen und Tendenzen in Rechtsprechung und Gesetzgebung, in: GRUR Int 1988, S. 476 ff.

Dreier, Thomas, Die Harmonisierung des Rechtsschutzes von Datenbanken in der EG, in: GRUR Int 1992, S. 739 ff.

Dreier, Thomas, Authorship and New Technologies from the Viewpoint of Civil Law Traditions, in: IIC 1995, S. 989 ff.

Dreier, Thomas, Die Umsetzung der Urheberrechtsrichtlinie 2001/29/EG in deutsches Recht, in: ZUM 2002, S. 28 ff.

Dreier, Thomas, Schöne neue Welt? – Technische Schutzmaßnahmen, digitales Rechtemanagement und ihr rechtlicher Schutz gegen unerlaubte Umgehung im Recht der EU und ihrer Mitgliedstaaten, in: EUZ 2005, S. 46 ff.

Dreier, Thomas, Limitations: The Centerpiece of Copyright in Distress, in: JIPITEC 2010, S. 50 ff.

Dreier, Thomas, Überlegungen zur Revision des Schrankenkatalogs der Richtlinie 2001/29/EG, in: GRUR Int 2015, S. 648 ff.

Dreier, Thomas / Schulze, Gernot, Urheberrechtsgesetz, 6. Auflage, München 2018

(zit.: Dreier/Schulze/*Bearbeiter*)

Drexl, Josef, Entwicklungsmöglichkeiten des Urheberrechts im Rahmen des GATT: Inländerbehandlung, Meistbegünstigung, Maximalschutz – eine prinzipienorientierte Betrachtung im Lichte bestehender Konventionen, zugleich Diss. iur., München 1990

Drexl, Josef, Kartellrecht als Mittel zur Entwicklung urheberrechtsrelevanter Märkte, in: Max-Planck-Institut für Immaterialgüter- und Wettbewerbsrecht, München – Forschungsbericht 2012, S. 1 ff.

Dreyer, Gunda / Kotthoff, Jost / Meckel, Astrid, Urheberrecht, 4. Auflage, Heidelberg u.a. 2018

Druschel, Johannes, Die Regelung digitaler Inhalte im Gemeinsamen Europäischen Kaufrecht (GEKR), in: GRUR Int 2015, S. 135 ff.

Dworkin, Ronald, A Matter of Principle, Oxford 2001

Eimer, Thomas R. / Röttgers, Kurt / Völzmann-Stickelbrock, Barbara, Die Debatte um geistiges Eigentum, Bielefeld 2010
(zit.: Eimer/Röttgers/Völzmann-Stickelbrock/*Bearbeiter*)

Elster, Alexander, Deutsche Rechtsgedanken im Urheberrecht, in: UFITA 6 (1933), S. 189 ff.

Enneccerus, Ludwig / Nipperdey, Hans Carl, Allgemeiner Teil des Bürgerlichen Rechts, Band 1, 15. Auflage, Tübingen 1959

Erbs, Georg / Kohlhaas, Max / Ambs, Friedrich, Strafrechtliche Nebengesetze, Band 4, 226. EGL, München 2019
(zit.: Erbs/Kohlhaas/*Bearbeiter*)

Erdmann, Willi / Bornkamm, Joachim, Schutz von Computerprogrammen – Rechtslage nach der EG-Richtlinie, in: GRUR 1991, S. 877 ff.

Ernst, Stefan, Bedeutung und Tragweite des Verbots von Umgehungsmaßnahmen und Hacking-Werkzeugen für die Praxis, in: CR 2004, S. 39 ff.

Farnsworth, E. Allan, An Introduction to the Legal System of the United States, 4th edition, Oxford 2010

Fechner, Frank, Geistiges Eigentum und Verfassung – schöpferische Leistungen unter dem Schutz des Grundgesetzes, zugleich Habil. iur., Tübingen 1999

Fezer, Karl-Heinz, Markenrecht, 4. Auflage, München 2009

Fichte, Johann Gottlieb, Gesamtausgabe der Bayerischen Akademie der Wissenschaften, Band I, 1 (1762–1814), Stuttgart 1964

Fichte, Johann Gottlieb, Beweis der Unrechtmäßigkeit des Büchernachdrucks – Ein Räsonnement und eine Parabel, in: Berlinische Monatsschrift 1793, S. 443 ff.

Ficsor, Mihály, The Law of Copyright and the Internet, Oxford 2002

Fikentscher, Wolfgang, Methoden des Rechts in vergleichender Darstellung – Band 2: Anlgo-amerikanischer Rechtskreis, Tübingen 1975

Findeisen, Frank, Die Auslegung urheberrechtlicher Schrankenbestimmungen, zugleich Diss. iur., Baden-Baden 2005

Flechsig, Norbert P., Grundlagen des Europäischen Urheberrechts – Die Richtlinie zur Harmonisierung des Urheberrechtsschutzes in Europa und die Anforderungen an ihre Umsetzung in deutsches Recht, in: ZUM 2002, S. 1 ff.

Föhr, Andreas, Der Copyright-Vermerk, zugleich Diss. iur., München 1990

Forkel, Hans, Gebundene Rechtsübertragungen – ein Beitrag zu den Verfügungsgeschäften über Patent-, Muster-, Urheber- und Persönlichkeitsrechte, Köln 1977

Förster, Achim, Fair Use – Ein Systemvergleich der Schrankengeneralklausel des US-amerikanischen Copyright Act mit dem Schrankenkatalog des deutschen Urheberrechtsgesetzes, Tübingen 2008

Françon, André, Zur Harmonisierung der Schutzfristen im Urheberrecht der Mitgliedsstaaten der Europäischen Gemeinschaft, in: GRUR Int 1978, S. 109 ff.

Frauenstädt, Julius (Hrsg.), Aus Arthur Schopenhauers handschriftlichem Nachlaß, Leipzig 1864

Frey, Dieter, Leistungsschutzrecht für Presseverleger – Überlegungen zur Struktur und zu den Auswirkungen auf die Kommunikation im Internet, in: MMR 2010, S. 291 ff.

Freytag, Stefan, Digital Millennium Copyright Act und europäisches Urheberrecht für die Informationsgesellschaft, in: MMR 1999, S. 207 ff.

Fröbe, Heinz, Die Privilegierung der Ausgabe „letzter Hand" Goethes sämtlicher Werke – Ein rechtsgeschichtlicher Beitrag zur Goetheforschung und zur Entwicklung des literarischen Urheberrechts, in: Archiv für Geschichte des Buchwesens II, Frankfurt am Main 1960, S. 187 ff.

Fromm, Friedrich Karl / Nordemann, Wilhelm, Urheberrecht: Kommentar zum Urheberrechtsgesetz, Verlagsgesetz, Urheberrechtswahrnehmungsgesetz, 12. Auflage, Stuttgart 2018

(zit.: Fromm/Nordemann/*Bearbeiter*)

Funke, Rainer, Das Urheberrecht in der EG, in: EWS 1991, S. 161 ff.

Furubotn, Eirik / Pejovich, Svetozar, Property Rights and Economic Theory: A Survey of Recent Literature, in: JEL 10-4 (1972), S. 1137 ff.

Gampp, Markus, Die Beurteilung von „Musik-Tauschbörsen" im Internet nach US-amerikanischem Urheberrecht – Der Präzedenzfall Napster und seine Nachfolger, in: GRUR Int 2003, S. 991 ff.

Ganzhorn, Marco, Das E-Book als recht(lich) unergründetes Wesen – Rechtsfragen rund um das elektronische Buch, in: Taeger, DSRI Tagungsband, Berlin 2013, S. 483 ff.

Ganzhorn, Marco, Ist ein E-Book ein Buch? – Das Verhältnis von Büchern und E-Books unter besonderer Berücksichtigung der UsedSoft-Rechtsprechung, in: CR 2014, S. 492 ff.

Ganzhorn, Marco, Die Wirksamkeit von Weitergabeverboten in Allgemeinen Geschäftsbedingungen für E-Books – Zur Verkehrsfähigkeit von E-Books und Audiodateien auf Grundlage des Hinweisbeschlusses des OLG Hamburg v. 4.12.2014 – 10 U 5/11, in: CR 2015, S. 525 ff.

Gaster, Jens, Zur anstehenden Umsetzung der EG-Datenbankrichtlinie (I), in: CR 1997, S. 669 ff.

Gaster, Jens, Zur anstehenden Umsetzung der EG-Datenbankrichtlinie (II), in: CR 1997, S. 717 ff.

Geiger, Christophe, The Three-Step Test, a Threat to a Balanced Copyright Law?, in: IIC 2006, S. 683 ff.

Geiger, Christophe, „Constitutionalising" Intellectual Property Law? The Influence of Fundamental Rights on Intellectual Property in the European Union, in: IIC 2006, S. 371 ff.

Geiger, Christophe / Engelhardt, Tim / Hansen, Gerd / Markowski, Kristina, Urheberrecht im deutsch-französischen Dialog – Impulse für eine europäische Rechtsharmonisierung; Bericht von der Abschlussveranstaltung der deutsch-französischen Vortragsreihe zum Urheberrecht am 13. Januar 2006 im Europäischen Patentamt, München, in: GRUR Int 2006, S. 475 ff.

Gervais, Daniel J., Towards A New Core International Copyright Norm: The Reverse Three-Step Test, in: Marq. Intell. Prop. L. Rev. 9 (2005), S. 1 ff.

Gieseke, Ludwig, Die geschichtliche Entwicklung des deutschen Urheberrechts, Göttingen 1957

Gieseke, Ludwig, Vom Privileg zum Urheberrecht: die Entwicklung des Urheberrechts in Deutschland bis 1845, Göttingen 1995

Ginsburg, Jane C., Toward Supranational Copyright Law? – The WTO Panel Decision and the „Three-Step Test" for Copyright Exceptions, in: RIDA 187, 2001, S. 3 ff.

Goldstein, Paul, On Copyright, 3rd edition, New York 2014

Goldstein, Paul, Fair Use in a Changing World, in: J. Copyright Soc'y U.S.A. 50 (2003), S. 133 ff.

Goldstein, Paul / Hugenholtz, P. Bernt, International Copyright – Principles, Law, and Practice, 3rd edition, Oxford 2013

Göpfert, Wolfgang W., Die Strafbarkeit von Markenverletzungen, Karlsruhe 2006

Gordon, Wendy J., Systemische und fallbezogene Lösungsansätze für Marktversagen bei Immateriagütern, in: Ott/Schäfer, IV. Travemünder Symposium zur ökonomischen Analyse des Rechts Ökonomische Analyse der rechtlichen Organisation von Innovationen, Tübingen 1994, S. 328 ff.

Gordon, Wendy J., Fair Use as Market Failure: a Structural and Economic Analysis of the Betamax Case and its Predecessors, in: Colum. L. Rev. 82 (1982), S. 1600 ff.

Gordon, Wendy J., A Property Right in Self-Expression: Equality and Individualism in the Natural Law of Intellectual Property, in: Yale L.J. 102 (1993), S. 1533 ff.

Gordon, Wendy J. / Bone, Robert G., Copyright, in: Bouckaert/De Geest, Encyclopedia of Law and Economics, Cheltenham 2000, S. 189 ff.

Gordon, Wendy J. / Watt, Richard, The Economics of Copyright, Cheltenham 2003

Gounalakis, Georgios / Backhaus, Ralph, Rechtshandbuch Electronic Business, München 2003

Grabitz, Eberhard / Hilf, Meinhard / Nettesheim, Martin, Das Recht der Europäischen Union – EUV/AEUV, Band III, 68. EGL, München 2019

(zit.: Grabitz/Hilf/Nettesheim/*Bearbeiter*)

Graf von Westphalen, Friedrich / Thüsing, Gregor, Vertragsrecht und AGB-Klauselwerke, 43. EGL, München 2019

(zit.: Westphalen/Thüsing/*Bearbeiter*)

Grassmuck, Volker, Vom PC zum TC – Trusted Computing und Digital Restrictions Management, in: Koenig/Neumann/Katzschmann, Trusted Computing, Heidelberg 2004, S. 148 ff.

Greiner, Christoph, Die Class Action im amerikanischen Recht und deutscher Ordre Public, zugleich Diss. iur., Frankfurt am Main, Berlin, Bern, New York, Paris, Wien 1997

Griesinger, Ludwig Friedrich, Der Büchernachdruck aus dem Gesichtspunkte des Rechts, der Moral und Politik, Stuttgart 1822

Griffiths, Jonathan, Unsticking the centre-piece – the liberation of European copyright law?, in: JIPITEC 2010, S. 87 ff.

Grimm, Rüdiger / Puchta, Stefan, Datenspuren bei der Nutzung von Digital Rights Management-Systemen (DRM), in: DuD 2006, S. 74 ff.

Grünberger, Michael, Das Urheberrechtsstatut nach der Rom II-VO, in: ZVglRWiss 2009, S. 134 ff.

Gu, Liang / Ding, Xuhua / Huijie Deng, Robert / Xie, Bing / Mei, Hong, Remote Attestation on program execution, in: STC '08 – Proceedings of the 3rd ACM workshop an Scalable trusted computing 2008, S. 11 ff.

Guggemos, Werner-Christian, Digital Rights Management im praktischen Einsatz – Vortrag gehalten auf dem Symposion „Digital Rights Management" des Instituts für Urheber- und Medienrecht im Rahmen der Medientage München, 24. Oktober 2003, in: ZUM 2004, S. 183 ff.

Günther, Andreas, Digitale Nutzungsrechte, in: ITRB 2002, S. 76 ff.

Gutman, Daniel, Abruf im Internet von unbekannten und offensichtlich urheberrechtlich unrechtmäßigen Werken, in: MMR 2003, S. 706 ff.

Gyertyánfy, Péter, Expansion des Urheberrechts – und kein Ende?, in: GRUR Int 2002, S. 557 ff.

Hadfield, Gillian K., The Economics of Copyright: A Historical Perspective, in: ASCAP Copyright Law Symposium 38 (1992), S. 1 ff.

Haedicke, Maximilian Wilhelm, Urheberrecht und die Handelspolitik der Vereinigten Staaten von Amerika, zugleich Diss. iur., München 1997

Haedicke, Maximilian Wilhelm, Rechtskauf und Rechtsmängelhaftung: Forderungen, Immaterialgüterrechte und sonstige Gegenstände als Kaufobjekte und das reformierte Schuldrecht, zugleich Habil. iur., Tübingen 2003

Handke, Christian, Urhebervergütung im digitalen Zeitalter – der internationale Forschungsstand, Studie im Auftrag des Bundesministeriums der Justiz und für Verbraucherschutz, 2016

Hansen, Gerd, Warum Urheberrecht?: Die Rechtfertigung des Urheberrechts unter besonderer Berücksichtigung des Nutzerschutzes, zugleich Diss. iur., Baden-Baden 2009

Hansen, Hauke / Libor, Christine, EuGH-Urteil zu gebrauchter Software: Gibt es bald auch einen Zweitmarkt für ePaper. EBooks und MP3s?, in: AfP 2012, S. 447 ff.

Hansmann, Henry / Santilli, Marina, Authors' and Artists' Moral Rights: A Comperative Legal and Economic Analysis, in: J. Legal Stud. 26 (1997), S. 95 ff.

Hardy, Trotter, Property (and Copyright) in Cyberspace, in: U. Chi. Legal F. (1996), S. 217 ff.

Hartmann, Thomas, Weiterverkauf und „Verleih“ online vertriebener Inhalte – Zugleich Anmerkung zu EuGH, Urteil vom 03.07.2013, Rs. C-128/11 – UsedSoft ./. Oracle, in: GRUR Int 2012, S. 980 ff.

Häuptli, Matthias, Vorübergehende Vervielfältigungen im schweizerischen, europäischen und amerikanischen Urheberrecht, zugleich Diss. iur., Basel 2004

Hay, Peter, US-Amerikanisches Recht – Ein Studienbuch, 6. Auflage, München, Wien 2015

Hayek, Friedrich A., The Constitution of Liberty, London 1960

Hazarika, Shruti Sarma, Digital Rights Management: A Restrictive Rather than a Defensive Mechanism and the Survival of the ‚Fair Use‘ Doctrine, 2012, http://ssrn.com/abstract=2180305 (zuletzt aufgerufen am 21.05.2020)

He, Huaiwen, Seeking a Balanced Interpretation of the Three-Step Test – An Adjusted Structure in View of Divergent Approaches, in: IIC 2009, S. 274 ff.

Heckmann, Dirk, Öffentliche Privatfreiheit – Der Schutz der Schwächeren im Internet, in: K&R 2010, S. 770 ff.

Heckmann, Jörn, USA: Kein Amended Google Books Settlement, in: CR 2011, S. R50 ff.

Hegel, Georg Wilhelm Friedrich, Grundlinien der Philosophie des Rechts, neu editierte Ausgabe auf der Grundlage der Werke von 1832–1845, hrsg. v. Eva Moldenhauer und Karl Markus Michel, 2. Auflage, Frankfurt am Main 1989

Heinrich, Bernd, Die Strafbarkeit der unbefugten Vervielfältigung und Verbreitung von Standardsoftware, zugleich Diss. iur., Berlin 1993

Heinz, Karl Eckhart, Die europäische Richtlinie über den rechtlichen Schutz von Datenbanken in verfassungsrechtlicher und rechtstheoretischer Sicht, in: GRUR 1996, S. 455 ff.

Heinz, Stefan, Urheberrechtliche Gleichbehandlung von alten und neuen Medien: Verletzungsrisiko, Reaktionen und Überreaktionen, zugleich Diss. iur., München 2006

Hettinger, Edwin C., Justifying Intellectual Property, in: Philosophy & Public Affairs 18 (1989), S. 31 ff.

Hildebrandt, Ulrich, Die Strafvorschriften des Urheberrechts, zugleich Diss. iur., Berlin 2001

Hilty, Reto M., Urheberrecht in der Informationsgesellschaft: „Wer will was von wem woraus?" – Ein Auftakt zum „zweiten Korb", in: ZUM 2003, S. 983 ff.

Hilty, Reto M., Vergütungssystem und Schrankenregelungen – Neue Herausforderungen an den Gesetzgeber, in: GRUR 2005, S. 819 ff.

Hilty, Reto M., Declaration on the „Three-Step Test", in: JIPITEC 2010, S. 83 ff.

Hilty, Reto M., Die Rechtsnatur des Softwarevertrags – Erkenntnisse aus der Entscheidung des EuGH UsedSoft vs. Oracle, in: CR 2012, S. 625 ff.

Hilty, Reto M., Kontrolle der digitalen Werknutzung zwischen Vertrag und Erschöpfung, in: GRUR 2018, S. 865 ff.

Hilty, Reto M. / Berger, Mathis, Urheberrecht am Scheideweg?, Bern 2002

Hilty, Reto M. / Peukert, Alexander, Interessenausgleich im Urheberrecht, Baden-Baden 2004

Hoebbel, Christoph, Der Schutz von Datenbanken nach deutschem und europäischem Recht, in: Lehmann, Rechtsschutz und Verwertung von Computerprogrammen, Köln 1993, S. 1015 ff.

Hoeren, Thomas, Die EG-Richtlinie zum Softwareschutz und die Rechtsprechung des Bundesgerichtshofes, in: CR 1991, S. 463 ff.

Hoeren, Thomas, Überlegungen zur urheberrechtlichen Qualifizierung des elektronischen Abrufs, in: CR 1996, S. 517 ff.

Hoeren, Thomas, Entwurf einer EU-Richtlinie zum Urheberrecht in der Informationsgesellschaft – Überlegungen zum Zwischenstand der Diskussion, in: MMR 2000, S. 515 ff.

Hoeren, Thomas, Pressespiegel und das Urheberrecht – Eine Besprechung des Urteils des BGH „Elektronischer Pressespiegel", in: GRUR 2002, S. 1022 ff.

Hoeren, Thomas, Der urheberrechtliche Erschöpfungsgrundsatz bei der Online-Übertragung von Computerprogrammen, in: CR 2006, S. 573 ff.

Hoeren, Thomas / Bilek, Julia Ariella, Die territoriale Exklusivitätsvereinbarung bei Fußball-Übertragungen – Ein Modell der Vergangenheit! – Zu den Risiken und Nebenwirkungen bei EuGH-Urteile vom 4.10.211 – Rs. C-403/08 und 429/08, in: CR 2011, S. 735 ff.

Hoeren, Thomas / Försterling, Matthias, Onlinevertrieb „gebrauchter" Software – Hintergründe und Konsequenzen der EuGH-Entscheidung „UsedSoft", in: MMR 2012, S. 642 ff.

Hoeren, Thomas / Jakopp, Sebastian, Der Erschöpfungsgrundsatz im digitalen Umfeld – Notwendigkeit eines binnenmarktkonformen Verständnisses, in: CR 2014, S. 646 ff.

Hoeren, Thomas / Sieber, Ulrich / Holznagel, Bernd, Handbuch Multimedia-Recht: Rechtsfragen des elektronischen Geschäftsverkehrs, 50. EGL, München 2019

(zit.: Hoeren/Sieber/Holznagel/*Bearbeiter*)

Hoffmann, Willy, Ziele der deutschen Urheberrechtsreform, in: GRUR 1938, S. 1 ff.

Hohagen, Gisbert, Die Freiheit der Vervielfältigung zum eigenen Gebrauch, zugleich Diss. iur., München 2004

Hohagen, Gisbert, Überlegungen zur Rechtsnatur der Kopierfreiheit, in: Ansgar Ohly (Hrsg.), Perspektiven des geistigen Eigentums und Wettbewerbsrechts: Festschrift für Gerhard Schricker zum 70. Geburtstag, München 2005, S. 353 ff.

Hohl, Julia M., Die US-amerikanische Sammelklage im Wandel, zugleich Diss. iur., Berlin 2008

Holznagel, Bernd / Brüggemann, Sandra, Das Digital Right Management nach dem ersten Korb der Urheberrechtsnovelle – Eine verfassungsrechtliche Beurteilung der neuen Kopierschutzregelungen, in: MMR 2003, S. 767 ff.

Hugenholtz, Bernt, Why the Copyright Directive is Unimportant, and Possibly Invalid, in: EIPR 2000, S. 499 ff.

Hummel, Marlies, Die volkswirtschaftliche Bedeutung des Urheberrechts – Gutachten im Auftrag des Bundesministers der Justiz, Berlin 1989

Hurt, Robert M. / Schuchman, Robert M., The Economic Rationale of Copyright, in: AER 56 (1966), S. 421 ff.

Hüttner, Sabine, Die „Google Buchsuche" im deutsch/amerikanischen Vergleich, in: WRP 2009, S. 422 ff.

Introbooks, US Copyright Law, USA 2017

Jaeger, Till / Metzger, Axel, Open Content-Lizenzen nach deutschem Recht, in: MMR 2003, S. 431 ff.

Jani, Ole, Was sind offensichtlich rechtswidrig hergestellte Vorlagen? – Erste Überlegungen zur Neufassung von § 53 Abs. 1 Satz 1 UrhG, in: ZUM 2003, S. 842 ff.

Jani, Ole, Anmerkung zu einer Entscheidung des OLG Stuttgart, Urt. v. 03.11.2011 (2 U 49/11; K&R 2012, 294) – Zur Frage der Wirksamkeit eines Weiterveräußerungsverbots eines online bezogenen Hörbuchs in AGB der Download-Plattform, in: K&R 2012, S. 297 ff.

Jani, Ole, Bis zur Erschöpfung? Zur Zulässigkeit des Weiterverkaufs von Dateien gem. Richtlinie 2001/29/EG nach dem Urteil C-128/11 des EuGH (Usedsoft ./. Oracle), in: v. Wöhrn, Kirsten-Inger / Bullinger, Winfried / Grunert, Eike W. / Ohst, Claudia (Hrsg.), Festschrift für Artur-Axel Wandtke zum 70. Geburtstag, Berlin 2013, S. 331 ff.

Jean-Richard-dit-Bressel, Marc, Ewiges Urheberrecht oder Urhebernachfolgevergütung (domaine public payant)?, Baden-Baden 2000

Jehoram, Herman Cohen, Einige Grundsätze zu den Ausnahmen im Urheberrecht, in: GRUR Int 2001, S. 807 ff.

Jobs, Steve, in: Rolling Stone (Interview), 16.06.1994, http://www.rollingstone.com/culture/news/steve-jobs-in-1994-the-rolling-stone-interview-20110117 (zuletzt aufgerufen am 21.05.2020)

Joecks, Wolfgang / Miebach, Klaus, Münchener Kommentar zum Strafgesetzbuch, Band 4, 3. Auflage, München 2017

(zit.: MüKo-StGB/*Bearbeiter*)

Joecks, Wolfgang / Miebach, Klaus, Münchener Kommentar zum Strafgesetzbuch, Band 7, Nebenstrafrecht II, 3. Auflage, München 2019

(zit.: MüKo-StGB/*Bearbeiter*)

Jolly, Julius, Die Lehre vom Nachdruck: Nach den Beschlüssen des deutschen Bundes dargestellt, Heidelberg 1852

Junker, Markus, Internationale Zuständigkeit bei Urheberrechtsverletzungen im Internet, Anmerkung zu OLG Köln, Beschluss vom 30.10.2007 – 6 W 161/07, in: jurisPR-ITR 1/2008, Anm. 4 S. ff.

Kaldor, Nicholas, Welfare Propositions of Economics and Interpersonal Comparisons of Utility, in: EJ 49 (1939), S. 549 ff.

Kant, Immanuel, Kants Werke Band VIII – Von der Unrechtmäßigkeit des Büchernachdrucks, 1785

Kant, Immanuel, Kants Werke Band VIII – Über den Gemeinspruch: Das mag in der Theorie richtig sein, taugt aber nicht für die Praxis, 1793

Kant, Immanuel, Kants Werke Band VI – Die Metaphysik der Sitten, 1797

Kapp, Friedrich / Goldfriedrich, Johann, Geschichte des deutschen Buchhandels, Band III, Aalen 1907

Katzenbeisser, Stefan, On the Integration of Watermarks and Cryptography, in: LNCS 2939, 2004, in: Kalker/Cox/Man Ro (Hrsg.), Digital Watermarking, S. 50 ff.

Katzenberger, Paul, Urheberrecht und Dokumentation – Abstracts – Fotokopien – elektronische Datenbanken, in: GRUR 1973, S. 629 ff.

Katzenberger, Paul, Urheberrechtsverträge im Internationalen Privatrecht und Konventionsrecht, in: Karl Beier / Horst-Peter Götting / Michael Lehmann / Rainer Moufang, Urhebervertragsrecht – Festgabe für Gerhard Schricker zum 60. Geburtstag, München 1995, S. 225 ff.

Katzenberger, Paul, Elektronische Pressespiegel aus der Sicht des urheberrechtlichen Konventionsrechts, in: GRUR Int 2004, S. 739 ff.

Kerckhoffs, Auguste, La cryptographie militaire, in: Journal des Sciences Militaires IX 1883, S. 161 ff.

Kim, Jin-Hyuk / Leung, Tin Cheuk, Quantifying the Impacts of Digital Rights Management and E-Book Pricing on the E-Book Reader Market, in: NET Institute Working Paper No. 13-03, 2013, S. 1 ff.

Kindermann, Manfred, Technik und Urheberrecht – Wechselwirkungen und gegenseitige Abhängigkeiten, in: ZUM 1987, S. 219 ff.

Kirk, Kyosho, Encryption and Competition in the Information Society, in: IPQ 1999, S. 37 ff.

Kitch, Edmund W., Can the Internet Shrink Fair Use?, in: Neb. L. Rev. 78 (1999), S. 880 ff.

Klass, Nadine, Neue Internettechnologien und das Urheberrecht: Die schlichte Einwilligung als Rettungsanker?, in: ZUM 2013, S. 1 ff.

Kleinemenke, Manuel, Fair Use im deutschen und europäischen Urheberrecht? – Eine rechtsvergleichende Untersuchung zur Flexibilisierung des urheberrechtlichen Schrankenkataloges nach der US-amerikanischen Fair Use-Doktrin, zugleich Diss. iur., Baden-Baden 2012

Kleinemenke, Manuel, Fair Use, Dreistufentest und Schrankenkatalog – Plädoyer für ein „Kombinationsmodell" zur Flexibilisierung der urheberrechtlichen Schrankenbestimmungen, in: ZGE/IPJ Volume 5, 2013, S. 103 ff.

Koelman, Kamiel J., Copyright Law and Economics in the EU Copyright Directive: Is the Droit d'Auteur Passé?, in: IIC 2004, S. 603 ff.

Köhler, Helmut, BGB Allgemeiner Teil – Ein Studienbuch, 43. Auflage, München 2019

Kohler, Josef, Das Autorrecht: eine zivilistische Abhandlung; zugleich ein Beitrag zur Lehre vom Eigenthum, vom Miteigenthum, vom Rechtsgeschäft und vom Individualrecht, Jena 1880

Kohler, Josef, Urheberrecht an Schriftwerken und Verlagsrecht, Neudruck der Ausgabe Stuttgart 1907, Aalen 1907

Kohler, Josef, Die Idee des geistigen Eigentums, in: UFITA 123 (Nachdruck 1993), S. 81 ff.

Kommissionsprotokoll, in: UFITA 120 (1992), S. 177 ff.

Kommissionsprotokoll, in: UFITA 123 (1993), S. 71 ff.

Kopsch, Julius, Vom sozialen Leben des Urheberrechts, in: GRUR 1936, S. 451 ff.

Kopsch, Julius, Die Neugestaltung des Rechts im deutschen Musikleben, in: UFITA 7 (1934), S. 221 ff.

Kopsch, Julius, Urheberrecht – Urheberschutz, in: UFITA 8 (1935), S. 121 ff.

Kreile, Reinhold / Becker, Jürgen, Digital Rights Management und private Vervielfältigung aus Sicht der GEMA, in: Ansgar Ohly (Hrsg.), Perspektiven des geistigen Eigentums und Wettbewerbsrechts: Festschrift für Gerhard Schricker zum 70. Geburtstag, München 2005, S. 387 ff.

Kreutzer, Till, Napster, Gnutella & Co.: Rechtsfragen zu Filesharing-Netzen aus der Sicht des deutschen Urheberrechts de lege lata und de lege ferenda – Teil 1, in: GRUR 2001, S. 193 ff.

Kröger, Detlef, Die Urheberrechtsrichtlinie für die Informationsgesellschaft – Bestandsaufnahme und kritische Bewertung, in: CR 2001, S. 316 ff.

Kröger, Detlef, Enge Auslegung von Schrankenbestimmungen – wie lange noch? – Zugang zu Informationen in digitalen Netzwerken, in: MMR 2002, S. 18 ff.

Kropholler, Jan, Internationales Privatrecht einschließlich der Grundbegriffe des internationalen Zivilverfahrens, 6. Auflage, Tübingen 2006

Krüger, Stefan / Biehler, Manuel / Apel, Simon, Keine „Used Games" aus dem Netz – Unanwendbarkeit der „UsedSoft"-Entscheidung des EuGH auf Videospiele, in: MMR 2013, S. 760 ff.

Ku, Raymond Shih, Consumers and Creative Destruction: Fair use beyond Market Failure, in: Berkeley Tech. L.J. 18 (2003), S. 539 ff.

Kubach, Laura, Startschuss für den digitalen Trödelmarkt, in: Taeger, DSRI Tagungsband, Berlin 2013, S. 361 ff.

Kubach, Laura, Musik aus zweiter Hand – ein neuer digitaler Trödelmarkt? – Zur Zulässigkeit eines Weiterverkaufs digitaler Musik nach dem EuGH-Urteil „UsedSoft", in: CR 2013, S. 279 ff.

Kubach, Laura / Schuster, Fabian, Anmerkung zu OLG Hamm: Keine Erschöpfung beim Download von Hörbüchern (OLG Hamm, Urt. v. 15.05.2014, 22 U 60/13), in: CR 2014, S. 504 ff.

Kuhlen, Rainer, Wie umfassend sie soll / darf / muss sie sein, die allgemeine Bildungs- und Wissenschaftsschranke?, in: ZGE/IPJ 2015, S. 77 ff.

Lampe, Ernst-Joachim / Wölker, Ulrich, Der strafrechtliche Schutz der Geisteswerke, in: UFITA 76 (1976), S. 141 ff.

Landes, William M. / Posner, Richard A., The Economic Structure of Intellectual Property, Cambridge 2003

Landes, William M. / Posner, Richard A., An Economic Analysis of Copyright Law, in: J. Legal Stud. 18 (1989), S. 325 ff.

Larenz, Karl / Canaris, Claus-Wilhelm, Methodenlehre der Rechtswissenschaft, 3. Auflage, Berlin u.a. 1995

Latman, Alan, Fair Use of Copyrighted Works (Study No. 14), Washington 1958

Lauber, Anne / Schwipps, Karsten, Das Gesetz zur Regelung des Urheberrechts in der Informationsgesellschaft, in: GRUR 2004, S. 293 ff.

LeFevre, Karen Burke, The Tall-Tale „Heart": Determing „Fair" Use of Unpublished Texts, in: Law & Contemp. Probs. 55–2 (1992), S. 153 ff.

Leistner, Matthias, Von „Grundig-Reporter(n) zu Paperboy(s)" – Entwicklungsperspektiven der Verantwortlichkeit im Urheberrecht, in: GRUR 2006, S. 801 ff.

Leistner, Matthias, Konsolidierung und Entwicklungsperspektive des europäischen Urheberrechts – Referat im Rahmen der Vortragsreihe „Rechtsfragen der europäischen Integration", Bonn, den 14.01.2008, Bonn 2008

Leistner, Matthias, The German Federal Supreme Court's Judgement on Google's Image Search – A Topical Example of the „Limitations" of the European Approach to Exceptations and Limitations, in: IIC 2011, S. 417 ff.

Leistner, Matthias / Hansen, Gerd, Die Begründung des Urheberrechts im digitalen Zeitalter Versuch einer Zusammenführung von individualistischen und utilitaristischen Rechtfertigungsbemühungen, in: GRUR 2008, S. 479 ff.

Lessig, Lawrence, The Future of Ideas – The Fate of the Commons in a Connected Field, New York 2001

Leupold, Andreas, Auswirkungen der Multimedia-Gesetzgebung auf das Urheberrecht, in: CR 1998, S. 234 ff.

Leval, Pierre N., Fair Use or Foul? The Nineteenth Donald C. Brace Memorial Lecture, in: J. Copyright Soc'y U.S.A. 36 (1989), S. 167 ff.

Leval, Pierre N., Toward A Fair Use Standard, in: Harv. L. Rev. 103 (1990), S. 1105 ff.

Liebscher, Christopher, Der Schutz der Melodie im deutschen und amerikanischen Recht, zugleich Diss. iur., Frankfurt am Main 2006

Linnenborn, Oliver, Update: Europäisches Urheberrecht in der Informationsgesellschaft, in: K&R 2001, S. 394 ff.

Liu, Jospeh P., Copyright and Time: A Proposal, in: Mich. L. Rev. 101 (2002), S. 409 ff.

Locke, John, The Second Treatise of Government = Über die Regierung, 1689

Loewenheim, Ulrich, Die urheber- und wettbewerbsrechtliche Beurteilung der Herstellung und Verbreitung kommerzieller elektronischer Pressespiegel, in: GRUR 1996, S. 636 ff.

Loewenheim, Ulrich, Rechtswahl bei Filmlizenzverträgen, in: ZUM 1999, S. 923 ff.

Loewenheim, Ulrich, Handbuch des Urheberrechts, 2. Auflage, Frankfurt am Main 2010

(zit.: Loewenheim/*Bearbeiter*)

Löffler, Martin, Das Grundrecht auf Informationsfreiheit als Schranke des Urheberrechts, in: NJW 1980, S. 201 ff.

Loren, Lydia Pallas, Redefining the Market Failure Approach to Fair Use in an Era of Copyright Permission Systems, in: J. Intell. Prop. L. 5 (1997), S. 1 ff.

Lucke, Bettina, Die Google-Buchsuche nach deutschem Urheberrecht und US-amerikanischem copyright law, zugleich Diss. iur., Frankfurt am Main [u.a.] 2010

Maaßen, Stefan, Abschaffung des effektiven Rechtsschutzes durch das „Gesetz gegen unseriöse Geschäftspraktiken"?, in: GRUR-Prax 2012, S. 252 ff.

Macpherson, Crawford B., Die politische Theorie des Besitzindividualismus: von Hobbes bis Locke, Frankfurt am Main 1973

MacQueen, Hector L., The Google Book Settlement, in: IIC 2009, S. 247 ff.

Madison, Michael J., A Pattern-Oriented Approach to Fair Use, in: Wm. & Mary L. Rev. 45 (2004), S. 1525 ff.

Malevanny, Nikita, Die UsedSoft-Kontroverse: Auslegung und Auswirkungen des EuGH-Urteils, in: CR 2013, S. 422 ff.

Mantz, Reto, Creative Commons-Lizenzen im Spiegel internationaler Gerichtsverfahren, in: GRUR Int 2008, S. 20 ff.

Maracke, Catharina, Creative Commons International – The International License Porting Project, in: JIPITEC 2010, S. 4 ff.

Marks, Dean S. / Turnbull, Bruce H., Technical Protection Measures: The Intersection of Technology, Law and Commercial Licences, in: EIPR 2000, S. 198 ff.

Marly, Jochen, Der Handel mit so genannter „Gebrauchtsoftware", in: EuZW 2012, S. 654 ff.

Maunz, Theodor, Das geistige Eigentum in verfassungsrechtlicher Sicht, in: GRUR 1973, S. 107 ff.

Maunz, Theodor / Dürig, Günter, Grundgesetz-Kommentar, Band II (Art. 6 – Art. 15), 87. EGL, München 2019

(zit.: Maunz/Dürig/*Bearbeiter*)

Maunz, Theodor / Dürig, Günter, Grundgesetz-Kommentar, Band III (Art. 16 – Art. 22), 87. EGL, München 2019

(zit.: Maunz/Dürig/*Bearbeiter*)

Mende, Matthias / Schoch, Rainer / Scherbaum, Anna, Albrecht Dürer: das druckgraphische Werk – Holzschnitte und Holzschnittfolgen, Band 2, München 2002

Merges, Robert P., The End of Friction – Property Rights and Contract in the Newton World of on-Line Commerce, in: Berkeley Tech. L.J. 12 (1997), S. 115 ff.

Metzger, Axel, Europäisches Urheberrecht ohne Droit moral? – Status quo und Perspektiven einer Harmonisierung des Urheberpersönlichkeitsrechts, in: Ansgar Ohly (Hrsg.), Perspektiven des geistigen Eigentums und Wettbewerbsrechts: Festschrift für Gerhard Schricker zum 70. Geburtstag, München 2005, S. 455 ff.

Metzger, Axel, Der Einfluss des EuGH auf die gegenwärtige Entwicklung des Urheberrechts, in: GRUR 2012, S. 118 ff.

Metzger, Axel / Kreutzer, Till, Richtlinie zum Urheberrecht in der „Informationsgesellschaft" – Privatkopie trotz technischer Schutzmaßnahmen?, in: MMR 2002, S. 139 ff.

Michel, Jean-Baptiste / Shen, Yuan Kui / Aiden, Aviva Presser / Veres, Adrian / Gray, Matthew K. / Team, The Google Books / Picket, Joseph P. / Hoiberg, Dale / Clancy, Dan / Norvig, Peter / Orwant, Jon / Pinker, Steven / Nowak, Martin A. / Aiden, Erez Lieberman, Quantitative Analysis of Culture Using Millions of Digitized Books, in: Science 331 no. 6014 (2011), S. 176 ff.

Miller, Arthur R. / Davis, Michael H., Intellectual Property, Patents, Trademarks and Copyright in a Nutshell, 5th edition, USA 2012

Miller, Lynn I., Fair Use, Biographies, and Unpublished Works: Life After H.R. 4412, in: J. Copyright Soc'y U.S.A. 40 (1993), S. 349 ff.

Mitteis, Heinrich, Grundriß des österreichischen Urheberrechts nach dem Bundesgesetz vom 9. April 1936, Wien 1936

Mittenzwei, Julius, Informationen zur Rechtewahrnehmung im Urheberrecht: der Schutz von Digital-Rights-Management-Systemen und digitalen Wasserzeichen durch § 95c UrhG, zugleich Diss. iur., München, Ravensburg 2006

MMR-Aktuell, Verlage wehren sich gegen E-Book-Sharing, in: MMR-Aktuell 2012, 328681, (zuletzt aufgerufen am 21.05.2020)

Möhring, Philipp / Ahlberg, Hartwig, Urheberrecht: UrhG, KUG, UrhWahrnG, VerlG – Kommentar, 4. Auflage, München 2018

(zit.: Möhring/Nicolini/*Bearbeiter*)

Moore, Adam D., Intellectual Property: Moral, Legal, and International Dilemmas, USA 1997

Moore, Adam D., Intellectual Property and Information Control – Philosophic Foundations and Contemporary Issues, second printing, USA 2006

Moore, Adam D., Intellectual Property, Innovation, and Social Process: the Case Against Incentive Based Arguments, in: Hamline L. Rev. 26 (2003), S. 602 ff.

Mülke, Markus, Der Autor und sein Text – Die Verfälschung des Originals im Urteil antiker Autoren, Berlin 2008

Müller, Arndt, Über die sachlichen und gegenständlichen Grenzen der Ausübung des Urheberrechts, in: UFITA 6 (1933), S. 398 ff.

Müller, Carl Christian / Rößner, Sören, Anmerkung zu C-435/12 – Keine Anwendung der Privatkopieausnahme bei Anfertigung auf Grundlage unrechtmäßiger Quellen, in: EuZW 2014, S. 501 ff.

Müller, Friedrich / Christensen, Ralph, Juristische Methodik – Band 1: Grundlegung für die Arbeitsmethoden der Rechtspraxis, 11. Auflage, Berlin 2013

Netanel, Neil Weinstock, Copyright and a Democratic Civil Society, in: Yale L.J. 106 (1996), S. 283 ff.

Netanel, Neil Weinstock, The Next Round: The Impact of the WIPO Copyright Treaty on TRIPS Dispute Settlement, in: Va. J. Int'l L. 37 (1997), S. 441 ff.

Netanel, Neil Weinstock, Asserting Copyright's Democratic Principles in the Global Arena, in: Vand. L. Rev. 51 (1998), S. 217 ff.

Netanel, Neil Weinstock, Market hierarchy and copyright in our system of free expression, in: Vand. L. Rev. 53 (2000), S. 1879 ff.

Netanel, Neil Weinstock, Making Sense Of Fair Use, in: Lewis & Clark L. Rev. 15 (2010), S. 715 ff.

Neustetel, Leopold Joseph, Der Büchernachdruck, nach römischem Recht betrachtet, Heidelberg 1824

Newby, Tyler G., What's Fair Here Is Not Fair Everywhere: Does the American Fair Use Doctrine Violate International Copyright Law?, in: Stan. L. Rev. 51 (1999), S. 1633 ff.

NG-Loy, Wee Loon, Exploring the Flexibilities within Global IP Standards, in: IPQ 2009, S. 162 ff.

Niemann, Fabian, Pressespiegel de lege ferenda, in: CR 2003, S. 119 ff.

Nimmer, David, „Fairest of them All" ans Other Fairy Tales of Fair Use, in: Law & Contemp. Probs. 2003, S. 263 ff.

Nimmer, Melville B. / Nimmer, David, On Copyright: a treatise of the law of patentability, validity and infringement, New York u. a. 2003

Nipperdey, Hans Carl, Die Grundrechte und Grundpflichten der Reichsverfassung III, Berlin 1930

(zit.: Nipperdey/*Bearbeiter*)

Nolte, Georg, Zur Forderung der Presseverleger nach Einführung eines speziellen Leistungsschutzrechts, in: ZGE/IPJ 2010, S. 165 ff.

Nordemann, Wilhelm, Heimfallrecht und Rechtsverzicht im Urheberrecht, in: GRUR 1969, S. 127 ff.

Nordemann, Wilhelm / Vinck, Kai / Hertin, Paul, Internationales Urheberrecht und Leistungsschutzrecht, Düsseldorf 1977

Nozick, Robert, Anarchy, State, and Utopia, Great Britain 1974

Oberndörfer, Pascal, Die philosophische Grundlage des Urheberrechts, zugleich Diss. iur., Baden-Baden 2005

Oekonomidis, Demetrius, Die Zitierfreiheit im Recht Deutschlands, Frankreichs, Großbritanniens und der Vereinigten Staaten, zugleich Diss. iur., Berlin u.a. 1970

Ohly, Ansgar, Richterrecht und Generalklausel im Recht des unlauteren Wettbewerbs – ein Methodenvergleich des englischen und des deutschen Rechts, zugleich Diss. iur., Köln 1997

Ohly, Ansgar, Generalklausel und Richterrecht, in: AcP 2001, S. 1 ff.

Ohly, Ansgar, Ein Leistungsschutzrecht für Presseverleger, in: WRP 2012, S. 41 ff.

Ohly, Ansgar, Anmerkung zu EuGH, Urteil v. 03.07.2012, C-128/11 – Usedsoft, in: JZ 2013, S. 42 ff.

Ohrtmann, Jan-Peter / Kuß, Christian, Der digitale Flohmarkt – das EuGH-Urteil zum Handel mit Gebrauchtsoftware und dessen Auswirkungen, in: BB 2012, S. 2262 ff.

Osenberg, Ralph, Die Unverzichtbarkeit des Urheberpersönlichkeitsrechts, Freiburg 1985

Pahlow, Louis, Rezension zu Vogt, Die urheberrechtlichen Reformdiskussionen in Deutschland während der Zeit der Weimarer Republik und des Nationalsozialismus, Frankfurt am Main 2004, in: ZNR 2007, S. 349 ff.

Pahud, Eric, Zur Begrenzung des Urheberrechts im Interesse Dritter und der Allgemeinheit, in: UFITA 2000, S. 99 ff.

Pahud, Eric, Die Sozialbindung des Urheberrechts, Bern 2000

Palandt, Otto, Bürgerliches Gesetzbuch, 78. Auflage, München 2019

(zit.: Palandt/*Bearbeiter*)

Palmer, Tom G., Intellectual Property: A Non-Posnerian Law and Economics Approach, in: Hamline L. Rev. 12 (1989), S. 261 ff.

Palmer, Tom G., Are Patents and Copyrights morally justified? – The Philosophy of Property Rights and Ideal Objects, in: Harv. J.L. & Pub. Pol'y Vol. 13, No. 3 (1990), S. 816 ff.

Parrinder, Patrick, The Dead Hand of European Copyright, in: EIPR 11 (1993), S. 391 ff.

Pasquale, Frank A., Copyright in an Era of Information Overload: Toward the Privileging of Categorizers, in: Vand. L. Rev. 60 (2007), S. 135 ff.

Patry, William F., Copyright Law and Practice, online verfügbar: http://www.digital-law-online.info/patry (zuletzt aufgerufen am 21.05.2020), 1994

Patry, William F., The Fair Use Privilege in Copyright Law, 2nd edition, Washington, D.C. 1995

Patry, William F., Patry on Fair Use, 2017 ed.

Pauli, Dirk, Berner Übereinkunft, Baden-Baden 2012

Peifer, Karl-Nikolaus, Vertrieb und Verleih von E-Books – Grenzen der Erschöpfungslehre, in: AfP 2013, S. 89 ff.

Peukert, Alexander, USA: Ende der Expansion des Copyright?, in: GRUR Int 2002, S. 1012 ff.

Peukert, Alexander, Digital Rights Management und Urheberrecht (Zugleich eine Besprechung von Stefan Bechtold: Vom Urheber- zum Informationsrecht, Implikationen des Digital Rights Management, Schriftenreihe Information und Recht Band 33, München 2001), in: UFITA 2002 III, S. 689 ff.

Peukert, Alexander, Der Schutzbereich des Urheberrechts und das Werk als öffentliches Gut – Insbesondere: Die urheberrechtliche Relevanz des privaten Werkgenusses, in: Hilty/Peukert, Interessenausgleich im Urheberrecht, Baden-Baden 2004, S. 11 ff.

Pfitzner, Roy, TCPA, Palladium und DRM – Technische Analyse und Aspekte des Datenschutzes, in: Koenig/Neumann/Katzschmann, Trusted Computing, Heidelberg 2004, S. 27 ff.

Picker, Eduard, Richterrecht und Richterrechtsetzung, in: JZ 1984, S. 153 ff.

Pindyck, Robert / Rubinfeld, Daniel, Microeconomics, 8th edition, Boston u.a. 2013

Plant, Arnold, The Economic Theory Concerning Patents for Inventions, in: Economica 1 (1934), S. 30 ff.

Pleister, Christian C. / Ruttig, Markus, Neues Urheberrecht – neuer Kopierschutz: Anwendungsbereich und Durchsetzbarkeit des § 95a UrhG, in: MMR 2003, S. 763 ff.

Poeppel, Jan, Die Neuordnung der urheberrechtlichen Schranken im digitalen Umfeld, Göttingen 2005

Posner, Richard A., Economic Analysis of Law, 9th edition, Austin u.a. 2014

Posner, Richard A. / Patry, William F., Fair Use and Statutory Reform in the Wake of Eldred, in: Cal. L. Rev. 92 (2004), S. 1639 ff.

Quack / Vieregge, Stellungnahme zum Grünbuch der Kommission der Europäischen Gemeinschaften über Urheberrecht und die Technologische Herausforderung, in: GRUR 1989, S. 183 ff.

Rabel, Ernst, Die Übertragbarkeit des Urheberrechts nach dem österreichischen Gesetze vom 26. Dezember 1895, in: UFITA 108 (1988), S. 185 ff.

Rauer, Nils / Ettig, Diana, „Urheberrecht: EuGH trifft GRundsatzentscheidung zu „gebrauchter“ Software“, in: EWS 2012, S. 322 ff.

Redeker, Helmut, Das Konzept der digitalen Erschöpfung – Urheberrecht für die digitale Welt; Was eigentlich übertragen wird und weitergegeben werden darf, in: CR 2014, S. 73 ff.

Rehbinder, Manfred, 150 Jahre moderne Urheberrechtsgesetzgebung in Deutschland, in: ZUM 1987, S. 328 ff.

Rehbinder, Manfred / Schmaus, Stefan, Rechtsfragen beim E-Book-Verlagsvertrag, in: ZUM 2002, S. 167 ff.

Rehbinder, Manfred / Peukert, Alexander, Urheberrecht, 18. Auflage, München 2018

Reich, Michael Mark, Die ökonomische Analyse des Urheberrechts in der Informationsgesellschaft, zugleich Diss. iur., München 2004

Reichman, J.H. / Samuelson, Pamela, Intellectual Property Rights in Data?, in: Vand. L. Rev. 50 (1997), S. 51 ff.

Reimer, Dietrich / Ulmer, Eugen, Die Reform der materiellrechtlichen Bestimmungen der Berner Übereinkunft, in: GRUR Int 1967, S. 431 ff.

Reinbacher, Tobias, Die Strafbarkeit der Vervielfältigung urheberrechtlich geschützter Werke zum privaten Gebrauch nach dem Urheberrechtsgesetz, Berlin 2007

Reinbothe, Jörg, Beschränkungen und Ausnahmen von den Rechten im WIPO-Urheberrechtsvertrag, in: Helmuth Tades / Karl-Heinz Danzl / Gernot Graninger (Hrsg.), Ein Leben für Rechtskultur – Festschrift für Robert Dittrich, Wien (Manz) 2000, S. 251 ff.

Reinbothe, Jörg, Die EG-Richtlinie zum Urheberrecht in der Informationsgesellschaft, in: GRUR Int 2001, S. 733 ff.

Reinbothe, Jörg, Die Umsetzung der EU-Urheberrechtsrichtlinie in deutsches Recht zur Fussnote in: ZUM 2002, S. 43 ff.

Reinbothe, Jörg / von Lewinski, Silke, The WIPO Treaties on Copyright, 2nd edition, Oxford 2015

Reuschle, Fabian, Möglichkeiten und Grenzen kollektiver Rechtsverfolgung – Zu den Defiziten im deutschen Prozessrecht, der Übertragbarkeit ausländischer Lösungen und den Grundzügen eines kollektiven Musterverfahrens, in: WM 2004, S. 966 ff.

Richter, Ildephons, Urheberrecht und Reichskulturkammer, in: UFITA 7 (1934), S. 329 ff.

Ricketson, Sam, The Berne Convention for the Protection of Literary and Artistic Works, Deventer 1987

Ricketson, Sam, WIPO Study on Limitations and Exceptions of Copyright and Related Rights in the Digital Environment, Genf 2003

Rieder, Christian, Copyrightverletzungen in der Online-Kommunikation nach US-amerikanischem Recht, zugleich Diss. iur., Köln u.a. 2000

Rigamonti, Cyrill P., Geistiges Eigentum als Begriff und Theorie des Urheberrechts, zugleich Diss. iur., Baden-Baden 2001

Röhl, Klaus F. / Röhl, Hans Christien, Allgemeine Rechtslehre, 3. Auflage, Köln u.a. 2008

Roßnagel, Alexander, Digitale Rechteverwaltung: eine gelungene Allianz von Recht und Technik? – Dokumentation der Stiftungstagung (zugleich EMR-Workshop) der Alcatel-Lucent-Stiftung für Kommunikationsforschung, des Instituts für Europäisches Medienrecht (EMR), der Landesanstalt für Kommunikation (LFK) Baden-Württemberg und der Landeszentrale für Politische Bildung (LpB) Baden-Württemberg am 4. und 5. Mai 2006 in der Landesanstalt für Kommunikation (LFK) Baden-Württemberg, Stuttgart, Baden-Baden 2009

(zit.: Roßnagel/*Bearbeiter*)

Röttinger, Moritz, Der Rechtsschutz von Datenbanken nach EG-Recht, in: ZUM 1992, S. 594 ff.

Rumphorst, Werner, Harmonisierung des Urheberrechts in der Europäischen Gemeinschaft – Koreferat, in: FuR (ZUM) 1984, S. 361 ff.

Rüthers, Bernd, Recht als Waffe des Unrechts – Juristische Instrumente im Dienst des NS-Rassenwahns, in: NJW 1988, S. 2825 ff.

Rüthers, Bernd / Fischer, Christian / Birk, Axel, Rechtstheorie mit juristischer Methodenlehre, 10. Auflage, München 2018

Sachs, Michael, Grundgesetz-Kommentar, 8. Auflage, München 2018

(zit.: Sachs/*Bearbeiter*)

Sachs-Hombach, Klaus, Das Bild als kommunikatives Medium – Elemente einer allgemeinen Bildwissenschaft, zugleich Habil., 3. Auflage, Köln 2013

Sack, Rolf, Das internationale Wettbewerbs- und Immaterialgüterrecht nach der EGBGB-Novelle, in: WRP 2000, S. 269 ff.

Sack, Rolf, Das IPR des geistigen Eigentums nach der Rom II-VO, in: WRP 2008, S. 1405 ff.

Säcker, Franz Jürgen / Rixecker, Roland, Münchener Kommentar zum Bürgerlichen Gesetzbuch, Band 12, Internationales Privatrecht II, Internationales Wirtschaftsrecht, Einführungsgesetz zum Bürgerlichen Gesetzbuche (Art. 50 – 253), 7. Auflage, München 2018

(zit.: MüKo-BGB/*Bearbeiter*)

Säcker, Franz Jürgen / Rixecker, Roland, Münchener Kommentar zum Bürgerlichen Gesetzbuch, Band 2, Schuldrecht – Allgemeiner Teil I (§§ 241–310), 8. Auflage, München 2019

(zit.: MüKo-BGB/*Bearbeiter*)

Sag, Matthew, Predicting Fair Use, in: Ohio St. L.J. 73 (2012), S. 47 ff.

Samuelson, Pamela, Unbundling Fair Uses, in: Fordham L. Rev. 77 (2009), S. 2537 ff.

Samuelson, Paul Anthony / Nordhaus, William D., Volkswirtschaftslehre – Das internationale Standardwerk der Makro- und Mikroökonomie, 5. Auflage, München 2016

Schack, Haimo, Wem gebührt das Urheberrecht, dem Schöpfer oder dem Produzenten?, in: ZUM 1990, S. 59 ff.

Schack, Haimo, Neue Techniken und Geistiges Eigentum, in: JZ 1998, S. 753 ff.

Schack, Haimo, Urheberrechtliche Schranken, übergesetzlicher Notstand und verfassungskonforme Auslegung, in: Ansgar Ohly (Hrsg.), Perspektiven des geistigen Eigentums und Wettbewerbsrechts: Festschrift für Gerhard Schricker zum 70. Geburtstag, München 2005, S. 511 ff.

Schack, Haimo, Europäische Urheberrechts-Verordnung: erwünscht oder unvermeidlich?, in: ZGE/IPJ 2009, S. 275 ff.

Schack, Haimo, Urheberrechtliche Schranken für Bildung und Wissenschaft, in: ZUM 2016, S. 266 ff.

Schack, Haimo, Urheber- und Urhebervertragsrecht, 9. Auflage, Tübingen 2019

Schäfer, Hans-Bernd / Ott, Claus, Lehrbuch der ökonomischen Analyse des Zivilrechts, 5. Auflage, Berlin, Heidelberg 2012

Schein, Edgar / DeLisi, Peter S. / Kampas, Paul J. / Sonduck, Michael M., DEC Is Dead, Long Live DEC: The Lasting Legacy of Digital Equipment Corporation, San Francisco, CA 2003

Schippan, Martin, Rechtsfragen bei der Implementierung von Digital Rights Management-Systemen, in: ZUM 2004, S. 188 ff.

Schlechter, Roger E. / Thomas, John R., Intellectual Property – The Law of Copyrights, Patents and Trademarks, St. Paul, MN 2003

Schmeh, Klaus, Kryptografie: Verfahren, Protokolle, Infrastrukturen, Heidelberg 2013

Schmid, Karl Ernst, Der Büchernachdruck aus dem Geschitspunkte des Rechts, der Moral und der Politik. Gegen Dr. Ludwig Friedrich Griesinger, Jena 1823

Schmitt, Thomas Rainer, Der Online-Vertrieb von Software nach dem EuGH-Urteil „UsedSoft", in: MR 2012, S. 256 ff.

Schneider, Jochen / Spindler, Gerald, Der Kampf um die gebrauchte Software – Revolution im Urheberrecht? – Das Urteil des EuGH vom 3.7.2012 – Rs. C-128/11 – „UsedSoft" Gebrauchtsoftware, in: CR 2012, S. 489 ff.

Schneier, Bruce, Applied Cryptography: Protocols, Algorithms and Source Code in C, 2nd edition, USA 1996

Schneier, Bruce, Declaration of Bruce Schneier, 00 Civ. 0277 (LAK), http://cryptome.org/mpaa-v-2600-rb.htm – Schneier (zuletzt aufgerufen am 21.05.2020)

Scholz, Jochen, Nutzung und Weitergabe digitaler Werke nach der UsedSoft-Entscheidung des EuGH, in: ITRB 2013, S. 17 ff.

Scholz, Jochen, Mögliche vertragliche Gestaltungen zur Weitergabe von Software nach „UsedSoft II", in: GRUR 2015, S. 142 ff.

Schopenhauer, Arthur, Parerga und Paralipomena, Berlin 1851

Schrape, Jan-Felix, Gutenberg-Galaxis reloaded?: Der Wandel des deutschen Buchhandels durch Internet, E-Books und Mobile Devices, Boizenburg 2011

Schricker, Gerhard / Dreier, Thomas, Urheberrecht auf dem Weg zur Informationsgesellschaft, Baden-Baden 1997

Schricker, Gerhard / Loewenheim, Ulrich, Urheberrecht: Kommentar, 2. Auflage, München 1999

(zit.: Schricker/Loewenheim/*Bearbeiter*)

Schricker, Gerhard / Loewenheim, Ulrich, Urheberrecht: Kommentar, 5. Auflage, München 2017

(zit.: Schricker/Loewenheim/*Bearbeiter*)

Schroeder, Werner, Grundkurs Europarecht, 6. Auflage, München 2019

Schulmann, John, Fair Use and the Revision of the Copyright Act, in: Iowa L. Rev. 53 (1968), S. 832 ff.

Schulz, Daniela, Der Bedeutungswandel des Urheberrechts durch Digital Rights Management – Paradigmenwechsel im deutschen Urheberrecht?, in: GRUR 2006, S. 470 ff.

Schulz, Julia / Ayar, Zuhal, Rechtliche Fragestellungen und Probleme rund um das E-Book – Betrachtung der rechtlichen Beziehung zwischen Autor und Verleger, in: MMR 2012, S. 652 ff.

Schulze, Gernot, Rechtsfragen von Printmedien im Internet, in: ZUM 2000, S. 432 ff.

Schulze, Gernot, Spielraum und Grenzen richterlicher Rechtsfortbildung im Urheberrecht, in: Hans-Jürgen Ahrens (Hrsg.), Festschrift für Willi Erdmann zum 65. Geburtstag, Köln 2002, S. 173 ff.

Schulze, Gernot, Werkgenuss und Werknutzung in Zeiten des Internets, in: NJW 2014, S. 721 ff.

Schulze, Marcel, Materialien zum Urheberrechtsgesetz: Texte – Begriffe – Begründungen, 2. Auflage, Weinheim u.a. 1997

Schumann, Heribert, Fair Use im amerikanischen Recht, in: GRUR Int 1969, S. 125 ff.

Schwarber, Karl, Der Schutz der Werke Schillers in der Schweiz, in: UFITA 114 (1990), S. 101 ff.

Searle, John R., Sprechakte – Ein sprachphilosophischer Essay, Frankfurt am Main 2010

Seifert, Fedor, Das Zitatrecht nach „Germania 3“, in: Hans-Jürgen Ahrens (Hrsg.), Festschrift für Willi Erdmann zum 65. Geburtstag, Köln 2002, S. 195 ff.

Seltzer, Leon E., Exemptions and Fair Use in Copyright, second printing, USA 1979

Senftleben, Martin, Privates digitales Kopieren im Spiegel des Dreistufentests – Genügt die deutsche Regelung zur Privatkopie den Vorgaben des internationalen Rechts?, in: CR 2003, S. 914 ff.

Senftleben, Martin, Copyright, Limitations and the Three-Step Test – An Analysis of the Tree-Step Test in International and EC Copyright Law, The Hague, The Netherlands 2004

Senftleben, Martin, Grundprobleme des urheberrechtlichen Dreistufentests, in: GRUR Int 2004, S. 200 ff.

Senftleben, Martin, Towards a Horizontal Standard for Limiting Intellectual Property Rights? – WTO Panel Reports Shed Light on the Three-Step Test in Copyright Law and Related Tests in Patent and Trademark Law zur Fussnote, in: IIC 2006, S. 407 ff.

Senftleben, Martin, Fair Use in The Netherlands – a Renaissance?, in: AMI 2009, S. 1 ff.

Senftleben, Martin, The International Three-Step Test – A Model Provision for EC Fair Use Legislation, in: JIPITEC 2010, S. 67 ff.

Senftleben, Martin, Bridging the Differences between Copyright's Legal Traditions – The Emerging EC Fair Use Doctrine, in: J. Copyright Soc'y U.S.A. 57 (2010), S. 521 ff.

Shavell, Steven / Ypserle, Tanguy Van, Rewards versus Intellectual Property Rights, in: J.L. & Econ. 44 (2001), S. 525 ff.

Sinha, Rajiv K. / Machado, Fernando S. / Sellman, Collin, Don't think twice, it's all right: Music piracy and pricing in a DRM-free environment, in: Journal of Marketing 74, 2010, S. 40 ff.

Sirinelli, Pierre, Exceptions and Limits to Copyright and Neighboring Rights – Workshop on Implementation Issues of the WIPO Copyright Treaty (WCT) and the WIPO Performances and Phonograms Treaty (WPPT), Genf 1999

Spector, Horacio, IP Skepticism, in: International Journal of Applied Philosophy 6 (1991), S. 65 ff.

Speyer, Wolfgang, Religiöse Pseudepigraphie und literarische Fälschung im Altertum, in: Frühes Christentum im antiken Strahlungsfeld – Ausgewählte Aufsätze I, Tübingen 1989

Spindler, Gerald, Europäisches Urheberrecht in der Informationsgesellschaft, in: GRUR 2002, S. 105 ff.

Spindler, Gerald, Bildersuchmaschinen, Schranken und konkludente Einwilligung im Urheberrecht – Besprechung der BGH-Entscheidung „Vorschaubilder", in: GRUR 2010, S. 785 ff.

Spindler, Gerald / Leistner, Matthias, Die Verantwortlichkeit für Urheberrechtsverletzungen im Internet – Neue Entwicklungen in Deutschland und in den USA, in: GRUR Int 2005, S. 773 ff.

Spindler, Gerald / Schuster, Fabian, Recht der elektronischen Medien, 4. Auflage, München 2019

(zit.: Spindler/Schuster/*Bearbeiter*)

Spitz, Stephan / Pramateftakis, Michael / Swoboda, Joachim, Kryptographie und IT-Sicherheit, 2. Auflage, München, Athen 2011

Sprang, Christian, Grand Opéra vor Gericht, Baden-Baden 1993

Stallberg, Christian Gero, Urheberrecht und moralische Rechtfertigung, zugleich Diss. iur., Berlin 2006

Stemplinger, Eduard, Das Plagiat in der griechischen Literatur, Leibzig und Berlin 1912

Sterk, Stewart E., Rhetoric and Reality in Copyright Law, in: Mich. L. Rev. 94 (1996), S. 1197 ff.

Stickelbrock, Barbara, Die Zukunft der Privatkopie im digitalen Zeitalter, in: GRUR 2004, S. 736 ff.

Stieper, Malte, Rechtfertigung, Rechtsnatur und Disponibilität der Schranken des Urheberrechts, Tübingen 2009

Stieper, Malte, Anmerkung zu EuGH, Urteil vom 3. Juli 2012 – C-128/11 – UsedSoft, in: ZUM 2012, S. 668 ff.

Stieper, Malte, „Digitalisierung" des Urheberrechts im Wege verfassungskonformer Auslegung, in: GRUR 2014, S. 1060 ff.

Strömholm, Stig, Alte Fragen in neuer Gestalt – das internationale Urheberrecht im IT-Zeitalter, in: Peter Ganea / Christopher Heath / Gerhard Schricker (Hrsg.), Gestern – Heute – Morgen – Festschrift für Adolf Dietz zum 65. Geburtstag Urheberrecht, München 2001, S. 533 ff.

Terhaag, Michael / Telle, Sebastian, Immaterielle Erschöpfung – Gibt es den virtuellen Flohmarkt für gebrauchte Multimediadateien?, in: K&R 2013, S. 549 ff.

Thomasius, Jacob, Dissertatio philosophica de plagio literario, zugleich Diss. iur., 1673

Timberg, Sigmund, A Modernized Fair Use Code for the Electronic als well as the Gutenberg Age, in: Nw. U. L. Rev. 75 (1980), S. 193 ff.

Towse, Ruth, Creativity, Incentive and Reward, Cheltenham 2001

Trayer, Martin, Technische Schutzmaßnahmen und elektronische Rechtewahrnehmungssysteme: die Umsetzung von Art. 6 und 7 der EU-Urheberrechtsrichtlinie in deutsches Recht und der Schutz des Nutzers urheberrechtlicher Werke, zugleich Diss. iur., Freiburg i. Br. 2003

Tremmel, Moritz, Ist geistiges Eigentum noch zeitgemäß?, in: moritztremmel.de 2010, https://moritztremmel.de/files/2011/04/Moritz_Tremmel_-_Ist_geistiges_Eigentum_noch_zeitgemaess_-_2010-CC_BY-NC-SA.pdf (zuletzt aufgerufen am 21.05.2020)

Troller, Alois, Immaterialgüterrecht, Band I, 3. Auflage, Basel 1983

Tschmuck, Peter, Beantwortung der Fragen zur „Entwicklung des Urheberrechts in der digitalen Gesellschaft" der Enquete-Kommission Internet und digitale Gesellschaft des Deutschen Bundestags, 2010

Tummarello, Kate, Six strikes' thwarting piracy, leader says, in: The Hill, 24.02.2013, http://thehill.com/policy/technology/199124-six-strikes-thwarting-piracy-leader-says (zuletzt aufgerufen am 21.05.2020)

Turow, Scott, The Slow Death of the American Author, in: The New York Times, 07.04.2013, http://www.nytimes.com/2013/04/08/opinion/the-slow-death-of-the-american-author.html?_r=1&pagewanted=all& (zuletzt aufgerufen am 21.05.2020)

Ubertazzi, Luigi Carlo, Der Fall „Butterfly" – Schutzdauer der verwandten Schutzrechte und Übergangsrecht, in: GRUR Int 1999, S. 407 ff.

Ullrich, Jan Nicolaus, Clash of Copyrights – Optionale Schranke und zwingender finanzieller Ausgleich im Fall der Privatkopie nach Art. 5 Abs. 2 lit. b) Richtlinie 2001/29/EG und Dreistufentest, in: GRUR Int 2009, S. 283 ff.

Ulmer, Eugen, Zitate in Filmwerken, in: GRUR 1972, S. 323 ff.

Ulmer, Eugen, Das Folgerecht im internationalen Urheberrecht, in: GRUR 1974, S. 593 ff.

Ulmer, Eugen, Die Immaterialgüterrechte im internationalen Privatrecht, Köln, Berlin, Bonn, München 1975

Ulmer, Eugen, Urheber- und Verlagsrecht, 3. Auflage, Berlin, Heidelberg, New York 1980

Ulmer, Eugen, Einspeicherung und Wiedergewinnung urheberrechtlich geschützter Werke durch Computer-Anlagen, in: GRUR 2002, S. 297 ff.

Ulmer, Peter / Brandner, Hans E. / Hensen, Horst-Diether, AGB-Recht – Kommentar zu den §§ 305 – 310 BGB und zum Unterlassungsklagengesetz, 12. Auflage, Köln 2016

(zit.: Ulmer/Brandner/Hensen/*Bearbeiter*)

USPTO, Intellectual Property and the National Information Infrastructure – The Report of the Working Group on Intellectual Property Rights (hrgs. v. Lehmann/Brown), 1995

van den Bergh, Roger, The Role and Social Justification of Copyright, in: IPQ 1 (1998), S. 17 ff.

Vogel, Martin, Deutsche Urheber- und Verlagsrechtsgeschichte zwischen 1450 und 1850: sozial- u. methodengeschichtliche Entwicklungsstufen der Rechte von Schriftsteller und Verleger, Frankfurt am Main 1978

Vogt, Ralf-M., Die urheberrechtlichen Reformdiskussionen in Deutschland während der Zeit der Weimarer Republik und des Nationalsozialismus, Frankfurt am Main 2004

Voigtländer, Robert, Das Verlagsrecht im Preußischen Landrecht und der Einfluß Friedrich Nicolais darauf, in: Archiv für Geschichte des deutschen Buchhandels, Leipzig 1898, S. 4 ff.

von Becker, Bernhard, Zitat und Kunstfreiheit, in: ZUM 2000, S. 864 ff.

von Gamm, Otto-Friedrich, Urheberrechtsgesetz, München 1968

von Gierke, Otto, Deutsches Privatrecht, Leipzig 1895

von Gravenreuth, Gunther, Das Plagiat aus strafrechtlicher Sicht, Köln 1986

von Lewinski, Silke, Der EG-Richtlinienvorschlag zur Harmonisierung der Schutzdauer im Urheber- und Leistungsrecht, in: GRUR Int 1992, S. 724 ff.

von Lewinski, Silke, Die diplomatische Konferenz der WIPO 1996 zum Urheberrecht und zu verwandten Schutzrechten, in: GRUR Int 1997, S. 667 ff.

von Lewinski, Silke, Die Multimedia-Richtlinie – Der EG-Richtlinienvorschlag zum Urheberrecht in der Informationsgesellschaft, in: MMR 1998, S. 115 ff.

von Repgow, Eike, Der Sachsenspiegel: in hochdeutscher Übersetzung von Paul Kaller, München 2002

von Riesenhuber, Karl, Die Auslegung des Wahrnehmungsvertrags, in: GRUR 2005, S. 712 ff.

von Riesenhuber, Karl, Europäische Methodenlehre – Handbuch für Ausbildung und Praxis, 3. Auflage, Berlin u.a. 2015

(zit.: von Riesenhuber/*Bearbeiter*)

von Staudinger, Julius, Kommentar zum Bürgerlichen Gesetzbuch, Buch 3: Sachenrecht, §§ 903–924, Berlin 2016

(zit.: Staudinger/*Bearbeiter*)

von Staudinger, Julius, Kommentar zum Bürgerlichen Gesetzbuch, Internationales Wirtschaftsrecht (IPR des KartellR, LauterkeitsR, MarkenR, PatentR und UrheberR), Berlin 2019

(zit.: Staudinger/*Bearbeiter*)

von Staudinger, Julius, Kommentar zum Bürgerlichen Gesetzbuch, Buch 2: Recht der Schuldverhältnisse, §§ 305–310, Berlin 2019

(zit.: Staudinger/*Bearbeiter*)

von Ungern-Sternberg, Joachim, Schlichte einseitige Einwilligung und treuwidrig widersprüchliches Verhalten des Urheberberechtigten bei Internetnutzungen, in: GRUR 2009, S. 369 ff.

von Welser, Marcus, Anmerkung zur Richtlinie 2001/29/EG zum Urheberrecht in der Informationsgesellschaft Art. 4 Abs. 1, in: GRUR Int 2008, S. 596 ff.

von Westerholt-Weissthanner, Margot, Das neue amerikanische Urheberrecht – ein Überblick über die wichtigsten Bestimmungen, in: Nordemann/Roeber (Hrsg.), Das neue U.S. Copyright Law, Berlin 1978

Wadle, Elmar, Zur Geschichte des Urheberrechts in Europa, in: Ress (Hrsg.), Entwicklung des Europäischen Urheberrechts, Baden-Baden 1989, S. 9 ff.

Wadle, Elmar, Historische Studien zum Urheberrecht in Europa: Entwicklungslinien und Grundfragen, Berlin 1993

(zit.: Wadle/*Bearbeiter*)

Wallenfels, Dieter / Russ, Christian, Buchpreisbindungsgesetz, 7. Auflage, München 2018

Walter, M, Anmerkung: Vorlageentscheidung des BGH – Erschöpfung des Verbreitungsrechts an Software – unbefristete Softwarenutzungslizenz (Oracle): Deutung als Verkauf einer Programmkopie im Sinne der Computerprogramm-RL – Softwaredownload – Erwerber gebrauchter Software als rechtmäßiger Erwerber iS der Computerprogramm-RL – Wartungsvertrag – Volumenslizenz, in: MR-Int 2012, S. 40 ff.

Wandtke, Artur-Axel, Einige Aspekte zur Urheberrechtsreform im Dritten Reich, in: UFITA 2002, S. 451 ff.

Wandtke, Artur-Axel, Urheberrecht, 7. Auflage, Berlin 2019

(zit.: Wandtke/*Bearbeiter*)

Wandtke, Artur-Axel / Bullinger, Winfried, Praxiskommentar zum Urheberrecht, 5. Auflage, München 2019

(zit.: Wandtke/Bullinger/*Bearbeiter*)

Watt, Richard, Copyright and Economic Theory: Friends or Foes?, Cheltenham 2000

Wayner, Peter, Disappearing Cryptography: Information Hiding: Steganography & Watermarking, USA 2009

Weber, Ulrich, Der strafrechtliche Schutz des Urheberrechts: unter Berücksichtigung der bestehenden zivilrechtlichen Schutzmöglichkeiten, zugleich Habil. iur., Tübingen 1976

Wegner, Konstantin / Wallenfels, Dieter / Kaboth, Daniel, Recht im Verlag, 2. Auflage, München 2011

(zit.: Wegner/Wallenfels/Kaboth/*Bearbeiter*)

Wegner, Ralf, Rechtlicher Schutz von Internetdomains, in: CR 1998, S. 676 ff.

Weinreb, Lloyd L., Copyright for Functional Expression, in: Harv. L. Rev. 111 (1998), S. 1149 ff.

Weis, Rüdiger, Trusted Computing: Chancen und Risiken, in: DuD 28, 2004, S. 651 ff.

Westkamp, Guido, The „Three-Step Test" and Copyright Limitations in Europe: European Copyright Law Between Approximation and National Decision Making, in: J. Copyright Soc'y U.S.A. 56 (2008), S. 1 ff.

Wiebe, Andreas, Rechtsschutz von Datenbanken und europäische Harmonisierung, in: CR 1996, S. 198 ff.

Wiebe, Andreas, Vertrauensschutz und geistiges Eigentum am Beispiel der Suchmaschinen, in: GRUR 2011, S. 888 ff.

Wiebe, Andreas / Leupold, Andreas, Recht der elektronischen Datenbanken: Rechtsschutz, Vertragsgestaltung, Haftung, Heidelberg 2002

(zit.: Wiebe/Leupold/*Bearbeiter*)

Winklbauer, Stephan / Geyer, Jakob, Der urheberrechtliche Erschöpfungsgrundsatz im Zeitalter der Digitalisierung – Auswirkungen der UsedSoft-Entscheidung des EuGH, in: ZIIR 2014, S. 93 ff.

WIPO, Records of the Intellectual Property Conference of Stockholm 1967, Report on the Work of Main Committee I, Volume II, Genf 1971

Wittem-Group, European Copyright Code, in: JIPITEC 2010, S. 123 ff.

Wittgenstein, Philipp, Die digitale Agenda der neuen WIPO-Verträge: Umsetzung in den USA und der EU unter besonderer Berücksichtigung der Musikindustrie, Bern 2000

Wittgenstein, Philipp, Über die negativen Auswirkungen einer Verstärkung des Urheberrechts auf die Entwicklung des Internet, in: UFITA 2000, S. 39 ff.

Wittmann, Reinhard, Geschichte des deutschen Buchhandels, 2. Auflage, München 1999

Wright, Charles Alan / Kane, Mary Kay, Law of Federal Courts, St. Paul, Minn. 2002

Yoo, Christopher S., Copyright and Democracy: A Cautionary Note, in: Vand. L. Rev. 53 (2000), S. 1933 ff.

Zech, Herbert, Vom Buch zur Cloud – Die Verkehrsfähigkeit digitaler Güter, in: ZGE/IPJ Volume 5, 2013, S. 368 ff.

Zimmermann, Diane Leenheer, The More Things Change, the Less They Seem ‚Transformed': Some Reflections on Fair Use, in: J. Copyright Soc'y U.S.A. Vol. 46, No. 2 (1998), S. 251 ff.

Zimmermann, Reinhard, Amerikanische Rechtskultur und europäisches Privatrecht – Impressionen aus der Neuen Welt, Tübingen 1995

Zitelmann, Ernst, Die juristische Willenserklärung, in: Jahrbücher für die Dogmatik des heutigen römischen und deutschen Privatrechts, Bd. 16 = N.F Bd. 4, 1878

Zweigert, Konrad / Kötz, Hein, Einführung in die Rechtsvergleichung auf dem Gebiete des Privatrechts, 3. Auflage, Tübingen 1996

www.ingramcontent.com/pod-product-compliance
Ingram Content Group UK Ltd.
Pitfield, Milton Keynes, MK11 3LW, UK
UKHW021926290926
8980IPUK00016B/1482

9 783631 821954